# 日本
# 房地产
# 百年简史

[日] 橘川武郎
Takeo Kikkawa

[日] 粕谷诚 编
Makoto Kasuya

杨现领
李敬利 译

History of the
Real Estate Business
in Japan
From the 19th Century to the Present Day

厦门大学出版社 国家一级出版社
XIAMEN UNIVERSITY PRESS 全国百佳图书出版单位

NIHON FUDOSAN-GYO-SHI

edited by KIKKAWA Takeo，KASUYA Makoto

Copyright © 2007 KIKKAWA Takeo，KASUYA Makoto

All rights reserved.

Originally published in Japan by THE UNIVERSITY OF NAGOYA PRESS, Aichi.

Chinese (in simplified character only) translation rights arranged with

THE UNIVERSITY OF NAGOYA PRESS, Japan

through THE SAKAI AGENCY and BARDON-CHINESE MEDIA AGENCY.

图字：13-2021-018 号

**图书在版编目(CIP)数据**

日本房地产百年简史/(日)橘川武郎,(日)粕谷诚编；杨现领，李敬利译.—厦门：厦门大学出版社,2021.6

ISBN 978-7-5615-8200-8

Ⅰ.①日… Ⅱ.①橘… ②粕… ③杨… ④李… Ⅲ.①房地产业—经济史—日本 Ⅳ.①F299.313.9

中国版本图书馆 CIP 数据核字（2021）第 089576 号

| | |
|---|---|
| 出 版 人 | 郑文礼 |
| 责任编辑 | 吴兴友 |
| 出版发行 | 厦门大学出版社 |
| 社　　址 | 厦门市软件园二期望海路 39 号 |
| 邮政编码 | 361008 |
| 总　　机 | 0592-2181111　0592-2181406(传真) |
| 营销中心 | 0592-2184458　0592-2181365 |
| 网　　址 | http://www.xmupress.com |
| 邮　　箱 | xmup@xmupress.com |
| 印　　刷 | 厦门市明亮彩印有限公司 |
| 开本 | 720 mm×1 000 mm　1/16 |
| 印张 | 25.5 |
| 插页 | 1 |
| 字数 | 393 千字 |
| 版次 | 2021 年 6 月第 1 版 |
| 印次 | 2021 年 6 月第 1 次印刷 |
| 定价 | 88.00 元 |

本书如有印装质量问题请直接寄承印厂调换

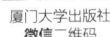

本书得益于全国银行学术研究振兴财团资助。

# 目 录

序章　房地产业历史研究 ·········································· 1
  1. 房地产业的特性 ············································· 2
  2. 本书的课题 ················································· 8

第1章　资本主义的形成和房地产业江户时期：1867—1913 ········ 15
  1. 江户时代的房地产经营情况 ································· 16
  2. 城市的形成和房地产业——以东京和大阪为中心 ············· 23
  3. 房地产商业的形成 ·········································· 34
  4. 郊外住宅开发的开始 ········································ 47

第2章　城市化、重工及化学工业化和房地产业的发展：1914—1936 ······
  ·························································· 65
  1. 城市化的发展与房地产业 ···································· 66
  2. 城市的扩大和住宅用地开发 ·································· 77
  3. 城市开发和写字楼 ·········································· 92
  4. 京滨工业带填海造陆 ········································ 105
  5. "城镇金融"的发展和房地产银行的作用 ······················ 123

第3章　经济统制及其对房地产业的影响：1937—1951 ············· 143
  1. 对开发及地价、土地费用的统制 ····························· 145

2. 城市地区的动向 ················································· 164
　3. 农业用地转化的规章制度和实际情况 ······················· 177
　4. 战争时期的"城镇金融"和房地产银行 ······················· 187

第4章　经济高速增长和房地产业的发展：1952—1973 ········ 203
　1. 经济增长和土地价格上涨 ······································ 204
　2. 土地价格上涨和农业用地的转化 ····························· 216
　3. 城镇地区的动向 ················································· 232
　4. 大型房地产企业事业的发展 ··································· 240
　5. 促进城市开发相关法律制度的完善 ·························· 247
　6. 高速增长期的房地产金融——从迂回式的资金供给到直接资金供给
　　 ······································································· 259

第5章　土地神话和房地产业的转变：1974—2004 ·············· 277
　1. "土地神话"的出现和崩溃 ····································· 278
　2. 商机的变化和房地产业 ········································ 283
　3. 房地产企业的动向 ·············································· 298
　4. "土地泡沫"的法律制度基础 ································· 310
　5. 进一步放宽限制以及实现高水平、高密度的房地产使用——泡沫经济崩溃后的法律制度 ············································ 320
　6. 泡沫经济时期房地产业金融的正式发展及特质 ··········· 335

终章　日本房地产业发展的轨迹和方针 ······························ 355
　1. 房地产业的发展和日本经济 ··································· 356
　2. 资产效应经营的终结和回归原本功能 ······················· 359

参考文献 ······························································· 363
索　引 ································································· 390
后　记 ································································· 400

# 序章

## 房地产业历史研究

# 1.房地产业的特性

在对房地产业历史进行研究之前,首先让我们简单分析一下如何理解房地产业。房地产由土地和建筑物构成。土地、建筑物二者均可以作为资产买卖,同时均可以租赁,这里可以将租赁理解为对土地、建筑物用途的买卖。这里以写字楼为例,可以将资产和租赁的关系简单表示如下。假设库存为写字楼,写字楼的租金(假设写字楼的质量差异标准化)为一定额度(租赁市场决定租金),将租金资本还原后,就可以得到写字楼作为资产的价格(资产市场决定写字楼的资产价格);写字楼的价格决定写字楼的建设数量(资产市场决定写字楼的建设数量);最终形成了写字楼的库存,加上写字楼的拆除,完成库存调整(租赁市场调整写字楼的库存)。初始的写字楼库存由此决定。并且,租赁市场和资产市场有紧密联系(DiPasuale 和 Wheaton,1996;山田等,1995)。

房地产业是将土地和建筑物作为资产进行买卖和租赁(使用和收益的买卖)的产业。租赁土地和建筑物称为经营业(租赁业)。将土地和建筑物作为资产买卖,称为流通业。不过,在土地卖出过程中,找到想要购买土地的人并不容易。在这个过程中,收集相关信息,将出售和购买顺利地撮合在一起(节约交易费用)的这种行为也属于房地产的流通业。流通业又可以分为以下两种:一种是单纯为买方和卖方牵线搭桥的中介;另一种是将房地产先从卖方手中购入,再找到买方将其卖出的经销商。在购买土地后,还可以通过整理土地,在上面建设建筑物,这称为开发业。其主要业务内容就是分批购买多块土地,占有一大片土地后,建设大型建筑物或大量住宅。大型建筑物单位居住空间分摊的楼梯和走廊等公共面积较小,或者在建设单户住宅时,通过土地的整体切割,可以降低每户的通行道路和上下水设施的建设成本,也就是规模经济效应是开发业存在的基本原理。已经建设完成的建筑物可能被出租或者出售,后者有时候被称作分割出售。此外,在出租土地和建筑物时,收取租金、物业费等,或者在需要清扫等维护管理时提供相关服务的被称为管理业。管理业也适用规模经济原理。①

但是,房地产业的基本功能并不需要全部由同一主体实施。以开发为例,建筑物的企划(产品企划)、设计、建设(制造)、销售分别由不同主体进行的情况反而更为普遍:房地产商负责企划;设计、建设由建筑公司承包,再转包出去;在设计、建设完成后,则由房地产商销售。这种分工比较常见。房屋建设需要较长时间,其平准化比较困难,因此反而在市场上购买建设服务更为有利。销售时的风险也比较大,因此建设方也会通过承包不同主体的建筑物来分散风险。

以开发为目的购买土地时,当土地的所有人和开发商对未来发展持相同预期时,那么土地的购买价格就会包含开发所带来的利益要素,而开发利益归土地所有人所有。这样,计划开发的一方就必须在详细计划公之于众前,尽快结束土地购置。如果能够隐瞒铁路公司铺设线路、设置车站等计划,成功购置土地,那么就能获得更好的效益。但是一般来讲,想要隐瞒铁路公司的设立计划和路线铺设计划几乎是不可能的,所以这种效益能够在什么程度上得以实现,取决于铁路公司能否更为准确地掌握车站的设置和运输利益信息。此外,假设土地所有人在土地购置的最后阶段得知这类消息,那么就可能出现土地所有人要求提高土地收购价格,将大部分开发带来的利益收入囊中的情况。之所以会出现这种情况,是因为土地是不能移动的,并且是开发所必需的资源。开发商只能选择同意土地所有人的条件,或者变更开发计划。然而,还有反对出售土地的情况,其原因包括对土地的眷恋情结,或者需要在这片土地上劳作以维持生计,移居困难等。这时,开发商往往会采取经济利益补偿等之外的手段,从而演变成社会问题(如"强拆"等)。

另外,土地具有外部经济性,拥有一定范围土地的所有人,可以通过共同建设道路、上下水设施、公园等,将其开发为住宅用地,而住宅用地的价格上升,可以带来超过开发费用的收益。这就是规划整理,一般由公会从

---

① 房地产业分类依照蒲池(1990)。

参与者手中收取一定的土地(建设公共道路、设施等的公摊用地),将其作为道路等公共用地,并将剩余的一部分土地(保留地)出售给第三方,冲抵建设费用。土地所有人的土地面积虽有减少,但是通过规划整理可带来地价上升收益。但是,在规划整理中,仍然有可能出现某个人在最后阶段表示,如果不同意对自己有利的条件,就退出规划整理的情况,这和土地收购的情况相同。而如果全部参与者都有相同的打算的话,那么规划整理就不可能获得全员同意。而规划整理自身就包含了防止这种情况发生,实现有益于社会利益的开发的结构。规划整理允许地域公会的成员通过特殊少数服从多数(有人数标准和面积标准)的决议,从而让机会主义行为难以实现。只需要所有人中的几个大土地所有人同意计划,并说服其他成员,公会就可以有效地运行。以政府为中心开展规划整理也是获得成员同意的一种方法。此外,房地产公司参与保留地的第三方出售、负责与公会的交涉,甚至直接参与规划整理的企划中的情况也很常见。

开发商在对土地进行开发、对房屋进行销售时,会对建筑物设置各种规定。例如对某个开发用地规划中的建筑物种类(建设单户住宅等)、最低建设费用、临街距离等,保证一定的区域一致性,从而提高房地产价值。销售商可以以更高的价格出售土地,购买者也能让土地保持在一定高的价位。可以说,这也是对土地的外部经济性的一种利用。美国在 20 世纪初就广泛进行此类有限制的土地分割销售,但是日本并没有普及。建筑限制属于土地出售方和购买方签订契约时涉及的内容,因此原购买方在将土地转手出售给第二购买方时,这种限制是否有约束力,或者这种约束力能够持续多长时间,以及在这种限制被写入合同后就很难变更、缺乏灵活性等方面,存在各种问题。同样,对于购买方,虽然在收购土地时接受了限制条件,但是仍然存在着只要自己不按照限制条件开发,就能够免费享受整个规划整理带来的利好的诱惑。因此,司法部门对建筑限制合同约束力的态度、法律制度,对于此类限制的有效性也可能具有很大的影响力。此外,从销售商的角度看,在高价出售后,房地产的价格再发生任何变化都不再相关,但是也存在由于临近街区的相似开发产生的协同作用,使得在进行二次销售时可以卖出更高的价格。美国由于土地资源丰富,且容易获得,因此建筑限制能够较好地发挥其作用,但是像日本这种只能在农业用地中小规模寻找适合开发的用地的情况①,即使进行建筑限制也很难获得有统一感的街道外观,至于连续的临近区域的开发则更加困难,更容易出现买定离手的想法(Weiss 1987,Stach 1989)。

在一个更大的范围内,更为综合地寻求房地产外部经济性的方法就是城市规划——有计划地修建公园和道路等,并通过建筑基准法对区域土地的用途(住宅用地、工业用地、商业用地等,实际分类更具体)、建筑密度、容积率等做出规定。规划整理是城市规划的主要方法之一。日本自1888年制定《东京市区改正条例》后,于1919年制定了《都市计划法》和《城镇地区建筑物法》。规划整理方面,1899年制定的《耕地整理法》适用于住宅用地的规划整理。美国广泛普及对开发商的建筑限制,制定了有关土地用途的规定,作为对建筑限制的补充。城市规划如果过于僵化会阻碍城市的发展,过于灵活又会失去规划的价值,因此如何找到一个平衡点是一个难点。而在日本,规划对开发的阻碍效果并没有欧洲国家那么强。

个人对其住宅门前的闲置土地,一般会采取建设公寓并出租,或者建设停车场并出租等经营方式。这样,房地产业的一个特征就是包含了大量的非专业化的经营形态。因为土地是不可移动的,所以无法将分散的闲置土地集合起来进行大规模开发,这是土地作为资产的制约性特征。同时,我们也不能忽视将这种情况和所有人出售闲置土地,将土地作为金融资产运用的情况进行对比研究。房地产的所有人会对未来的租金进行预测(包含出租房或停车场无人租用空置的情况),以及预期将来出售这块土地时的资产价格,将其和现在出售土地的收益进行比较后,选择了建设公寓或停车场等土地使用方式。另外,在对自家停车场等的使用方面,可能有人会认为增加利用率会带来更大的收益,但也有可能在必要的情况下,选择一种低成本的土地利用方式,即不对土地做任何处理将其闲置。这种做法是人们考虑到将来可能将这块土地和住宅用地一起卖掉(对量更大、单位面积价格更高有所期待),或者修建高层公寓等情况而做出的选择。此时,

---

① 这里认为农业用地的价值(通过土地质量等判定)和住宅用地的价值是相互独立的。当农户不脱离农耕,在保留一定农业用地的基础上出售土地时,存在保留具有较高的农业用地价值的土地的动因,因此在住宅用地的开发过程中,极有可能出现无法仅从住宅开发合理性角度来决定开发地的情况。

这块土地基于所有人对未来的使用情况的预期，而和实物期权等同，具备期权价值，并随着经济形势的不断变化（例如，当未来的发展不乐观时，那么暂且保持较低的利用率的土地使用方式就会更有利），在这点上具备复杂金融商品的性质。① 房地产业的分析，必须包含这种期权的思维，立足投资组合理论（刈屋 2003）。期权性质的存在，也形成了已出售土地（和股票等相比）更难以成功回购的这种房地产特征，以及成为房地产业中存在大量小规模兼用经营形态的原因。另外，房地产企业建设以投资为目的的高层公寓，并将其出售给投资者，自己负责公寓的管理，这样一来，除了个人经营租赁形式的房地产业务外，有专门的房地产企业从事策划和管理。这时，投资者会考虑金融资产和房地产的风险及回报，更为直接地进行房地产投资。在这种投资组合的选择中，税制的影响较大，因此有许多关于农业用地的税制的争论（野口 1989）。

在土地租赁中，土地承租人的租地权应当获得多高程度的保障是一个重要的问题。换言之，由于租赁时间短，承租人有在合同到期后归还土地的义务，这样承租人就无法回收投资，那么他们就不会投资建筑物等耐用品，而是选择由土地所有人建设建筑物，然后再租借建筑物。这和只租一年的农民不会对土地进行土壤改良是一个道理。反之，如果对租地权大力保护，导致租地合同难以失效，那么土地所有人就不会签订租赁合同，而是将土地荒置（或者建设容易转型为诸如停车场等其他用地），直到找到合适的使用方式为止，或者直接将土地卖掉。日本在 1909 年制定了《建筑物保护法》，规定在租借土地上的建筑物已登记的情况下，可以与第三方对抗，并在 1921 年的《土地租赁法》中规定，可以就租借土地上的建筑物提出购买要求。与之相对的是房屋租赁权，除了承租方在搬家时可能会产生费用这点以外，并没有特别需要保护的理由（这里是以住房为例，如果入住者为商户，就会出现"信誉"的问题，情况就更加复杂了）。但是对于低收入人群来说，当公共住宅等服务不充足的时候，住房就会成为一个大问题。尽管如此，如果我们过于强调房屋租赁权，那么就会导致租金难以提高，进而导

---

① 如果制定建筑限制规定，那么土地的使用方式就会大大受限，从而失去期权性质。因此当考虑到期权的时候，选择不接受建筑限制也是十分合理的做法。

致出租房屋的供给减少。日本在1921年制定了《房屋租赁法》，承认没有对租赁权登记的情况下的对抗权，以及要求收购室内装修等增设物的权利。在1941年对《土地租赁法》和《房屋租赁法》修订后，日本要求必须有正当理由才能够终止合同。之所以不断加大保护力度，是因为当时正值二战期间，房地产的价格由政府统一管理，旧的合同继承了以往的价格因素，比较能够体现统制的效果。但是新签订的合同缺乏这种效果，从而导致被扫地出门的承租人陷入困境。为了防止这种情况，基于政府管理的角度，加强了对租赁权的保护（小野2007）。到了二战以后，房地产相关的价格统制被撤销，不过根据最高法院的案例，租赁权仍然受到越来越多的保护。到了1991年，又创设了定期租地权和有期限的建筑物租赁合同（后改为定期建筑物租赁合同）制度。

房地产商所涉及的对象一般以写字楼、住宅和商业用地为中心，工业用地一般由企业自己选择地点。有企业希望能够非公开地建设工厂，也是因为当企业确定了适合建造工厂的土地的条件时，几乎没有一个主体正好有关于哪里有具备这种条件的土地的信息。不过，对于企业、工厂来说，其所需的条件大体不外乎土地平整、用水方便、交通便利等基本要求，有许多共同点（即所谓的基础设施），因此就出现了建设工业园区、完成基础设施招商的做法。这对于招商的一方来说，必须完善工厂所必需的各项条件，房地产商的参与空间就很大了。浅野总一郎等主持的东京湾填海造陆工程等就是很好的例子。公共部门在人造陆地中的参与程度，决定了房地产商的参与程度。此外，从农业用地来看，除了农民以外的其他主体很难判断土壤的肥沃程度，因此房地产商的参与余地就很小。但是，当将农业用地转化为住宅用地时，由于不存在这些制约因素，房地产商就有较大的参与空间。

房地产业的经营对象主要是写字楼、住宅和商业用地，因此产业本身与城市化有着密切的联系。城市化并不是均匀发生的，而是有着层级结构，如像东京这样的具有中枢管理功能的城市，大阪、名古屋等仅次于东京的城市，以及札幌、仙台、广岛、福冈等区域核心城市，县政府所在城市等[1]。

---

[1] 日本城市发展和中枢管理功能请参考阿部（1991）、山田等（1995）、伊藤（2004）等人的著作。

为何会发生城市化？这和矿山等不可移动的生产要素、规模经济作用下的生产设备、集聚效应等相关，尤其是存在各种各样的企业间的交易、企业间的生产活动，从而产生了规模经济，带来了集聚效应，促进了城市化（金本1997）。具备中枢管理功能的城市中，人们建设写字楼，产生雇佣关系，出现住宅等，因此房地产业在东京、大阪等中枢城市更为发达。此外，随着人口涌入城市，城市人口增加，写字楼等也更为集中，城市化进一步发展，带来居住环境的恶化。这时，如果有发达的铁路和公路网络的话，人们会移居郊外，进而带来工厂等生产功能的转移。城市中心地区拥有密集的写字楼，白天人口较多，而夜晚人口变少。这就是城市郊区化①。城市中心成为写字楼的交易中心，在郊区则以住宅的交易为主，房地产业的功能也产生了地区性的分化。此外，从零售业的角度来看，在人群容易集中的城市中心地区，购买频度比较低，但是会形成各种类型商品完备的购物街，而郊区则形成供给日常用品的商店街。但是，这种分化依赖于人群容易集中的条件。当机动车等交通方式变化时，零售业的集聚情况也会发生改变。位于郊区的购物中心，就是交通方式等发生变化之下开发的产物。

## 2.本书的课题

本书对从明治时期到现代的房地产业进行了历史性的分析，主要包含经营业（租赁业）和开发业两个方面。在城市化不断发展的历史过程中，人们对写字楼和住宅的需求不断增加，这些房屋是如何供给的？我们将对此做出历史的、具体的分析。如前所述，房地产业是将土地和建筑物作为资产进行买卖和租赁（使用和收益的买卖）的产业，因此房地产相关的商业自古就已存在。在江户时代，城市地区商户出租土地和建筑物的情况已经普及。作为租赁对象的建筑物包括商店（店铺兼住宅），也包括城市下层居民的住宅，类型十分丰富。这些建筑物的企划应该是个人进行的，不过工程一般承包给建筑队。此外，还形成了专门负责收租和出租房屋维护、管理

---

① 随着城市的进一步分散，郊外人口也开始减少，形成逆城市化的现象，不过在日本的大城市中还没有出现这样的情况。

的"家守"这一职业。而在房地产的买卖、租赁过程中,还会借由中介来牵线搭桥。此外,还有租金贷这种房地产担保金融产品出现。当无力偿还贷款时,担保物就会丧失,其所有权会发生变化。对于大商户来说,房地产是资产运作的一部分。这样一说,早在江户时期,日本就已经发展出了基本的房地产业务。

然而,到了明治维新之后,随着近代的土地所有制和房地产登记系统的完善,房地产业相关的基本框架发生了改变。尤其是近代建筑高层化,让城市土地的有效利用变为可能。而且,建筑物高层化带来的电梯等附属设施,让一定面积下的开发变得更为有利(规模经济性得到更好的发挥),这也带来城市写字楼盘的供给方式的转变。此外,随着电气化的郊外铁路不断发展,住宅的供给方式也发生了根本性的变化,工作—居住分离成为可能。住宅出现高层化趋势,但写字楼高层化始于 20 世纪初,而集合住宅到了第一次世界大战以后才开始建设,时间较晚(日本住宅综合中心 1997)。其后,随着重工业、化学工业的发展,由于从国外进口原料和靠近消费地等原因,东京湾等沿海地区的区位优势凸显,促进了沿海地区工业用地的开发。本书就这些因素下房地产业如何应对和发展进行分析,并以此为基本的分析视角。

至今为止,房地产业研究限于对产业整体进行通史研究,主要研究者有房地产业界沿革史出版特别委员会(1975)、旗手(1978a,1978b,1979,1981)、石见(1990)等。这些研究将房地产业的发展和资本主义的发展、城市问题等结合起来论述,取得了丰硕成果。但是由于历史资料不充足,没有对于每个房地产商的经营情况分析;考察对象也限于战后经济复苏期之前的对象。为弥补这一不足,笔者也参与其中,并发表了《日本住宅综合中心》(1994,1995,1996),但是其间研究中止。其后,全宅联房地产综合研究所(1999a)、旗手等(2005)、近年小野(2006a,2006b,2006c,2006d,2007)对两次世界大战之间的住宅市场进行了大量研究。关于战后的房地产业研究,松原(1988)曾就城市开发中的房地产企业的功能进行了分析,但尚有不足。欧美方面从经济史、经营史方面研究房地产业的比较少,Doucet、Weaver(1984)曾就加拿大房地产商进行案例研究,但只是个例。1989 年的《商业历史回顾》(Business History Review)中,曾以《房地产经营史》("Business History of Real Estate")刊登特辑。这期特辑收录了 Weiss 的实地勘察论文(Weiss 1989),Rosen(1989)的火灾后的巴尔的摩复兴中的政治过程分析,Friedrick(1989)的有关在南加利福尼亚州开展铁路、电力、房地产业统一经营的分析报告,以及揭示房地产商建筑限制的 Stach(1989),通过加拿大建筑共同体考察房地产金融业的 Paterson 和 Shearer(1989)等人的文章,但是在日本没有太大的影响力。

  房地产业相关的历史研究不甚繁荣,主要是前文所述的房地产本身的个性所致。房地产是一种异质性极强的财富。即使土地面积相同,由于区位等因素,也会导致价值有巨大的差异。而通过建筑技术的进步建设高层建筑,或完善交通方式,都可能改变其价值。另外,在交易领域,信息非对称性极强,交易费用较高。这些特性在住宅和写字楼盘上也基本存在。进而,当外部经济性发生作用时,房地产很容易受到近邻事物的影响。这些个性带来的影响中,首先是让房地产的价格动向十分难以掌握。房地产是很差异化的,区位条件等会让土地和建筑物的价格发生变化。因此要掌握房地产价格的动向,就必须持续获得多个地点的横向价格数据。但是这种全面的调查日本在战前是几乎没有做过的。到了 1936 年,才有日本劝业银行对城市地区的房地产价格开展调查①。在此之前,还有《东京市统计年表》等文献中报告了实际交易过程中的房地产(租赁)价格,但是不同地点之间无法比较时间上的差异,不同时期的地价无法比较地点之间的差异。在分析房地产业的历史时,我们无法充分利用价格方面的信息。其次就是《城市规划法》和《建筑基准法》的制定和变更,以及对租地权和房屋租赁权的保护程度的变化,也会带来房地产租赁和买卖市场的变化。而交通工具的变化和人口方面的要素(人口的自然增减、社会增减,人口结构)等也会对房地产市场产生巨大影响。在房地产业的分析过程中,我们需要将这些要素纳入思考范围,并进行综合分析。再次就是全面考察房地产业中存在的大量兼职或者用以维持一家生计的小规模经营形态有困难。另外,房地

---

  ① 这一调查在战后继续开展,1959 年开始由日本房地产研究所发表调查结果。目前,包括地价公示价格和基准地价在内的多种多样的地价调查,在多个地点持续进行着。

产受交通方式发展的影响很大,所以在日本,铁路公司也将房地产经营作为一个重要的业务支柱(小林 1990)。此外,房地产和金融资产一样,都是资产运作的对象,因此信托行业作为资产运作业务的主要主体,也早早地就参与到了房地产业之中(麻岛 1995)。因此房地产业除了以房地产为主要业务的企业以外,还存在着多种多样的经营主体。这些企业的动向也应当纳入我们考察的范围之内。

原本序章应当就房地产业的发展和长期梗概进行归纳,但是从上面提及的几点原因来看,这是非常困难的。如果我们掌握写字楼盘的建筑面积的长期变化趋势,那么房地产业的动向就能够变得很清晰。但是从写字楼的定义上来看这十分困难,因此在一个较长的时期内(尤其是二战前后)掌握这一数据几乎是不可能的。仅限在住宅投资领域,我们可以将其动向和占 GNE(国民支出总额)的比率表示出来(图序-1)。这一比率表示的是"住宅"的"建设"动向,虽然不是和房地产业直接相关,但是可以看到,19 世纪的积极投资、20 世纪初的投资停滞和昭和恐慌,直到二战时期的投资减少、战后复兴和 20 世纪 70 年代以后的趋于稳定,住宅投资动向给房地产业带

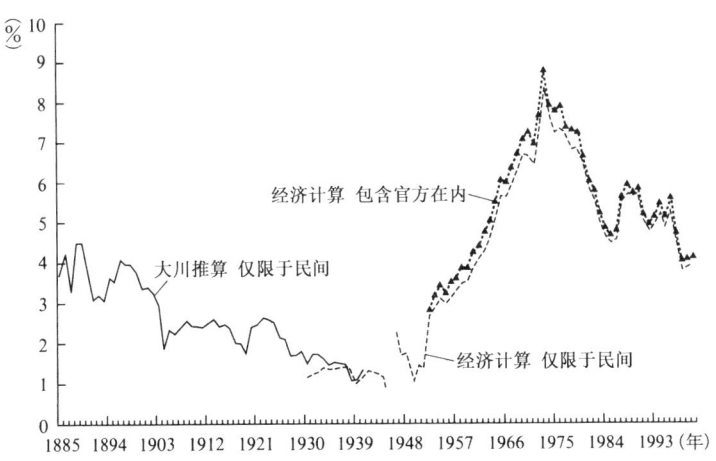

**图序-1 住宅投资占 GNE 的比率**

资料来源:大川、高松、山本(1974),日本统计协会(1988),经济规划厅经济研究所(1993),内阁府经济社会综合研究所(2002)。

来了巨大的影响。不过,这只能表示全国的动向,如果将城市和农村分开的话,自然会有所不同。此外,在战后这一段时期内,我们可以确认公共住宅所占的比例不大,民间才是主要的住宅供应方。

本书将广泛吸纳近年来取得重要进展的房地产金融史研究(植田1994、1998、2000、2003,南条2002,等)、城市理论(石塚1991,铃木2004,田中2006,等)、城市规划研究(藤森1982,石田1987a,越泽1991,福冈1991,渡边1993,等)、建筑和住宅开发相关研究(初田1981,山口1987,本间1987,猪濑1988,日本住宅综合中心1997、2001,片木等2000,泽内2006,大西、斋藤、川口2006,等)、工厂区位条件研究(沼尻2002)、租地关系研究(濑川1995),以及城市法研究(原田2001a,2001b)等成果,对明治初期到现在的房地产业的发展进行综合分析。这里不仅包括专业的房地产商,还包括电力和铁路公司、信托公司等大企业开展的房地产业务,并尽量对小作坊式的维持生计的房地产经营方式做出论述。此外,除了住宅、写字楼、商业设施,还对相关的供应工业用地房地产商的作用进行考察。本书的构成如下所示。

第 1 章简单概括江户时代的房地产经营情况后,对从明治维新到第一次世界大战之间的资本主义蓬勃发展期的房地产业的发展进行阐述。在工业化开始的背景下,住宅和写字楼如何供应是本章的主题。

第 2 章将考察从第一次世界大战爆发到侵华战争打响,进入统制经济之前的房地产业。主要涉及郊区住宅建设、关东大地震等作用下得以迅速发展的租赁用写字楼和京滨工业带建设等。

第 3 章考察从侵华战争爆发到统制经济解除的 1951 年左右这一时期,揭示房地产买卖价格和租赁价格处于强力统制下的房地产业的情况。在城市化、工业化快速发展和房地产价格统制的背景下,再加上战争导致的房地产库存的丧失,以房地产为中心的商业是如何发展的,这是本章的讨论中心。本章同时还将论述农业用地的转让问题和金融统制带来的房地产相关的独特金融工具的生成问题。

第 4 章就高速增长期的房地产业进行分析,包含在经济增长的大背景下,城市周边农村用地向住宅用地的转化,街区的高层住宅建设,以及在工业带的建设中的各类主体的论述。

第 5 章关注石油危机到现在的房地产业的动态,并将其和泡沫经济的产生和崩溃结合起来分析。

此外,在每章中,都有关于该时期房地产相关法律框架和金融制度的论述。

# 第 1 章

## 资本主义的形成和房地产业

## 江户时期:1867—1913

## 1.江户时代的房地产经营情况

本章将江户时代的房地产经营情况作为明治时代以后的房地产业史的前史进行简单论述。首先,土地所有权的法律制度有农田和城市土地两个不同的体系。农田方面,由于武士们集中居住在城邑内,因此被记录在农田丈量册上的农民成为实际的"土地所有人"①。基于这一前提,江户幕府于1643年颁布了《土地永久买卖禁令》,这则法令一直持续到1872年被废除为止。法令的适用范围仅限于幕府所有的土地,但是在许多藩也有类似的法令(但是也有藩允许农田买卖的)(大塚2002,水林2005)。城市土地方面,主要分为武家地、寺院和神社地(寺社地)、町人地。在江户,武家地、寺社地面积较大,而武士手中的来自幕府的拜领地,实际上也可以通过"相对替"这种方式来"买卖";此外,也有武士将来自幕府的拜领房屋出租等情况(宫崎1989)。这点十分有趣,不过这里我们主要讨论町人地。所有町人的土地基本上都有沽券(地契,译者注),用以证明土地的所有权②。有沽券的土地之间的买卖,只要土地身份没有差别,就可以自由进行[农民在获得屋敷改(幕府官职,负责武家房屋的丈量、登记、管理等,译者注)许可后,也可以在城市拥有町人土地]。在买卖土地时,需要将土地的所在地、尺寸、价款等和说明买卖情况的文件,经由卖主、五人团、名主(拥有土地的上层农民,译者注)签名和盖印后,交予买主并获得价款。这里的文件就是沽券。卖主持有的旧沽券将被注销。在江户,交易要在名主家中进行,名主将交易记录到水账中③。交易后,买主需要向土地所在町公布买卖信息,

---

① 关于江户时代耕地的"土地所有权"有诸多学说,这里不做进一步讨论。
② 也有学者认为,沽券是对领主可以强制没收土地的权利的强调,是对土地所有权的否认。
③ 在出售土地时,町可能禁止那些有火灾隐患的或发出噪声的买主、艺人等购买土地,但是这种社区限制很快就弱化了。(岩渊2002)

并向名主和五人团交谢礼，向地主交分一银。这可以解释成登记费，也可以理解为在町内公告土地更名事宜，以防后期出现非法买卖的情况。由于它的受益人是买方，所以买方负担所有费用。许多城市免除了土地租税"地子"，但在江户，土地所有人需要交纳代替各类劳务的公役、国役银，以及用于支付名主俸禄、町自治组织警备所书记官的工资、夜巡工资等作为町财政收入的费用。

其次对土地担保金融进行考察。在当时，无论是农田还是城市土地，都广泛存在着以土地担保来获得金钱的金融方式，称为"质入"。农田质入时，需要将担保土地的位置、品级、面积、年季（雇工的雇佣年限，译者注）、债务金额、年贡等负担的归属人，以及质入人（相当于出质人，译者注，下同）、村吏签字盖印的质入证书交给质取人（相当于质权人，译者注，下同），村吏将这一事实记载到村子的账簿中（小早川1979）。上述为质权登记的过程。当质入人在契约期限内未赎回土地时，土地将留置归质取人所有，在江户时代农田就是通过这种方式完成所有人变更的[①]。但是，有的村子年贡是以村为单位交纳的，因此很少出现外村人大规模在本村获得土地所有权的情况。城市的土地也通过町吏的登记功能进入担保，不过在具体方法上，江户和大阪有所不同（小早川1979，石井1982）。大阪从1720年以后，规定需在家质（相当于房屋质押，译者注，下同）证文中，写明用以担保土地的位置、年季、利息，以及在规定期限内未赎回则账切（转移所有权）的内容，由质入人、五人团、年寄（町吏）签名并盖印，并将证文交给质取人，年寄须在家质契印册中记载这一事实，完成担保。而在江户，在1842年之前，质入人须将土地建筑物的购入证文和证明自己是该土地建筑家守（收取地租和房租并实施管理的人）的家守请状（用以证明雇工身份的保证书，译者注）交给质取人，将该土地的沽券暂存在名主处。在家守请状中，规定家守必须按照约定，收取土地和房屋的租金，承担公共劳役，并且无论建筑物是否失火烧毁，都要每月向质取人支付住宿费充当利息[②]，在形式上由家

---

[①] 超过10年的土地抵押契约被视为无效。如果在抵押证书中没有关于死当情况下的土地更名的说明，那么在结束的10年后仍可以赎回。最长有20年都没有发生抵押土地死当易主的情况。（水林2005）

[②] 东京市日本桥区役所（1916）第87页收录的一则题为《家守受状之事》的家守请状应该就属于这类请状。

守承担房屋租赁经营过程中的一切风险。但是实际上,家守才是所有人,只是向(形式上的)所有人,即质取人以住宿费的形式交纳借款利息而已。不过,这种方法隐藏着诸如房屋购买证文(如果死当,那么就成为新的沽券)提交上去,沽券也寄存给名主等违法行为。因此到了1842年,改为和大阪基本相同的形式了(将家质证文和密封的沽券交给质取人,质取人将沽券的回执交给质入人)①。这种形式就不需要开具家守请状。这种包含了质权的债权关系中,由于可以通过质押物获得优先偿还的好处,因此在江户时代,房屋担保贷款普及范围极广。有学者认为,大阪的商人中有15%都进行过房屋质押(鹿野2000)。

在上述城市中,是可以进行土地的永久买卖的,并且在町吏的登记制度的保障下,非法买卖的余地很小,土地金融制度也相对完善,因此土地买卖十分兴盛。在18世纪中叶,江户曾经开展过一次大规模的地价评估调查。当时町中心地区地价要高于周边地区,街角地价相对较高,其价格结构在今天看来也是十分合理的。而这种地价的差距主要是从18世纪上半叶开始拉开的,因为当时出现了店铺零售,使得中心地区,尤其是街角房屋的利用价值提高(玉井1977)。在出售土地时,一般情况下地主(相当于土地所有人,译者注,下同)会将该块土地上的建筑物同时出售,但是也有将租地上的建筑物单独买卖或者单独质押的情况(尤其是在江户)。建筑物单独买卖的时候,会涉及旧货店,其处理方式基本上和动产类似(铃木禄1984)。当时,经常发生大规模的火灾,又没有火灾保险,所以建筑物买卖的风险是很大的。根据1804年江户町会所的估计,若土地出租的净收益为50两,则沽券价格就是1 000两(实际上沽券只代表土地,建筑物归租地人所有);而当房屋出租的净收益为50两时,其沽券价格为600两(沽券代表土地和建筑物,并且没有土地出租)。简单地计算一下,可以得出土地出租的收益率是5%,而房屋出租的收益率是8.3%,可以说这个价格中包含

---

① 江户在1729年以前,也曾经像大阪在1720年以后一样,使用过房屋抵押证文这种抵押方式。此外,大阪在1720年以前所采取的房屋抵押方式,基本上和1729年到1842年之间江户的实施方式相同。

了失火导致必须重新建造房屋时的风险(吉田 1991)①。不过,江户町会所在担保时的估价比率二者均为 2/3(约 66.7%)。

购买江户土地的不仅仅是江户的町人和武家,许多周边的豪商和豪农也存在大量的购买行为。有学者指出,土地交易要顺利开展,就必须有人提供土地待售的信息,因此在土地交易中就出现了介绍所,称为"介绍业者"(石井 1989,岩渊 1996)。介绍所通过其商会组织流通房地产信息,并掌握记载了卖主的房地产形状、收益、价格等信息的文件。这俨然就是现代的房地产中介。当时的介绍所收取手续费,但是关于费率以及买卖双方谁来负担这部分费用,似乎并没有一个明确的规则。此外,在家质贷款死当时,也可以实现土地易主。而那些除了兑换商以外的商人,以及近郊农村的豪农等,也会参与江户的房屋质押借贷(通过死当获得土地)(渡边 1982),因此也需要介绍所的介入。在 1748 年,江户曾经计划设置"家质借贷和房屋土地买卖介绍所",可见介绍所之普及(北岛 1984)。对于购买土地的人来说,澡堂、理发店的经营权,家质借贷也同样是投资的对象②,因此在城市购买土地的行为,是在对包括农村土地所有权、商业投资等综合考虑的基础上进行的投资。江户时期的商人将在商业中积累的财富投资到土地经营上,当土地经营能够获得足够的收益时,就从商场金盆洗手,闭店大吉。这是当时的一种理想的状态,也是当时的社会风气(片仓 2004)。因此,在不存在国债和兑换商不能提供有利息的存款服务的情况下,城市的土地投资和家质借贷一样,都有着相当强的权利保护措施,被人们认为是可以带来稳定收益的"安全资产"(同时也存在城市土地的出售和担保金融,因此还是有一定的流动性的)。在一些商户的家训中,还写有有关土地

---

① 一般认为,当时基本上不存在在租地上建房,并以出租这些房屋而获利的租房业。但是吉田(1991)曾经介绍过从町会所租借土地,建设房屋后出租出去的德八的案例。此外,当出租地上的建筑物转让给他人时,需要土地所有人的协助,有的租地权会和房屋一同转让(铃木禄 1984)。如果连这种保障都没有,那么就不会有人在租地上建造房屋,即使是供自己使用的。竹内(1976)曾经介绍过一个案例,其中江户的一位富商在出售土地的时候,曾经提出条件要求,只要租地人没有拖延过地租,那么就不可以将其驱逐。

② 澡堂、理发店是有入行规定的,并且它的营业许可(即"株")是可以转让的,因此会出现"株"的流通。实际上,澡堂和理发店的经营者往往是从经营权所有人那里租借经营权,并将自己的营业收入中的一部分作为租金(扬钱)支付给所有人。在澡堂、理发店经营权的买卖中,也有中介商的身影。这大概是因为虽然买卖租赁的对象是经营权,但是澡堂的经营权是以澡堂建筑的所有为前提的,这就和房地产挂上了钩。此外,澡堂的经营权和土地相比,收益的计算更为困难,因此有较大的不确定性。

投资要选择风险较低的街角地来出租云云。此外,也有土地可以作为业务担保(一个有名的案例是三井为取得官方兑换业务曾将沽券交给幕府)。因此在很多情况下,土地也是业务上的必要资产。

土地经营分为两种:一种是将土地出租,另一种是在土地上建房子将房屋出租。一般情况下,主干道附近的较大一块土地会租给比较富裕的商人,而那些位于狭窄的小巷尽头的土地由于不适合作为商店,就会建成一些小型住宅,面向收入较低的人群出租①。这样,位于街角的土地地价较高,而且不存在远离街道的部分,可以有更多的土地供出租,所以风险较低。地主需要履行各类町内义务(如向居民传达町公告、每月例行警备职责、请愿盖章、参与消防等),但是当地主居住在其他町时,就无法完成这些工作,那么就会设置一个家守,一方面收取地租房租,另一方面履行这些义务。在江户,町的名主对于本町当地的地主也提出过设置家守的要求。因此,有的町所有土地都有家守(岩渊 1993)。一些大型商户在全部由自家店铺占据的土地(也就是没有征收地租房租的需求的土地)上也设置了家守(吉田 1990,岩渊 1993),这是为了保证完成每月町内义务等活动。这种情况下,一般会请商户的直系亲属来担任家守(岩渊 1993)。在家守制度普及后,那些自己收取房租、履行町义务的当地地主就被称为直家守(石井 1982,吉田 1992)。

家守的职责方面,除了履行町内义务外,主要是征收地租和房租。而不在当地居住的地主应该不会亲自参与到租户的选择中,所以事实上家守还需要负责选择租户。但是,家守不对地租、房租收入做任何保证(非委托出租),土地闲置、房屋闲置、漏缴租金等损失由地主承担。此外,有专业的出租保证人,即"请人"来为租户提供身份保证,还有介绍所从中周旋(塚本 1990)②。家守从地租、房租中抽取一定额度的家守酬劳,将余下的交给地主。此外,在江户,出售可以作为肥料的粪尿而获得的收入也是归家守所有(在大阪则归土地所有人)。家守的酬劳方面也是江户更高,所以在江户家守的收入更多一些,这就导致大阪不存在专职的家守,江户却有。这也

---

① 这是由于近世町土地分块时,出口较为狭窄,每块多呈细长的长方形导致的。
② 这里参与租凭的中介商和土地交易中介之间的关系尚不明确。

是因为江户不居住在本地的地主比例更大，对家守的需求更大（西坂 1990）。

普遍认为，江户存在家守株，即家守资格（大阪没有）。按照字面意思，"株"可以解释为物权化的经营权，也就是地主无法自己选择自己房产的管理人（从退休的上一任家守中获得家守株的人称为新的家守，地主无法随意辞退）。塚田（1992）认为，这是由于家守向地主交纳了押金，所以家守株得以物权化。而岩渊（1993）介绍了一些在地主要求下更换家守的案例（这里押金的交纳和物权化之间的逻辑关系不甚明确）。从家守和地主的关系（家守的酬劳是土地所有人发放的收租手续费）上来看，家守株是不应该物权化的，那么就一定存在一个让家守株得以物权化的因素。笔者认为，正如岩渊（1993）提到的，这个因素就是粪尿清理费①。大阪粪尿清理费收缴上来后归地主，但是江户归家守所有，这和家守株的存在与否是相对应的。现在还不清楚为什么江户和大阪在粪尿清理费的归属上会产生不同。不过大阪从17世纪20年代开始就将町民的屎尿作为肥料卖到农村，到了17世纪50年代，出现了专门收集城市屎尿的清理工，并结成工会。可以说随着城市的形成，粪尿迅速完成了商品化（新修大阪市史编纂委员会1990），因此认为粪尿清理费归土地所有人。与其相对的，江户到了18世纪初开始设立肥料清理费，清理权概念则是到了18世纪40年代才开始出现的，比城市形成时间要晚（岩渊1993）。因此，较晚成为商品的粪尿没有被纳入家守契约中，而成了家守的"外快"。我们还可以做这样的推测：粪尿清理费并非和家守这一职务固定挂钩，而是和担任家守的个人相关的。基于这样的认识，当更换家守时，就会出现一个和产生粪尿的住户毫无关系的个人（上一任家守）收取粪尿清理费的情况，从而导致收缴困难。因此上一任家守会让继任者购买自己的粪尿清理费征收"权"。那么，这时的家守株，是建立在粪尿清理费的基础上的，在两任家守之间成立的一种关系，与地

---

① 岩渊（1993）介绍了4种家守株买卖的情况：(1)"家主市郎兵卫退役迹押金并房屋金一百五十两"（家主即家守）；(2)"家主伊三郎退役迹押金并房屋共金八十两"；(3)"家主松兵卫退役迹土地并家守房屋共金四百两"；(4)"家主弥兵卫退役迹金八十两"。其中(1)~(3)中，押金、房屋、土地同时交易，没有标明经营权的存在，但是(4)对于上述没有任何提及，仅"迹"一项就卖了80两。加上(1)~(3)中均存在"迹"，因此认为这里"迹"指的是家守株。

主无关。此外，一些情况下地主可以不考虑家守株的存在，直接更换家守[1]，也是基于这个理由。那么进一步，基于上述对家守株的理解，在和地主的关系中，既然新家守可以顺利就任，那么就一定存在一个强制新家守购买家守株的机制，这里只可能是家守之间结成的公会的强制力（塚田1992，岩渊1993）。并且，当这种强制力确实存在时，家守株的价格就会渐渐融入家守酬劳中[2]。

地主可以辞去家守，但是只有同意购买家守株的人才能成为新一任家守。而家守也不能随意地将家守株卖给任何他人，而是需要地主的同意。此外，家守还需要履行每月的公事，并在当地的信息掌握程度上有着绝对的优势，故现实中地主很难选择和更换家守。而在地主更换时，一般的惯例是家守不变，续约服务，称作"顺役"。虽然在合同上有关于发生不当行为时可以强制更换家守的字样，但在实际操作中，想要更换家守的地主会受到来自同町的其他家守，甚至町名主施加的各种压力，以保证契约继续生效（岩渊1993）。家守之间的公会组织提供了身份保证的功能，同时，町政务的主要负责人也是家守，因此町名主也会倾向于尽量避免家守出现不满。尽管地主可以通过租金的收缴率来评价家守的工作情况，但是在对土地和房屋的闲置率的评估中，如果没有足够的近邻地区的数据，那么是很难判断其高低的，也无法了解家守是否在为提高租金、选择更好的租户等而努力。地主所支付的家守酬劳是一定的，因此家守缺乏通过努力提高工资的内在动力，地主也极度缺乏提高家守工作积极性的方法。同时，辞退家守又受到限制，可以说地主在交易中的主导性不算太好。而且，幕府从治安对策的角度抑制地租和房租。尤其是在1842年发布地租、店租下调令后，三井的房地产经营陷入过度供给状态，几乎完全无法提高地租和房租，获利水平直线下降（吉田1991）。以三井为首的大型商家面临着"家守荣华、地主破产"的状况。

---

[1] 岩渊(1993)认为，土地所有人能够更换家守，是因为所有人持有家守株，但是这样就出现了没有家守资格的家守，家守株的存在就失去了意义。

[2] 在这一机制下，土地经营收益的增加、地租房租的增加将被纳入地契涨价中，从地租中获得的酬劳的增加和粪尿清理费的提高被纳入家守株价格的上涨中。而没有家守株就无法履行家守职责，所以就会出现"租借"家守株的需求。实际上，存在着大量的个人收集多个家守株，将家守的业务内容承包给其他家守来做的情况(岩渊1993)。

最后我们简单提及一下开发行业。大阪开发之际，有承包商负责建设沟渠、平整土地，并以町为单位出售。而以町为单位购买土地的人成为町年寄，再将土地分成小块卖掉（内田 1990）。此外，由町人承包进行的新田开发业应该算是一种土地的大规模开发。1704 年，伴随着大和川改道而开展的大规模新田开垦在历史上十分有名。大阪的兑换商鸿池家也在这个时候开发了鸿池新田。当时只有木结构的房屋，并且在町的区域划分上有着严格的规定，因此城市的二次开发是有限制的。但三井等大商户仍然通过购买周边的土地，不断建设大型店铺。

（粕谷 诚）

## 2.城市的形成和房地产业——以东京和大阪为中心

### （1）房地产所有权的确定和房地产法制的完善[①]

江户时代，土地所有权不断得到确立，但是并未覆盖所有土地，且存在权利错综复杂的情况，因此明治政府必须确立近代的土地所有制度。1872 年，《土地永久买卖禁令》被废除，无论身份如何均承认土地的所有权，其后经过俸禄处置（明治政府停止对华族士族发放俸禄的政策，译者注）、地租改正（明治政府实施的有关土地制度、税制的大改革，译者注），终于确立了土地所有人。此外，通过町吏和村吏获得高度发展的土地抵押和登记制度，也在初期就完成了向近代制度的转变。1873 年，制定了《土地质入写入规则》，土地的质入（质权）和写入（抵押权）（质入相当于质押，存在担保期间内物品占有权的转移；写入相当于抵押，不存在担保期间内物品占有权的转移，译者注）通过户籍长办公室中的账簿获得公证。进而在 1875 年，通过《建筑物写入担保规则及建筑物买卖转让规则》，对建筑物的买卖和担保权的设定开始进行公证。到了 1880 年，制定了《土地买卖转让规则》，规定在户籍长处的账簿上记载土地买卖信息，完成所有权的公证（地券失去

---

[①] 本项内容除特殊标注，均参考旗手（1981），渡边、五味（2002），稻本、小柳、周藤（2004），水林（2005）。

了所有权证明的功能）①。1886年的《登记法》中，明确要求土地登记册和建筑物登记册要分开记录，这种土地和建筑物分离的做法被1898年的《民法》继承。

　　房地产可以由所有人自己使用，也可以出租。1872年的新规定使受制于各类规则的地租房租也可以自由制定了（森田2001）。有关租借的法律制度的完善对于房地产业的发展极为重要。1898年施行的《民法》是对这方面最早做出规定的法律，和担保制度相比，它的制定时间要晚很多。但是，在民法实施之前，根据判例，有租地期限的情况下承认期限内的权利，无期限的情况下承认其权利直至建筑物所有目的变更（森田2007）。《民法》中，对于在租地上建设房屋的情况，设定了地上权和租赁权两种权利，并对租赁的最长期限做出不得超过20年的规定，要求租赁权在转让、转租的时候必须取得地主的同意，因此土地租赁一般按照对地主有利的方式进行。那么，在租地上建设房屋时，不但存在租赁期限20年的限制，在租赁权登记中还需要取得租借人（地主）的合作。如果不能完成租赁权的登记，那么就没有第三者对抗力。其结果就导致了大量当租地人不同意涨租时，原地主先出售租地，然后由新地主要求租地人交出土地的这种被称为"地震买卖"的情况②。接着到了1909年，制定了《建筑物保护法》，规定当租地上有建筑物时，可以不进行土地租赁权的登记，只需进行建筑物登记就可以将租地权和土地买主对抗。

　　如果存在基于某种理由而以低于市场决定的租赁价格租地的权利，那么相对于这种权利，就一定会付出相应的代价。东京在1921年制定了《土地租赁法》，大幅度强化了租地人的权利，而在此之前，就已经出现了租地权利的价格。这一价格指的是，在地租持续难以上涨的情况下，对于新的租地，在考虑到和周围同一地主的出租地租金相平衡的基础上，不提高租金，而是继续收缴和以往相当的租金，但是将和市价的差价部分作为一次性契约金收取（濑川1995）。这属于一种和租地权利相对应的代价，但是并

---

　　① 1889年的《土地台账规则》中，规定根据台账进行地租课税，地券进一步失去了原有的表示地租纳税义务人的功能，被彻底废除。
　　② 1900年制定了《关于地上权的法律》，在该法案实施之前，租地应该是基于地上权的，但是没有经过登记的地上权没有第三者对抗力，所以地震买卖才得以"生效"（铃木禄1984）。

不意味着租地人将租地权出售给第三方,和现在的租地权含义不同。反而是由于对租地人权利的保护不充分而出现的一种情况。

关于征收个人土地供公共目的使用的法规,包括《公共土地购买规则》(1875)、《土地征收法》(1889)和新的《土地征收法》(1900)。1889年的法案承认了铁道公司的征地权利,1900年的法案进一步承认了电力公司等的征地权利。1899年,制定了《耕地整理法》(1909年制定新《耕地整理法》)。本来这是为了农业土地利用而制定的法律,后来也用于耕地的住宅开发。在城市规划方面的法律包括1888年的《东京市区改正条例》等,条例规定城市规划归内务省管理,有较强的中央管辖的特征。通过地租割(以地租为基准分配的地方税,译者注)等特别财政收入,年投入30万~50万日元用于城市规划。但是由于资金不足,在1903年对规划做了修改,缩小了规模,终于在1914年完成。项目中心是自来水和道路(藤森1982,石塚1991)。

**(2)城市的发展和土地所有**

明治维新导致武士阶层重返地方,东京一度面临萧条的境地(小木1979)。但是,随着政府的活动,经济逐步稳定,人口也开始逐渐增加。东京15区的人口数,在1878年15区成立时为81万人,到了1888年达到130万人,1898年为143万人,1908年更是增长到了217万人。但是,在次年对非常住人口进行调查后,统计人口减少到了162万人。不过其后的增速较快,到了1913年,又恢复到203万人。大阪不存在这种特殊情况,但是人口明显开始增加的时间也是19世纪80年代以后。1878年总人口为28万人,1888年增加到44万人,1896年达到50万人。在次年也就是1897年,市区扩张,人口达76万,1907年增加到117万人,1913年为139万人(大阪市1935)。

这种人口的增长当然在东京、大阪的内部是不均匀的。我们将东京分成麹町、神田、日本桥、京桥(即中心4区)和其他11区,看它们的人口密度和住宅面积占比(住宅用地总面积所占比率)的变化情况,具体参考图1-2-1。最开始中心地区的人口密度大概是周边的近2倍,其后周边地区人口迅速增长,其他11区的人口密度增长速度要高于中心4区。其结果是在1913年,二者之间的人口密度差距缩小为10%。人口增长最快的区域是

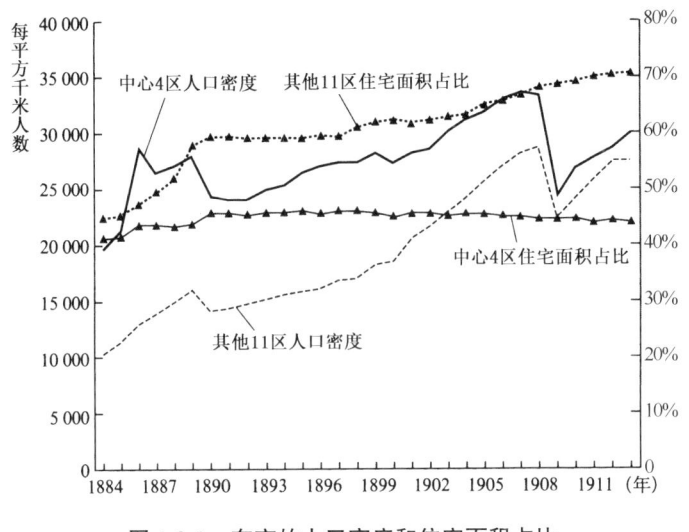

图 1-2-1 东京的人口密度和住宅面积占比

资料来源：东京府(1883—1913)。

小石川区，1884年到1913年之间人口增加了3.2倍；其次是牛入区增加了2.7倍，深川区增加了2.5倍。与之相对的麴町区的人口仅增加了20%。当时中心4区正处于松方财政政策下的通货紧缩之中，没有太多人口增长的余地，因此新增人口被周边地区吸纳了。虽然我们说中心4区和其他11区的人口密度差距几乎不存在了，但是要注意麴町区是皇宫、政府、办公楼的所在地，总体面积平均下来的人口密度极低。1913年的人口密度中，麴町区每平方千米为7 139人，但是神田区为54 558人，日本桥区49 339人，京桥区46 181人。其他11区中，赤坂区的情况和麴町区有一些相似，为每平方千米14 442人，密度低，除此之外每平方千米人口数均在2万以上，其中还有超过3万的地区，如浅草区46 345人，下谷区39 528人，本所区33 153人。下町和山手人口密度差距较大，反映了两地的居住方式的差别①。

随着城市的发展，耕地变为住宅用地，工业、商业、居住用地所占的空间在不断增加。图1-2-1中的住宅地占比中，中心4区由于麴町区的特殊情况制约，住宅用地占比从明治中期开始就低于其他11区。此外，中心4区基本没有进一步开发的余地，所以之后的住宅用地占比几乎没有上升。

---

① 东京由于土地的高低关系会产生土地面积的差别，仅凭平面位置很难判断。

然而在其他11区，这一比例大幅上升。其他11区的住宅用地占比上升也是不均匀的，可以分为1885—1889年的大幅上升和1903—1911年较为平缓的持续上升两个阶段。第一个阶段是在松方紧缩时期结束后，经济恢复上升的时期，当时除了住宅用地，工业、商业用地也在快速增加。在中日甲午战争后的经济发展期，住宅用地占比没有出现变化，这点令人惊奇。而第二个上升期和土地价格上升的时期是一致的。住宅用地的大量开发和经济发展是同期出现的。

我们将大阪的人口密度和住宅用地占比做一个和东京相同的图表，请参考图1-2-2和图1-2-3，以及表1-2-1。1897年城市扩张期间，没有设置新区，而是将东西南北四个区的范围扩大了。扩张后的面积和之前相比，西区为7.1倍，南区4.0倍，北区2.6倍，东区1.5倍。面积扩大的程度的差异，决定了1897年人口密度和住宅用地占比的跌幅。在市区扩张前、各区住宅用地占比几乎不增加的情况下，人口在增加，尤其是南区人口快速增长到1889年之后，处于停滞状态。南区的人口密度上升最为显著，住宅用地占比的增加也最大。人口密度方面，仅次于南区的是北区和东区。住宅用地占比上升方面，北区仅次于南区，应该是由于这里的工人和杂业从业人员较多的缘故。大阪西面工厂林立，因此在明治时代末期，箕面有马电轨和南海铁道选择大阪市北部（池田）和南部（天下茶屋）开发住宅。

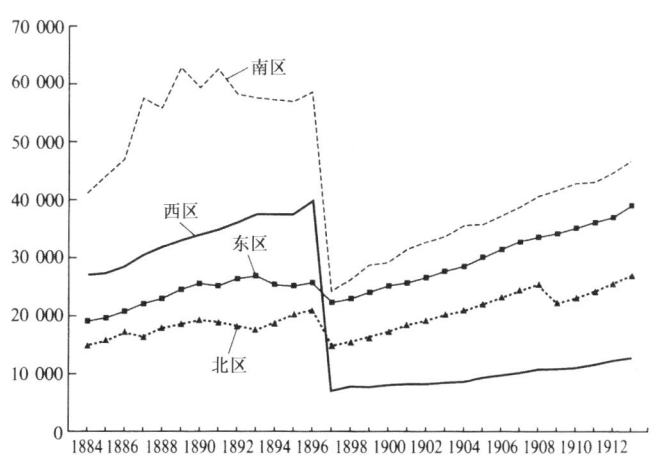

图1-2-2　大阪各区的人口密度

资料来源：大阪府（1884—1912）。

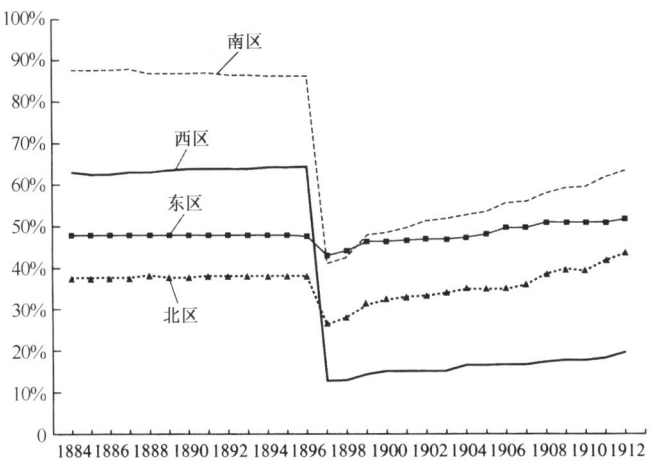

图 1-2-3　大阪各区的住宅面积占比

资料来源:大阪府(1884—1912)。

表 1-2-1　东京(1912 年)和大阪(1911 年)住宅地所有的比较

| 所有规模 | 所有者数 | | | | 总所有面积 | | | |
| --- | --- | --- | --- | --- | --- | --- | --- | --- |
|  | 东京(人) | 比率(%) | 大阪(人) | 比率(%) | 东京(千坪) | 比率(%) | 大阪(千坪) | 比率(%) |
| 10 000 坪以上 | 162 | 0.7 | 22 | 0.1 | 3 862 | 29.5 | 532 | 12.0 |
| 5 000~10 000 坪 | 266 | 1.2 | 51 | 0.3 | 1 793 | 13.7 | 359 | 8.1 |
| 1 000~5 000 坪 | 1 599 | 7.1 | 833 | 4.2 | 3 324 | 25.4 | 359 | 8.1 |
| 1 000 坪不足 | 20 408 | 91.0 | 18 788 | 95.4 | 4 112 | 31.4 | 3 170 | 71.7 |
| 总　　计 | 22 435 | 100.0 | 19 694 | 100.0 | 13 091 | 100.0 | 4 421 | 100.0 |

资料来源:小林(1981)和稻津(1911)。

注:东京是包含临接的郡管辖的地区的统计,大阪仅是大阪市内的统计。

那么,城市的土地所有情况又是怎样的呢?在城市,武家地除了一处以前的大名私宅以外全部上交。此外,幕臣等的土地也受到同样处置。在上交的土地中,有的作为政府所在地继续由政府所有,其余的均出售给民间。新政府官吏和向旧武家租地的原町人们可以以较低的价格获得土地(东京都 1965)。这样,东京就创造了新的土地所有者。另外,在大阪,武家地的比率要远远低于东京,因此对武家地处理带来的影响也更小。东京的地主人数在1878年有16 757人,1888年有21 691人。根据1878年的调查,东京15区中197个町的数据缺失,因此地主人数应该比1888年多(野口1987)。这两个时间点之间的地主人数应该超过2万①。1905年,东京市土地所有人数超过2万人,其后一直到1915年为止,这一数目都没有变化(加藤1988)。通过1906年和1912年土地所有人清单(水本、大泷1962,粕谷2002)我们可以看出,三菱、三井等财阀,以及浅野、德川等原大名,峰岛、堀越、渡边等商人(峰岛是典当商)为主要组成部分。其中,原大名继承了宅邸的所有权,三菱受丸内土地转让的影响,这二者均持有面积较大但数目较少的成块土地;而三井、峰岛等通过不断积累土地,持有大量的小面积土地(小林1981,铃木博1984)。

东京市的地主数目非常稳定,但是并不意味着土地所有人没有发生过变化。在1878年到1888年之间,中心4区的地主人数减少了932人,土地更加聚集了,而其他11区的地主增加了3 276人。1901年到1913年之间,中心4区民有土地的所有者增加了176人,其他11区减少了1 344人(东京市政厅1901—1913),这和整体的倾向是相反的。可以推测所有人发生了较大的变动。我们从土地的大规模所有人来了解一下这个问题。东京最大的地主是岩崎家族,1890年以128万日元的价格购买了政府出售的丸内和神田三崎町的共10万余坪的土地,这一事例十分有名。但是这个事例是从政府一次性买下一大块规整的土地,很难说代表了土地集聚的一般性倾向。1912年,持有13万坪土地的东京第三大地主峰岛家(峰岛喜代、峰岛兴合计)代表了最具商人(典当商)阶层特点的土地集聚过程。这是因为在1878年,峰岛家无论在15区中的哪一个,都不是1 000坪土地以上的大地主的家族(野口1987)。峰岛家族是在明治十年(1877)以后,收购没落的旗本(直属将军的武士,比御家人等级高,译者注)和御家人(直属将军的下层武士,译者注)的土地而逐渐发展起来的(涉谷1989)。这样一直到1912年,峰岛家通过30年间不断购入小面积的土地,实现了土地的集聚②。

---

① 长谷川(1988a)推测,改正地券发行后,土地所有者人数应该在3.5万~4万人之间。虽然没有给出推断的依据,但是和1878年的人数比较来看,应该是过多了。
② 麻布谷町原武家所有的土地被华族黑田成、西条军之助、手塚长三郎、田中爱等町人地主收购,长谷川(1988b)曾有论述。此外,三菱的土地集聚旗手(2005)曾有论述,三井的土地集聚粕谷(2002)曾有论述。

1904年大阪市的土地所有者数目为25 000人左右,和东京几乎相当;占总人口比例2%,比只占1%的东京高,土地所有权集中在少数人手中的倾向相对要弱一些。不过,如果将郊外的土地放到市区中来计算的话,由于郊外的租地、租房人数较少,东京和大阪的单纯比较就没有什么意义了。和东京相比,大阪的地主名簿较少,分析也比较困难。稻津(1911)提供了大阪市和邻近郡的土地所有情况一览表。濑川(1995)、名武(2004)等人曾就大阪中心地区的土地所有情况进行调查,大阪的大地主主要是住友家族和其他大阪商人,土地的集聚程度低于东京(土地所有权较为分散)。这里我们将统计范围扩大到整个大阪市,并和东京城区扩张以后进行了比较(表1-2-1)[①]。其中东京包括临近的郡部,但是大阪并不包含,将二者对比时需要慎重,不过大阪的土地向大地主集中的程度确实更低[②]。为什么会出现这种情况呢?我们列举了所有大宅地所有人的名单(表1-2-2)。住友家族所有土地的面积不足10万坪(包括西野田的工厂用地)。而三菱在东京持有土地面积为25万坪,二者之间存在极大差距。此外,东京排名第20位的土地所有人持有的土地面积仍然超过3万坪。从这个排名中也可以看出,土地集中于大地主的情况是比较少的。此外,还有一些工厂、运河公司、仓库等9家企业没有放在大阪中心地区的统计范围内,但是出现在我们的排名中。东京排名前20位的土地所有人中,华族占10人,而大阪的排名中不包括华族。另外,东京的排名中,仅包含1个工厂,即东京瓦斯纺织厂;但是大阪包括了9个工厂。而在大阪,能和三菱、三井匹敌的财阀只有住友一家,但是由于它拥有土地的面积相对较小,并且大阪没有原大名,又有很多工厂,临近郡部的大工厂数量更多,当时并没有包含在此次统计中。这些都是大阪的土地所有权不像东京那么集中的原因。此外,大阪在明治维新的过程中,应该没有太多属于原旗本、御家人的土地,所以类似峰岛家将原武士阶层因经济上的贫困而出售的土地一点点购买和集中起来的这种机制是不存在的。稻津(1911)还记载了除了面积以外的地价和

---

[①] 在统计中会出现同名同姓者被认为是同一人的问题,但是很难避免。此外,稻津(1911)中存在着不少错误,比如"住友吉左卫门""住友吉佐卫门""住友吉右卫门"等混淆使用。同书中有关于住址(町名、丁目都有详细记载),如住友的例子,名字相似,住址一致(原则上衔名一致,如未记载衔名,町名一致)以及原则上,在同一衔(数名未记载时则同一町)标有土地,统一姓名。

[②] 大阪也没有出现将土地记在一个家族的名义下的情况。

表 1-2-2 大阪住宅用地大地主

| 顺序 | 姓名 | 面积合计(坪) | 备注 | 姓名 | 地价合计(日元) | 备注 |
|---|---|---|---|---|---|---|
| 1 | 住友吉左卫门 | 95 321 | 住友财团 | 住友吉左卫门 | 551 458 | 住友财团 |
| 2 | 松井重太郎 | 44 509 | 财主 | 大阪市 | 193 614 | 三菱财团 |
| 3 | 大阪纺织(股份公司) | 36 143 | 三菱财团 | 三菱合资公司 | 179 002 | 三菱财团 |
| 4 | 大阪运河(股份公司) | 32 373 | | 木原忠兵卫 | 145 684 | 资产家 |
| 5 | 三菱合资公司 | 27 927 | 三菱财团 | 原原忠三郎 | 142 105 | 进口纺织品商 |
| 6 | 和田爱 | 27 246 | 大地主 | 竹原友三郎 | 129 440 | 捕客、经纪人 |
| 7 | 大阪 ALKALI(股份公司) | 25 255 | | 鸿池善右卫门 | 127 418 | 鸿池财团 |
| 8 | 于势真十郎 | 25 191 | 火柴商 | 三井银行(股份公司) | 120 911 | 三井财团 |
| 9 | 大阪联合纺织(股份公司) | 21 327 | | 山口玄洞 | 111 312 | 洋布匹商 |
| 10 | 摄津纺织 | 21 260 | | 川端半兵卫 | 107 561 | 杂粮商 |
| 11 | 日本纺织 | 19 856 | | 大阪纺织(股份公司) | 102 291 | |
| 12 | 火车制造 | 19 789 | | 大阪商船(股份公司) | 102 068 | |
| 13 | 芝川又卫门 | 17 187 | 地主 | 政冈土地合资公司 | 104 044 | |
| 14 | 大阪市 | 17 187 | | 大阪仓库(股份公司) | 101 896 | |
| 15 | 大阪煤气(股份公司) | 14 508 | | 于势真十郎 | 98 325 | 火柴商 |
| 16 | 政冈土地合资公司 | 14 103 | | 丰田宇左卫门 | 95 150 | 金融业 |
| 17 | 宽道作右卫门 | 13 210 | 财主 | 高木德兵卫 | 91 982 | 戏剧组织者 |

续表

| 顺序 | 姓名 | 面积合计(坪) | 备注 | 姓名 | 地价合计(日元) | 备注 |
|---|---|---|---|---|---|---|
| 18 | 吉本五郎右卫门 | 13 117 | 地主、贷款业 | 大阪联合纺织(股份公司) | 87 014 | |
| 19 | 大阪仓库(股份公司) | 12 763 | | 杨井佐兵卫 | 86 615 | 资产家 |
| 20 | 江川 TUYA | 12 254 | | 吉本五郎右卫门 | 86 574 | 贷款业 |

资料来源：稻津(1911)。备注：五十岚(1918)、石川(1910)、人事信用调查所(1911)、成濑、土屋(1913)、涩谷、石山、斋藤(1983)、商业信用调查所(1912)。

注：(1)安东周藏拥有 13 989 坪土地，但零地价拥有 12 828 坪土地，判断为错误记录，从表中排除。

(2)武田长兵卫拥有价值 94 852 日元的土地，但面积为 123.95 坪，拥有价值 71 719 日元的土地 1 处，判断为误记 3 719 日元，从表中排除。

(3)此外三井物产拥有 2 518 坪、12 401 日元的土地。

(4)波冈土地合资公司是与波冈德兵卫合并计算的。

(5)另外，藤田组、藤田平太郎合计拥有 10 835 坪、58 332 日元的住宅用地。

等级。这里的地价是1910年的《宅地地价修正法》规定的地租课税标准地价,于是可以认为它所反映的与其说是面积,不如说是土地作为资产的价值。这里列出了地价的合计结果①。按照地价排列,地价排名较高的多为大阪中心地区的资产家。木原、杨井家曾经经营过银行业,在明治末期退出银行业,成为持有土地的资产家。

  人们认为,近世江户有许多租地,大阪则租地较少。这是因为在江户,武家和寺院神社会将他们的土地出租给町人,而土地得以成为幕府的官方业务及借款的担保物,并且对租地人没有特别的保护措施。和江户不同的是,大阪会将空地没收;因此人们不太爱选择容易产生空置问题的土地租赁,而是更倾向于房屋的租赁。这些都是造成这一结果的原因(濑川1995)。但是,正如濑川(1995)所指出的那样,在明治维新时,武家的土地多数都被投标处理了,很少有能继承到明治时代以后的。一般认为明治末期大阪的租地较少,但从中心地区租地较少的原因上来看,早在近世租地就不多,这的确是一个前提。但是这一前提和大阪没有出现像东京中心4区那样的土地集中现象是两回事(促使零散士族出售土地的因素在东京是存在的)。此外,在郊外,大阪也和东京一样,出现大规模的土地集中所有,也有很多租地。

  众所周知,在二战之前的东京和大阪,绝大多数人都居住在出租房中。东京在之后较晚的时代,也就是1922年时,有93%的人租房居住。到了1931年,有房人群比例上升到了30%(加藤1988)②。而在大阪,1886年的租房比例为81%;市区扩张后的1926年和1941年,租房占比均为90%(原田敬1997,大阪市都市住宅史编辑委员会1989,寺内1992)。东京有房人群的占比之所以上升了,是因为可以在租来的土地上建设属于自己的房屋。在1931年,居住在自己的土地上的有房人群仅占5%。在东京,明治以后仅租借土地的情况大幅增加(加藤1986),租地人在租借的土地上建设房屋出租的情况也较多。而在大阪,在两次世界大战之间,在租来的土地

---

  ① 面积、地价、等级的关系方面,单位面积的地价基本和等级挂钩,但是有很多情况下二者都是不一致的。不过这也有可能是因为面积、地价、等级的记载出错,因而无法简单做出判断。
  ② 1941年(市区扩张后的)东京市中,有房人群占比为25%。

上建房的情况似乎要少于在自己的土地上建房的情况（寺内、和田 1980，石见 1990）①。在江户时期的江户和大阪，幕府对于空地的态度是不同的，因此江户和大阪之间的租地率有差异，在一定程度上是可以解释的。但是为什么在相同的法律框架下，仍然会出现这种差异，其原因尚不明确。

（粕谷 诚）

## 3.房地产商业的形成

房地产作为资产家资产运营的一环，具有重要的意义。三菱的房地产经营从其宏伟的构想角度看，就是三菱资产运作中不可忽视的一部分。而对于那些经营着一小块土地或土地上的建筑的主体（经营房屋出租的地主、金融从业人员、商人等多种多样）来说，还要考虑和其他金融资产之间的均衡。在东京市，"住宅用地借贷和房屋出租"占第三种收入的比例约为二成（加藤 1988），房地产是重要的资产运作对象②。有许多人都将自己从商业和金融业中获取的财富投资到房地产中，然后从商业和金融业撤出③。在江户时期就已经出现了这种资产组合形式，农村的地主也同时持有股份等金融资产和土地来实现资产的组合。此外，在地主研究中我们也经常强调，地主在其土地巨大化的时候，会选择放弃手工经营，因此城市的地主做出这种选择是见怪不怪的。而随着银行存款、股份等新型金融资产逐步完善，资产家在资产组合方面的选择也越来越丰富。

这种房地产经营不一定需要专业化。从江户时代开始，一边做生意，一边经营出租房的经营形态反而是一种普遍现象。此外，它也不一定需要采取公司的形式。反而是在房地产业，公司往往不会专门经营房地产。财

---

① 但是据长谷川（1995）研究，在两次世界大战之间，大阪的土地会社中最大的安治川土地和第三位的泉尾土地公司都是以土地出租为主要的获利手段的。因此这里将中心地区和周边地区的差异也考虑进来的话，需要重新思考这一理论的适用范围。

② 有人将20世纪10年代前期的箕面有马电轨商品住宅购置后用于出租（参考第4节）。此外从1922年开始的目白第一文化村和第二文化村中，也有不少人是出于投资的目的购买的（野田、中岛 1991）。

③ 第2章第2节中表1-2-2中的木原忠兵卫、杨井佐兵卫等就是一例。在东京，堀越角次郎将他在棉麻布行中积蓄的财富投入房地产，进行土地和房屋的租赁经营也是一个有名的案例（加藤 1988）。

阀的本部一方面是持股公司，同时也有房地产等实际业务。此外，电铁公司也往往会将铁路事业和房地产业结合起来开展业务。《农商务统计表》中反映了房地产行业的这种主体不清的情况。其中，对房地产相关公司的描述上，1900—1911 年间设置了"土地房屋买卖及借贷"分类；1912—1916 年改为"不动产买卖及租赁"；1911—1912 年之间，公司数目从 166 家增加到了 196 家，但实收资本金从 759 万日元增加到了 3 060 万日元，整体都缺乏连续性。我们要从公司统计的角度来观察房地产业务的扩大情况是十分困难的，因此不得不增加观察对象，或者从建筑以及地租、房租的统计角度来考察。这里我们先从中介业和管理业的角度进行简单的论述，然后就住宅土地和住宅的供给、写字楼的供给进行进一步的考察。其中，电铁公司的房地产经营方式是将铁道业务和房地产业务组合进行，这种世界上十分罕见的房地产经营方式我们将在下节具体说明①。

### (1) 中介业和管理业

江户时代有从事房地产买卖和房地产金融的介绍所。在明治时期后，这些介绍所仍然活跃于相关行业中。此外，旧家守、町干事等也在包括房屋出租等在内的房地产中介方面发挥作用。而金融行业在处理房地产担保业务的时候，也逐渐开始参与房地产中介。随着城市化的不断发展，人们对房地产的需求在不断增加，这就使得更多的中介商参与到其中。东京的光正不动产（1900 年创业）、大阪的万成舍（1896 年创业）等知名企业就是这个时期形成的。东京的巨型公司制企业——东京建物也在 1896 年成立。东京建物同时开展房地产中介和房地产金融业务（房地产业界沿革史出版特别委员会 1975，旗手 1979，蒲池 1994，全宅联不动产综合研究所 1999a）。

江户时代的家守一方面是房地产的管理人，另一方面也是城市统治的最基层。但是在明治维新后，1869 年家守被禁止参与町行政事务，次年又规定由地主负责土地内的管理。1873 年，将房地产的管理者名称变更为

---

① 正如序章中提到的，在南加利福尼亚州，Huntington 将电力、铁路、房地产组合起来进行经营，但是这种情况和铁路公司的兼职经营还不一样。

"地面差配人"。从此以后,"差配人"的名称就固定下来了。在江户,粪尿清理费归家守所有,这成为家守株形成的基础。但是到了明治时期,根据法院的裁决,粪尿清理费重归地主所有,但将其作为差配人的工资支付给差配人,并形成惯例。而和江户时期不同的是,粪尿收取合同是面向差配人这一职位订立的,并且当差配人被解雇时,合同就会随之失效,从而消除了差配人株(相当于土地管理员资格,译者注)的诞生土壤。法院的这一判例,意味着那些在江户时期购买家守株,到明治时期继续担任差配人的人们失去了一部分财产(家守株),影响可谓巨大;同时意味着地主可以更容易地更换差配人,对于地主是有利的。此外,在江户时期家守的酬劳是定额的;而到了明治时期,以三井为例,1873年以后差配人的工资改为按照一定比例,从征收上来的地租房租中提成,从工资角度加入了内在动力因素。综上所述,在明治初,家守制度和条件发生了巨大的变化,差配人失去了团结的基础,和地主的交涉实力大幅下降,这在一定程度上改变了地主难以插手房地产管理的江户时代的情况。1872年,房地产租赁价格实现自由化,政府取消了对价格的限制政策,但是以三井为例,当时房地产经营的直接收益率仍然要低于公债。但是在幕末维新时期的通货膨胀中,房地产的价格一直在上涨,所以将资本收益计算在内,房地产投资的收益率并不低。(粕谷2002;森田2000、2001)

## (2)住宅用地和住宅的供给

首先,我们看一下小规模区域划分下的住宅用地和住宅的供给情况。从数量上来说,这类小型供给占绝大多数,但是也是由于它的规模太小,所以很难找到有关它的住宅开发、住宅建设的详细记录。从住宅用地的供给角度来看,正如上一节我们讨论过的,整个明治时期,东京市其他11区的住宅用地占比在不断上升。在下谷地区,有这样的案例。M家、S家、I家曾在明治二十年代到三十年代之间(1888年到1908年,译者注)购买土地,并将其作为牵牛花的栽培用地出租;到了明治三十年代以后,又将其变为住宅用地(东京大学社会科学研究所1952)。M家在1888年《东京市区改正条例》公布后的第二年,认为地价在未来会上涨,遂购买了2町步(以町为单位计算田地和山林面积时的说法,译者注)左右(约6000坪)的土地。

到了明治三十年代末,土地作为住宅用地租赁更为有利,牵牛花农们也由于不断上涨的租赁费而放弃牵牛花的栽培,从而实现了土地的住宅用地化。M家也通过此前持有的土地和此后的土地集聚而拥有了8 000坪的土地。S家也在明治维新后扩大土地持有面积,到了明治二十年代大概拥有2町步的土地,用以种植牵牛花。到了明治四十年代,地租不断上涨,于是弃农将土地改为住宅用地出租。其后S家的土地持有面积大约在5 000坪左右。I家自江户时期就是地主,也是在明治二十至三十年代之间扩大土地持有面积,共持有1.8万坪的土地,同样成为住宅用地的所有人,放弃了万年青种植和典当行的业务。此外,新潟的大地主市岛家曾于1893年,在入谷町附近购买了19 592坪的土地,除了建设自己在东京的住宅以外,还完善了私人道路和下水系统,形成了住宅用地。M、S、I三家均任命自己的熟人或者亲戚作为经管人,委托其进行地租的收缴。此外,在土地租赁中,还收取相当于2个月或3个月不等的地租的押金。押金在合同到期后返还,但是押金的利息归地主所有①。

下面考察一下房屋出租的供给情况。根据对下谷地区的房东的调查,受下谷地区人口增长的限制,从明治中期到大正初期,房东人数较多(东京大学社会科学研究所1952)。大崎辰五郎是一个以本乡为中心从1885年起开始出租房屋的商户,他从在租来的土地上建设小规模的房屋供出租起,逐步扩大经营规模,1892年购买土地,最终共购买超过1 000坪的土地,开始房地产业务(铃木博1984,大崎1982)。此外,位于下谷池之端、根津的M家,在幕府末年来到东京,经营烧酒酿造业,1881年开始购买土地;到1912年共持有815坪的土地,开始出租土地,同时还在租来的土地上建设房屋,出租房屋获利(加藤由1990)。从上述事例中,我们可以看到当时在租来的土地上建设房屋出租的情况很普及。在下谷、本乡一带,自19世纪80年代以后房屋出租行业与人口增长同步获得发展。在大崎的案例中,大崎本人曾经应该几乎没有任何资产,但从1882年开始出租房屋后,仅仅7~8年间就购买了400坪的土地,可以认为当时房屋出租的获利率是非常

---

① 在东京的大久保地区,由于1905年市电车延伸到新宿3丁目,从而开始住宅化进程,树农随之减少。交通方式的完善使得它的城市化进程略晚于下谷(加藤1986)。

高的(不明确是否借钱购买土地)。下谷的F家在1902年左右,每次出租时都会收缴相当于3~6个月不等的房租的押金,而当时一个月的房租大约相当于一座房子建筑费的1/10[1],所以只需要出租3个房子,就能另盖一座新房了(东京大学社会科学研究所1952)。可以说房屋出租是一种获利极高的经营手段[2]。因此,只要能够设法凑齐最开始的建设资金,那么基本上没有人会出这么高的房租来租房子了,可见筹资方面的限制对于房屋出租业的影响是很大的[3]。

下面我们再来看一下有计划地开发大面积土地的案例。这种开发行为的特点是通过某种有整体性的计划来开发土地,以提高自身资产价值为目标,和购买多个小规模地块经营房地产的商人式地主是不同的。这类开发行为的主体多是持有一块较大土地的原大名。此外,还有通过购买政府出售的地块并将其作为住宅用地开发的三菱(神田三崎町的开发)等比较有名。首先,我们以福山的阿部家在西片的开发事业,以及棚仓的阿部家在霞町的开发事业为例,来考察一下原大名进行的房地产开发[4]。

福山的阿部家族开始在西片开展长屋(相当于大杂院,面向低收入人群分割出租的房屋,译者注)的出租业是在1872年,其后建设道路,建设和住宅用地配比的街区(1879年将住宅和田地分离,1886年将田地全部转化为住宅用地),并完善下水道、街灯、电线、自来水等设施。另外,在租来的土地上建设房屋时,阿部家会设计图纸,要求屋顶使用瓦片等,对房屋的质量有所考量。此外,还禁止租借土地的转租和其他人在租地上建设房屋,避免权利关系的复杂化。但是这些规定随着时间也在不断地变得弛废,后来也开始向其他人出售房屋。阿部家族也建设房屋供出租。一般由管家

---

[1] 曾经有对每个月都按时交纳房租的租户免除第12个月租金的惯例,但是在1935年左右这一惯例被废止了。
[2] 大阪房屋出租的时候一般是不带室内装修的。但在东京,为了迎合工薪层的需求,从明治中期开始出租房都会带装修。
[3] 荒川家从1908年起在小石川区音羽地区经营房屋出租业,最初是在上班的同时接受了妻子娘家的一些资助,建设房屋出租进而开始经营出租业,到了昭和二十年代(约1945—1955年,译者注)已经建设了22栋房屋(江面1987)。
[4] 福山的阿部家族在西片的开发项目参考稻叶(1987)、加藤(1996,1997)著述,棚仓的阿部家在霞町的开发项目参考加藤仁(1990,1991,1992)的著述。此外,下谷的大河内家族也在1893年到1901年之间,填平农田和沼泽,在荒野上开发建设住宅用地,并将其出租(东京大学社会科学研究所1952),不过其经营内容并不明确。

担任经管人管理房地产,而道路、下水道、水井、房屋修缮、清扫、除草、疏通下水道等工作,由在阿部家族服务的鸢方(高空作业的工匠,译者注)、左官(泥瓦匠,译者注)、植木屋(园丁,译者注)等工人来负责①。棚仓的阿部家也经营房屋出租,从1886年到1888年,在霞町铺设道路,规整地块,完成了从旱田到宅地的地目(为表示土地状况或主要用途而编的名目,旱地、宅地等均包含在日本的21个地目之中,译者注)转换。还对上下水道和道路进行了完善。在土地出租业务外,阿部家还建设房屋用以出租。房地产经营的管理人是阿部家的管家,工人负责道路铺设等工程。在霞町还有租用土地的人通过从事房屋出租获利。综上所述,可以看到两个阿部家族都进行房地产经营,都是从明治中期开始开展以道路整备为代表的宅地开发,以土地出租为基本业务,兼顾房屋出租业务,管家和雇佣的工人负责房地产经营中的实际事务。从以上几点来看,两家的情况是极为相似的。此外,棚仓的阿部家族将道路两侧的土地价位设定得更高,开发主体也期待房地产价格能够随着道路的完善而上涨。但是这种有计划的开发行为反而是少数,有许多华族都和商人一样出租土地和房屋,但属于毫无规律的住宅建设而已(野村1998,1999)。

三菱在1890年从政府购买了包括丸内和三崎町在内的共31 035坪土地,减去市区改正计划规定的道路面积8318坪后,对地块进行分割,完善弧光灯(后来改为电灯)、水井(后来改为自来水)、下水道等设施,还建设了澡堂②。和阿部家相似,都进行了有整体性和计划性的开发。但是三崎町由于其附近计划开设甲武铁道饭田町车站(1885年开通),因此这个区域并没有作为单纯的住宅区开发。三菱建设了店铺及店铺住宅兼用建筑,出租土地,并且在租地上建设了住宅及剧院、旅馆、出租屋以及日本大学的前身——日本法律学校等各类建筑物。在租地上建设房屋出租的人也不在少数。这样到了1897年左右,几乎所有土地都被租出去了。市内的大块土地的开发上,虽然存在地理要素带来的用途差别,但基本上都和道路的修建同步,完成了有计划的开发。但是,开发时的规划要长时间保持却是

---

① 福山的阿部家在1882年购买了芝去琴平町的2 251坪土地,开始房地产经营。其具体内容并不明确,但是雇佣当地人管理。

② 三崎町参考铃木(1978,1987)著述。

一件难事，随着一些规定的放宽，也有一些地区的样貌发生了巨大的变化。这种情况在美国也时有发生，在没有城市规划前，仅凭建筑限制进行开发后，随着限制合同的失效，管理越来越松弛，制度上的支持也多有不足。

**(3)商务中心和写字楼的供给**

在明治维新后，出现了新型企业，企业的区位条件除了要考虑产品进货出货的便捷性、交通上的便捷性、土地和建筑物的租金等要素外，还受到集聚效应的影响。制造业等一般会避开地价较高的城市中心地区，建设在更容易确保用地和用水的地方。在明治时期，公司的本部一般会跟随工厂设置，极少有企业会将本部单独设在城市中心。另外，商业、金融业的企业需要建在人口密度较高的地区，因此多分布在城市中心。这种分布和江户时代持续到当时的兑换商和大商铺位于城中心的分布情况并无太大差别。不过，在江户时代的商户中，一般学徒和替班工人都会住在店里，工作和居住一体化。但是明治维新以后出现的新企业中，有一些工作和居住是分离开来的。而写字楼的出现则是一个划时代的变化。写字楼是在那些没有过去商户传统的企业之中出现的。日本最早的写字楼是1872年建设的海运桥第一国立银行（建造时是三井组的建筑物，后来转让给了第一国立银行）。但是这座写字楼是自用楼盘，并没有对外出租。最早供出租的写字楼是1894年三菱在丸内建设的三菱1号馆（藤森1985）。后来，铁路等设施的完善，对企业的区位选择产生了更大的影响。

企业的区位选择受到集聚效应的影响，而形成了商务中心。没有过去商户传统（或者很少继承）的东京的新企业，一开始聚集在兜町附近。兜町附近的企业包括第一国立银行、邮政汽船三菱会社（日本邮船）、三井物产、东京海上保险、明治生命保险、东京股票交易所等商业、流通业、金融业的企业，此外还有中外商业新报、东京经济杂志等传媒业公司。通过引进"株式会社"（即股份有限公司，译者注）这一新企业形态的涩谷荣一为媒介，三菱、三井完成了企业的集聚。不过三菱在1890年以128万日元的价格从政府手中买下了包括三崎町、丸内和有乐町在内的103 999坪土地，除去市区改正计划规定的道路面积19 689坪后，余下的84 310坪均用于土地开发。三菱还以其发展的眼光，将道路两侧的土地作为人行道用地捐赠给了东京市，在写字楼的开发中充分考虑到了周围景观的美观性，其商务街的开发可以说目光远大。继1号馆后，到1911年三菱共建设了13座楼盘。三菱系列下的大企业东京海上保险和明治生命保险进驻2号馆，日本邮船进驻3号馆，均从兜町迁出。三井后来也将骏河町定为本部，三井物产于1902年迁至此处。综上，商务中心从兜町逐步转移到丸内，其背景是交通体系从近世以来的水运到铁路、公路交通等陆运的变化（藤森1982）[①]。

通过表1-3-1我们来看一下丸内写字楼建成前的企业集聚情况。1893年，从实收资本来看，东京市的日本桥区、京桥区以及其他区集中了许多企业，包括丸内在内的麹町区几乎没有企业。此外，和大阪相比，东京企业的集中情况更为显著。但是这也受到了如日本铁道（实收资本1 920万日元，位于下谷区，下同）、第十五国立银行（1 783万日元，京桥区）、日本银行（1 000万日元，日本桥区）、日本邮船（880万日元，日本桥区）等巨大规模企业的影响的结果，这点必须注意。这些企业以外的实收资本金额总和如下：京桥区650万日元，东京市及其他区440万日元。日本桥区仍然是最大的企业聚集地，不过和大阪各区的差距并没有达到10倍那么多。并且，大阪的中心区是横跨它的北、东、西三区，考虑到这一情况，东京和大阪的企业集聚程度差别可能要再打一个折扣了。另外，我们将企业所在地的町名做了一个统计，表1-3-2表示了位于相同町的企业数目，可见中之岛最多，其次是日本桥区本町、北滨、兜町，其间差别不大。企业数目最多的中之岛共有7家，并未出现一个企业数目特别多的町。

表1-3-1　根据省府统计书的企业集聚情况（1893）

| 地区 | 企业数 | 交纳的资本金 | | | 设立的年份 | |
| --- | --- | --- | --- | --- | --- | --- |
| | | 中位数（千日元） | 平均（千日元） | 合计（百万日元） | 中位数 | 平均 |
| 东京市麹町区 | 4 | 183 | 364 | 1 | 1 888 | 1 886 |
| 东京市神田区 | 5 | 25 | 27 | 0 | 1 889 | 1 887 |

---

[①] 关于三菱在丸内的土地购买和写字楼的建设，请参考三菱地所株式会社社史编纂室（1993a）和旗手（2005）。第1号馆由三菱合资会社本部和三菱合资银行部进驻。

续表

| 地区 | 企业数 | 交纳的资本金 | | | 设立的年份 | |
|---|---|---|---|---|---|---|
| | | 中位数（千日元） | 平均（千日元） | 合计（百万日元） | 中位数 | 平均 |
| 东京市日本桥区 | 54 | 200 | 588 | 32 | 1 887 | 1 885 |
| 东京市京桥区 | 36 | 95 | 676 | 24 | 1 888 | 1 887 |
| 东京市其他区 | 28 | 50 | 843 | 24 | 1 889 | 1 887 |
| 东京府郡部 | 25 | 100 | 210 | 5 | 1 888 | 1 887 |
| 大阪市西区 | 33 | 39 | 99 | 3 | 1 888 | 1 888 |
| 大阪市南区 | 11 | 10 | 84 | 1 | 1 891 | 1 891 |
| 大阪市东区 | 27 | 100 | 143 | 4 | 1 889 | 1 887 |
| 大阪市北区 | 24 | 100 | 204 | 5 | 1 890 | 1 889 |
| 大阪府郡部 | 37 | 25 | 100 | 4 | 1 890 | 1 890 |
| 合　计 | 284 | 85 | 363 | 103 | 1 888 | 1 887 |

资料来源：东京府(1893)，大阪府(1893)。

注：(1)采用大阪市域扩张后的地名，大阪郡部包含堺市。

(2)只抽取股份公司。

(3)东京市其他区包括日本铁路(1 920万日元)、京桥区包括第十五国立银行(1 783万日元)，日本桥区包括日本银行(1 000万日元)、日本邮船(880万日元)。

表1-3-2　根据町名进行的企业数量统计

| 1893年 | | 1914年 | |
|---|---|---|---|
| 地区 | 企业数 | 地区 | 企业数 |
| 北区中之岛 | 7 | 麴町区有乐町 | 20 |
| 日本桥区本町 | 6 | 北区中之岛 | 7 |
| 东区北浜 | 5 | 东区北浜 | 6 |
| 日本桥区兜町 | 5 | 泉南郡岸和田 | 5 |
| 北丰岛郡王子村 | 5 | 麴町区内幸町 | 4 |

续表

| 1893 年 | | 1914 年 | |
|---|---|---|---|
| 地区 | 企业数 | 地区 | 企业数 |
| 北区川崎 | 4 | 京桥区银座 | 4 |
| 北区下福岛 | 4 | 京桥区三十间堀 | 4 |
| 西区川北 | 4 | 麴町区八重洲 | 4 |
| 西区河南 | 4 | 日本桥区兜町 | 4 |
| 西区西长堀北通 | 4 | 日本桥区吴服町 | 3 |
| 南区难波 | 4 | 京桥区南锅 | 3 |
| 日本桥区南茅场町 | 4 | 日本桥区蛎壳町 | 3 |
| 南多摩郡八王子村横山 | 4 | 日本桥区本町 | 3 |

资料来源：东京府(1893)、大阪府(1893)、桥本奇策(1914)。

注：(1)采用大阪市域扩张后的地名。

(2)1893年只抽取股份公司。

从表1-3-3可以看到，到了1914年，企业的集聚情况发生了变化。这里要注意，表1-3-3中数据采集的范围和表1-3-1不同，这里以大企业为主。1914年没有1893年时出现的远远高于其他的大型企业，所以没有必要分开表示[①]。1914年，麴町区的企业聚集程度达到了和日本桥区相当的水平。并且从同一町内的企业数目（表1-3-2）来看，有乐町最为突出，可以看出丸内已经形成了一个成熟的商务中心。很有意思的一点是，在各个区的企业设立时间的中间值方面，日本桥区和麴町区之间有10年的差距。可以看出，新建企业多设立在新的商务中心。相同的情况也发生在大阪的东区、北区和西区之间，新企业多选择西面的工业带集聚。

---

① 实收资本最多的企业是东京电灯(3 960万日元)，第10位是钟渊纺织，实收资本金额为1 497万日元，差距在1.6倍。1893年第1位是日本铁道，第10位是第三国利银行(100万日元)，二者差距为18.2倍。

表1-3-3 根据股份年鉴统计的企业集聚情况

| 地区 | 企业数 | 交纳的资本金 | | | 设立的年份 | |
|---|---|---|---|---|---|---|
| | | 中位数（千日元） | 平均（千日元） | 合计（百万日元） | 中位数 | 平均 |
| 东京市麹町区 | 32 | 1 125 | 4 951 | 158 | 1907 | 1903 |
| 东京市神田区 | 4 | 2 840 | 9 212 | 37 | 1897 | 1897 |
| 东京市日本桥区 | 38 | 1 375 | 3 792 | 144 | 1897 | 1896 |
| 东京市京桥区 | 38 | 625 | 1 853 | 70 | 1907 | 1901 |
| 东京市其他区 | 17 | 750 | 1 336 | 23 | 1907 | 1903 |
| 东京府郡部 | 31 | 1 125 | 2789 | 86 | 1903 | 1900 |
| 大阪市西区 | 20 | 530 | 1 031 | 21 | 1905 | 1901 |
| 大阪市南区 | 9 | 1 500 | 1 961 | 18 | 1910 | 1904 |
| 大阪市东区 | 22 | 600 | 2 175 | 48 | 1897 | 1899 |
| 大阪市北区 | 24 | 1 085 | 3 151 | 76 | 1898 | 1898 |
| 大阪府郡部 | 27 | 480 | 1 004 | 27 | 1907 | 1904 |
| 合　计 | 262 | 900 | 2 701 | 708 | 1906 | 1900 |

资料来源：桥本奇策（1914）。

注：大阪郡部包含堺市。

下面，我们还有必要考察一下企业的集聚和写字楼建设之间的关系。但是，用作参考的《东京市统计年表》有关建筑物的统计中，建筑结构（木质结构、砖瓦结构等）和建筑用途（公共建筑、银行、公司等）的统计数据之间缺乏统一性，因此在使用这些数据时，需要指定严格的条件限制。因此，这里我们就1913年末不同用途的砖瓦结构建筑进行考察。统计中没有明确说明，但是这里计算的应当是建筑面积。不同用途下的砖瓦结构建筑的面积分别为：公共建筑15万坪，银行公司5万坪，工厂3万坪，仓库1万坪，其他1万坪；公共建筑占六成。此外，各区中砖瓦建筑的面积较多的区包括麹町区（8万坪），京桥区（5万坪），日本桥区（3万坪），深川区、本乡区（2万坪);面积较小的区包括麻布区和四谷区,均不足1 000坪。公共建筑最多的地区是麴町区(7万坪),京桥区和本乡区(2万坪)位居其次。麴町区是政府所在地,本乡区的砖瓦建筑也基本都是公共建筑,应该是东京帝国大学的校舍。银行和公司最多的地区是日本桥区(3万坪),麴町区和京桥区为1万坪,位居其次。麴町区里理应有三菱公司在丸内的砖瓦建筑,所以这个统计数据是否可信尚存疑问。另外,工厂最多的地区是深川区(1万坪),京桥区、本所区仅次于它[①]。

最后,我们来看一下这种企业的集聚情况和建筑物对房地产市场产生了怎样的影响。表1-3-4表示东京各区最高住房租赁价格。各个区每年房租最高的地点都不同,因此通过这张表格很难看到租赁价格的变动。此外,虽然没有办法排除那些由于某些特殊原因而标注高价的情况,但是毕竟租赁和土地买卖不同,我们可以认为它受这种特殊情况的影响较小。这里只就各个区的租赁价格的排名做简单的考察。1903年,日本桥区的租赁价格尤其高,排在它后面的是传统的人口密集地区下谷区、神田区、京桥区、浅草区。再往后,京桥区、下谷区的排名下降,麴町区的排名上升。到了1913年,麴町区和日本桥区基本相当。关于京桥区的排名下降,我们对统计数据的可信性尚存疑。不过从住房租赁费用上看,大概可以得到这样的印象:麴町区的有乐町,也就是丸内附近,基本上和日本桥区的室町附近的租金相当。

(粕谷 诚)

---

[①] 大阪市政府(1912)只记载了按构造和层数分类的建筑的占地面积,和东京市无法进行比较。1912年末的砖土建筑面积里,北区是39 117坪,西区18 630坪,南区11 031坪,东区2 972坪,可以看出砖土建筑北区较多。北区有日本银行、中之岛图书馆,西区有大阪市政府这些公共建筑,可以推测公共建筑的比例是不能无视的。

表 1-3-4　住房租赁价格

单位：日元/土平·月

| 区名 | 1903年 町名 | 地租 | 顺序 | 1908年 町名 | 地租 | 顺序 | 1913年 町名 | 地租 | 顺序 |
|---|---|---|---|---|---|---|---|---|---|
| 麹町区 | 有乐町 | 0.350 | 8 | 有乐町 | 1.000 | 3 | 有乐町 | 1.500 | 1 |
| 神田区 | 小川町 | 0.500 | 3 | 须田町 | 1.200 | 2 | 须田町 | 1.200 | 3 |
| 日本桥区 | 室町一丁目 | 0.980 | 1 | 通三丁目 | 2.000 | 1 | 室町三丁目 | 1.500 | 1 |
| 京桥区 | 银座一丁目 | 0.500 | 3 | 银座四丁目 | 0.516 | 9 | 银座四丁目 | 0.730 | 9 |
| 芝区 | 芝口一丁目 | 0.450 | 6 | 芝口四丁目 | 0.600 | 5 | 芝口二丁目 | 1.000 | 5 |
| 麻布区 | 饭仓三丁目 | 0.250 | 13 | 饭仓四丁目 | 0.260 | 14 | 饭仓二、三丁目 | 0.500 | 13 |
| 赤坂区 | 赤坂一木町 | 0.250 | 13 | 一木町 | 0.350 | 11 | 溜池町 | 0.800 | 8 |
| 四谷区 | 麹町十三丁目 | 0.300 | 10 | 麹町十二丁目 | 0.750 | 4 | 麹町十二丁目 | 1.000 | 5 |
| 牛达区 | 牛达春町 | 0.400 | 7 | 神乐坂三丁目 | 0.600 | 5 | 通寺町 | 0.700 | 10 |
| 小石川区 | 小日向水道町 | 0.200 | 15 | 小日向水道町 | 0.260 | 14 | 小日向水道町 | 0.340 | 15 |
| 本乡区 | 本乡三丁目 | 0.350 | 8 | 本乡三丁目 | 0.500 | 10 | 本乡五丁目 | 1.200 | 3 |
| 下谷区 | 下谷二丁目 | 0.600 | 2 | 五条町 | 0.580 | 8 | 上野元黑门町 | 0.550 | 12 |
| 浅草区 | 新吉原江户町二丁目 | 0.500 | 3 | 茅町一丁目 | 0.600 | 5 | 茶屋町 | 1.000 | 5 |
| 木所区 | 木所元町 | 0.300 | 10 | 元町 | 0.350 | 11 | 相生町五丁目 | 0.700 | 10 |
| 深川区 | 常盘町二丁目 | 0.300 | 10 | 常盘町一丁目 | 0.350 | 11 | 常盘町一丁目 | 0.350 | 14 |

资料来源：东京市政府（1903、1910、1915）。

注：选取各区的最高值。

## 4.郊外住宅开发的开始

### (1)将目光转向郊外

上面一节中,我们对城市内部的房地产经济进行了探讨。这一节,将就城市郊外地区的房地产经济——郊外住房零售业的形成进行论述。促进住房零售业发展的主体,就是本节中我们介绍的箕面有马电轨所代表的电铁企业。

日本真正进入工业化进程的时间大概是 20 世纪初的第一个 10 年。当时,大大小小的工厂林立在东京、大阪两大城市,人口不断密集化的同时,城市周边地区工厂排放的煤烟和污水造成了居住环境的恶化。这种污染问题在被称为"东洋曼彻斯特"的大阪尤为显著,昔日的"秀美水都"被煤烟笼罩,成了"暗无天日的烟都"(小林 1990,第 192 页)。加之日俄战争前后大阪中心部(南区)的人口密度比同时期的东京(中心 4 区)还大,因此,对郊区的住宅需求也就更大了(橘川 1994,第 87 页)。在这种背景下,20 世纪初的前 10 年间,大阪最早开始了在郊外建设别墅和住宅区。

最先开始在大阪周边郊外地区开发土地的是南海铁道公司,它在天下茶屋站附近建设别墅和住宅区。1892 年,当地有关人士开设了天下茶屋游乐场。之后,从 19 世纪 90 年代末到 20 世纪初,这里开展了一系列针对大阪市内富裕阶层的别墅开发项目。其后,随着 1907 年南海铁道难波—滨寺之间的路线完成电气化,天下茶屋站的便捷性大幅提高,该站附近地区开始从别墅向住宅区变化。当时,当地还创办了推荐人们从大阪市内移居天下茶屋附近的《郊外生活》报纸(1908 年创刊,每月发行 2 次),可以说出现了一种房地产热。然而,道路和下水道等城市基础设施的建设没有赶上快速发展的住宅开发及人口增长,因此这里的居住环境恶化也成为一大问题(铃木 2004,第 80~91 页)。结果是天下茶屋作为一个郊外住宅区没有得到很高的评价。

尽管天下茶屋位于南海铁道沿线,但是在住宅开发的过程中,并没有铁路公司参与进来,而多是由当地小开发商进行的小规模开发。也是由这个原因，在开发郊外住宅区的同时没有并考虑城市基础设施建设，这也是引发居住环境恶化和新移居者和原住民之间产生摩擦的原因之一（铃木 2004，第 91-91 页）。从这点上来看，将郊外住宅区开发明确定位为经营战略的一环，对铁路沿线进行系统开发的阪神电铁和箕面有马电轨就和前面有很大的差别。下面，我们将介绍阪神和箕面有马两家电铁公司是如何进入房地产行业的，并以此探讨电铁公司在郊外开发住宅的源流。

最早的日本电气铁道业公司是 1895 年 2 月开设的京都电气铁道公司。最开始，这一行业仅仅是一个城市内的交通机构。但是到了 20 世纪初，现有蒸汽车线路逐渐电气化，并且开始铺设城市近郊铁路和城市间铁路线路，这两种发展方向使得电气铁道开始向郊外电铁发展（野田、原田、青木、老川 1986，第 190～196 页）。电是电铁的动力，同时也可以用于电灯、电力等其他用途，因此许多电铁公司都兼营电力事业。因此，和对兼业经营缺乏热情的铁路国有化之前的大型铁道公司（蒸汽铁道）不同，电铁公司从设立之初起就积极开展多样化经营。尤其是到了日俄战争后，电铁企业开始在铁路沿线地区开展包括房地产业在内的多种经营业务。例如前面提到的南海铁道公司，就在 1905 年大塚惟明（原赞歧铁道专务董事）任董事后，在他的推动下建设了滨寺公园的海水浴场和体育设施，并和大阪每日新闻合作积极开展市场推广（三木 1994，第 8～9 页）。阪神电铁于 1905 年 7 月建设了打出海水浴场、1907 年建设了香栌园游乐场，也积极投入铁路沿线娱乐设施的建设。阪神电铁在开始营业之前的 1905 年 2 月，曾经决定开始在沿线开展电灯和电力供给事业，并在 1908 年 10 月电灯开始通电（日本经营史研究所 1985b，第 100～119 页）。

这些兼营事业多数都能够带来副业收入等直接利益，还能加强沿线的揽客能力，为本业带来推动效应。在这个层面上，沿线地区的住宅开发也是增加沿线人口，获得固定乘客的有效战略性措施之一。阪神电铁正是看中了这一点，在 1907 年 10 月将"土地房屋租赁业务"加入了经营目标中，并将此修正案提交股东大会审议，意在开启房地产业发展。然而股东大会上，股东们担心副业反而会消耗本业获得的利润，因此电灯电力业务尚可允许,但是购买土地房屋及租赁是绝对不可以的,提议陷入激烈争论①。当时阪神电铁的红利率在12%~13%之间,经营状况非常好,因此不难理解股东维持现状的想法(日本经营史研究所1985b,第526~527页)。但是,同样是兼营业务,电灯电力就被认为是切实可行的事业,房地产业就被看作是不稳定的,这点值得我们注意。本次修订案最终还是在讨论后,原案通过了股东大会的审议。但是,为了消除股东对房地产业的不信任感,此后阪神电铁在沿线的出租业务仅作为一种"增加沿线居住者的策略",强调不以房地产经营为目的(日本经营史研究所2005,第92页)。

阪神电铁在1908年1月发行了一本《市外居住建议》,从医学的角度强调郊外生活对健康的好处,用以宣传阪神电铁沿线郊外住宅区的优越性。其后,在次年也就是1909年1月的董事会上,通过了用内部保留金在西宫车站空地上建设32户(14栋)住房用以出租的决议,终于开始进军房地产业(日本经营史研究所2005,第92~93页)。当时,阪神电铁故意将房租压得很低,想要以此降低周边房租并达到增加铁路沿线居民的目的。尽管采取了低价房租策略,西宫的房屋出租业务仍旧给出了漂亮的业绩,因此阪神电铁在1910年又买下了鸣尾的5 500坪土地,投资96 513日元建设了64户(50栋)房屋,并以每月10~25日元不等的价格出租出去,取得了成功(日本经营史研究所2005,第93页)。

阪神电铁在1909—1910年开展的房地产业务,主要以增加沿线居民和旅客为目的,和大规模购买沿线土地并进行宅地开发、住宅建设的房地产投资开发式经营是不同的(橘川1994,第92~93页)。而1909年10月,在董事会上通过的御影住宅区开发项目决议,则是将1町1反2亩4步的土地以78 334日元的价格购买下来,建设19户住宅出售,这种方式属于一个全新的类型(日本经营史研究所1985b,第87页)。关于这片住宅地的销售情况,在该公司的营业报告书中有如下记载:"为图沿途之开发,又念惠城中人士移居,计划于御影町地内建筑十数户房屋,因长期延付之权宜,募预约购买之人,发表后不足旬日,预约几乎告罄。"(阪神电气铁道1910)

---

① 1907年12月26日股东大会决议录(阪神电铁公司内部资料)。阪神电铁公司内部资料的借阅上,承蒙阪神电气铁道开业一百周年史编辑室的田付晃司先生(已故)帮助。在此深表谢意。

实际上，御影住宅区可以在购买后3～10年内延期付款（日本经营史研究所2005，第93～94页）。此后，阪神电铁并购北大阪电气轨道（1911年1月），从1911年2月开始大规模购买北大阪线沿线的土地。到1913年，共投入108万日元购买了约64 000坪的土地，可以说开始成为一个投资式的房地产开发商（日本经营史研究所1985b，第85～87页、113页、161页）。

小林一三领导下的箕面有马电轨则是赫赫有名的铁道沿线投资式房地产开发商的先驱者（橘川1994，第93页）。该公司是1906年4月以当时已经决定国有化的阪鹤铁道相关人员为中心发起，筹集资本金550万日元，计划了梅田—箕面、宝冢、有马和宝冢—西宫之间两条线路，于同年12月获得批准。然而不久后，资本金交纳即出现困难，公司面临解散的危机。于是1907年6月，当时任阪鹤铁道监察的小林一三获得北滨引航董事长岩下清周等人的支持，接手该公司。同年10月，完成第一次股本交纳（137.5万日元）后，召开了创立大会，小林就任专务董事。根据小林一三的自传，他在规划公司经营时，就已经打算把电铁业务和沿线住宅开发结合起来了（小林1990，第152～153页）。

于是，箕面有马电轨设立后，就立刻开始筹备开发项目，在次年即1908年着手收购土地。当时，小林为了提高股东对箕面有马电轨的信任度，让资金筹集顺利进行，还编写了一本小册子，叫《最有前途的电轨》（1908年10月），发给了股东们。在这本小册子中，小林一三所描绘的经营战略都浓缩在下面一段文字中："那就是国外的电铁公司都在大力发展的住宅经营业务了。我公司当在气候适宜、风景绝佳之地持有约20万坪土地，距梅田约15分钟到20分钟之间。在此设站，大行开发土地，以增沿线乘客，同时获得土地利润。（小林1990，第189页）

这是他以"国外的电铁公司"为模板所设想的事先在沿线地区收购土地，进行大规模的住宅区开发，然后设立站点，提高土地附加价值后再将其出售的事业远景。可以说这是一种通过郊外宅地开发，同时实现沿线人口增加和土地买卖盈利的一举两得的划时代经营战略。

箕面有马电轨根据小林一三提出的战略，在开始营业之前就收购了沿线地区的262 260坪土地，并且为了宣传，在1909年末发行了一本小册子叫作《应当选择什么样的土地？应当住在什么样的房子里？》。小册子记载的公司持有土地如表1-4-1所示。正如这句"大阪起四里余,服部天神起每隔二里,有停车站处,其附近必有公司土地"宣传语所说的那样,该公司在梅田到丰中、箕面、池田之间所有计划铺设线路的地区都收购了大量土地(小林1990,第193~194页)。收购价格平均每坪约1日元8钱[①]。铁路开通后,这些已经建成的宅地价格飞涨到每坪3日元68钱(箕面有马电气轨道1910a,第20页)。可以说,箕面有马电轨在郊外宅地开发事业上的成功与否,取决于它在地价飞涨之前以低价收购了多少沿线土地。在这一点上,小林一三是这样说的:"这家公司(箕面有马电轨——引者注)的生命线可以说是住宅经营,当时选择土地的标准预估是1坪1日元,不过必须是在铁路用地收购以后再买,因为万一地价上涨,那么住宅经营预算就会出问题,所以多少有些拖沓,自然价格也有所上涨,但基本还是在预算范围内完成了。"(小林1990,第180页)。

表1-4-1 箕面有马电气轨道的土地购买

| 车站 | 地点 | 1909年末面积(坪) |
| --- | --- | --- |
| 梅田 | 梅田 | 880 |
| 服部 | 服部天神附近 | 15 600 |
| 曾根 | 增根附近 | 33 700 |
| 冈町、丰中 | 冈町附近 | 64 700 |
| 萤池 | 麻田附近 | 12 640 |
| 樱井 | 分歧点附近 | 27 900 |
| 箕面 | 箕面公园附近 | 61 920 |
| 池田 | 池田新住宅地附近 | 33 020 |
| 中山 | 中山及米谷梅林附近 | 11 900 |
| 合计 | 坪数 | 262 260 |
| | 取得土地的金额(日本元) | 338 354 |

资料来源:京阪神急行电铁(1959)119页。

---

[①] 丰中市土地收购相关资料借阅中,承蒙丰中市政府总务部信息公开课市史编纂部的各位大力相助。在此深表谢意。

具体来讲,铁道用地收购完毕(1908年9月)后到铁路开通(1910年3月)之间的这一年半,是他所说的住宅经营用地的黄金收购时期。那么,在如此短的时间内,公司是通过什么样的手段完成超过30万坪的住宅用地的收购的呢? 为了弄清这一点,我们将以箕面有马电轨的土地收购的来龙去脉为中心,结合沿线地区的史料来进行分析。

## (2) 箕面有马电气轨道的住宅用地收购

在收购用地时,箕面有马电轨通过当地的大户作为土地收购的中介,除了个人所有的土地以外,还积极收购部落土地和村落土地(部落指较小的村庄,一般只由几户农户或渔民等组成,译者注)。我们以1908年的大阪府丰能郡丰中村的村落所有土地的收购过程为例,来看一下具体的开展过程。

1908年8月的丰中村会议上,提出了以不少于5 000日元出售村内大字(字是日本町、村一级的内部规划单位,分大字和小字,译者注,下同)樱塚字御位塚的村落所有土地,共计1町9反5亩12步(1町=10反=10段=100亩=3 000步=3 000坪,1步=1坪=3.306 m²,上均为日本江户时代的土地面积单位,译者注,下同)的议案,并就出售原因如下描述:

> 右村有地之仪原2町8反2亩27步,明治三十六年一月购得于之(原田神社,引者注)后为植林经营所用,又丰南高等小学校设置之时,此土地既分裂五反步以充其校舍用地,又充做本年新建之本村克明寻常小学校之校舍用地及其他用地均如前分割,由该地所消减之故植林事业未奏效,又有开垦土地种植果树之议,然对照前一事业未竟之经验,趁此土地买卖价格高腾之时机出售,将其所得以基本财产存款获利他日充于其他有益事业,此无疑乃为本村谋划发展之上上策。是提出本案之所以也①。(重点为引者所加,下同)

这里我们要注意的是,从重点部分可以看出,丰中村认为1908年8月

---

① 丰中村役场《(村会)议事录》1908,第993-994页

是"此土地买卖价格高腾之时机",与其用于林业或果树栽培等事业,不如将村所有地出售更为有利。此外,这一议案的说明人丰中村村长渡边安太郎在同年8月28日的村会议上还说:"深感恰逢土地买卖价格高腾之时,将该土地以协议合同出售于有意者,将其所得以基本财产存款,他日充用于其他有益事业乃为上上策。"可以看出土地的出售方式从一开始就没有选择招标出售,而是协议合同①。就这一议案,村会议员提出了"山林(村有地,引者注)出售所得一半充当小学校新建费用,剩余一半作为小学基本财产储蓄之动议",在明晰了所得用途的基础上通过②。

其后,在1908年10月19日的丰中村会议上,渡边村长关于村落所有土地出售一事,进行了如下说明:①村有土地收购的"一直有意向之人"是箕面有马电轨的专职董事小林一三;②小林的代理人是大阪府议会议员游上政五郎(住在邻村南风岛村大字胜部)③,介绍到丰中村的中介人是米谷商中川几松(居住在丰中村大字樱塚)④;③买卖价格由"公司调查买卖成立价格"的基础上,决定以"本村最高价格每坪一日元之价格"购买;④面积上有若干不足,但由于公司方面急于收购,因此不进行更正手续出售⑤。其中从①和②中,我们可以推断当时是小林委托丰能郡出身的大阪府议会议员游上政五郎在收购沿线土地上提供帮助,游上通过丰中村的大户中川几松推动该村所有土地的出售。事实上,所谓的协议合同的对象从一开始就是箕面有马电轨(代理人,游上政五郎)。买卖价格也如③中所述是根据该公司的标准计算的。而在④中,体现出箕面有马电轨在1908年9月下半月的时候急于收购沿线土地的情况。当时,正是小林公布该公司"最有前途的电轨"房地产经营设想不久之前。当这一设想面向社会公布后,沿线地区的地价可能会上升,因此小林对土地面积的些许不足睁一只眼闭一只眼,也要尽早完成土地的收购。

---

① 丰中村役场《(村会)议事录》1908,第1008-1009页
② 丰中村役场《(村会)议事录》1908,第1009-1010页
③ 游上政五郎于1909年4月—1910年3月兼任南风岛村村长(南风岛村役场《明治四十三年 村会汇编》1910,第920页、977页)。
④ 中川几松是丰能郡冈町的米谷商人,按照1908年的户数分割等级计算,其纳税额(地租、所得税、营业税、杂税的合计)为一年12~14日元,相当于16级。
⑤ 丰中村役场《(村会)议事录》1908,第1020-1021页

在同一时期,除了上面的村落所有地以外,箕面有马电轨还进行部落所有地的收购。例如游上政五郎担任村长的南风岛村中,该公司于1909年以每坪59钱(1日元＝100钱,日本近世到近代的货币单位)的价格收购了3反9亩9步的部落所有地(山林池沼),于1912年以每坪72.8钱的价格收购了同村的部落所有地(原野池沼)1町4反6亩1步,土地原所有部落均为穗积部落①。此外,同村的大字服部也将包含池沼在内的将近1町的土地出售给了箕面有马电轨(丰中市史编撰委员会1998,第169～170页)。而公司之所以能够在线路沿线收购到1町左右的整块土地,其背景是地方改良事业下对部落所有林地和田野的处理行动。在日俄战争后,经明治中期的町村合并成立了行政村,为了实现行政村的一体化结合,并强化行政村的财政基础,开始建议实施将原部落所有财产向市町村整理和归纳的政策(吉冈1981,第96～98页)。其结果就是在1910年前后,在全国范围内开展了部落所有林野地的处置行动,林野地向地主的集中程度得到提升(大石1990,第169页)。小林一三选择地方大户作为代理人,通过他们成为被处置的部落所有地的最终获得者,在短时间内成功收购了大面积的完整土地。

另外,在民有地的收购上,箕面有马电轨通过游上等代理人,秘密开展土地收购。小林一三本人就收购的程序进行了如下证言②:

> 本来同公司(箕面有马电轨,引者注)以个人名义收购土地,乃因若从公司收购,则金额非常之高昂,因此预先在一定价格基准线以下收购线路预留土地,以其他的与本公司表面毫无关联之人之名义为收购人,对其逐一发放委托书并开展收购,委托彼府议会议员游上政五郎为收购统领,指定目的地并由其与之地主开始交涉,收购地区主要为停车场或线路沿线及选取其他将来有发展之地,每每收购必经公司高层会议通过。此外游上实

---

① 南风岛村役场《大正二年 村会汇编》1913,第936页。1913年10月穗积部落是南风岛字服部的部落所有地,字服部部落已经将一些池沼(8段12步)当作"不关痛痒的无用之地"卖给了箕面有马电轨公司,后来又认为这里是关系到村庄农业用水的不可或缺的土地,以1日元61钱的价格赎回了土地(同上,第935～939页)。

② 这里使用的是在后面叙述的审判中,小林一三的证词(《大阪每日新闻》1910年3月4日、6日)。

际收购价格和公司出价有所差别,于本公司自然作为游上劳务费用。公司以平均每反350日元价格从游上处收购土地,获取土地权利书同时支出相当全额。(《大阪每日新闻》1910年3月6日)

从中我们可以看出:①箕面有马电轨为了以便宜的地价收购土地,使用了他人的名义;②收购地区为停车场周边等沿线土地,收购价格有一定的标准;③土地收购的总管理人是游上政五郎,公司的收购标准价格和实际的收购价格之间的差价作为他的辛苦费;④收购的对象由公司方面选择,经过高层会议逐一通过。其中最值得注意的是③,可以看到通过这种方法收购的土地越多,游上就能赚到越多的钱。我们也能够理解为什么他会对邻村丰中村的村有土地出售如此热心,以及提出"1坪1日元"单价的原因了。如果我们按照上面所说的成功酬劳"1反平均350日元"来计算,那么在樱塚的村庄所有地收购中游上每坪可以获利16钱6厘7毛,按照土地面积6 000坪算下来,游上共可从中获利1 000日元之多。可以看到箕面有马电轨土地收购对于当地有势力的大户来说,是多么巨大的商机。

但是,这种通过代理人进行的土地收购,容易发生道德危机。例如1910年1月,该公司在收购住宅用地时的责任课长挪用公司资金,并和代理人合谋填补资金空缺,将代理人名下的土地非法出售(《大阪朝日新闻》1910年1月27日)。受此事件影响,箕面有马电轨将其他所有人名下的土地一并更名为公司所有。这时,受到沿线土地价格高涨的影响,登记地价评估值就远远高于收购价格。此时,担心廉价出售土地的原土地所有人抗议,该公司的用地负责人贿赂法院事务所的书记官,更改土地收购价格,进而事情发展成行贿受贿案件(《大阪每日新闻》1910年3月10日)。受到案件影响,小林一三接受了检察院询问和调查,但是最后只判少量罚金(《大阪朝日新闻》1910年3月30日)。小林承担丑闻的责任,于1910年3月3日向高层董事会提出了辞去专职董事的申请,降为普通董事(箕面有马电气轨道1909,第20~21页)。

箕面有马电轨开业之前用于收购住宅用地的资金,如表1-4-1所示,共计338 354日元(截至1909年末),最开始挪用了建筑费借款(共1 392 317日元)以充急用(箕面有马电气轨道1909)。不过到了1910年7月,该公司通过大阪现货经纪人公会(野村德七、黑川幸七、竹原友三郎、高木又次郎)全额包销下发行了 200 万日元的公司债(年利息 6％,5 年期冻结,后满 10 年偿还),成功将其转换为长期资金供给(箕面有马电气轨道 1910a)。通过这种长期的低利息资金,后文所述的商品房按月分期付款销售才得以实现,并且获得了开展有持续性和计划性的土地经营的资金基础。①

### (3)箕面有马电气轨道的住宅地分割销售

小林一三选择首先开发的住宅地(第一区),是池田停车场附近(池田室町,33000 坪)的"池田新街区住宅"。1909 年下半年的箕面有马电轨随着第一期工程(大阪—宝冢区间,箕面支线)的竣工(1910 年 2 月),在其前后开始建设池田新街区和新的住房建设。而在铁道开通(同年 3 月)后的 6 月末,刚刚建成的池田室町住宅区便全部推向市场。在销售过程中,该公司不但强调池田室町地方风光明媚、居住环境优越,还强调了下述几个资产价值:

◎购买新街区住宅者之利益

公司售价乃底价,故买房诸君聚集,可将此街区完全开发,其地价必将高腾,仅凭土地价格便可收回本金绝非空想。试将池田町土地之市场及本公司沿线及阪神南海线沿线地价相比,则可确信此事。

公司之所以置获利于度外底价出售,乃因我等以增加沿线居民进而增加乘客为唯一之目的。诸君若从公司以底价购买房屋并居住于此,则随土地价格高腾,获利如探囊取物②。

文中虽然有所夸张,但是暗示顾客,随着沿线开发会带来地价飞涨,因此这里不仅是单纯的住宅区,还具备作为资产的发展价值。与这里的宣传效果相关,池田新街区在公布销售后,"立即卖出半数以上,其未完建筑地

---

① 箕面有马电轨在 1912 年上半年采用的是电气铁道部和地所部两大部门的人员编制,当时公司债的负担由两个部门折半承担(箕面有马电气轨道 1912a)。

② 箕面有马电气轨道《池田新街区平面图》(1910)广告文案(池田文库收藏)。箕面有马电气轨道相关资料的阅览中,承蒙阪急电铁宣传部、总务部,以及池田文库的各位负责人及桥野知子先生(神户大学)关照。在此谨表谢意。

产及房屋销路甚好"(箕面有马电气轨道1910a,第21页)。从表1-4-2中我们可以看到当时的情况。池田新街区的住宅总规划建设分区207个,其中第一期出售87个区块,在1910年内有51个区块已经销售完毕。第一期销售面积为每个区块100坪左右,价格包含土地房屋和榻榻米在内的一套内部装修、墙壁、庭院等,总价1 800～2 500日元,大多数价格都在2 400日元左右。此外,还有5个区块进行了没有建筑条件的土地销售。

表1-4-2 池田新街区的销售情况

| 项目 | 1910年规划数 | 其中售出数 |
| --- | --- | --- |
| 总规划数 | 207 | |
| 出售规划数明细 | 87 | 51 |
| 18 000日元 | 1 | 1 |
| 2 000日元 | 9 | 4 |
| 2 100日元 | 7 | 5 |
| 2 200日元 | 9 | 1 |
| 2 300日元 | 14 | 6 |
| 2 400日元 | 25 | 13 |
| 2 500日元 | 17 | 16 |
| 仅是土地 | 5 | 5 |
| 未出售 | 120 | |

资料来源:箕面有马电气轨道《池田新街区平面图》(1910年)

另外,在房款的交付上,在预约当天需缴纳300日元给箕面有马电轨地所课,其后可以通过全额付款或者3～10年的分期付款来完成剩余房款的缴纳[1]。具体每月支付的金额,以樱井住宅上的土地房屋(1 200日元)为例,对分期付款进行演示(1910年),其结果如表1-4-3所示。如果10年贷款,那么首付200日元,剩下的1 000日元月供12日元,可在10年内偿还完毕。

---

[1] 箕面有马电气轨道《池田新街区平面图》(1910年)广告文。

表 1-4-3 樱井住宅的按月分期付款销售

出售地(50~60坪)+房屋(带榻榻米、门)

| 总额 | 日元 |
|---|---|
| 其中 | 1 200 日元 |
| 首付 | 200 日元 |
| 月供本金 | 200 日元 |

本金 1 000 日元相对应的月供金额

| 贷款年限 | 月供金额(日元) | 合计额(日元) |
|---|---|---|
| 10 年 | 12 000 | 1 400 |
| 9 年 | 12 963 | 1 400 |
| 8 年 | 14 167 | 1 360 |
| 7 年 | 15 714 | 1 320 |
| 6 年 | 17 778 | 1 280 |
| 5 年 | 20 667 | 1 240 |
| 4 年 | 25 000 | 1 200 |
| 3 年 | 32 222 | 1 160 |

资料来源：箕面电车土地课《理想的郊外生活 月12元可以买的土地房屋》(1910年)

池田室町的成功让箕面有马电轨在1910年上半年就早早开始了第二区住宅地的樱井停车场附近(27 900坪)的住宅地开发工程。樱井住宅是在50~60坪的土地上，建设2层4间左右的小楼共计40户，并计划将其按照每户1 200日元售出，1911年4月"与新房落成同时发布出售信息，立即呈现全部预约销售完毕之盛况，又接受数十个新建房屋预约"，新区销售开端大好(箕面有马电气轨道1911a，第22页)。于是公司立即追加销售数量，到1913年9月，共出售了29个区块(累计出售69个区块)[①]。

不过，到底是谁购买了池田室町和樱井的房屋呢？池田新街区住宅广告中，有这样一句话"每月用不足大阪市内房租的价格，就能买来的好房子"，可以确定箕面有马电轨是以在大阪租房的"月薪族"(新中产阶层)为

---

① 箕面有马电气轨道《樱井住宅介绍》(1913年9月)

目标客户（箕面有马电气轨道1913b，第6页）。此外，由于公司还强调了池田住宅作为资产的价值，所以对于那些房地产投资家也有触动作用。事实上，在该公司的宣传册《山容水态》中登载的池田新街区住宅"房屋出租简介"中，可以看出有许多房屋所有人都居住在大阪市内，并且每人都拥有1~2户房屋供出租[①]。1910年下半年该公司的营业报告中是这样记载的："近来大坂附近土地买卖呈现极好态势，地价飞涨令人惊异。"从中可以看出当时大阪周边发生了售地热，有人以投资为目的购买住宅（箕面有马电气轨道1910b，第19页）。

住宅经营开端态势良好，这对于刚刚开业的箕面有马电轨来说，正是一把心想事成的万宝锤。关于这一点，电轨公司自己也有相同的想法。

> 近来土地热度高涨，各地地价出现惊人飞涨，其中本社沿线土地为大阪附近郊外生活用地中第一位，且较为廉价出售，故买卖颇为繁盛，本社于冈町、服部、樱井、池田、中山等又卖出六万坪，获巨额利益，铁道附近又成立多个以住宅经营为目的之组合或公司，各类住宅经营之繁荣期将指日可待。且本公司直接经营住宅为池田新街区房屋84户，樱井住宅40户，基本全部卖出，结果良好。尚有众多希望购房者，故又于樱井、池田、冈町、中山等处着手增建数十户房屋，未待其落成，即已预约出售房屋十数户。至全部落成之时即五、六月，不难预料瞬间售罄之盛况。（箕面有马电气轨道1911b，第21-22页）

从前半部分重点语句可以看出，箕面有马电轨沿线地区是当时大阪周边地区"售地热"的中心，通过出售房屋而"获巨额利益"。而从后半部分加点地方可以看出，箕面有马电轨将在今后继续发展房地产业务。公司在1910年上半年，将之前负责房地产业务的地所课（1909年设置），改为地所部并独立出来，以便电气铁道部和地所部能够明晰各自的收益情况。这就表示，箕面有马电轨将房地产业务和其本业电铁业务并举，作为同样重要

---

① 参考箕面有马电气轨道《山容水态》1913年12月期，同杂志1914年3月期和1914年5月期、1914年7月期内容。

的战略部门看待。

基于这点认识,下面我们将从财务报表中看一下这一时期的房地产业务业绩①。1910年上半年开始房地产业务运营,进入1910年下半年后,其业务收入迅速增长,到了1911年下半年共计收入17.2万日元。我们通过表1-4-4比较了一下电铁部和地所部门之间在这一时期的固定资产收益率(ROI):电铁部为6.3%,而地所部为28.1%,是前者的4倍以上。另外,1910年下半年和1911年下半年的箕面有马电轨分红分别是每年6%和7%。在游客减少的冬季(下半年),电铁部门的ROI仅为5.6%和6.3%,仅凭本业的获利根本无法维持分红率。也就是对于刚刚开业的箕面有马电轨来说,"土地经营所得利益用以填补电气铁道收益之不足",房地产业务发挥了重要的作用(箕面有马电气轨道1912,第25页)。

如上述史料所述,1911年下半年的箕面有马电轨沿线地区出现了售地热,借此热潮,"铁道附近又成立多个以住宅经营为目的之组合或公司",住宅的供给量开始变大(箕面有马电气轨道1911b,第21~22页)。例如在冈町西侧一带,冈町住宅株式会社开垦山林土地,开始了住宅开发,到1912年之后,陆续出售了1个区块内的80坪左右的住宅用地和建筑住宅(总面积75 400坪)(丰中市史编纂委员会1998,第222~223页)。从增加沿线人口、确保以上班和上学乘客为中心的固定乘客的运输面的经营战略考虑,其他房地产商的开发是十分值得欢迎的。如果有其他房地产商能够提供大量廉价的住宅用地,那么电铁公司就没有必要特意以低价释放自己持有的土地了。但是,沿线住宅开发的快速发展也带来了住宅用地的过量供给,使箕面有马电轨房地产业务发展放缓(表1-4-4)。

---

① 1910年上半年到1911年下半年之间的房地产业务由于尚未和电铁业务分离,因此利率负担金额等并不明确。因此,在表1-4-4中,按照1912年独立后,电铁和地所平摊利息的方式将公司债务利息的一半作为房地产业务费用计算,得出了修正利息金额。下面主要根据这一修正金额进行论述。

表 1-4-4　箕面有马电铁的各部门收益

| 时间 | 固定资产（千日元） | | 营业收益（千日元） | | 固定资产收益率（ROI） | | 分红率（年率） |
|---|---|---|---|---|---|---|---|
| | 电铁部 | 土地部 | 电铁部 | 土地部 | 电铁部 | 土地部 | |
| 1907 年度下半年 | 21 | | | | | | |
| 1908 年度上半年 | 213 | | | | | | |
| 1908 年度下半年 | 493 | 243 | | | | | |
| 1909 年度上半年 | 1 261 | 338 | | | | | |
| 1909 年度下半年 | 3 395 | 422 | 11 | | 0.6% | | 5.0% |
| 1910 年度上半年 | 3 769 | 491 | 161 | −13 | 8.5% | −5.1% | 6.0% |
| 1910 年度下半年 | 4 352 | 658 | 122 | 33 | 5.6% | 10.0% | 6.0% |
| 1911 年度上半年 | 4 597 | 751 | 203 | 40 | 8.8% | 10.7% | 6.0% |
| 1911 年度下半年 | 4 751 | 956 | 149 | 134 | 6.3% | 28.1% | 7.0% |
| 1912 年度上半年 | 4 957 | 1 091 | 206 | 21 | 8.3% | 3.9% | 7.0% |
| 1912 年度下半年 | 5 044 | 1 152 | 156 | 29 | 6.2% | 5.1% | 7.0% |
| 1913 年度上半年 | 5 093 | 1 182 | 203 | 41 | 8.0% | 7.0% | 7.0% |
| 1913 年度下半年 | 5 134 | 1 187 | 154 | 25 | 6.0% | 4.2% | 7.0% |
| 1914 年度上半年 | 5 191 | 1 249 | 174 | −2 | 6.7% | −0.4% | 5.0% |
| 1914 年度下半年 | 5 236 | 1 268 | 138 | 8 | 5.3% | 0.6% | 5.0% |
| 1915 年度上半年 | 5 273 | 1 252 | 200 | −8 | 7.6% | −1.3% | 5.5% |
| 1915 年度下半年 | 5 196 | 1 250 | 168 | 13 | 6.5% | 2.2% | 6.0% |

资料来源：箕面有马电气轨道(1907—1915)。

注：1910 年上半年—1911 年下半年的营业收益是将公司债券利息(共计 6 万日元)在电铁部和土地部平分的情况下的推算值。

此外，最开始在促进房地产销售方面发挥了重要作用的按月分期付款购房购地的"延卖"措施(不在交易当期结算，而是签合同的同时当场交货，但是在一定时间之后收取货款的一种从江户时期发展起来的交易方式，译者注)，由于利息的增加，也成了电铁经营的桎梏。箕面有马电轨在 1911

年下半年估算土地房屋延卖金额为374 717日元,到了1912年下半年,这一数值达到511 730日元,出现了大幅膨胀(箕面有马电气轨道 1911b,1912b)。随之利息收支(延卖利息－公司债、利息支出)也从1912年上半年的－15 625日元降为1913年的－18 918日元,逐渐呈现恶化的倾向(箕面有马电气轨道 1912a,1912a)。

随着销售的放缓和利息负担的增加,正如表1-4-4所示,进入1912年后地所部的收益率急剧下降,这就迫使公司不得不改变房地产经营的方向。于是,1912年箕面有马电气轨道提出"单纯以获利为目的出售房屋一事不宜操之过急,唯有着眼于最终的利益实施积极的经营",即实施附加值更高的"土地经营之方针"(箕面有马电气轨道1912a,第25～27页)。具体内容为:增加丰中经营用地的购买,建设大型运动场,促进体育运动会等活动的举办。除了个人住宅以外,还开发公司员工公寓等用于大面积的分割销售,通过这种复合式的沿线土地开发,以期达到"实施以往无可比拟的理想经营"(京阪神急行电铁1959,第120页)。另外,在1913年7月发行的《山容水态》宣传杂志(月刊)中,一方面继续推进公司经营土地的形象建设,另一方面在每期刊登"租房指南""卖房指南"等房屋信息,促进铁道沿线住房市场的活跃化(《山容水态》各期杂志)。

然而,到了1914年上半年,"接连受到经济不景气和战争的打击"下,房地产业下滑明显,以至于出现"销售情况持续不良之中,又有已卖出住房放弃预约金解约情况"(箕面有马电气轨道1914,第23页),地所部收支终于入不敷出(表1-4-4)。1914年4月,一直在金融方面为箕面有马电轨提供支持的北滨银行(行长岩下清周)破产,受其影响,该银行的岩下清周行长不得不辞职。在这种经营方面的混乱中,箕面有马电轨的股票大跌,股价折半,公司一时间陷入严重的经营危机之中(小林1990,第221～224页)。

箕面有马电轨通过电铁业务坚挺的业绩渡过了这一危机。当时,沿线住宅的开发,对确保铁道通勤、上下学这一固定的需求起到了重要作用[①]。

---

[①] 箕面有马电轨在1910年以后,旅客收入中定期卡、次卡收入占比重不断增加,尤其是在经济不景气导致乘客人数减少的1914年和1915年,上述票种的比重达到了40%(箕面有马电气轨道《报告》各年)。

并为本业电铁业务带来了稳定的利益收入(表1-4-4)。为此,该公司才能够实现最低限度的分红(5%)。又因为有以电铁的信用发行的长期低利息公司债券,才能够长期持有"没有卖出去"的住宅和土地(小林1990,第204~205页)。到了1915年下半年,第一次世界大战高峰期的影响开始显现,工业各领域盛况及其余波逐渐影响到土地领域(箕面有马电气轨道1915,第24页),并让地所部从连续三个半年的赤字状态下恢复过来(表1-4-4)。结果是,1914年每股(发行价30日元)最低下跌到15日元50钱的箕面有马电轨的股票,到了1916年又恢复到了票面额,每股(发行价50日元)价位51日元(京阪神急行电铁1959,第271页)。

综上所述,在铁路沿线进行城市郊区的住宅用地开发,实现土地收益和客流增加一举两得,小林一三的这一经营战略从结果上成功实现了电铁业和房地产业的乘积效应。然而,即使采取了深思熟虑的土地收购方法和崭新的按月付款模式,箕面有马电轨的房地产业务也只在池田和樱井住宅区开始销售的时期,也就是1910年下半年到1911年下半年之间的3个半年获得了高收益。正如这一业绩所示,当时的铁道沿线住宅开发绝非一项稳定的事业,易受经济变动的影响,风险较大。因此,小林在房地产业上的成功,是建立在低回报与低风险并存,又具备社会信用力,并且能够获得低利息资金的电铁业存在的基础上,是电铁业担保下的结果。

(中村 尚史)

# 第 2 章

## 城市化、重工业及化学工业化和房地产业的发展:1914—1936

## 1. 城市化的发展与房地产业

**(1) 城市化、重工业和化学工业化与城市规划**

从第一次世界大战到第二次世界大战之间的这段时间,是日本城市化和工业向重工、化工方面发展这两个重要历史进程并进的一段时期,与之相伴的是房地产业面临的经济环境也出现了变化。

从 1920 年到 1935 年,城市人口①从 1 850 万人增加到 2 669 万人,增幅约 44%,占全国人口的比重也从 33.1% 上升到 38.5%。其中,以东京为中心的京滨地区和以大阪为中心的京阪神地区人口增加显著,其间增幅达 60%,占全国比重从 15.3% 提高到 19.2%(中村、尾高 1989,第 45~46 页)。在全国人口不断集中化的背景下,1925 年大阪市、1932 年东京市相继对市区范围进行了大规模的扩张,大城市圈在这一时期开始形成。表 2-1-1 显示了这两大都市人口密度的变化情况。首先进行市区扩张②的大阪市在 1925 年以后人口持续增加,1935 年的人口密度是 1920 年(包含扩张合并区域)的 1.6 倍。与此相反,东京受关东大地震(1923 年)的影响,从 1920 年到 1925 年,中心地区(15 区内)的人口减少了 17 万人以上。其间,郊外地区(新市区)的人口增加了 92 万人以上,其后人口密度也持续上升。但是自 1930 年以后,中心地区的人口陆续恢复,所以我们需要注意在东京,不但存在人口从旧市区向郊外流动的趋势,郊外地区还是外地流入东京人口的居住地。东京在 1932 年 10 月开始市区扩张,将旧市区附近的荏原、丰多摩、北丰岛、南足立、南葛饰等各郡(492 平方千米,新市区)纳入市区范

---

① 在 1925 年实现市建制的城市的基础上,加入现在的北九州市(中村、尾高 1989,第 46 页)。
② 这里指的是 1925 年的第二次市区扩张,通过此次运动,大阪市合并了西淀川、东淀川、东成、西成、住吉等地区(124 平方千米)的土地(参照名武 2004)。

围内。

表 2-1-1　东京、大阪的现住人口和人口密度

| 年份 | 东京市(15区内) | | |
|---|---|---|---|
| | 现住人口(千人) | 面积(km²) | 人口密度(人/km²) |
| 1920年 | 2 173 | 79 | 27 466 |
| 1925年 | 1 996 | 80 | 24 977 |
| 1930年 | 2 071 | 80 | 25 921 |
| 1935年 | 2 247 | 80 | 27 667 |

| 年份 | 东京市(新市区) | | |
|---|---|---|---|
| | 现住人口(千人) | 面积(km²) | 人口密度(人/km²) |
| 1920年 | 1 185 | 491 | 2 411 |
| 1925年 | 2 114 | 492 | 4 299 |
| 1930年 | 2 916 | 492 | 5 932 |
| 1935年 | 3 649 | 492 | 7 422 |

| 年份 | 大阪市 | | |
|---|---|---|---|
| | 现住人口(千人) | 面积(km²) | 人口密度(人/km²) |
| 1920年 | 1 253 | 58 | 21 437 |
| (含扩张市域) | 1 768 | 182 | 9 732 |
| 1925年 | 2 115 | 182 | 11 640 |
| 1930年 | 2 454 | 185 | 13 253 |
| 1935年 | 2 990 | 187 | 15 960 |

资料来源：东京市政府(1920,1925,1930,1935)、大阪市政府(1920,1925,1930,1935)

注：东京市在1932年10月、大阪市在1925年通过合并分别扩大了市区。

此外，以第一次世界大战为契机，东京、神奈川、爱知、京都、大阪、兵库、福冈7个府县开始形成四大工业地带，占全国的比重如下：生产额从1919年的58.5%上升到1936年的65.3%，工厂数量从49.7%逐渐上升到54.1%。其间，全国产业构成中重化学工业的比重逐渐增加，这一倾向在四大工业地带尤为显著，7个府县的工业生产额中化学、窑业、金属、机械器具

等重化学工业制品的比重自1919年起一直超过70%（中村、尾高1989，第45～46页）。此外，企业的地域分布情况如表2-1-2所示，东京府的企业数量1919年末占全国11.8%，到了1937年末占21.1%，实收资本金占比增幅显著，从36.4%增加到47.1%。同样，大阪府的企业数量也从1919年末的7.7%上升到1937年末的12.8%，实收资本金从16.2%提高到19.3%。

表2-1-2 企业地域分布变化情况

单位：百万日元

| 地区 | 1919年末 | | | | 1937年末 | | | |
|---|---|---|---|---|---|---|---|---|
| | 企业数 | 占比(%) | 资本金 | 占比(%) | 企业数 | 占比(%) | 资本金 | 占比(%) |
| 北海道 | 1 479 | 5.6 | 117 | 2.0 | 3 303 | 3.9 | 286 | 1.4 |
| 东北 | 1 925 | 7.3 | 150 | 2.5 | 5 715 | 6.7 | 352 | 1.8 |
| 北关东 | 1 021 | 3.9 | 87 | 1.5 | 2 686 | 3.2 | 153 | 0.8 |
| 南关东 | 4 623 | 17.6 | 2 494 | 41.7 | 22 280 | 26.2 | 10 108 | 50.6 |
| 其中东京府 | 3 103 | 11.8 | 2 177 | 36.4 | 17 935 | 21.1 | 9 403 | 47.1 |
| 北陆 | 1 861 | 7.1 | 203 | 3.4 | 3 784 | 4.4 | 514 | 2.6 |
| 东山 | 1 771 | 6.7 | 112 | 1.9 | 4 672 | 5.5 | 279 | 1.4 |
| 东海 | 3 297 | 12.5 | 347 | 5.8 | 7 693 | 9.0 | 922 | 4.6 |
| 其中爱知县 | 1 969 | 7.5 | 216 | 3.6 | 5 047 | 5.9 | 667 | 3.3 |
| 近畿中央 | 4 791 | 18.2 | 1 760 | 29.5 | 20 315 | 23.9 | 5 408 | 27.1 |
| 其中大阪府 | 2 036 | 7.7 | 968 | 16.2 | 10 923 | 12.8 | 3 854 | 19.3 |
| 近畿周边 | 668 | 2.5 | 86 | 1.4 | 1 518 | 1.8 | 167 | 0.8 |
| 山阴 | 459 | 1.7 | 28 | 0.5 | 1 192 | 1.4 | 77 | 0.4 |
| 山阳 | 1 450 | 5.5 | 148 | 2.5 | 3 474 | 4.1 | 609 | 3.1 |
| 四国 | 1 143 | 4.3 | 123 | 2.1 | 2 330 | 2.7 | 225 | 1.1 |
| 北九州 | 1 048 | 4.0 | 225 | 3.8 | 3 410 | 4.0 | 607 | 3.0 |
| 南九州 | 744 | 2.8 | 96 | 1.6 | 2 670 | 3.1 | 254 | 1.3 |
| 合计 | 26 280 | 100 | 5 976 | 100 | 85 042 | 100 | 19 961 | 100 |

资料来源：内阁统计局(1919, 1937)。

注：资本金表示实收资本金额。

## 第2章 城市化、重工业及化学工业化和房地产业的发展：1914—1936

东京和大阪两座城市在人口、工厂、企业快速增加的背景下，出现了大城市生活环境恶化等诸多问题，也深刻认识到了城市规划的必要性。1919年，《城市规划法》和《城镇建筑物法》颁布。这两则法案基于《东京市区改正条例》（1888年制定），以制定统一的城市规划法律制度为目的，特点是新增了地域地区指定和土地规划整理项目等。在《城市规划法》颁布实施后，东京编写了《用途地域制度草案》，在东京大地震后的1925年，颁布了包含地域指定的东京城市规划。在这个计划中，将用地基本分为有工厂方面限制的居住地区、商业地区以及没有限制的工业地区三种，这三种用地范围以外的称作未指定用地。具体情况如下：考虑到现有的工厂地理位置，将东京市东北部（本所、深川、南葛饰等）及南部（品川、大崎）指定为工业地区，将从浅草到芝之间的商业街和铁路干道沿线的地区指定为商业地区，将山手台地指定为住宅地区（堀内1978，第48~52页）。东京的城市规划地区在这之后的1926年、1929年、1935年又经过了数次变更和扩大，但每次变更都倾向在现有的工厂地理位置基础上制订计划。因此，1930年东京出现了工业地区住宅化、商业化，或者住宅地区工业化等情况，用途地域制度名存实亡（沼尻2002，第83~85页）。与之相对的是大阪中心地区（原市内）作为商业地区已经达到饱和状态，因此在明治以后工业化的过程中，工厂和工人住宅多分布在周边地区（近邻町村）。其后在第一次市区扩张（1897年）时，将海湾沿岸地区纳入市区范围，填海造陆地区不断工业化，周边农村被混乱地开发为工业用地（名武2004，第19~21页）。综上，在《城市规划法》实施（1919年）前，就已经形成了"中心区＝商业地区""周边地区＝工业地区"这种明确的区域划分。而在1925年第二次市区扩张后，在大阪市市长关一的推动下，实施了《综合大阪城市规划》（1928年）和第二次城市规划（1932年），完善了大阪市范围内的城市基础设施，还通过土地规划整理事业等对郊外地区进行了统一的开发（长谷川1994，第138~146页）。

**（2）房地产买卖和地价动向**

第一次世界大战带来的经济发展对房地产业产生的直接影响，首先在1915年后半年的关西地区体现出来，到了1916年初开始波及关东地区，主要包括市区地价高涨和土地建筑物交易快速增加等形式。大战景气最早对企业兴起产生影响的是关西地区,这里以制造业为中心,工厂用地、公司办公用地的实际需求增加,地价开始上升。例如,在大阪,第一次世界大战前的最高地价是每坪 690 日元,到了 1920 年 5 月每坪最高价格纪录为 3 000 日元(桥本 1994,第 11~12 页)。另外,东京虽然不如大阪,但是同样出现了地价的飞涨(桥本 1994,第 13 页)。和地价的上涨同步出现的是第一次世界大战期间土地和建筑物交易数量的快速增加。东京 1916 年交易件数为 8 343 个,到了 1919 年就达到了 12 499 个;大阪同样从 2 135 个增加到了 4 582 个(表 2-1-3)。在大城市地区也随之陆续出现了房地产交易中介公司。例如大阪从 1918 年到 1919 年,共设立了 47 家土地公司,不仅从事土地的买卖交易,还通过土地开发和零售获得巨额利润(桥本 1994,第 14~16 页)。

然而,在 1920 年 3 月发生了反动恐慌,大阪土地交易件数急转直下(表 2-1-3),地价暴跌。例如北滨最高时的每坪价格在 3 000 元,到了 1924 年跌到每坪 1 500 日元(桥本 1994,第 19 页,表 1-7)。此后,大阪周边地区在整个 20 世纪 20 年代都处于地价停滞时期,陷入了持续的房地产业低落状态。从表 2-1-3 中可以看到 20 世纪 20 年代大阪府土地建筑物买卖交易的动向。以 1923 年为界,单位房屋土地的买卖价格从 5 000 多日元跌落到 4 000 多日元,这种情况一直持续到了 1929 年。其间,到 1925 年之前交易数量有所回升,但是 1926 年以后,就一直停留在 21 000 个左右。

东京受到反动恐慌的影响相对比大阪要小,土地建筑物的交易数量在 1920 年有过短暂的减少,到了 1921 年又再次增加。然而受到 1923 年发生的关东大地震的影响,中心地区(15 区内)的土地建筑物交易数量大幅减少,1924—1926 年之间几乎处于停滞状态(表 2-1-3)。但是,从包含郊外土地在内的整个东京府的数据来看,在地震前后的土地建筑物交易数量并没有大量减少,反而是在大地震发生后,郊外土地开发有了较大发展,交易数量呈现上升趋势(蒲地 1994,第 105 页)。此外,东京市单位交易的买卖价格受到震后复兴事业的影响,在 1923 年到 1929 年之间一度高涨,和在整个 20 世纪 20 年代房屋土地交易低落的大阪形成了鲜明对比(表 2-1-3)。

# 第2章 城市化、重工业及化学工业化和房地产业的发展：1914—1936

表2-1-3 东京、大阪房地产买卖（土地建筑物合计）动向

单位：千日元

| 年份 | 东京市 | | 东京府 | | 大阪市 | | 大阪府 | |
|---|---|---|---|---|---|---|---|---|
| | 件数 | 价格 | 件数 | 价格 | 件数 | 价格 | 件数 | 价格 |
| 1914 | 6 884 | 19 893 | — | — | — | — | — | — |
| 1915 | 6 881 | 17 642 | — | — | — | — | — | — |
| 1916 | 8 343 | 31 563 | — | — | 2 135 | 8 146 | — | — |
| 1917 | 9 198 | 38 188 | — | — | 3 238 | 16 580 | — | — |
| 1918 | 10 287 | 48 617 | — | — | 3 779 | 34 837 | — | — |
| 1919 | 12 499 | 71 804 | — | — | 4 582 | 39 826 | — | — |
| 1920 | 8 858 | 72 907 | — | — | 2 779 | 48 830 | — | — |
| 1921 | 10 815 | 74 422 | 23 342 | 115 171 | 2 540 | 30 867 | 16 248 | 94 006 |
| 1922 | 7 693 | 70 737 | 21 932 | 114 531 | 2 289 | 31 853 | 17 146 | 89 344 |
| 1923 | (3 479) | (44 840) | (17 144) | (86 279) | 2 354 | 30 730 | 18 292 | 87 894 |
| 1924 | 4 310 | 51 858 | 21 957 | 104 277 | 2 477 | 30 550 | 20 238 | 92 607 |
| 1925 | 4 371 | 51 386 | 23 359 | 100 686 | 7 454 | 64 994 | 23 299 | 89 755 |
| 1926 | 5 122 | 56 098 | 24 177 | 108 178 | 5 743 | 63 701 | 21 970 | 89 486 |

续表

| 年份 | 东京市 件数 | 东京市 价格 | 东京府 件数 | 东京府 价格 | 大阪市 件数 | 大阪市 价格 | 大阪府 件数 | 大阪府 价格 |
|---|---|---|---|---|---|---|---|---|
| 1927 | (4 427) | (53 796) | (23 270) | (105 546) | 5 511 | 57 794 | 20 687 | 82 072 |
| 1928 | 5 501 | 72 216 | 24 272 | 125 645 | 5 756 | 69 353 | 21 035 | 95 983 |
| 1929 | 4 883 | 56 245 | 24 380 | 107 258 | 4 738 | 32 878 | 21 326 | 78 755 |
| 1930 | 4 903 | 35 127 | — | — | 4 745 | 43 055 | — | — |
| 1931 | 4 607 | 36 229 | — | — | 5 566 | 42 091 | — | — |
| 1932 | 20 704 | 64 316 | — | — | 5 755 | 40 358 | — | — |
| 1933 | 19 976 | 68 729 | — | — | 6 709 | 46 542 | — | — |
| 1934 | 24 145 | 78 247 | — | — | 7 128 | 53 716 | — | — |
| 1935 | 23 368 | 87 477 | — | — | 7 699 | 51 955 | — | — |
| 1936 | 20 642 | 97 576 | — | — | 8 794 | 65 732 | — | — |

资料来源：东京市政府（1914—1936），大阪市政府（1914—1936），富士见町、赤羽、一长町、二长町、林町的各派出机构，大阪是在大阪区法院，日本劝业银行（1923—1936）。

注：东京是在东京区法院烧毁，没有数据。另外，林町在1927年也没有数据。1923年1—9月，二长町、林町的数据因地震被烧毁，没有数据。由于东京市在1932年、大阪市在1925年扩大了市域，因此在此之前和之后的数值是不连续的。

表 2-1-4 土地建筑物租赁业的公司数及资本金、出资金额的变化

| 年份 | 公司数 | | | 名义资本金、出资金额（千日元） | | | 每个公司平均资本金额（千日元） | | |
|---|---|---|---|---|---|---|---|---|---|
| | 东京 | 大阪 | 全日本 | 东京 | 大阪 | 全日本 | 东京 | 大阪 | 全日本 |
| 1923 | 19 | 58 | 326 | 15 311 | 91 545 | 153 394 | 806 | 1 578 | 471 |
| 1924 | 34 | 56 | 382 | 21 605 | 85 360 | 204 557 | 635 | 1 524 | 535 |
| 1925 | 44 | 76 | 477 | 21 122 | 90 833 | 220 102 | 480 | 1 195 | 461 |
| 1926 | 69 | 103 | 536 | 26 703 | 157 915 | 296 718 | 387 | 1 533 | 554 |
| 1927 | 86 | 91 | 591 | 51 673 | 141 131 | 314 764 | 601 | 1 551 | 533 |
| 1928 | 101 | 85 | 628 | 54 948 | 128 518 | 311 645 | 544 | 1 512 | 496 |
| 1929 | 139 | 102 | 703 | 61 973 | 137 475 | 314 768 | 446 | 1 348 | 448 |
| 1930 | 153 | 112 | 795 | 53 413 | 135 431 | 301 199 | 349 | 1 209 | 379 |
| 1931 | 173 | 119 | 861 | 72 689 | 135 763 | 316 267 | 420 | 1 141 | 367 |
| 1932 | 220 | 127 | 1 008 | 68 324 | 129 621 | 305 767 | 311 | 1 021 | 303 |
| 1933 | 286 | 147 | 1 155 | 66 307 | 105 576 | 287 514 | 232 | 718 | 249 |
| 1934 | 369 | 191 | 1 342 | 78 699 | 136 915 | 340 478 | 213 | 717 | 254 |
| 1935 | 401 | 168 | 1 419 | 75 741 | 147 543 | 355 360 | 189 | 878 | 250 |
| 1936 | 429 | 170 | 1 438 | 80 602 | 148 961 | 357 329 | 188 | 876 | 248 |

资料来源：商工大臣官房统计科（1923—1936）。

东京和大阪房地产市场的这种差别，在房地产商（土地建筑物租赁商）[①]的动向上也有所反映。如表 2-1-4 所示，东京房地产商在大地震后仍然不断增加，尤其在 1926 年和 1929 年这两年中的增幅较大。这和 1927 年、1928 年两年的情况，以及大阪持续减少的情况对比强烈。结果，在进入 20 世纪 30 年代后，东京的房地产商人数远远超过了大阪。不过，如果将每家公司的平均资本金额作为标准来看房地产商的经营规模，那么可以看到整个 1920 年代大阪都是东京的 2~3 倍。大阪在 20 世纪 20 年代的房地产

---

① 在《公司统计表》上除了土地房屋租赁业以外，还有"中介业"这一项，不能将这部分房地产商分开（长谷川 1995，第 32 页）。

经济不景气中淘汰了大量的小规模企业,同时以安治川地区等为代表的周边地区的大规模开发型土地公司仍然以土地租赁业务为中心,获得稳定的收益(长谷川1995,第54~56页)。与之相对的是20世纪20年代后半叶的东京,在震后复兴的过程中,大量的小规模土地公司涌现,和耕地整理公会、电铁公司等进行的郊外开发一起形成了活跃的土地建筑物交易(蒲地1994,第105~106页)。

1932年以后,随着经济复苏,房地产业界再次在全国范围内呈现出活跃发展的态势,以东京为中心,房地产商数量快速增加(表2-1-4)。20世纪20年代房产交易停滞的大阪市场,也如表2-1-3所示,从1933年起土地建筑物交易数量出现了显著的回升。研究认为,交易的重心是中小规模的住宅用地开发和零售(桥本1994,第23~24页)。1933年起大阪的房地产商数量开始增加,同时单个公司的资本金出现大幅降低,从中可以看到中小规模的房地产商的大规模出现(表2-1-4)。

### (3)房地产法制的发展和土地房屋所有

关于土地和房屋的所有权与使用权调整的相关法律,是房地产业发展的重要制度框架。在《民法》(1898年实施)所规定的土地租赁上,其权利关系有利于土地所有者,因此,在明治时期城市地区出现了大量的土地租借情况。而随后,为平息在全国各地频频发生的土地租赁纠纷,在明治末到大正初期,又陆续制定了保护租赁权的立法(濑川1995,第118~119页)。最早出现的是我们在第1章第2节讨论过的《建筑物保护法》(1909年),继而1921年又制定了《土地租赁法》、《房屋租赁法》和《土地房屋租赁调停法》。

1921年4月制定的土地租赁法的特征可以简要地归纳为如下3点:

①土地租赁权存续期限的长期化;②赋予土地租借人要求收购地表建筑物的权利;③赋予要求增减地租的权利。其中,①将土地租赁权(包括地上权、租赁权两种)的存续期限从一直以来的20年,延长到了"坚固建筑物"(石制结构、砖瓦结构等)为60年、其他建筑物30年,期限大幅度延长;租赁期限有特殊约定的情况下,坚固建筑期限可以不少于30年,其他建筑不少于20年,少于上述规定期限的约定无效。②中,在土地租赁到期后,

## 第2章 城市化、重工业及化学工业化和房地产业的发展：1914—1936

土地租借人在归还土地时，可以要求土地所有人购买土地上的建筑物，其目的是让土地租借人能够回收建设资金，以及实现土地租赁合同续约。而③则是要解决土地租赁期限长期化的情况下地租与现状不符的问题。该法律不仅适用于新签土地租赁合同，对现有租赁土地也同样有效。而与《土地租赁法》同时制定的《房屋租赁法》中，则有：①房屋租赁权认定方面，不进行登记，只要完成建筑物交付就可以认定租赁权；②考虑到了房屋租赁权继承的问题；③赋予请求收购室内装修等增设物的权利；④赋予要求增减租金的权利。这四点特征，和《土地租赁法》相同也适用于正在出租的房屋。在1922年，为了能够快速解决土地和房屋租借中的纠纷，又制定了《土地房屋租赁调停法》。主要内容是：当土地和房屋租赁纠纷当事人向土地房屋所在地的区一级法院申请调解时，法院须成立调解委员会开展调停（稻本、小柳、周藤 2004，第30～32页）[①]。

《土地租赁法》《房屋租赁法》和《土地房屋租赁调停法》的制定，强化了房屋土地使用权对所有权的对抗力，建立了处理房屋土地租赁关系中纠纷的机制。不过，对于这一系列的立法措施也存在着负面评价，认为它们仅停留在保护建筑物这一财产以及防止对承租人的意外打击方面（濑川 1995，第121页）[②]。但是，此后新增供租赁土地减少，现有土地租赁权能够以高价卖出，这点值得我们注意（稻本、小柳、周藤 2004，第32页）。此外，在现有租赁土地方面，从大正末期开始，在租赁土地上修建房屋出租盈利的房屋开始增加（加藤 1988，第114页）。而在东京，两次世界大战之间，大地主也在不断地出售原用于出租的土地（长谷川 1988b，第45页）。例如长谷川（1988b）在分析东京麻布谷町的土地所有情况变迁时指出，1912年该町最大的地主是黑田长成（原福冈藩主，华族），到了1935年前，已经将其所有土地供给3 412 m² 全部出售，房地产公司购买其土地后，开始出售住宅用地、房屋出租等业务（长谷川 1988b，第44～45页）。结果就是麻布谷町的宅地所有人人数从1912年的23人增加到1935年的35人，增幅

---

[①] 关于此处详细信息请参考全宅联房地产综合研究所（1999b）。
[②] 同样，也有人认为"在土地租赁权的确立、对承租人的生活权利的保障方面也并不充分"（石见 1990，第52页）。

52.2%，与同时期东京宅地所有人的增幅相一致（长谷川 1988b，44-45 页）①。在整个明治时期，东京市中心部的土地所有者人数都呈现平稳的态势，而到了 1920 年以后，开始转为增长。

此外，大阪市的中心地区和东京相比，土地租赁人在租赁土地上开展房屋出租的情况要少于地主直接在其持有的土地上开展房屋出租（石见 1990，第 39 页）②。因此，在两次世界大战之间，大阪市中心地区反而使房屋租赁关系成为一个社会问题。《土地房屋租赁调停法》下，大阪区级法院对辖区内房屋租赁纠纷的调解件数从 1923 年的 75 件，激增到了 1930 年的 4 736 件。在一开始，申请调解方多为房屋的承租人，调解内容大多数都是关于房东要求承租人搬出出租房，或者承租人方面要求继续租房或者降低房租等（大阪市都市住宅史编纂委员会 1989，第 307 页）。而在市区扩张后，新纳入大阪市范围内的周边地区和东京的情况比较相似，存在许多大块宅地所有和大量的土地出租情况，并且出现了多起土地租赁方面的纠纷，如 1929 年安治川土地株式会社所持有的出租地降租风波等（濑川 1995，第 143 页）。

本章基于上述概论，将分 4 部分从多个角度讨论 1914—1936 年之间房地产业的发展情况。首先，在第 2 节中，将对日俄战争后开始的东京和大阪郊外的宅地开发在第一次世界大战以后取得了何种发展这一问题，从民间开发商（电铁、土地公司、信托公司等）、土地提供方（华族、地主、土地整理公会等）、行政（主要是市级政府）等多个主体的关系角度进行探讨。在第 3 节中，将通过丸内大厦的《租金台账》等一手史料，探讨两次世界大战之间大城市内部混凝土高层写字楼的建设情况和运营状态。在第 4 节中，将关注伴随着重化学工业的发展，在京滨地区不断扩大的填海造陆事业的动向，以浅野总一郎带领下的鹤见埋筑在东京湾开展的填海造陆工程和横滨市公营填海造陆事业之间的对立竞争为中心来解读。在第 5 节中，我们将重点放在日本劝业银行、农工银行等房地产银行，探寻从 20 世纪第

---

① 东京市 15 区内的土地所有者人数在 1915 年时为 21 900 人，到了 1935 年增加到 32 100 人，增幅约 50%（长谷川 1988b，第 32～33 页）。

② 大阪市土地所有人的构成情况请参考本书第 1 章第 2 节。

一个十年到30年代前半期的市区土地金融发展变迁。这里，主要通过分析1936年东京府农银的个别贷款情况，来揭示此前一直不为人知的土地和房屋出租业的内情。

## 2. 城市的扩大和住宅用地开发

### (1)市区扩大和住宅供给

借第一次世界大战之机，日本的重化学工业获得发展，带来了人口向城市的集中和市区的扩大；而在大城市中，伴随着职住分离，郊外的土地开始不断住宅化。这里我们就两次世界大战之间的郊外住宅开发，以东京为重点，并加以与大阪为中心的京阪神地区的对比进行论述。

东京在第一次世界大战期间，主要以地价较为低廉的郡部地区为中心建设新工厂，如南葛饰郡、北丰岛郡、荏原郡南部等"商业区"最为活跃，附近供工人居住的住宅也逐渐发展起来（东京市1934a，沼尻2002）。而起源于原武家所属地的"山手"地区，自战前就获得了城市电车通行的增益效应，在包括大久保、涉谷、日暮里等在内的"郊外"地区开始面向官僚和新中产阶层不断开发住宅地（铃木1999），其后，又开始向西郊、西南郊区的丰多摩郡、荏原郡等地势高、湿气少、居住环境优越的地区不断扩展（长谷川1988a）。1923年发生的关东大地震，成为促使工厂和住宅向郊外移动的契机，而早在震灾前20世纪第一个10年就能够看到市区扩大的趋势。东京市开展的调查显示，1920年末在该市已经有4万～8万户（居住环境基准各异）的住宅供给缺口（东京市1922年），而在城市的近邻村町中已经开始"无计划的"住宅开发了。

在此背景下，1922年东京市公布了超越行政规划的城市规划方案（东京市1934a）[①]。其范围为东京站为圆心半径10英里、乘坐铁道交通工具30分钟内，且基于现有的行政规划边界划定，覆盖范围和1932年以及1936年实施的市区扩张范围基本一致（铃木2004）。

---

[①] 《城市规划法》公布时间是在1919年。

进入 20 世纪 20 年代后，受慢性经济不景气的影响，居住难题在数量层面上获得了消解。但同时，房租的降低相对缓慢，因此尽管空房率不断增高，仍然找不到愿意租房的人，于是出现了住宅供求不均即"经济性居住难题"这一新的问题，也促进了郊外住宅用地的开发①。这一情况并非像一直存在的"劣质住宅"问题一样属于城市杂业阶层固有的问题，同时也影响到了新中产阶层。例如，宫内省的技官阿部喜之丞由于无法承担自家高昂的租金，不得不从市区搬到世田谷（阿部1969，第409页）。贫困阶层多为日薪工人，他们为了不错失市区就业的机会，宁愿牺牲居住水平也要住在市内或者工作地点附近。反而是新中产阶级以上的人群更加容易向郊外搬迁。与此同时，郊外的电铁在逐渐铺设完毕，职住分离型的郊外住宅区在不断开发②。

以公共住宅供给为代表的社会政策也是在这个时期开始的。1920 年，东京市政府开始着手房屋和插间的出租事宜，并开始市营住宅的建设（石见1990），还多次开展"棚户区"和"不卫生地区"的"整理"行动（内务省1921）。这些政府的行动不是要将贫民区向城市外围驱赶，而是包含了想要彻底改变这种居住环境的住宅改良的性质在里面。

大阪的城市扩张情况也相同。产业革命时期，大阪工厂林立。于是从明治中期开始，人们为了避开这种恶劣的环境，开始向郊外迁移（铃木2004）。在第一次世界大战期间，伴随着工业化的发展，大阪周边的东成、西成两个郡人口增加幅度增快，引发了住房难的问题（大阪市1995）。对此，1918 年 12 月大阪召开了市区改正委员会，在会上通过了包含城市外围的《大阪市区改正设计方案》。这一方案将大阪市外围南郊的住吉地区和北郊的千里山地区选定为宜居地区，其实质是早于城市规划法制定的城市规划方案，并形成了 1925 年第二次市区扩张和用途地域指定政策的基础（铃木2004）。铁路沿线"田园城市"的开发情况正如上一章所述，阪神之间的地区的开发要早于东京。此外，在南郊还出现了以"田园城市"命名的住宅区，但是面向的对象未必是新中产阶层，采取了"长屋"这一集体建筑形

---

① 第一次世界大战期间到关东大地震以后东京住宅市场的情况具体请参考小野（2006a，2006b）。
② 东京的城市化和铁道的关系请参考原田胜（1997a，1997b）。

式。例如,对东成郡田边町进行开发的大阪住宅经营公司总经理山冈顺太郎就曾经说过,该公司的住宅供应要"与大阪市目前所采取的社会政策协调"开展(铃木2004,第223页)。

综上,郊外住宅的供给涉及了多种主体。片木笃等人制作的《郊外住宅地数据库》(片木等2000卷末收录,以下简称数据库)中,列举了当时郊外住宅的主要供给方,即铁道公司、土地公司,以及信托公司。住宅的供给除了需要开发商以外,土地的提供者也是不可或缺的。在上一章中,我们揭示了箕面有马电气轨道收购开发用地的过程,这家公司采取隐瞒开发计划以压低土地收购费用的做法,而一旦土地开发利益为人们所知,公司就不得不面对土地所有者提高地价的境况,而走进死胡同。换言之,这是一种一次性的投机手段,尤其是在土地所有者们开始联合起来,成立耕地整理公会或者土地规划整理公会,并开始自行参与土地开发后,开发商不得不重新建立和土地所有者之间的关系。此外,城市政策的出台对这些公会进行住房开发带来了巨大影响。房地产业要实现可持续发展,就不得不在诸多主体的共同作用下,重新建立一个运营框架。

**(2)民间开发商的动向**

数据显示,当时关东和京阪神地区不同主体的郊外住宅开发数量如表2-2-1所示。下面,我们将根据表2-2-1的内容描述民间开发商们的动向[①]。

表2-2-1　战间期各开发主体的郊外住宅区开发数量(1914—1936年)

单位:个

| 地区 | 铁道公司 | 土地公司 | 信托公司 | 其他 |
| --- | --- | --- | --- | --- |
| 关　东 | 61 | 109 | 84 | 17 |
| 京阪神 | 62 | 177 | 0 | 5 |

资料来源:片木等(2000)所收的《郊外住宅区数据库》

在关东地区,铁道公司销售的商品房中,有40个是五岛庆太麾下的东

---

[①] 住宅开发动向的研究手段除了开发数量以外,还需要对开发规模进行把握,不过正如数据库的作者们所言,数据库由于受到史料的限制,在开发规模方面只能够获得极少数的数据。但是,由于目前我们没有能够更好地了解郊外住宅开发全貌的资料,因此,只能在承认上述问题存在的基础上,仅从开发数量上来展开论述。

京横滨电铁、目黑蒲田电铁及其集团公司开发的，其次是小田原急行铁道开发 10 个、东武铁道开发 5 个、东成电气铁道开发 5 个、京滨电气铁道开发 1 个。从方位上来看，西南郊区 51 个，东郊 10 个，西南郊区的开发数量占绝大多数。此外，土地公司开发的住宅中，有 60 个是堤康次郎的箱根土地开发的（不过，其中有 3 个是轻井泽和箱根地区的开发项目）。该公司在关东地区的住宅开发主要包括两种：一种是旧城区内的原华族所有地的开发，另一种是邻近郡部所属的近郊农村的开发。后者主要包括 1922—1929 年之间开展的丰多摩郡落合村开发项目"目白文化村"，以及将学校建设和住宅开发结合在一起的大泉（1924 年）、小平（1938 年）等主持的"学院城市"项目，此外还有 1931 年左右开始的、由堤参与经营的武藏野铁道沿线开发项目（野田、中岛 1991）。

在郊外电铁沿线，除了上述项目外，还有许多土地公司开展的开发项目。这些公司的一大特征是多为一些积累了丰富经验的公司职员独立后成立的新土地公司。数据显示，从 1930 年后半期开始，这些小企业出售了大量的房屋；不过有学者指出，这些小企业在那之前就已经活跃在房屋市场上了（石见 1990），具体情况仍然有许多不明之处①。此外，还有一个"其他"类别，例如为了筹集办学资金而投身住宅开发的一个罕见的例子就是小原国芳等主持的成城学园、玉川学园住宅区建设。当然，这也是以小田急的开通（1927 年）为前提的。无论是哪种类型的主体，郡部地区的开发事业和铁道建设都是密不可分的。

此外，有学者指出，由财阀集团下的信托公司进行的大规模土地开发是东京的一个地方特色。表 2-2-1 中由三井信托（1924 年成立）开发的住宅项目数为 60 个，多数都是在旧城区中的华族土地上，或者通过代理田地山林处理事务建造高级住宅区（片木等 2000）。同样还有三井集团的东京信托公司（其后更名日本不动产）也从事住宅开发，但是二者之间的异同并不

---

① 举一个大阪的例子，名武（2000）指出，大阪的土地公司追根溯源是幕藩制下有势力的町人。

明确①。此外,还有三菱信托主持的以西郊郡部为中心的开发项目13个,以及住友信托在千代田区一番町进行的项目1个。

再看京阪神地区。铁道公司的开发项目共计62个,其中阪神急行电铁最为活跃,在调查期间共进行29个开发项目,在这段时间前后的房产开发也十分活跃。与之并行的是阪神电铁。阪神电铁是铁道沿线住宅开发事业的先驱,然而在调查期间的开发数量也仅为7个。京阪电铁和新京阪共计9个,还要多于阪神。此外,南郊地区铁道沿线的开发情况是大阪电气轨道7个、大阪铁道6个、阪和电气铁道2个、南海铁道2个,共计17个。其次是土地公司的开发情况。大阪早就开始了土地的商品化进程,和东京不同,大阪将土地和用于租赁的房屋共同出售的情况十分普及,因此成立了许多资本金规模较大的土地公司。不过从开发数量来看,这个时期京阪神的开发数量为177个,要少于关东"土地公司"109个和"信托公司"84个之和。石见(1990)和长谷川(1995)认为,在两次世界大战之间,东京的房地产市场不断扩大,土地房屋租赁业的公司数量上,东京和大阪出现了倒转②,可以说正好与上面的情况相吻合③。

## (3) 土地的提供者

住宅开发的大部分对象,都是地租改正政策实施后土地所有权得到承认的私有土地,因此这个过程中必然存在土地的提供者。他们以各种方式参与到开发过程中来,有时可以享受开发带来的利益,有时候却是不情愿地提供自己的土地。

在东京,当住房困难成为一个社会问题时,对华族所有地的"开放"不容忽视。东京旧城区在明治以后,土地集聚情况愈演愈烈,大约有2 000名

---

① 在两次世界大战之间,东京信托的房地产业务情况请参考橘川(1995)著述。直到1923年颁布《信托法》及《信托业法》之前,多数信托公司实质上和土地公司没有多大差别,在法律颁布后直接更名为土地公司的也不在少数。例如,1920年成立、1932年在堺开发大美野田园都市共计40万坪住宅的关西土地,在1923年以前曾用名就是帝国信托。该法律颁布实施后,信托公司在东京的房地产开发情况还要另外加以探讨,不过可以推测这种开发项目应该是带有华族资产运作性质的。

② 但是资本金规模方面,东京仍然少于大阪。

③ 数据库中列举的是"开发或出售"的郊外住宅地,其中应当也包含租赁房屋,但是具体没有明确标注。

大地主掌握着东京市内的大部分土地。而到了20世纪20年代，随着住房问题的产生，无论实际持有面积的大小，人们开始批判那些拥有显而易见的大宅院的大地主华族。而在华族之中，也有人认同这种批判。此外还有在世代交替、财产继承中需要筹措继承税的原因在里面，因此出现了"宅地开放"。通过这种对一整块大土地的"开放"举措，产生了完整成块的住宅用地（长谷川1988a）。前面所说的箱根土地和三井信托的开发项目就是利用了这样的机会。

与之相对的是周边郡部的住宅开发带来的东京、大阪近郊农村耕地、山林的住宅化。当时的住宅开发除了上面所说的华族所有地"开放"以外，基本上不存在市内建筑高层化的现象，而是几乎全部集中在市区的外延地区，其背景除了当时的经济和技术方面的原因外，还有当时宣传"田园都市"激发人们对郊外居住的憧憬的功劳。开发商中，有的像是箱根土地、三井信托等拿到了旧城区的土地，但其余大多数电铁公司、土地公司都一方面刺激新中产阶级的这种憧憬，一方面积极开展郊外住宅开发，从而获得商机[1]。

在农村，随着工商业部门实际工资的提高和社会主义思想影响下的按年雇佣和按日雇佣劳务报酬提高，农业收支性恶化不断加深，加上农民们有机会看到那些城市近郊地区的新居民的生活状态，所以出于一种经济以外的原因，农民越来越厌恶农业生产。当佃农和自耕农开始逐渐脱离农业生产，地主就必须面对佃户提出的降租要求，甚至佃户的流失。故而在住宅用地需求旺盛的背景下，地主也会在机会适当时，将自己持有的土地转化成住宅用地[2]。

因此，在近郊农村土地筹集的过程中，最开始电铁公司和土地公司采取的是直接收购土地的方法。但是，正如前面我们论述过的那样，这种方法很快就不得不面对如下难题。一个是收购价格的飞涨。田园都市株式会社在1918年左右，对东京府荏原郡碑衾村、马入村、平塚村交界处的"洗

---

[1] 英国的霍华德提出的田园都市，指的是和现有的市区有一定距离的、工作和居住相邻的、一定程度上可以自我管理的卫星城（霍华德1968），但是东京、大阪的"田园都市"邻近现有城区，并且只具备作为大城市住宅区的功能。前者是自由主义经济活动扬弃的结果下的一种构想，而后者是这种经济活动新的一部分，这应该和二者之间的差异不无关系。

[2] 东京近郊农村的农业收支恶化和入不敷出感的积累请参考帝国农会（1935）。

足"地区开展土地收购,以作为开展开发项目的基础。然而不久后,地价就从一开始的每坪2.3日元快速上涨到8~15日元,田园都市株式会社不得不转而求之于附近地价较为低廉的调布村、玉川村一带的"多摩川台"地区(后来的田园调布)(东京急行电铁株式会社1943)。此外,1925年左右,神奈川县橘树郡大纲村(现在属于横滨市)由于正在建设之中的东京横滨电铁,出现了沿线地主抬高土地收购价格的情况,当地社会和公司之间出现了冲突(大豆生田1997)。宅地开发项目前途越为人们所知,公司就越难以低廉的价格购买土地。还有一个问题是当开发出来的住宅地销售情况不好的时候,资本就会固化,从而成为压迫公司经营的重担。上述箱根土地正是属于这种情况。它在东京进行的住宅开发,原本是由于轻井泽和箱根的土地销售情况不好而开展的"中间事业",结果反而成为公司经营的另一个重担(老川1996)。

实际上,在近郊农村地区创造住宅用地的过程中,最多使用的还是被称为"耕地整理"或者"土地规划整理"(下面不区分这两种形式,统称为"土地整理")的方式①。土地整理是由土地所有者组成一个公会,进行土地的交换和分割、合并,以及规划变更,进而通过土地的运作获得开发利益。在这点上,它们和电铁公司、土地公司等开发商的立场是相对立的。但是,在实际运营中,开发商和政府对土地整理公会多有介入,这点我们将在后面提到。

在东京,土地整理主要是在除了震后复兴项目中获得重建的隅田川周边地区以外的西南、西北郊区和东部郊区进行的(沼尻2002)。从地图上来看,西南郊区有许多相邻的公会,整体土地比较成块(图2-2-1),而其他地区基本上都是斑点状的整理开发。东京土地规划整理研究会(1938)的统计显示,截至1938年3月末,东京市内开展的土地整理项目共有271个(1个在申请中),面积达13 161町步。将这些土地按照邻近的铁道整理一下,就是表2-2-2。项目面积最大的位于目黑蒲田电铁和东京横滨电铁沿线,

---

① 耕地整理事业原本是以改良农业生产为目的进行的,但是它实际上被人们作为建设住宅用地的一种手段。1919年公布的《城市规划法》中,将以建设住宅用地为目的的土地规划整理事业变为一项制度,但是实际的实行上还是以《耕地整理法》为基准;后来,以耕地整理事业需要消耗政府的补助金为由,1931年实施的《地租法改正方案》废止了这一项目,在此之前,耕地整理提供了大量的住宅用地(石田1986)。

这两家铁道公司属于同一集团,这两家铁道公司在一个土地整理项目涉及的地区很少与其他线路共享。可以理解为,二者的铁道业务和土地开发业务均在一个与其他公司竞争较少的地区独自开展。

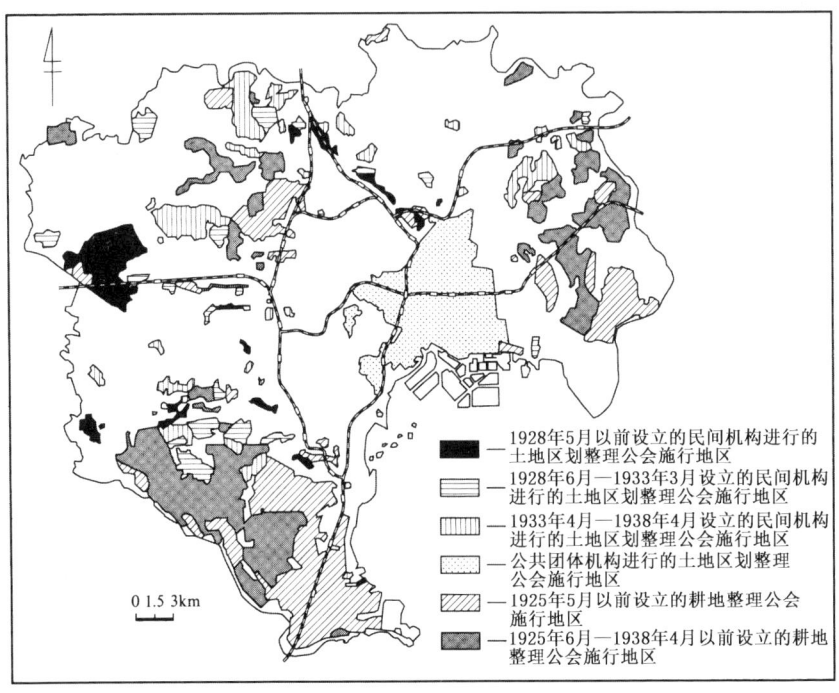

**图 2-2-1　东京都市规划区域土地规划整理、耕地整理施行区域**

资料来源:沼尻(2002)。

表 2-2-2　郊外电车与沿线土地整理公会

| 枢纽 | 路线 | 公会数 | 坪数（千坪） | 与其他线重复 | 1路线重复 | 2路线重复 | 3路线重复 |
|---|---|---|---|---|---|---|---|
| 品川站口 | 省线京滨线 | 16 | 3 246 | 100% | 74% | 26% | 0 |
|  | 京滨电气铁道 | 30 | 4 561 | 59% | 41% | 18% | 0 |
| 涩谷口 | 目黑蒲田电铁 | 48 | 12 209 | 50% | 43% | 7% | 0 |
|  | 东京横滨电铁 | 24 | 6 831 | 87% | 87% | 0 | 0 |
|  | 东横玉川线 | 24 | 3 033 | 67% | 60% | 5% | 1% |
|  | 帝都电铁 | 12 | 3 080 | 100% | 12% | 87% | 1% |

续表

| 枢纽 | 路线 | 公会数 | 坪数（千坪） | 与其他线重复 | 1路线重复 | 2路线重复 | 3路线重复 |
|---|---|---|---|---|---|---|---|
| 新宿站口 | 省线中央线 | 16 | 4 027 | 100% | 34% | 0 | 66% |
| | 京王电气轨道 | 11 | 1 260 | 92% | 76% | 13% | 3% |
| | 小田原快速铁道 | 21 | 1 278 | 69% | 54% | 12% | 3% |
| | 西武轨道（青梅街道） | 10 | 3 089 | 96% | 96% | 0 | 0 |
| | 西武铁道（高田马场） | 15 | 1 764 | 84% | 84% | 0 | 0 |
| 池袋站口 | 武藏野铁道 | 18 | 3 017 | 64% | 57% | 6% | 0 |
| | 东武铁道上线 | 15 | 3 053 | 30% | 22% | 9% | 0 |
| | 省线赤羽线 | 20 | 2 522 | 98% | 70% | 28% | 0 |
| 上野站口 | 王子电气轨道 | 21 | 1 557 | 92% | 37% | 35% | 20% |
| | 京成电气轨道 | 55 | 468 | 58% | 48% | 3% | 7% |
| | 东武铁道 | 8 | 468 | 32% | 14% | 18% | 0 |
| | 省线大宫线（东北线） | 24 | 2 767 | 100% | 67% | 21% | 11% |
| | 省线松户线（常磐线） | 14 | 947 | 100% | 60% | 7% | 33% |
| | 省线千叶线（总武线） | 25 | 2 177 | 100% | 98% | 2% | 0 |
| | 城东电气轨道 | 17 | 2 113 | 30% | 28% | 2% | 0 |

资料来源：东京土地规划整理研究会（1938）。

注：包含八王子市内的7个项目。包含各线路沿线公会数与其他线路的重复。因此，公会数合计与实际公会数不一致。

而在大阪，多个土地整理项目比肩相邻，结果就是旧市区的外围几乎被覆盖殆尽（图2-2-2）。造成这种结果的原因，除了土地所有者和周边地区土地整理公会之间的密切合作（铃木2004）之外，还包括下面要介绍的大阪市当局的积极协调。1933年2月市内土地规划整理项目共计48项,面积达3 011町整(实测)(大阪市土地整理协会1933)。我们通过表2-2-3可以看到不同地区的项目详情,和旧市区各区相比(北区、东区、大正区)1925年编入的新市区的数量要多得多。此外,大阪和东京相同,开展了许多以获得住宅建筑用地为目的的耕地整理项目。例如住吉第一耕地整理地区等,大部分土地都属于东成土地建筑物株式会社所有,这些地区通过耕地整理(1913,1915年)建成了"帝塚山"住宅区(大阪市都市整备协会1995)。

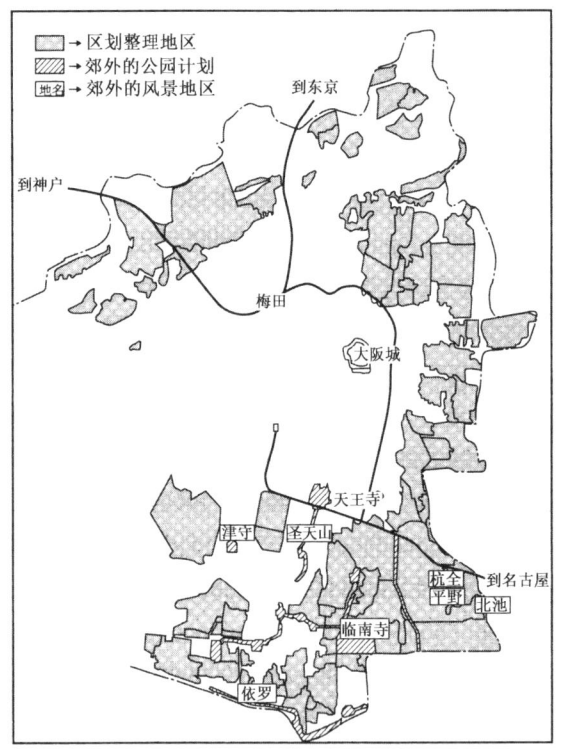

**图 2-2-2　战前大阪市郊外土地规划整理和南郊公园计划及风景地区**

资料来源:铃木(2004)。

表 2-2-3　大阪市内土地规划整理

| 地　　区 | 项目数 | 面积(町) |
| --- | --- | --- |
| 北区 | 1 | 79 |
| 东区 | 1 | 3 |

续表

| 地 区 | 项目数 | 面积(町) |
|---|---|---|
| 大正区 | 2 | 295 |
| 西淀川区 | 5 | 306 |
| 东淀川区 | 6 | 233 |
| 东成区 | 5 | 326 |
| 旭区 | 12 | 770 |
| 住吉区 | 16 | 1 000 |
| 合计 | 48 | 3 011 |

资料来源:大阪市土地整理协会(1933)。

## (4)宅地创造中的政策介入

上述公会土地规划整理是按照《城市规划法》第 12 条规定进行的,在该法律的第 13 条还有关于公共公会开展土地规划整理事业的规定。因此,东京市和大阪市有自身作为土地规划整理事业主体参与的制度依据。然而出于财政方面的理由,在实际执行中行政的设计范围只包含旧市区车站附近等极少数区域。东京除了震后复兴外,由市政府主持的土地整理仅包括新宿站前、涉谷站前、浅草,大阪也只有大阪站前土地规划整理项目这一个案例[①]。

实际上,对于郊外住宅用地创造的过程中所采取的措施,东京市明确表明在城市道路规划建设的过程中,优先将土地规划整理公会和耕地整理公会整合后的土地作为道路建设用地,并以此促进规划道路沿线土地所有者的整合(东京市政府 1933 年)。道路用地不通过收购的形式,而是通过土地整理来取得,这可以大幅缩小财政支出,不过整理后土地的运作方式仍然要看所有者们的衡量。行政能够做的充其量不过是通过用途地域制度和风景区指定等进行间接地干涉,所以土地整理有的时候还会成为城市

---

① 曾任大阪市城市规划部副部长、大阪市副市长的泷山良一称,大阪站前土地规划整理"在开始时原本也打算按照《城市规划法》第 12 条实施,但是其中遇到各种问题,结果还是依照第 13 条请公共团体大阪市政府实施了"(大阪市都岛土地规划整理公会 1939)。

规划统一目标达成的障碍①。

另外，大阪从1923年左右起，在市内都岛地区，由从任高级助理时就一直参与大阪城市开发的大阪市市长关一，开始"怂恿"设立土地规划整理公会。故1925年，都岛土地规划整理公会成立，成为首个市区土地规划整理公会。公会主席并非有势力的当地人，而是大阪市城市规划部副部长泷山良一，这也表现出大阪市和地区社会之间的密切联系（大阪市都岛土地规划整理公会1939）。该市在1925年开始第二次市区扩张的同时，开始采取土地规划整理的促进措施，1927年制定了大阪市土地规划整理促进措施和土地规划整理受托规定，将市政府当局对土地整理的积极介入制度化。前者规定政府可以对土地整理支付一定补助金，并进行项目补助和指导，后者进而规定大阪市可以接受公会委托开展业务。1927年，大阪市土地整理协会成立，会长由市长担任，土地规划整理和耕地整理的实施方或者获得认定的申请人可以成为会员。该协会的主要活动内容包括部分项目的代理实施、向相关政府部门陈述意见、宣讲会和演讲活动的组织实施等，可以说是上面我们讨论的一系列变化的最终发展形态（大阪市土地整理协会1933）。

此外，为了促进住宅开发，大阪市还积极开展交通基础设施建设，包括道路，以及市营高速铁道等，这也是大阪的一大特征。提出这个主张的仍然是关一市长。相对于远离主城的卫星城，关一市长更提倡开发有连续性的"田园郊外"，尤其是在南郊介入土地规划整理和土地公司的活动，同时优先建设高速铁道我孙子线路（现在的地铁御堂筋线），结果就造成了和E.霍华德（Ebenezer Howard）的思想完全不同的城市开发效果。1926年我孙子和江阪等南北向线路和大阪港，以及平野等东西方向的路线纳入计划中，并决定在1928年的综合大阪城市规划中开始建造。但是，到第二次世界大战结束前，只完成了旧城区（梅田—天王寺之间）的部分。

再来简单看一下社会政策性的住宅供给情况。为了应对"住房难"问题，东京和大阪都建设了市营住宅。大阪从1919年开始建设市营出租房，

---

① 关于"纵向分割行政"、"地域主义"造成的城市规划缺乏统一性的问题请参考赤木（1977）。东京市在1935年颁布了《东京市土地规划整理促进规章》，1936年1月1日开始实施（东京市文件《关于〈东京市土地规划整理促进规章〉实施日期决定并告知一事》1935年12月27日）。

从1926年开始建设商品房。此外,还对上述土地公司以及基于《住宅公会法》(1921年施行)建立的住宅组织在建筑资金方面提供贷款(大阪市都市住宅史编纂委员会1989)[①]。

东京从1920年开始建设市营住宅,在此基础上,以抗震救灾为目标、1924年成立的同润会也从事住宅供给。这些政策性的住宅供给的共同点,是面向低收入人群改善住宅的条件,同时也面向中产阶层提供一般的住宅。同润会在开始的阶段,主要活动包括为消除棚户区而开展的应急住房建设及供给,以及为解决"劣质住宅"问题而开展的以工人为对象的小型公寓建设等,其活动具有较强的应急性色彩;到了1929年,同润会从政府获得低利息资金贷款,从而开始了小型公寓建设以及独门独户的住宅销售,在面向中产阶层的同时,也面向职员和工人提供低价住宅。石见(1990,第60页)称,当时供给的住宅数目为,"一般住宅"12处3 478户,"小型公寓住房"14处2 180户,"商品房"8处212户。

### (5)各个主体之间的关系

如开头所述,当时的一个特征是在郊外住宅用地开发中,主要由开发商、土地提供者、行政(主要是市级行政单位)这三个主体互相关联,参与其中。开发商想要单凭自己进行住宅开发已经不再可行,而是由这些主体相互关联,共同构成了郊外住宅开发的新框架。

下面,我们就以东京府荏原郡玉川村开展的玉川全圆耕地整理事业为例[②],来探讨一下它的具体开展过程。

玉川村1932年纳入东京市范围,成为世田谷区的一部分。从近世以来这里就是以商品作物种植为主的近郊农村,到了大正时代,靠近东京的村落东部的人们开始认识到农业的发展是有限的,以及住宅用地开发的巨大可能性。尤其是田园都市株式会社开始着手收购村庄的土地后,人们认为"企业开展的土地开发事业""只是单纯为了盈利而开展的,会导致地主渐渐消失",故而设计了有关耕地整理的构想(玉川全圆耕地整理公会

---

[①] 不过,从结果上来讲,家人们普遍认为住宅公会在郊外住宅用地的建设方面并没有做出太多的成果来(藤谷等2002)。

[②] 以下内容参考玉川全圆耕地整理事业(高屿2003,2004)。

1955)。这里我们可以看出,耕地整理是在开发商和土地所有者的对立中产生的,但是,实际上反对耕地整理的人也不在少数,村内部分裂成赞成和反对两派,发生了激烈的争执。这一问题在 1925 年公会成立之后也依然存在,一直到 1931 年的"和好仪式"之后才终于在表面上结束。工程一直持续到二战结束前不久,战后又进行了登记等手续,直到 1955 年才完成所有项目。

但是,在详细分析这个公会的活动后,我们就会发现,仅凭自身力量开发并获得所有开发利益的这一公会成立之初的设想,实际上是非常难以实现的。公会将整个地区分为 17 个"工区"推进项目,村东部的一个叫作奥泽东区的工区在 1928 年制定了一个筹措工程费用的计划,是将一定面积的"公会地"(保留地)以每坪 21 日元的价格售出。但是,尽管这个工区邻近东京,区位条件优越,也并没有能够按照计划顺利出售土地,其间关于公会地价格反复拉锯,到了 1933 年每坪价格已经下降至 17.4 日元。尽管如此,仍然有没有卖出的土地,最后不得不由工区内富裕者接手。

其后开始施工的各个工区不断摸索让项目稳定开展的方法,到了 20 世纪 30 年代后期,基本上确定采取下面的做法。也就是,公会地的出售不放在工程结束后,而是在工程的开始阶段就以"预纳金"的名义向开发商预约出售一部分公会地。其出售的对象,一般为后宫新太郎、中野友礼等有钱的经济界人士,以及在当地经营铁道事业的目黑蒲田电铁(前身为田园都市株式会社)和同一资本集团下的东京横滨电铁等电铁公司及开发商。而这些预约出售的土地在运作方面全权委托给购买者,所以可以说,公会为了换得工区的顺利运营,一定程度上容许了开发商的介入。从开发商的立场来看,在通过收购获得土地越来越困难的情况下,作为土地整理工会的一分子加入其中并享受利益是十分合理的举动。

在大阪,土地规划整理公会在成立之初,就积极地吸引这些开发商介入,有许多这样的事例。大阪市都市整备协会(1995)收录的一些事例中,下面这些公会可以确定带有这样的性质。

・瑞光寺土地规划整理公会(1927 年成立,位于东淀川区,下同):公会事务所位于新京阪铁道京阪大楼内,在其区域内有新京阪经营的住宅区(商品房)。

## 第 2 章　城市化、重工业及化学工业化和房地产业的发展：1914—1936

- 西平野土地规划整理公会(1928年，住吉区)：将关西土地株式会社在之前获得的土地通过土地规划整理的方式调整；公会会长是该公司的总经理建石辰治。
- 森小路土地规划整理公会(1929年，东区)：关西土地株式会社发起，公会会长是该公司总经理建石辰治。
- 神崎川土地规划整理实施地区(1929年，东淀川区)：淀川右岸是新京阪铁道沿线地区，实施委员是京阪电气铁道总经理太田光熙。

综上所述，原则上属于地区公会和开发商对立产物的土地整理事业，结果上与开发商共同开展活动了。二战后，东急公司在多摩田园都市开发项目中，提出了将土地规划整理公会拥有的保留地一次性收购，相对的为其提供项目费，由公司负担公会的部分职责，称作"一次性代理方式"(东京急行电铁1988)，而与之相关的现象在20世纪20年代末到30年代之间已经出现了。

但是，这种开发并不一定能够保证土地的所有者和开发商获得相同的收益。土地整理给公会成员带来的"利益"只有在整理项目结束后，通过土地运作才能够真正实现；那么反过来，对于没有土地运作打算的人来说，就算在土地整理后地价上涨，也不代表他可以从中获益。因此，这类人反而会因为不希望减少自身土地面积而反对土地整理，或者即使接受了土地整理项目，仍然主张将土地处置后的减少比例压在极低的水平(也就是对于引发地价上升的最重要因素——道路建设等采取消极态度)。因此，在开发商在郊外地区开展各项活动时，还有一些土地所有者未必与开发商持相同的意见，将土地看作"商品"。

然而，从结果上来看，土地整理实际上将所有人都卷入其中，并不断发展。促使这一发展的杠杆，就是上文提到的行政"指导"和"补助"。在玉川全圆耕地整理进行到一半时，铺设了城市规划道路，这就是市政府为了整理后能够实现地价上涨而采取的"整理促进措施"(东京府土木部1932，第36页)的一部分。不过，公会方面却未必愿意接纳这种行政介入，例如等等力南区就曾经反对过这一道路建设计划。其直接原因是工程结束后，土地再分配(临时换地处置)的方案已经形成，同时也是对城市规划道路铺设完成后可能造成的土地面积即所有地面积进一步变小的担忧所致。但是，在东京府的压力下,同时也考虑到该工区和周边工区的关系,最后等等力南区还是同意了这一道路计划,并且以此为契机,那些对耕地整理比较消极、迟迟不肯动工的工区,也通过接受城市规划道路而陆续开始了自己的耕地整理事业。

而在大阪,如前所述,市政府直接参与促进了土地规划整理公会的设立,所以上述矛盾至少在开始施工前没有发生。

综上所述,土地整理事业在发展过程中,将那些不将土地看作纯粹的商品的土地所有者也卷入其中,不断推进住宅地转化。从土地所有者的角度看,所有人无论其本意如何,都通过土地整理而不得不和开发商站在了同一立场上,按照同样的价值标准行动,可以说在一定程度上要求人人都成为房地产商来行动。人们一般认为在这个时期,土地整理事业是在土地所有者的利益优先的基础上开展的[①],但是问题在于这里的"利益"到底是什么,或者可以说,这些土地所有人获得的是狭义的经济合理性概念下的"利益"吧。

因此,狭义的经济合理性原理将所有土地所有人都绑架其中,形成了新的框架,同时也形成了房地产业在郊外住宅地开发市场上得以存续发展的前提条件。以此时期为界,地方公会受到资本主义原理的影响越来越大。

(高屿 修一)

# 3. 城市开发和写字楼

## (1) 商务中心的盛衰

第一次世界大战期间新设了许多企业,有越来越多的企业本部进驻东京和大阪,而到了 20 世纪 20 年代经济不景气时期,增加幅度有所下降。随着 20 世纪 30 年代经济恢复上升,东京的企业本部数量再次增加,但是大阪没有增加;从全国范围看,企业本部的设置开始向东京集中。此外,两

---

① 在最近的研究中,沼尻(2002)在其论述中尤其强调这一点。

## 第2章 城市化、重工业及化学工业化和房地产业的发展：1914—1936

次世界大战期间以银行为中心，越来越多的企业开始设立分公司，在东京和大阪新设了许多支部。这些企业的本部和分公司不断向东京和大阪的商务中心地带集聚。在东京，明治时期的商务中心兜町逐渐失去了原有的地位。到了第一次世界大战前，以丸内地区为中心的麹町区和以原室町、通等为中心的日本桥区形成了两个势均力敌的商务中心，在前章中我们讨论过1921—1927年《日本全国各企业职工录》中，企业的本部数量方面，麹町区增加了61家，而日本桥区和京桥区减少了共计31家。当时，有许多企业的本部都从日本桥区和京桥区转移到了麹町区，以丸内地区为中心的麹町区作为商务中心的作用越来越大。在大阪，企业以一个地区为中心集聚的情况没有东京那么显著，而是向西区、东区缓慢集聚（阿部1991）。

东京各区的地价方面，我们可以获得连续的数据。下面我们就东京各区的地价在不同地区之间的差别，采取和上一章相同的研究方法，即通过各个地区的最高地价来进行考察。在一战前，有乐町和室町为代表的麹町区和日本桥区是东京地价最高的地区，仅次于这两个区的是神田区、本乡区、浅草区。其后，最高地价从高到低的排序为：1921年神田区—日本桥区—浅草区—京桥区—麹町区，1922年日本桥区—麹町区—浅草区—神田区—京桥区，中心4区和浅草区占据前几位。到了1928年，排序变为神田区—日本桥区—京桥区—浅草区—本乡区，1934年为日本桥区—京桥区—神田区—四谷区—赤坂区（旧城区中的排名），麹町区掉出了前五位。其原因尚不明确，但是麹町区的最高地价在1922年为每坪2.5日元（八重洲1丁目），到了1934年为2.55日元（丸内2丁目），几乎没有增加，在地价大幅上升的其他区域中排位降低（东京市政府1918—1934）。这里，商务中心的形成和地价之间的动态背离十分引人注目，但是东京市在统计中只采集了当年新签合同的土地的价格，而我们可以推测当时丸内地区租赁土地较少，楼房建设基本完成，继承式地价较多，所以和周边的那些新租赁土地较多的地区相比，地价上升并不明显；而四谷、赤坂等周边地区新增租赁土地较多，新签合同中地价也较高，造成地价上升明显。而在1934年，涉谷区和淀桥区的地价在新市区中尤为突出，涉谷区比四谷区更高，淀桥区基本和麹町区水平相当，应当注意涉谷、新宿等随着新的开发活动的不断进行，即将成为城市副中心的地区，其地价也将上升。

### (2)写字楼的建设

日本最早的出租写字楼是三菱1号馆,属于砖瓦结构。最早的钢筋混凝土结构、有采光井、集中设置电梯、共用门庭和走廊的美式高层办公大厦,则是以1911年三井物产横滨分店和1912年三井2号馆为始的(藤森1993)。其后,写字楼的主流就成了钢筋或钢筋混凝土结构(下面统称混凝土结构)的了。这是因为混凝土结构的建筑物不但更容易建高层,而且在平面结构上也更有利于空间的有效利用。三菱在1914年建成的4层建筑——21号馆,就是最早的美式写字楼。写字楼规模进一步扩大是在1918年竣工的海上大厦之后,如在1922—1923年间,丸内有乐馆、丸内大厦、邮船大厦相继竣工[①]。

根据我们获得的东京市的史料,该市混凝土建筑的建筑面积如表2-3-1所示[②]。1917年,混凝土建筑主要用于银行及企业(应为办公大厦),以及工厂仓库等民用部门,并且银行和企业集中在麴町区和日本桥区,工厂仓库在周边地区较多。1922年,麴町区有多座混凝土结构的写字楼竣工,银行和企业占据了混凝土建筑的半壁江山。80%的银行和企业集中麴町区和日本桥区,这一状况并未改变。直到现在,2/3的混凝土建筑都是银行、企业和工厂仓库在使用。这时发生了关东大地震,现有建筑多数毁坏,在震后复兴中,建筑物的抗震性能受到了人们的重视,因此政府及民间建筑中多采取混凝土结构。1928年,震后复兴工程建筑纷纷竣工,麴町区、日本桥区、京桥区之外的12个区(以下称其他12区)中,混凝土结构的建筑数量显著增加。在其他12区中,银行和企业占比较低,学校、工厂仓库、政府办公楼等成为建筑的主要组成部分,因此从全市范围看,政府部门及学校所占的比例和银行及企业基本平分秋色。京桥区等地银行及企业用建筑不断动工,这就导致麴町区和日本桥区的银行及企业建筑面积占银行及企业总建筑面积的比例下降到了70%。1932年东京市区扩张,新成立了20

---

[①] 有效的空间利用让写字楼在出租时能够设置更高的可出租面积比率。如1910年竣工的三菱12号馆是砖瓦结构3层建筑,它的可出租面积比为47.5%,而三菱21号馆为73%,丸内大厦达到了79.4%(藤森1985)。此外,邮船大厦、有乐馆、丸内大厦等均为美国富乐公司和三菱的合资企业建设的(三菱地所株式会社社史编纂室1993a)。

[②] 东京市建筑的变化请参考北泽(1935)。

个区(以下称新市区),截止到1934年,新市区的混凝土建筑中,工厂仓库占一半,再加上政府部门和学校建筑共占整体的八成,而银行及企业占比不足一成。在其他12区中,银行及企业所占面积也仅为一成,和新市区相比,工厂仓库占比更小,学校占比更大。麹町区、日本桥区、京桥区的银行及企业建筑物以混凝土结构为中心,除了京桥区以外,下谷区和浅草区的混凝土结构的银行及企业建筑也在不断动工开建,麹町区和日本桥区的银行及企业建筑面积占旧市区银行及企业总建筑面积的比率下降到了60%以下。混凝土结构的写字楼在全市范围内逐渐扩散①。

表 2-3-1　混凝土建筑的建筑总面积

单位:千坪

| 地区 | 政府机关 | 学校 | 银行公司 | 工厂仓库 | 住宅 | 其他 | 合计 |
|---|---|---|---|---|---|---|---|
| (1917) | | | | | | | |
| 麹町区 | 0 | 0 | 4 | 0 | 0 | 1 | 5 |
| 日本桥区 | 0 | — | 5 | 2 | 0 | — | 8 |
| 京桥区 | 1 | 0 | 1 | 2 | 1 | — | 6 |
| 其他12区 | 0 | 2 | 1 | 5 | 0 | 0 | 9 |
| 合计 | 1 | 2 | 11 | 10 | 2 | 1 | 27 |
| (1922) | | | | | | | |
| 麹町区 | 6 | 2 | 30 | 6 | 2 | 4 | 50 |
| 日本桥区 | 0 | — | 18 | 2 | 1 | — | 21 |
| 京桥区 | 1 | 0 | 1 | 2 | 15 | — | 19 |
| 其他12区 | 1 | 2 | 9 | 11 | 1 | 4 | 29 |
| 合计 | 8 | 5 | 59 | 22 | 18 | 8 | 119 |
| (1928) | | | | | | | |
| 麹町区 | 26 | 11 | 103 | 6 | 8 | 15 | 169 |
| 日本桥区 | 3 | 3 | 41 | 1 | 5 | 1 | 53 |

---

① 新市区中也存在银行及企业占比较高的地区,江户川区(77%)和丰岛区(26%)、淀桥区(20%)就是其中几个例子。

续表

| 地区 | 政府机关 | 学校 | 银行公司 | 工厂仓库 | 住宅 | 其他 | 合计 |
|---|---|---|---|---|---|---|---|
| 京桥区 | 6 | 12 | 23 | 7 | 4 | 7 | 59 |
| 其他 12 区 | 49 | 95 | 30 | 60 | 15 | 33 | 282 |
| 合计 | 83 | 121 | 197 | 74 | 33 | 56 | 563 |
| (1934) | | | | | | | |
| 麹町区 | 165 | 17 | 171 | 8 | 23 | 34 | 417 |
| 日本桥区 | 6 | 14 | 126 | 17 | 30 | 3 | 196 |
| 京桥区 | 9 | 17 | 73 | 16 | 26 | 160 | 300 |
| 其他 12 区 | 167 | 358 | 92 | 157 | 95 | 94 | 963 |
| 新市部 | 75 | 63 | 28 | 196 | 27 | 37 | 425 |
| 合计 | 421 | 468 | 490 | 393 | 202 | 327 | 2 302 |

资料来源：东京市政府(1918,1924,1929,1934)。

  大阪市的建筑统计数据不甚详细，但 1924 年和 1925 年两年竣工的建筑有详细的数据。山口和桥本(1996)对这些数据进行了分析，钢筋或钢筋混凝土建筑的大约一半用途都是"其他"，应该指的是政府部门和学校；其次是事务所、营业所占 1/5，其中钢筋和钢筋混凝土结构的建筑占整体的 2/3，在写字楼中占主要部分；事务所、营业所多位于东区和北区，而其他用途建筑分散在各个区中，写字楼主要集中在市中心地区，而政府部门和学校则分散在全市各地；工厂在港区的集中情况较为显著。由于统计性质不同，无法进行直接比较，但东京和大阪基本类似。

  混凝土结构带来了建筑物的高层化，这不仅体现在三菱在丸内地区进行的专用于出租的写字楼开发建设上，还出现了以本公司使用为目的建设办公楼，将剩余部分出租的经营形态。例如有乐馆是日本石油，邮船大厦是日本邮船，海上大厦是东京海上保险本部的所在地，同时也部分用于出租。最早在大阪进行写字楼出租业务的是 1913 年位于北区曾根崎地方的百三十银行曾根崎分行，将楼上开放作为事务所出租，1920 年大恐慌时期后，由于经济不景气各家公司事业缩水，因此多将自己公司建筑的一部分出租给其他人，可以说促进了写字楼出租的发展(大阪市社会部调查科

1927)。1926年，大阪市的写字楼出租情况如下：专用出租的楼盘23栋，建筑面积13 499坪；兼做出租的楼盘43栋，建筑面积56 305坪；兼做出租的楼盘显然更多①。再看东京，时间上有一些差距，东京市政府（1935a）就1935年东京市的非木制、3层以上的建筑物进行了详细的调查②。根据以此调查结果为基础的研究（粕谷1996），事务所租用的房屋中，专用（出租）的有215栋、建筑面积14万坪，而兼用（出租）的有170栋、建筑面积11万坪，专用于出租的面积高于兼用的三成左右（在每栋的平均建筑面积上，两种情况都差不多）。尽管和大阪的统计时间之间有十年之差，但是东京由于丸内高层群的存在，在专用出租方面更有优势。此外，从事务所整体来看，仅供本公司使用的有170栋，共9万坪，远远少于兼做出租的情况。从中可知，在当时将楼房的一部分出租出去已经十分普及，并且由于要对房屋进行抗震处理，因此人们倾向于将可利用的房屋容积最大化。

### (3) 写字楼的经营

下面来看写字楼的经营情况，我们从入住率、租金及租户结构来看。表2-3-2是东京和大阪的主要写字楼的入住率和租金变化的表格。关于东京海上大厦本馆、有乐馆、邮船大厦我们已经有过叙述，这里就其他写字楼做简单介绍。第一相互馆是第一生命保险在京桥建设的写字楼，一部分供本公司使用。东洋拓殖大厦是进行殖民地扩张事业的特殊公司东洋拓殖在日比谷建设的，是否面向社会出租尚不明确。昭和大厦原来叫作内外大厦，位于丸内地区，在大地震中倒塌后，经重建用于出租（三菱地所株式会社社史编纂室1993a）。大阪大厦日比谷第1、第2是大阪建设在日比谷建造并用于出租的产业，有关大阪建设我们将在后面详细说明。丸内八重洲

---

① 但是，兼做出租楼盘的面积是楼房建筑面积，其中供出租的面积到底有多少尚不得知，所以我们无法计算整体出租建筑面积中，供专门出租的面积和兼做出租的面积各占多大比例。

② 麹町区、日本桥区、京桥区集中了5层以上建筑物的建筑面积的75%。混凝土结构建筑一栋的平均建筑面积方面，旧市区平均为716坪，而麹町区为1 742坪，极为突出。日本桥区为512坪，京桥区495坪，要低于平均值。尽管日本桥区和京桥区建筑物已经实现了高层化，但是建筑面积较小，占地面积也较小。由于土地所有权变得越来越细碎，因此出现了许多"铅笔楼"。租赁土地上的建筑物的建筑面积占比方面，旧市区平均为35%，麹町区40%，日本桥区54%，京桥区44%，中心地区的比例较高。反映了中心地区土地租赁的发展。持有多个建筑物的主体方面，除了东京市、国家、东京府（应当指的是政府和学校）外，还有同润会（公寓），并且银行业较多，反映了银行支行设置的情况（粕谷1996）。

大厦是三菱建设的出租大厦。东京海上大厦新馆与本馆相邻。三信大厦是三井信托和三井合名共同出资的归属三信建设所有的大厦,三井信托的房地产部也入驻其中,实际上是一部分由本公司使用的出租大楼。大阪的堂岛大厦是在海洋运输业中积累了大量财富的桥本喜造等人共同创建的堂岛建设公司在堂岛滨通建设的[①]。大同生命大厦是大同生命在肥后桥建造的,除了自己入驻以外,还有广冈合名、加岛银行等相关企业入驻。大阪大厦是由大阪商船、宇治川电气、日本电力共同出资成立的大阪建设公司在中之岛建设的,三家主要出资企业均作为主要租户入驻其中,剩余空间用来出租。江商大厦是棉花商社江商作为本部办公楼建设的,位于中之岛,除了一部分供公司使用外,其余部分用于出租。朝日大厦是朝日新闻的子公司朝日建设公司在中之岛建设的,朝日新闻的一部分也入驻其中。最后,三井大厦是三井合名在中之岛建设的,三井生命、三井物产入驻,实际上自己使用一部分。综上所述,表 2-3-2 所涉及的大厦都是当时的重要办公大楼,地理位置也十分接近,并且对这些写字楼的调查都是以相同的标准进行的,因此这张表格为我们提供了十分珍贵的数据。

表 2-3-2　主要大厦的入住率(%)和租金(日元)

| | 大厦名称 | 竣工 | 建筑面积 | 1928 | 1930 | 1932 | 1934 | 1936 |
|---|---|---|---|---|---|---|---|---|
| 东京 | 东京海上大厦本馆 | 1918 | 5 186 | 100<br>9~11.5 | 98<br>7~11.5 | 88<br>7~10 | 95<br>7~8 | 95<br>8~10 |
| | 第一相互馆 | 1921 | 3 000 | 96<br>13~ | 100<br>13~ | 100<br>10~ | 100<br>10~ | 100<br>10~ |
| | 有乐馆大厦 | 1922 | 4 747 | 100<br>12~14 | 79<br>11.5~14 | 93<br>10.5~11.5 | 82<br>10~11 | 100<br>8~10 |
| | 丸内大厦 | 1923 | 18 782 | 96<br>11~15 | 83<br>11~14 | 69<br>8~10 | 82<br>8~10 | 94<br>8~10 |

---

① 建筑商为竹中工务店,这点也十分值得关注。

续表

| | 大厦名称 | 竣工 | 建筑面积 | 1928 | 1930 | 1932 | 1934 | 1936 |
|---|---|---|---|---|---|---|---|---|
| 东京 | 邮船大厦 | 1923 | 8 438 | 99<br>13～14 | 93<br>12～13 | 66<br>10～12 | 88<br>10～11 | 100<br>10～12 |
| | 东洋拓殖大厦 | 1925 | … | 75<br>10.5～13 | 88<br>12～13 | 73<br>6～10 | 82<br>6～9 | 100<br>6～9 |
| | 昭和大厦 | 1927 | … | 94<br>10～13.5 | 80<br>11.5～ | 73<br>7～9 | 87<br>7～8.5 | 96<br>8～ |
| | 大阪大厦日比谷第1 | 1927 | 3 340 | 87<br>11～17 | 90<br>10～17 | 73<br>7～9.5 | 91<br>7～9.5 | 100<br>7.5～8 |
| | 丸内八重洲大厦 | 1928 | 5 383 | —<br>— | 81<br>12～13 | 94<br>10～12 | 94<br>9～11 | 100<br>8～10 |
| | 东京海上大厦新馆 | 1930 | 9 735 | | 50<br>10～12.5 | 91<br>8～12 | 96<br>8～11 | 100<br>8～11 |
| | 三信大厦 | 1930 | 7 190 | | | 76<br>8～12.5 | 94<br>8～11.5 | 98<br>11～ |
| | 大阪大厦日比谷第2 | 1931 | 3 204 | | | 58<br>10～11.5 | 95<br>9～11.5 | 100<br>9～ |
| 大阪 | 堂岛大厦 | 1923 | 5 893 | 87<br>12～12.5 | 87<br>12～13 | 82<br>10～11 | 95<br>8.5～9 | 99<br>8.5～12 |
| | 大同生命大厦 | 1925 | 4 129 | 90<br>10.5～11 | 91<br>10～11 | 75<br>9.5～10 | 83<br>9～10 | 100<br>10～12 |
| | 大阪大厦 | 1925 | 9 750 | 92<br>9～15 | 97<br>9～15 | 95<br>9～15 | 96<br>9～15 | 99<br>9～15 |

**续表**

| | 大厦名称 | 竣工 | 建筑面积 | 1928 | 1930 | 1932 | 1934 | 1936 |
|---|---|---|---|---|---|---|---|---|
| 大阪 | 江商大厦 | 1926 | 2 820 | 85<br>11.3~11.4 | 100<br>10.5~11 | 93<br>9~10 | 97<br>9~12 | 98<br>9~11 |
| | 朝日大厦 | 1931 | … | — | — | 95<br>11~12 | 100<br>10~12 | 100<br>10~12 |
| | 三井大厦 | 1933 | 2 319 | | | | 100<br>9~10 | 100<br>9~10 |

资料来源：大阪建物(1977)。竣工年份和建筑面积来源于各公司的公司史。

注：(1)上行是入住率，下行是租金。租金是每坪的金额。来源于大阪建筑的调查。

(2)大厦实际名称中带的 building 等简称为大厦。

东京和大阪在昭和大恐慌时期均出现了租金下降、入住率降低的情况，这一点十分明显，不过入住率的低谷在 1932 年，而租金的低谷则出现在 1934 年。关于入住率和租金之间的不一致，我们根据可获得的丸内大厦的历史数据来进行简单的分析（粕谷 1996，旗手 2005）。丸内大厦受到关东大地震的影响，直到 1926 年 5 月前一直都在修理，没有新的出租，因此入住率较低。1928 年，受到东京市内新建出租大厦增加的影响，丸内大厦的出租面积减少，同时由于经济不景气，大厦对于信用没有得到确认的租户不再提供出租业务，对于现有的租户也根据其信用情况进行严格的筛选。而在租金方面，在经济整体不景气、新建出租大厦数量大幅增加的状况下，涨租普遍十分困难，只能勉强提高一点。可以说丸内大厦运营情况还算可以。但是到了 1929 年，日本桥、京桥、神田等地的出租大厦数量大幅增加，丸内大厦受到了较大的冲击，出租面积进一步减少，最后续约租户的租金还出现了一定的下降。丸内大厦的降租情况一直持续到了 1932 年左右，从 1932 年下半年起尤其是在年底，租用申请人开始稍有增加，新签出租合同也有了少量增加。到了次年 1933 年，入住申请人开始逐渐增加，随着经济情况好转，租金市场也多少呈现出平稳态势。但是丸内大厦在新增入驻申请人增加的背景下，优先考虑出租数量的增长，因此到了 1935

年,尽管房屋出租需求在不断增长,房屋租赁市场好转,丸内大厦仍然选择不涨租。丸内大厦终于开始涨租的时候是在大厦的空间几乎完全出租出去的1937年以后。因此,可以推测租金降低之所以晚于入住率降低,应该就是因为大厦方面难以让已经减少的续约数量转而增加,因此只能尽量抑制数量的进一步降低,并采取停止租金上涨的方式促进入驻。

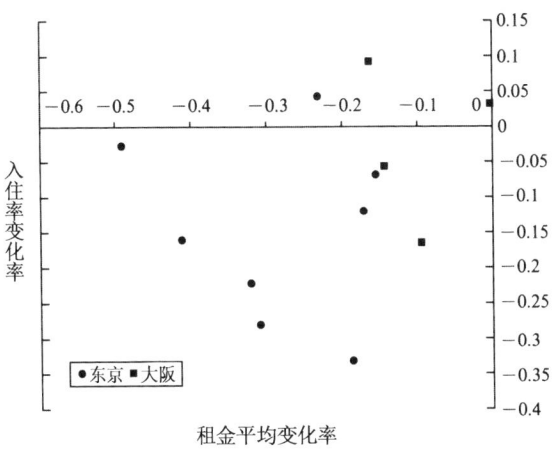

图 2-3-1　租金平均变化率和入住率变化率

资料来源:依据表 2-3-2 作成。

图 2-3-1 是 1928—1932 年的租金变化率(1932 年的平均租金减去 1928 年的平均租金后再除以 1928 年的平均租金得出的数值)和入住率的变化率(1932 年的入住率减去 1928 年的入住率后再除以 1928 年的入住率得出的数值)的点状分布图。1927 年为止尚未竣工的写字楼没有包含在内,因此东京共有 8 座、大阪共有 4 座大厦加入了散点图。由于样本数量过少,所以没有办法获得确切的结论,不过可以看到东京有 5 座大厦都位于图的左侧,基本位于左上方到右下方的直线上,而大阪有 3 座都位于右侧从左上方到右下方的直线上(剩余的东京 3 座、大阪 1 座略偏向右侧分布)。这样,我们可以认为东京的 8 座、大阪的 4 座大厦分别位于由左上方向右下方延伸的直线附近;表现出当租金下调时,入住率的降低情况能够有所缓解,下降不会太严重。那么,一座写字楼位于这条直线上的什么部位,表现出的是这个写字楼采取的是何种经营策略:是不拘泥于当前的入住率、不大幅度降租、更重视选择长期的"良性"租户入驻的做法,还是重视

当前的入住率。丸内大厦位于左侧一条直线上的5座大厦中最下面第2个的位置，这和前面我们根据史料分析的结果相同，也就是采取了心甘情愿忍耐入住率降低的做法。而将东京和大阪对比可知，东京在进行同样幅度的降租时，入住率的降低更为明显（图中的直线倾斜幅度更大），这种情况应该和在昭和大恐慌发生前的震后复兴事业中东京建设了大量的耐震建筑有关。

最后看一下租户的结构。三菱在丸内地区的写字楼是日本最早的出租写字楼，但是在明治时期，建筑物规模还很小，而且也并非公用楼梯和卫生间的美式写字楼，因此很少有小型的租户入驻，每栋建筑的租户数量没有超过10个的。4号馆只有古河矿业这一家入驻。此外，租户多为大企业、富裕的经济界人士、著名建筑师和律师等（应当是作为个人事务所使用）。只有一家属于零售方面的租户，是入驻8号馆的一家叫作中央亭的正宗法国料理餐厅。三菱最早的美式写字楼21号馆竣工于1914年，在它1922年的租户结构上，尽管建筑物规模变大、租户人数变多了，但是仍然没有出现结构上的变化，仅仅在1层和2层开始有书店入驻而已（三菱地所株式会社社史编纂室1993a）。

1918年竣工的东京海上大厦是日本最早以"大厦"命名的写字楼，大厦还设有商店街，内有食品、杂货、化妆品、和服、文具、烟草、书店、邮局、代理业、人力车、汽车、理发店等商户入驻，地下和2、3层还有食堂、酒吧、球场等，在展示新型大厦的特点方面可以说是划时代的。大厦中入驻了横滨正金银行、第一银行等57家大企业（日本经营史研究所1979）。目前还不知道东京海上大厦究竟是从何处获得的建设拱顶商业街的想法[①]，其中一种可能是在明治三十年代盛行的"劝工场"的影响。劝工场是多种多样的店铺入驻在一个建筑物中，顾客可以不换鞋直接进入，一边欣赏五花八门的商品一边购物的营业形态（初田1993）[②]。

这种结构在其后也被采纳，如1921年竣工的位于京桥的第一相互馆，就曾经计划在1层和2层设置出租商铺，将3层和4层的空间出租用于事

---

[①] 海上大厦的建筑由原帝国剧场专务理事、曾在欧美各国周游后回国、于1913年加入东京海上保险公司的西野惠之助主管的，应该是采取了一些新的创意（由井1996）。

[②] 百货大楼一直到20世纪20年代后半叶为止，在进入时还需要换鞋。

## 第2章 城市化、重工业及化学工业化和房地产业的发展：1914—1936

务所，将5、6层供第一生命保险也就是自己公司使用，并将7层（顶层）分给食堂（第一生命保险五十年史编纂室1958）。顶层的食堂和1层的陈列橱窗使第一相互馆给人留下了深刻的印象。第一相互馆当初也考虑过请百货商店入驻，而1914年建成的6层建筑三越新馆在4层设置了餐厅，在一楼设置了橱窗，第一相互馆可能就是参考了这一设计（初田1993）[①]。并且在建筑竣工之际，第一生命招待保险客户等来馆参观，3天内共有超过5万人前来，第一相互馆在第一生命保险的宣传方面也发挥了重要作用。将这种设计以更大规模呈现的就是日本最大规模的大厦——丸内大厦。丸内大厦的设计中包含拱顶商业街，而经过震后的改建，丸内大厦在地下、1层、2层集中设置餐厅、咖啡厅、零售商店，并在9层引进高级餐厅，彻底贯彻了这种结构（藤森1985）[②]。在丸内大厦中，除了上述商铺外，还有律师、代办人、建筑师等事务所，以及不少医生的诊所也入驻其中。在1层建造拱顶商业街的这一设计方式也被三信大厦所采纳，逐渐成为写字楼的一种固定形式。

不过，并不是所有的写字楼都采取了相同的结构，和丸内大厦几乎同时建成的有乐馆和邮船大厦就没有采取这种结构。20世纪20年代中期，有乐馆和邮船大厦的各租户的平均出租面积分别为46坪和54坪，而第一相互馆和丸内大厦分别为15坪和31坪。除了楼房规模的影响外，有商业街的建筑由于商铺的平均面积较小，所以整体的平均面积也变小了。除此之外，丸内大厦内部有律师事务所等，所以平均规模也就变小了。而如果1层不设置商店的话，大厦多会选择人流往来比较大的银行出租，这时就会由一家租户占据一个较大的空间。从不同的产业来看，租户中金融业所占的比例有乐馆为16％、邮船大厦11％，第一相互馆仅为6％，丸内大厦为2％（粕谷1996）。大厦的经营者会根据周边办公大厦及写字楼的集聚情况选择租户，构建自身的经营战略[③]。

---

[①] 三越在1921年建成的西馆6层建设了大型的餐厅，1922年进一步扩充了西式餐厅，所以也不能断言是百货商店最早开始这种设计的。应该是由于大厦位于京桥而不是丸内，在设计时较多地考虑到了和周围的景观保持一致而产生的这种结构吧。

[②] 藤森(1985)认为，最早采取这种结构的是丸内大厦，但是尽管在规模上存在差距，丸内大厦应该是采取了海上大厦和第一相互馆的设计创意。

[③] 大阪大厦（日比谷）在每个租户的平均面积和产业结构方面和有乐馆、邮船大厦相似。

即使在租户入驻阶段进行了精挑细选，入驻企业仍然会因为企业自身的衰退而撤出，或者因企业发展而另择更优越的区位、寻找更为宽敞的环境而撤出，这些都是无法避免的。丸内大厦有比较多的相关史料，表2-3-3显示了丸内大厦入驻企业的产业结构变化情况[①]。可以想象，丸内大厦作为最为著名的办公大厦，一定会吸引当时最红的企业入驻。不过有的租户的业务内容并不明确，所以我们只对1925年、1934年、1937年的情况进行对比。其间，轻工业企业数目减少，重化学工业企业增加，这反映了20世纪30年代日本重化学工业的发展。而农林水产业、矿业、建筑业也有所增加，这点和当时的社会状况并不一致，但其实是日鲁渔业这一大型租户入驻的结果。此外，其他数量有所增加的租户还有各界团体。考察内容比较简单，但是可以反映出租户企业的结构随着产业的起伏而变化的情况。

表2-3-3 丸内大厦的租客构成的变化

单位：%

| 行业 | 1923 | 1925 | 1927 | 1934 | 1937 |
| --- | --- | --- | --- | --- | --- |
| 农林水产、矿业、建筑业 | 4 | 5 | 4 | 7 | 12 |
| 轻工业 | 11 | 16 | 7 | 8 | 16 |
| 重化学工业 | 6 | 5 | 4 | 8 | 13 |
| 其他制造 | 2 | 2 | 2 | 4 | 4 |
| 公益 | 7 | 4 | 4 | 1 | 2 |
| 运输通信业 | 4 | 2 | 8 | 10 | 5 |
| 批发业 | 10 | 9 | 8 | 8 | 9 |
| 零售业 | 21 | 21 | 15 | 20 | 14 |
| 金融保险业 | 6 | 12 | 10 | 8 | 7 |
| 房地产业 | 3 | 1 | 1 | 3 | 3 |
| 饮食住宿业 | 5 | 7 | 7 | 6 | 6 |
| 医疗服务业 | 5 | 7 | 8 | 7 | 6 |

[①] 制造业企业的销售，是制造业入驻还是销售业入驻，这一点尚成问题，这里原则上只表示企业所属的产业。

续表

| 行业 | 1923 | 1925 | 1927 | 1934 | 1937 |
|---|---|---|---|---|---|
| 其他 | 3 | 2 | 7 | 8 | 10 |
| 不明 | 13 | 7 | 15 | 4 | 2 |
| 合计 | 100 | 100 | 100 | 100 | 100 |

资料来源：三菱地所《丸内大厦租金台账》各期。

注：年末收取的租金按照租户所属产业进行分类，算出租金的百分比。

（粕谷 诚）

## 4. 京滨工业带填海造陆

### （1）二战前日本的工业用地填海造陆

在近代土木工程技术的发展下，人们通过填平海湾大规模开发工业用地，最早的事例是位于福冈县远贺郡八幡村的官营钢铁生产厂（八幡制铁所）的建设用地。该工程是民间企业若松筑港在敕令下通过普通合同承包，工程内容包括海湾内的疏浚和使用疏浚砂土填埋，从1900年开始到1906年结束施工（三枝、饭田1957，若松筑港1941）。

不过，这种类型的工业用地开发在当时还是一种例外。多数近代工业在选址时，都集中在以东京的隅田川、中川、小名木川，名古屋的堀川，大阪的木津川附近为代表的现有的内陆水运（运河）或者河川沿岸地区。当时，工厂在原料和半成品的进货以及产品的出货时，所使用的主要运输手段多为小型船舶和小艇，这也是造成这种区位选择的一个重要原因（柾1958，1966）。

但是，后来随着土木工程技术的进步，尤其是绞吸式疏浚船（抽砂船）的引进，填海造陆的成本变得很低，因而速度加快。因此在施工难度较低的浅滩海面上，出现了大面积的工业用地造陆。此外，以一战为契机，重化学工业获得发展，伴随着生产设备等的巨大化，现有的工业地区难以满足对更大的空间的需求。在这一背景下，从20世纪20年代开始到30年代，以后来被称为四大工业地带的地区为中心，在全国各地出现了填海造成的工业用地,工业用途的填海造陆正式大规模展开。

其中最早开始开发且规模最大的是京滨工业地带。京滨工业地带的地理范围随着时代的发展在不断地扩大,其原型是"川崎市大岛海岸到横滨市鹤见区鹤见川河口的长 2 500 间(约 4.5 公里)、宽 800 间(约 1.5 公里)的长方形土地,其总面积实际达到了 153 万坪,是一块巨大的填海造陆土地"(藤田 1931,第 1 页)。京滨工业地带是浅野总一郎带领下的民间土地开发项目开发而成的工业用地。

## (2)浅野总一郎的填海造陆构想

浅野总一郎在政府出售兴起的水泥行业获得成功后,从 1893 年开始出资成为前面提到的若松筑港的大股东(若松筑港 1960),因此接触填海造陆工程的机会是比较早的。但是,当时在港湾修整中,填埋工程属于次要的,面积也很小,浅野在若松筑港中的事业构想也并没有超出作为一个出资人的限度。

在浅野自身的回顾中,他认为自己开始参与到大规模填海造陆事业的契机就是 1896 年 7 月到 1897 年 4 月间的欧美视察。此次出行的主要目的是在此前不久设立的东洋汽船,进行航线参与交涉及汽船订单的洽谈。据其本人回忆,在途经各国的过程中,他看到了欧美的近代化港湾设备,包括当时在日本还无法想象的无须小艇就能实现船只进港,以及通过传送带等机械实现的自动化装卸作业等,因而受到了很大冲击(浅野 1929a)。

在 1899 年 4 月回国后,浅野立即向东京府提交了东京湾品川海岸约 21 万坪的填海造陆计划,但是东京市区改正委员会在向府知事咨询后,认为"应看作一种私营企业筑港"而没有获得批准。浅野在日俄战争后的 1910 年 12 月,又邀请安田善次郎等共同开发从羽田海岸到芝浦附近的运河项目,并且想要使用开发过程中产生的砂土实现约 600 万坪的填海造陆计划,但是对以民间为主体的社会资本参与的态度并没有变化,这次又没有获得批准(东亚建设工业 1989)。

综上所述,浅野在东京的填海造陆计划难以开展,但同时,他还就在鹤见、川崎海岸地区填海造陆一事向神奈川县政府提出了计划。根据浅野的自传,他首先在 1904 年以获得权利为目的提出了第一个申请,在 1908 年又请工学博士山形要助参与设计,提交了正式的工业用地填海造陆计划(神奈川县橘树郡田岛村到该郡町田村之间的海岸及海面约 150 万坪)。当时的县知事周部公平担心后者项目所需巨额资金难以保证,因此在批准上持保留意见(浅野 1923)。1912 年 2 月,浅野水泥深川工厂因灰尘问题和周边居民之间出现了严重的摩擦,工厂需要搬迁,这就为浅野的填海计划重获生机提供了条件。同时,浅野还从已经获得填海资格的添田知义等 8 人以及村野常右卫门等 12 人处购买了 2 项填海造陆权;同年 3 月,又连同涩泽荣一、安田善次郎等浅野水泥公司相关人士,成立鹤见填海公会,以公会名义向县政府提出了填海申请(横滨市 1971)。

当时,浅野之所以选择鹤见、川崎海滩地区,是因为"现今言及东京之工业地,首先本所深川乃屈指之地,然此地带为低地,逢霖雨易受水浸之害,作为工业地诚感不安。且同地方之所以成工业地,概因有水运之便,然现今铁道四通八达,陆运道路自在通途,又固守水运要地之必要大大变弱。然东京市发展趋势自北而南,选东京横滨间适宜海岸为工业地乃时势之要求"。这一方面强调选址的正面意义,而另一方面也提到"是前我曾决心于东京湾筑港,并与安田善次郎氏共定品川填海计划,与东京市交涉,因其自身有经营意愿而未曾许可。故转而于鹤见重定大计划"(浅野总一郎 1914,第 100 页)。可以看出这里是退而求其次的选择。

但是,这个计划"填海地前端设丁坝,内部做大运河,筑一带岸壁以使数千吨汽船可无须横停即可入港,另海陆相连,又在填海地中建纵横交错之运河及道路,引水道,计电气动力等供给,又与铁道院交涉从川崎站引铁道线路入内,构几乎完美之工厂用地,将之出租或卖给有需求者"(龙门社 1913,第 70 页),十分宏伟,在工业用地建设方面,不仅包含了土地建设,还有动力、运输通路等,将这些作为一个有机的整体进行开发和提供,是一个划时代的开发项目。

**(3) 日俄战争后横滨市的工厂招商政策**

不过,在神奈川县内部也有人对浅野等民间开展的大规模填海造陆计划心存担忧,他们为了与之对抗而开展各项行动。1910 年 3 月,市参事会会员、市议会议员、市出身县议会议员、商业会议所议员等共同设立了横滨经济协会;同年12月,为了解决横滨市工业化发展迟缓的问题,制定了工厂招商政策,将"以工业用地为目的填海造成的土地以实际成本出售给工厂经营者"等9个项目提交市政府请求决议(横滨市1968)。

横滨市政府接到经济协会的提议后,于1911年3月通过了本牧、根岸、屏风浦海滩海面共计279 059坪,以及子安、生见尾海滩海面共计342 347坪的市政府实施的填海造陆计划,并向神奈川县提交申请。但是,在几个月后,浅野总一郎提交了一项计划用于造船所建设的122 900坪的填海造陆计划,位置和市政府计划相同,也在子安海滩海面地区,周布知事令双方协议解决。当时,横滨市和市议会的大佬(户井嘉作、赤尾彦作)对民间企业家浅野总一郎并不信任,双方的交涉进入瓶颈,一直到1912年1月县知事换届,事态出现了反转。1913年7月,浅野和安田善次郎在没有与横滨市商议的情况下,再次联名提出申请(填海区域扩大到了346 000坪),大岛久满副知事受理了此案。横滨市议会当即要求知事就此事给出答复,但是不久市议会就因议会选举小选举区制度废止的问题而分裂成政友派和非政友派(刷新派),赤尾等政友派受到知事的支持,在对立中占优势。因此1914年6月,浅野的申请获得批准,县政府给出肯定的答复(横滨市1971)。

另外,当时正处于1912年开始的金融市场恶化中,大藏省、日本银行内部政策转向非募债主义,已发行的市级债券难以偿还,因此市政府的填海项目的前提条件,即市政府债券的发行出现了巨大的变化(神山1993)。结果,尽管提交了项目申请,横滨市却没有办法采取任何行动完成填海工程。不久后工厂招商政策就转向市级税收的免税措施上了。在此背景下,横滨市议会在1914年8月正式决定撤销市营填海项目的申请,横滨市暂时"放弃填海项目中的主导权,将它交给私人资本完成"(服部1975,第40页)。

**(4)鹤见埋筑的初期填海工程**

大岛知事与浅野关系匪浅一事在当时议论纷纷,在大岛执政之下,鹤见填海公会计划在鹤见、川崎海滩实施的填海工程申请在1913年1月获得了县(相当于中国的省,译者注)政府的许可。填海工程对海苔渔场造成

## 第 2 章　城市化、重工业及化学工业化和房地产业的发展：1914—1936

了损失，浅野方面向当地的田岛村和町田村分别支付 1 万日元（横滨市 1971），1913 年 8 月开始施工①。鹤见填海公会带有临时组织的性质，因此在 1914 年 3 月又以 350 万日元的资本金改组为鹤见埋筑（董事长浅野总一郎），股东依然是以浅野、涩泽、安田为中心的二十几人②。

最开始的填海工程"因地质意外坚硬，抽沙船之结构无法与之相适应，故障停转问题频繁发生"（鹤见埋筑 1914，第 3 页），作业进展缓慢，后通过投入新船、对旧船进行改造赶上了进度。1915 年 8 月，首先完成了 7 个分区中的第 7 区（末广町 1 丁目）的改造，面积 69 913 坪，并在同年 11 月和旭硝子工厂签订了面积 25 000 坪、单价 9 日元 50 钱的第一份土地出售合同③。这个价格和邻近的川崎"虽然并非没有在特别情况下要求 10 日元者，但以 5 日元左右收购并非难事"相比偏高，但是考虑到东京、横滨地方"每坪 20 日元以下之价格若想发现适合地段极为困难，通常可达 20 日元到三四十日元，亦不乏更高者"，可以说这个价位已经很低廉了④。

下一个完工的是第 6 区（末广町 2 丁目），这里由浅野造船所进驻（1916 年 4 月横滨造船所成立，同年 12 月更名）。浅野的造船所如前所述，原本计划在子安海滩海面地区填海修建，但是由于横滨港地区的管理方——内务省港湾调查会对其计划有异议，因此急于搭上第一次世界大战中造船热潮的浅野，立即变更了计划。同在浅野管理下的鹤见埋筑表示"追随建设工程，严守填海工程"（原 1935，第 19 页），奉董事长之命，加紧推进填海工程。浅野造船所在 1916 年 9 月开始运营，而截止到 1919 年末，共向造船所交付土地面积包括第 6 区全部土地和已经建好的第 7 区的部分剩余土地，共计 260 454 坪（包括邻近的浅野制铁所的土地）。而在为本公司提供土地时，没有采取出售的做法，而是通过出租，"土地的租用的基础条件，是在最开始的 5 年内交纳每坪 5 钱，其后 10 年内交付每坪 8 钱的租

---

① 但是，鹤见填海公会最早开始施工的部分是浅野水泥的新工厂最终厂址，田岛村大岛新田地区的湿地填土工程（横滨市 1971）。

② 鹤见埋筑及后来的东京湾填海项目的记述，在没有特别标注的情况下，均参考鹤见埋筑（1914—1919）及东京湾填海（1920—1943）。另参考东亚建设工业（1989）、齐藤（1996）、沼尻（2002）。

③ 下面关于鹤见、川崎海滩填海造陆地的销售价格，均根据东亚港湾工业京滨分店的《土地出售调查书》（旭硝子收藏资料复制版，横滨市史资料室收藏）。

④ 神奈川县内务部川崎方面的工业[R].1916，第 23 页（横滨市中央图书馆藏）。

金,若承租人在 5 年内要求购买该块土地,那么可以每坪 10 日元的价格出售,第 6 年至第 15 年内,可以每坪 16 日元出售"(原 1938,第 201 页),实属破格条件。此外,鹤见埋筑还在 1916 年 1 月收购了和填海工程区域相邻接的若尾新田湿地共计 11 万余坪,通过填土、整地工程,将其依次出售给浅野的旁系企业日本钢管公司。虽然这块土地并不需要填海造陆,但这 140 911 坪的工厂用地的出售价格为 769 699 日元,相当于每坪 5 日元 46 钱①。

其后,1919 年 11 月东京石川岛造船所以预约购买的形式买下了尚未完成的135 000坪填海地(第 5 区的一部分),但是总体上来说,整个鹤见埋筑所进行的填海工程,基本上是为了满足浅野造船所、浅野制铁所、日本钢管等浅野系列企业在经济大发展的背景下,积极推进设备扩大而产生的对及时、廉价的工厂用地的需求而进行的,也就是定位在"内部市场",而当初所标榜的面向广大企业出售土地一事,仅局限在很小的范围内了。

鹤见埋筑还兼营水力发电供电事业。从公会时代起,浅野就以个人名义获得了水利权,并在神奈川县足柄郡神绳村建设发电站,后来受到战争影响,面向国外订购的机械和零件到位较慢,1917 年 6 月完成了第一期工程,开始向滨川崎的鹤见变电所输电。浅野对于兼营电力事业的原因是这样说明的:"由一处为填海地上建设的全部工厂供电是不可能的,但自家直营的电力多少有所提供,对于将来填海造陆内部工厂招商有较大便利,当初正是看中了这一点。"(浅野 1921,第 101 页)此外,1918 年还开始了面向填海造陆工业区提供工业用水的水道项目计划,在公司内部设立了临时的水道部。

在请国有铁道铺设连接填海工业区和现有的东海道线之间的线路方面,由于 1913 年 8 月发生的田岛、町田两村村民的抗议运动而推迟(横滨市 1971),到了 1918 年 5 月,填海工业区入口处的川崎—滨川崎之间(货物线)勉强得以开通②。由于填海工业区大部分都属于浅野造船所和浅野制

---

① 这块土地应该是 1912 年 7 月出售给若尾几造的约 15 万坪的土地中,以浅野总一郎和安田善次郎两人共同名义保留下来的一部分土地(浅野泰治郎、良三 1923)。

② 川崎—滨川崎之间的货物线路是浅野水泥和日本钢管公司向铁道院捐赠建设费用,以开业后确保一定数量的货物运输(石灰石、砂土等)为条件建设的(《若尾新田铁道填海相关事宜》东亚建设工业藏)。

铁所所有,铁道铺设不是当务之急,不过更早进驻工业区的旭硝子就不得不使用马车将产品运往鹤见站,十分不便(旭硝子1967)。

最后,我们来看一下鹤见埋筑的经营状况。从创业到1917年上半年为止,并没有计算营业收支,仅以5%的年利率进行了"利息分红",同年下半年开始正常的分红。1918—1919年的分红达到了10%～12%(年率)。其后没有增加资本金,而是从1915年下半年开始,共发行了3次公司债券(安田银行等负责包销),并从日本劝业银行贷款,这些成为填海工程扩大和电力事业设备投资需要的追加资金的主要来源。

## (5)东京湾填海工程正式开始

1920年1月,以浅野总一郎为中心设立了东京湾填海公司(资本金50万日元);同年3月,东京湾填海公司收购了鹤见埋筑,资本金变为1 250万日元。这是当时浅野名下企业经常进行的一种变相增资活动。同年11月,京滨运河(1917年9月成立)的经营也和东京湾填海公司联动,体现了浅野的扩张战略。

但是正如大家所知,1920年3月东京股票市场暴跌,此后日本经济陷入了大恐慌之中,当初"无论经济界普遍不景气与否,我公司不受其影响,保持良好经营状态"(东京湾填海1920,第2页)的东京湾填海公司,到了1922年也不得不"应一般实业界情势计工程之缓急"(东京湾填海1922,第2页)。闲置的抽沙船出借给东京湾土地、日本土木、浅野同系列企业的疏浚部门,并且适度提高了横须贺海军航空队基地建设、京滨土地和都土地在大森海岸进行的填海造陆工程的承包等外包工作的比重。1922年填海造陆的出售率为68.5%(表2-4-1),这个时期的土地出售主要是将过去出租给浅野造船所等的土地按照上面的条件低价转让,也就是"内部交易"[①]。因此,当时公司自身所持有的土地面积为257 212坪,其中出租土地的面积在这一时期减少到了60 576坪,还有不足20万坪的土地处于所谓的滞销状态。

---

① 当然,当时造船业不景气,因此浅野造船所购买的土地多已经确定转卖给芝浦制作所和内外石油公司(表2-4-2)。东京石川岛造船所在相同的经济形势中,也将2万坪的土地卖给了日本石油,此外还分几次转手土地,结果没有在填海工业区修建自己的工厂。

其中,从 1922 年末到 1923 年初,东京湾填海公司成功向三井物产(煤炭部重油组)及日清制粉出售土地(表 2-4-2),受到鼓舞后正式开始了面向企业的土地出售活动。当时不仅制作了宣传手册,对于填海工业区中尚未完成的铁道建设,还准备向铁道省请愿,由进驻企业负担建设费用,增设铁道[①]。

然而,不久之后的 1923 年 9 月又发生了关东大地震,东京湾填海工程的填海工业区也出现了防波堤倒塌和护岸堤倾斜、桥梁损毁等受灾情况,当然,受灾的程度和位于东京的本所、深川、大岛等传统工业地带相比已经算是轻微的了。东京湾填海公司反而认为"将本公司水压式的填海造地与其他方式填海造地相对比,实际验证了其抗震性,造就了对我公司填海造地的巨大需求"(东京湾填海 1923,第 2 页),认准在震后会有更多企业进驻,因而加快了填海造地工程的速度。铁道方面,迅速决定由东京湾填海公司为中心,新建鹤见临港铁道(1924 年 2 月申请执照,同年 4 月下达执照),1926 年 3—4 月之间滨川崎—弁天桥、大川支线、石油支线依次开通(1928 年滨川崎—扇町线也开通了),海陆交通不便的问题得到了较大的改进。从东京湾填海公司的角度来看,这些都是建立在"土地之需求日益增加,地价亦渐高涨"(东京湾填海 1925,第 2 页)预期之上的投资。此外,兼营的电力部门供给能力不足问题日益凸显,1925 年 12 月,将其转让给东京电力系统下的新公司——东京湾电力,以增强电力供给的稳定性。此外,在多年来一直处于计划中的工业用水供给事业方面,设立了橘树水道公司(实际上是 100%控股的子公司)(1927 年 5 月),从 1929 年 8 月开始供水[②]。

---

[①]《东京湾填海株式会社介绍》1923 年(鹤见临港铁道藏),"渡田潮田间新设铁道货物支线请愿计划书"1923 年 8 月 29 日(同前)。

[②] 横滨市政府《橘树水道株式会社相关调查书》1937 年 3 月(横滨市水道纪念馆藏)。橘树水道在其后不久即发生严重的供给能力不足问题,于 1937 年 5 月被横滨市收购。

# 第2章 城市化、重工业及化学工业化和房地产业的发展：1914—1936

表 2-4-1 东京湾填海造陆的土地售出、所有情况（1922—1938 年）

单位：千坪

| 年份 | 京滨地域 | | | | | 其他填海造陆地域 | | | |
|---|---|---|---|---|---|---|---|---|---|
| | 填海造陆完成土地 | 售出 | 自用 | 填海造陆未完成土地 | 其他所有土地 | 填海造陆完成土地 | 售出 | 自用 | 其他所有土地 |
| 1922 | 817 | 560(68.5) | 257 | 703 | 6 | | | | |
| 1923 | 885 | 588(66.5) | 296 | 636 | 6 | | | | |
| 1924 | 935 | 637(68.1) | 298 | 594 | 6 | | | | |
| 1925 | 1 078 | 715(66.3) | 363 | 452 | 12 | | | | |
| 1926 | 1 369 | 799(58.4) | 570 | 173 | 393 | | | | |
| 1927 | 1 539 | 823(53.5) | 715 | | 393 | | | | 78 |
| 1928 | 1 539 | 905(58.8) | 634 | | 399 | | | | 360 |
| 1929 | 1 543 | 951(61.6) | 592 | | 408 | | | | 387 |
| 1930 | 1 551 | 989(63.7) | 563 | | 407 | 9 | 5(53.8) | 4 | 309 |
| 1931 | 1 548 | 1 022(66.0) | 526 | | 407 | 12 | 5(39.1) | 7 | 316 |
| 1932 | 1 548 | 1 033(66.7) | 515 | | 420 | 12 | 5(39.1) | 7 | 331 |
| 1933 | 1 548 | 1 109(71.6) | 439 | | 420 | 53 | 10(18.4) | 43 | 289 |
| 1934 | 1 548 | 1 208(78.0) | 340 | | 420 | 53 | 10(19.1) | 43 | 289 |

续表

| 年份 | 京滨地域 | | | | 其他填海造陆地域 | | | |
|---|---|---|---|---|---|---|---|---|
| | 填海造陆完成土地 | 售出 | 自用 | 填海造陆未完成土地 | 其他所有土地 | 填海造陆完成土地 | 售出 | 自用 | 其他所有土地 |
| 1935 | 1 548 | 1 275(82.3) | 273 | | 418 | 53 | 14(25.9) | 39 | 5 |
| 1936 | 1 637 | 1 330(81.3) | 307 | | 658 | 53 | 19(35.1) | 34 | 5 |
| 1937 | 1 637 | 1 457(89.0) | 180 | | 654 | 53 | 19(35.4) | 34 | 319 |
| 1938 | 1 637 | 1 509(92.2) | 128 | | 658 | 53 | 19(35.7) | 34 | 298 |

资料来源：根据东京湾埋立（1922—1938）作成。

注：各年 11 月 30 日。售出栏中的（ ）中内容是售出面积和填海造陆完成的土地面积的比率。（单位：%）

表 2-4-2 东京湾填海造陆的鹤见、川崎近海土地售出情况（1922—1934 年）

| 年份 | 售出单位 | 所在地 | 面积（坪） | 坪单价（日元） | 售出价格（A）（千日元） | 土地原价（B）（千日元） | 差额利润（A）−（B）（千日元） | (B)/(A)（%） |
|---|---|---|---|---|---|---|---|---|
| 1920 | RisingSun 石油 | 第 5 区 2 号地（安善町 2 丁目） | 15 000 | 46.20 | 693 | … | … | … |
| 1922 | 浅野造船所 | 第 6 区（末广町 2 丁目） | 79 385 | 10.00 | 794 | … | … | … |
| | ″（芝浦制所） | ″ | 124 308 | 30.00 | 3 729 | … | … | … |
| | ″（内外石油等） | 第 7 区（末广町 1 丁目） | 44 815 | 10.00 | 448 | … | … | … |

# 第 2 章 城市化、重工业及化学工业化和房地产业的发展：1914—1936

续表

| 年份 | 售出单位 | 所在地 | 面积（坪） | 坪单价（日元） | 售出价格（A）（千日元） | 土地原价（B）（千日元） | 差额利润（A）-（B）（千日元） | (B)/(A)（%） |
|---|---|---|---|---|---|---|---|---|
| 1923 | 三井物产 | 第 5 区 2 号地（安善町 2 丁目） | 14 514 | 30.00 | 435 | … | … | … |
|  | 日清制粉 | 第 4 区 2 号地（大川町） | 15 000 | 30.50 | 458 | … | … | … |
|  | 冈和 | 第 5 区 2 号地（安善町 2 丁目） | 30 000 | 23.00 | 690 | … | … | … |
| 1924 | 吉田八百造 | 第 5 区 寄州 | 1 222 | … | … |  |  |  |
|  | 日本电力 | 第 4 区 1 号地（白石町） | 15 000 | 35.00 | 525 | … | … | … |
|  | *鹤见临港铁路 | （铁路用地） | 11 201 | 25.00 | 280 |  |  |  |
| 1925 | 东京电力 | 第 4 区 2 号地（大川町） | 30 000 | 37.00 | 1 110 | … | … | … |
|  | *浅野造船所 | 末广町 2 丁目 | 16 697 | 16.00 | 267 |  |  |  |
|  | 三井物产 | 第 3 区（碍町） | 50 000 | 44.00 | 2 200 | … | … | … |
|  | 东京电灯 | 第 4 区 2 号地（大川町） | 31 087 | 42.00 | 1 306 | … | … | … |
| 1926 | Rising Sun 石油 | 第 5 区 2 号地（安善町 2 丁目） | 1 260 | 30.00 | 38 |  |  |  |
|  | 三井物产 | 碍町 | 5 000 | 44.50 | 223 | … | … | … |
|  | 铁道省 | " | 20 000 | 48.25 | 965 |  |  |  |

续表

| 年份 | 售出单位 | 所在地 | 面积（坪） | 坪单价（日元） | 售出价格（A）（千日元） | 土地原价（B）（千日元） | 差额利润（A）−（B）（千日元） | (B)/(A)（%） |
|---|---|---|---|---|---|---|---|---|
| 1927 | 住友合资 | 白石町 | 20 842 | 47.00 | 980 | … | … | … |
| | *鹤见临港铁路 | 扇町（铁道用地） | 4 500 | 25.00 | 113 | … | … | … |
| 1928 | 南满洲铁道 | 扇町 | 58 300 | 55.00 | 3 207 | … | … | … |
| | 纽育标准石油 | 安善町2丁目 | 17 163 | 36.75 | 631 | … | … | … |
| 1929 | 三菱合资 | 扇町 | 24 043 | 49.50 | 1 190 | … | … | … |
| | 三菱矿业 | " | 9 984 | 49.50 | 494 | … | … | … |
| | 鹤见临港铁道 | （各站扩张用地） | 4 918 | 36.00 | 177 | … | … | … |
| 1930 | 昭和肥料 | 扇町 | 29 000 | 36.00 | 1 044 | 575 | 469 | 55.1 |
| | 早山与三郎 | " | 5 000 | 40.00 | 200 | 99 | 101 | 49.6 |
| | 三菱矿业 | " | 2 046 | 40.00 | 82 | 42 | 40 | 51.6 |
| | *浅野造船所 | 末广町2丁目 | 1 855 | 16.00 | 30 | 15 | 15 | 50.0 |
| 1931 | 日本油轮 | 扇町 | 10 000 | 39.00 | 390 | 201 | 189 | 51.5 |
| | 南满洲铁路 | " | 1 395 | 55.00 | 77 | 28 | 49 | 36.5 |

# 第2章 城市化、重工业及化学工业化和房地产业的发展：1914—1936

续表

| 年份 | 售出单位 | 所在地 | 面积（坪） | 坪单价（日元） | 售出价格(A)（千日元） | 土地原价(B)（千日元） | 差额利润(A)−(B)（千日元） | (B)/(A)（%） |
|---|---|---|---|---|---|---|---|---|
| | 昭和肥料 | " | 1 661 | 36.00 | 60 | 33 | 26 | 55.8 |
| | " | " | 12 000 | 36.00 | 432 | 246 | 186 | 56.9 |
| | " | " | 7 593 | 30.00 | 228 | 155 | 72 | 68.2 |
| 1932 | 早山与三郎 | " | 5 000 | 33.00 | 165 | 104 | 61 | 62.9 |
| 1933 | *浅野造船所 | 末广町2丁目 | 5 829 | 16.00 | 93 | 47 | 47 | 50.0 |
| | 昭和钢管 | 砀町 | 33 000 | 约38.79 | 1 280 | 687 | 593 | 53.7 |
| | 三菱石油 | " | 2 584 | 27.50 | 71 | 54 | 17 | 75.7 |
| | *浅野造船所 | 末广町2丁目 | 5 995 | 16.00 | 96 | 48 | 48 | 50.0 |
| | *鹤见临港铁道 | 白石町、砀町（侧线用地） | 1 638 | 约28.33 | 46 | 34 | 12 | 73.5 |
| | 早山与三郎 | 砀町 | 3 000 | 33.00 | 99 | 62 | 37 | 63.1 |
| | *浅野造船所 | 末广町2丁目 | 29 688 | 16.00 | 475 | 238 | 238 | 50.0 |
| 1934 | 日本钢管 | 砀町 | 30 000 | 40.00 | 1 200 | 626 | 575 | 52.1 |
| | 日本油轮 | " | 3 122 | 33.00 | 103 | 65 | 38 | 63.2 |

续表

| 年份 | 售出单位 | 所在地 | 面积（坪） | 坪单价（日元） | 售出价格（A）（千日元） | 土地原价（B）（千日元） | 差额利润（A）－（B）（千日元） | (B)/(A)(%) |
|---|---|---|---|---|---|---|---|---|
| | 日本钢管 | " | 24 200 | 39.42 | 954 | 505 | 449 | 52.9 |
| | 三菱石油 | " | 19 522 | 29.64 | 579 | 407 | 172 | 70.3 |
| | 昭和肥料 | " | 14 900 | 30.00 | 447 | 311 | 136 | 69.5 |
| | 日本石油 | 安善町1丁目 | 5 079 | 29.50 | 150 | 106 | 44 | 70.7 |

资料来源：根据东京湾埋立（1920—1934）、东京湾埋立《会计结算书》《东亚建设工业所藏资料》、东亚港湾工业京滨分公司《土地售出记录》（把销子所藏资料复制版，横浜市史资料室所藏）作成。

注：(1) 公布了鹤见、川崎近海1 000坪以上的土地售出情况。……表示不明。各年从上一年的12月1日开始到当年11月30日。
(2) 售出单位、售出面积等根据资料出处不同而产生的不同，这种情况下采用营业报告书上的记载。
(3) *标为浅野直系企业。
(4) "表文同上。

一方面为了让进驻企业更加方便而完善各项相关设施,另一方面向浅野同系列企业租借船只(后来购买)加紧推进填海造陆工程,1927年5月终于完成了相当于全部工业区的1 588 775坪建设。但是,在这期间,出售的速度并没有追赶上建设速度,最后售出的土地约占整体的53%,售出率反而下降了(表2-4-1)。单价方面,浅野系列的企业依然享受优惠待遇,对于一般企业来说价格要比大地震前高一些,1926—1929年每坪单价大概在45日元到50多日元,维持在较高的水平(表2-4-2)。当时,浅野总一郎说:"假设有企业在鹤见填海工业区以每坪10日元购买1万坪土地,一年卸货10万吨,在卸船工人的人工费上每吨节省1.5日元,则每年共可以节约15万日元,二者相减每年可获利5万日元,况且现在填海工业区的企业年卸货量均在100万日元"(浅野1929b,第229页),可以看出当时东京湾填海公司认为这个价格水平是很合理的。但是,较高的销售价格对公司来说,仅在当前一段时期内提供了较好的营业成绩①,同时也成为销售量低的一大原因。

鹤见、川崎海滩150万坪填海工程结束前后,东京湾填海公司"为计事业之永续,预测本国枢要地区,订立与之相似计划"②,自1926年以后,开始收购之后计划填海地区附近的土地。在资金方面没有增加资本金,而是通过发行公司债券和贷款填补,到1929年,在京滨地区收购了川崎市大师河原的389 254坪土地、东京府荏原郡羽田町的5 529坪土地,还在作为阪神工业带的候补地区的兵库县武库郡大庄村购买了77 786坪,在北海道室兰市轮西村收购283 923坪,在大阪府堺市收购了25 077坪的土地。大师河原和羽田的填海造陆属于鹤见、川崎填海工业区的延长部分,和同为浅野系列企业的京滨运河所申请的运河建设事业为一体的计划③。

**(6)政府经营的填海项目的出现及其影响**

震灾之后,开始积极开展填海造陆的,并非只有东京湾填海公司一家。

---

① 东京湾填海从1925年下半年开始到1929年上半年为止,在8%(年率)的分红基础上,又增加了相同比率(1928年上半年以后改为4%)的"特别分红"。
② 《东京湾填海公司的实质》1931年(东亚建设工业藏)。
③ 在这之前的1926年10月,东京湾填海公司和京滨运河公司召开临时董事大会,决定只要取得京滨运河的承认,就将后者合并入前者。

曾经有过填海造陆计划,但是由于市政运行制约和市政府债券发行条件恶化而未能成行的横滨市,在1925年5月新市长有吉忠一的带领下,提出了与震后复兴、市区扩张并称为市政三大政策的市营填海造陆计划。这一计划受到了市议会政友派、非政友派(民政)的协调体制的支持,在同年10月提交了生麦、子安海滩海面填海造陆工程执照的申请(横滨市总务局市史编辑室1993)。有吉关于横滨市的震后复兴是这样说的:"横滨市的立市之本,本来就是以开港为基础、贸易为支柱的……考虑到横滨市未来的发展和贸易的前途,若只依靠贸易存续下去总是令人感到不安。还需要指定其他的振兴政策,不过想要实现城市繁荣,工厂招商是最大的捷径,除此之外没有更好的方案了。但是要招商,就必须提供低廉的土地,在调查横滨市地势之后,幸而在邻接的子安、生麦方面,其海岸宽浅,地盘状态良好,因此将此处填海造陆后,建设成工厂带,招商引进工厂才是最合适的振兴政策,除此之外不存在市区振兴的良策。"(有吉1949,第91页)。这里明确提出了一个和一战之前漫无目的的企业招商不同的企业招商论。

1926年11月,横滨市获得内务省的许可,通过市政府债券的发行(1 657万日元)筹集资金,自1927年6月起开始施工。填海造陆区总面积为617 150坪,分为第1地区(惠比须町,113 937坪)、第2地区(宝町,133 419坪)、第3地区(大黑町,369 794)三个区域,"填海而成的区域中有一半以上海滩均可停留一万吨汽船,此外整个区域均覆盖有铁路和公路"(原1930,第2页)。铁路为国有铁路(货物线路),市政府负责费用。

在填海造陆的出售方面,横滨市"为宣传填海工业区,通过销售海报、地图、明信片、委托信等方式,以京滨一带为中心,面向各道、府县、五大城市、全国商工会议所、大公司等视察团体,每有机会即努力宣传……更于东京上野公园举办的跃进日本工业大博览会中展示本填海工业区模型,约分发传单4万份"(横滨市1936,第61~62页),积极采取行动。出售方法方便,"本填海工业区为本市工业发展振兴策略一环,非营利项目,出售中采取实际成本主义,不仅以廉价为旨,支付方面根据要求还可采取按年分期付款等便宜行事①"。②

紧跟工业区的填造进度,自1932年开始了销售,1937年早早"市直营用地之外填海造地全部售罄"(横滨市1937,第58页)。6年内共出售土地35块,尽管日本经济整体陷入通胀,但是每坪价格平均约37日元,最高价格40日元(表2-4-3)。

表2-4-3　横滨市营填海造陆土地的售出情况(1932—1937年)

| 签约年份 | 所在地 | 售出数(宗) | 面积(坪) | 价格(千日元) | 每坪价格(日元) | 平均每宗面积(坪) |
|---|---|---|---|---|---|---|
| 1932 | 第一地区(惠比须町) | 1 | 1 800 | 72 | 40.00 | 1 800 |
| 1933 | 第一地区(惠比须町) | 6 | 73 134 | 2 715 | 37.12 | 12 189 |
|  | 第二地区(宝町) | 1 | 20 558 | 761 | 37.00 | 20 558 |
|  | 第三地区(大黑町) | 2 | 27 533 | 1 026 | 37.28 | 13 767 |
|  | 小计 | 9 | 121 225 | 4 502 | 37.14 | 13 469 |
| 1934 | 第一地区(惠比须町) | 1 | 25 103 | 854 | 34.00 | 25 103 |
|  | 第二地区(宝町) | 2 | 97 785 | 3 618 | 37.00 | 48 893 |
|  | 第三地区(大黑町) | 8 | 65 196 | 2 585 | 39.65 | 8 150 |
|  | 小计 | 11 | 188 084 | 7 057 | 37.52 | 17 099 |
| 1935 | 第一地区(惠比须町) | 1 | 1 198 | 42 | 35.00 | 1 198 |
|  | 第二地区(宝町) | 2 | 7 576 | 303 | 40.00 | 3 788 |
|  | 小计 | 3 | 8 774 | 345 | 39.32 | 2 925 |
| 1936 | 第三地区(大黑町) | 6 | 8 891 | 356 | 40.00 | 1 482 |
| 1937 | 第三地区(大黑町) | 5 | 172 792 | 6 287 | 36.38 | 34 558 |
| 合计 |  | 35 | 501 566 | 18 618 | 37.12 | 14 330 |

资料来源:横滨市(1932—1937)作成。

注:各年从前一年的12月1日开始到当年的11月30日。

① 《横滨市营临港工业地带出售指南》1931年。
② 横滨市之所以如此积极开展销售,是因为当时名古屋等地也几乎同时在进行工业用地的填造和销售,出于竞争意识而为。

此外，东京湾填海公司受到昭和大恐慌中土地需求减少的影响，从 1930 年下半年开始陷入了零分红的困境；同年 11 月，公司创始人浅野总一郎故去，公司面临经营危机。公司将希望寄予与京滨运河开凿同步进行的大师河原到羽田一带的填海造陆事业上，但是运河项目却陷入了公营和私营的不休争论中（横滨市 1976），已收购土地难以投入运营。除京滨以外，从 1930 年到 1933 年还完成了四日市市、堺市、香川县坂出町的填造工程①，它们均为比较小规模的工程，销售率整体上也不好（表 2-4-1）。在这个过程中，东京湾填海公司的资金链逐渐断裂，1932 年上半年之后连续 7 个财务周期均为赤字，其中主要原因就是和"非营利事业"公营填海工程之间的竞争②。横滨市填海工业区的销售价格也影响到了鹤见、川崎填海工业区的地价，到了 1932 年以后总面积 1 000 坪以上、每坪价格超过 40 日元的买卖只有 1 宗（表 2-4-2），整体都出现了下滑。对这种现象的评价是："由于市政府当局实施的临海填造计划提供了廉价的工业用地，从而阻止了工业地带地价的投机性上涨，在保持正常价格上取得了较大的成果"（横滨商工会议所 1937，第 4 页）。

1936 年 12 月，内务省土木局就京滨运河开凿中的填造工程项目做出了最终的结论。大体内容是：民营从项目资金和经营的切实可行性、公共设施的建设和维护管理、土地利用的合理性、招商中的优惠措施等方面来看并不适合，应当在政府的支持下，由东京府或神奈川县实施（神奈川县企业厅 1963）。申请未获得批准的京滨运河公司在 1937 年 3 月对神奈川县提出了行政诉讼；同年 6 月，该公司从县政府以承包的形式获得参与运河开凿工程和填海造陆工程的权利，双方达成了和解③。因此，浅野总一郎设计的由综合土地开发商开发工业地带的发展路径彻底被封闭，并将开发商

---

① 关于在四日市市的项目过程请参考冈田（1996）。兵库县武库郡大庄村海滩海面填海工程是和当初在执照获取上的竞争对手山下龟三郎（山下汽船）共同经营的项目，最终由 1929 年 3 月设立的尼崎筑港完成（尼崎筑港 1999）。

② 此外，还有鹤见川河口处的神奈川县营填海造陆（1929 年 12 月开工，1932 年 2 月竣工），总工程费用为 178 万日元左右，全部由浅野总一郎提供，工程也由浅野公司进行，在总面积 126 659 坪中，浅野获得七成，其余三成归神奈川县所有（神奈川县企业厅 1963）。因此，虽然这也是公营项目，但是和东京湾填海并没有直接的业务竞争。

③ 与神奈川县和解后，东京湾填海公司和京滨运河公司合并（1938 年 3 月），共同成为承包方主体。

## 5. "城镇金融"的发展和房地产银行的作用

日本劝业银行、农工银行、北海道拓殖银行(以下分别简称"劝银""农银""拓银")是为了发展农工业而建立的金融机构,也就是所谓的农工业金融机构,设立于1897—1900年间。而在日俄战争后,伴随着城市的发展,以房地产业和商业为代表的非农工业产业获得发展,对房地产抵押金融机构的设立提出了强烈要求[①]。民间则主张在劝银、农银之外特设房地产银行(专门面向城区发放贷款的金融机构),不过在1911年进行的法律修正中,规定由劝银和农银兼营城镇金融[②]。于是劝银和农银的性质发生了从农工商银行向房地产银行的转变。在地产抵押贷款余额方面,劝银和农银的地位逐渐和普通银行并肩,或者说,劝银和农银正式进入"房地产金融业"并占据一定的地位正是在这个时期,即明治末期。

不过,房地产银行计划的提出,来自1881年松方正义的《财政议》中的"劝业银行方案"。其后在政府的研究下,形成了日本的房地产金融制度雏形。其最大的特征之一,就在于劝银和农银的组织上。劝银和农银在全国各个府县设立,呈唇齿相依之势。但是最开始计划的由有发行增额债券特权的劝银承担农银债券的关系并没有实际发挥作用。劝银和农银的联合关系正式建立,是在两家银行成立10余年后,其间还经历了1911年的法律修改。采取的是代理贷款的方式。此时,日本的房地产金融制度正式确立。

在本节中,我们要探讨的是1910年左右到1937年之间的房地产银行与房地产业的关系及其发挥的作用,因为关于二战前后的房地产金融史学界已有一定程度的了解,但是关于此问题尚无研究[③]。近年来唯一着手研究此问题的是桥本寿朗(1995)。桥本的研究角度为房地产金融史,其基本

---

① 参考日本劝业银行(1953,第281页)。
② 关于法律修改的背景等请参考拜司(1954),关于反对意见请参考矢作(1911)。
③ 关于房地产金融研究史参考池上(1983)、伊藤(1983)、拜司(1983)。

意义在于不是将"房地产金融"单纯地作为抵押式的金融,而是将其理解为"面向房地产业的融资及面向房地产业的企业金融"(以下将其简单统称为"房地产金融")。"房地产金融"共有三层含义[①]。第一,指房地产抵押金融(重点放在抵押物上);第二,指面向房地产商的贷款(重点放在贷款的对象的职业种类上);第三,融资资金的用途是房地产业(重点放在资金的用途上)。桥本将第一层含义的"房地产金融"作为第二层、第三层含义即"狭义房地产金融的前提"来考虑,并以此为中心展开论述。换言之,从传统意义上的"房地产金融"(着眼于抵押物的第一层含义)中,找到房地产业和金融之间的关联,这点在房地产金融史上有着重要的意义。但是,桥本通过上述研究得出了"狭义的房地产金融没有发展的可能"的结论,并且认为劝银"可以确定的是,房地产商和日本劝业银行之间的交易金额非常小"。

本节中,我们将通过大城市地区的农银(东京府农银和大阪农银)来揭示"狭义房地产金融"的存在,并说明当时的房地产银行和房地产业之间的密切关系。

### (1) 20世纪第一个十年的"房地产金融"和日本劝业银行

首先,我们要探讨的是包含1911年法律修订在内的这段时期内"房地产金融"中房地产银行地位的变化。从图2-5-1中可以看到,1905—1907年末,房地产银行(劝银和农银)的贷款额不足普通银行房地产抵押贷款额的35%;但是从1908年开始,房地产银行的贷款数额的增速远远超过了普通银行,出现大幅上升,1914年终于在数额上超过了普通银行。"房地产金融"的动向重复着"膨胀→停滞、收缩"的循环[②],而在产业革命后最开始的爆炸式增长,其特点就在于那时的房地产金融是由房地产银行来进行的(植田1994a)。

表2-5-1中,将劝银发放的抵押贷款按照借款人进行了区分。主要分为劝银直接发放的普通按年偿还贷款和作为农银等代理发行的带担保的按年偿还贷款两种。可以看到,尤其是后者占有很重要的地位。从明治末

---

① 关于"房地产金融"的含义,请参考全国银行协会联合会房地产金融研究会(1992a)。
② 关于经济循环和房地产抵押贷款的关系请参考伊东(1853)。

# 第2章 城市化、重工业及化学工业化和房地产业的发展：1914—1936

期到大正初期，劝银发放的抵押贷款中有 2/3 都是代理发放，形成了劝银的"代理贷款时代"（日本劝业银行 1953）。此外，随着 1911 年法律修订，"面向其他各行业"的贷款开始增加，尤其是直接贷款的额度在 1917 年超过了面向农业、工业从业者发放的贷款额度。

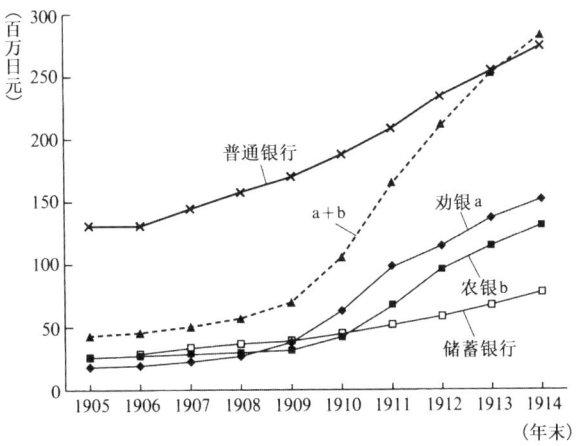

图 2-5-1　各房地产抵押金融机构贷款额（1905—1914 年）

资料来源：日本财政部（1906—1915 年）。

表 2-5-1　劝银普通、带担保以及不同行业贷款人分年偿还贷款额统计（1905—1917 年）

单位：万日元

| 年末 | 普通分年偿还贷款 | | | | | 带担保分年偿还贷款 | | | | |
|---|---|---|---|---|---|---|---|---|---|---|
| | 有抵押 | | | | 合计 | 有抵押 | | | | 合计 |
| | 农业者 | 工业者 | 其他行业者 | 小计 | | 农业者 | 工业者 | 其他行业者 | 小计 | |
| 1905 | 608 | 613 | — | 1 221 | 1 825 | 441 | 167 | — | 608 | 669 |
| 1906 | 582 | 499 | — | 1 081 | 1 863 | 564 | 241 | — | 805 | 987 |
| 1907 | 562 | 546 | — | 1 108 | 2 136 | 701 | 387 | — | 1 088 | 1 358 |
| 1908 | 605 | 658 | — | 1 264 | 2 550 | 854 | 571 | — | 1 426 | 1 804 |
| 1909 | 603 | 913 | — | 1 517 | 2 981 | 1 200 | 1 021 | — | 2 221 | 2 693 |
| 1910 | 715 | 1 237 | — | 1 952 | 3 469 | 2 115 | 2 096 | — | 4 212 | 5 074 |
| 1911 | 944 | 1 424 | 113 | 2 482 | 4 313 | 3 393 | 3 369 | 84 | 6 847 | 8 288 |

续表

| 年末 | 普通分年偿还贷款 | | | | | 带担保分年偿还贷款 | | | | |
| --- | --- | --- | --- | --- | --- | --- | --- | --- | --- | --- |
| | 有抵押 | | | | 合计 | 有抵押 | | | | 合计 |
| | 农业者 | 工业者 | 其他行业者 | 小计 | | 农业者 | 工业者 | 其他行业者 | 小计 | |
| 1912 | 1 079 | 1 521 | 337 | 2 938 | 5 193 | 3 991 | 3 756 | 393 | 8 141 | 10 021 |
| 1913 | 1 167 | 1 669 | 907 | 3 744 | 6 264 | 4 582 | 4 222 | 866 | 9 672 | 11 889 |
| 1914 | 1 232 | 1 789 | 1 050 | 4 072 | 6 712 | 5 273 | 4 485 | 1 023 | 10 782 | 13 145 |
| 1915 | 1 323 | 1 791 | 1 434 | 4 549 | 7 251 | 6 586 | 4 542 | 1 181 | 12 311 | 14 785 |
| 1916 | 1 385 | 1 669 | 1 623 | 4 678 | 7 403 | 6 493 | 3 835 | 1 101 | 11 431 | 14 181 |
| 1917 | 1 330 | 1 670 | 1 895 | 4 896 | 8 063 | 5 719 | 2 988 | 1 020 | 9 727 | 12 654 |

资料来源：日本财政部(1906—1918)。

注：(1)合计栏内容是有抵押贷款和无抵押贷款的合计。

(2)农业者包括农业公司、从事渔业的人。工业者包括工业公司。

下面我们根据桥本寿朗的论述来考察一下银行业和当时房地产业之间的关联。桥本认为，首先1911年法律修订之前的劝银贷款对象依法仅限于农业、工业和公共部门[①]。因此，桥本认为劝银"没有向狭义的房地产金融发展的余地"。其次，桥本对于明治末期城区贷款的增加与房地产银行之间的关系也持否定态度。"一般认为大幅增长的主要原因在于代理贷款的增加，但是从不同地区的抵押房产的构成上看，应该是由于除了六大城市以外的其他城市市区贷款的增加造成的"。再次，他认为1913—1917年"可以确定的是，房地产商和日本劝业银行之间的交易金额非常小"。下面我们主要就其第一和第三条认识进行探讨。

首先，桥本认为劝银和农银在1911年法律修订之前，依法不能面向除

---

① 根据农银法，贷款的目的是为了"农工业的改良发展"（第一条）。这点对于劝银也是一样的（杉本1924，第131页）。明治时期的劝银、农银请参考加藤（1954，1958）、高屿（1968，1969）、池上（1972）。

了农业、工业、渔业以外的其他主体贷款。这里通过《房地产银行制度方案问答》[①]（1910年10月，以下简称《问答》），对法律修订前两家银行向房地产银行发展的实际情况进行分析，并对桥本的观点进行探讨。

在《问答》中，第一个问题就是"是否有必要设立房地产抵押贷款机构"，其答案为"设立房地产抵押贷款机构为当务之急"（第一问）。其必要性主要是由于日本"尽管已经有关于农工业的制度，但房地产业制度尚不发达。农工业以外的资金需求多且急，却欠缺能够对其提供融资的机构"，即除了农工业以外其他行业资金需求增加。劝银和农银是基于《特别银行法》的农工业金融机构，因此从制度上来说对于"农工业以外的资金需求"的确无法应对。

那么，能够应对这方面需求的机构又应当怎么办呢？在第二问"是否有必要特别设置房地产银行"中，解答为"认为无须特设而是由劝业农工两银行兼营此业务"。这里注意不"特设"的几点理由。

①劝银和农银两行由于"社会需求和事业调查困难"，对于公共团体"放缓事业限制"，对于其他企业也"无论事业种类发放房地产贷款"，"实质上已经变质为半个房地产银行"了。将已经变成半个房地产银行的劝银、农银两银行的贷款业务缩小变回"原来的状态"，实际上是不可能的。②列举了可能发生的"债券政策上预料之外的结果"。因为若特设房地产银行，它也会发行增额债券，那么就会造成劝银市区发行带有增值金债券的特权丧失，或者形成竞争的局面。③变为半个房地产银行的劝银、农银两行和特设的房地产银行之间"引发竞争"，无法判断"业务种类的区别"。综上所述，之所以不再"特设"房地产银行，是因为劝银、农银两行已经在一定程度上"房地产银行化"了[②]。

那么，两行究竟在怎样的程度上实现了"房地产银行化"呢？史料《明治四十四年劝业银行法改正理由大纲（于贵族院委员会）》对这一点进行了如下记述。

---

① 《房地产银行制度方案问答》（胜田家文书）是在法律修订时，政府在调查劝银和农银后总结而成的。池上和夫对这份史料进行过详细的分析。史料中共有20个问题，并对其进行了逐一的解答（池上1983）。

② 木村（1910）从东京建筑总管的立场上，支持"特设"房地产金融机构。

"现战后经济界相对稳定之时,对劝农两行检查结果显示,在接受资金融资之时确为农工业资金,但其后将用途变更为其他方面之事,即记账为农工资金事实上用于农工业以外其他方面的金额相当多……(参考,当时面向城区房地产的贷款占劝银贷款总额的33%,占农银的17%)[①]"。

这里所说的"面向城区房地产的贷款"[②]说的就是当时俗称的"城区贷款"(并非市区宅地房屋担保贷款的总额,而是宅地房屋担保的"其他各行业贷款")。劝银的33%、农银的17%贷款"记账为农工资金事实上用于农工业以外其他方面的金额相当多",从《问答》的回答上来看,这部分资金应该是用在了"城区贷款"上。综上,1911年法律修订之前,劝银、农银两家银行已经在发放"城区贷款",并且这种趋势是无法遏制的。

下面就桥本的第三条认识,也就是法律修订后的劝银和房地产业之间的关系进行探讨。日本劝银(1953,第313页)认为,20世纪第一个十年,劝银在"城区贷款"也就是面向非农工业从业者的"其他各行业贷款""毫无停滞,舒畅发展",并且以直接贷款为例说明了这部分贷款的内容。也就是将面向"其他各行业"发放的资金是如何使用的,将1916年末的情况以表格的形式体现出来(表 2-5-2),并根据表格对劝银的资金用途进行了如下叙述。

所谓"其他各行业贷款"中资金的用途为何?大战五年末直接贷款金额中,农工业的旧债转期(和事业无关)不到四成,而房地产的买入(店铺、住宅、供出租的土地建筑物的买入)、房屋建筑、宅地改良等纯粹用于房地产方面的情况同样占不到四成。……其他商业资金占若干比率(第314页)。

---

① 《房地产银行化的问题》(原第一劝银藏)。这段是将在有关1911年劝银、农银法修订的相关内容,从杂志上刊登的论说、报道、演讲,以及胜田家文书等文件中摘取誊写在稿纸上。
② 日本劝业银行(1953,第313页)认为"城区贷款"指的就是以宅地为担保进行的"其他各行业贷款"(城区土地建筑担保贷款中减去农工业从业者的部分),并将其与以城区宅地为担保的"限制地贷款"相区分。

## 第2章 城市化、重工业及化学工业化和房地产业的发展：1914—1936

桥本(1995,第4页)以上述的房地产买入、房屋建筑物、宅地改良等"纯粹用于房地产方面的情况同样占不到四成"为依据,认为"这意味着不属于'纯粹用于房地产用途'的贷款,也就是房地产抵押贷款占总量过半"；并且基于这一判断,认为"可以确定的是,房地产商和日本劝业银行之间的交易金额非常小",也就是"纯粹用于房地产用途"不足以发放贷款总额的一半,并以此为依据论争房地产商和劝银之间的关系。但是这一判断是不准确的。

表 2-5-2  有抵押(其他贷款)的贷款用途(劝银直接贷款)

| 用途 | 贷款笔数（笔） | 贷款金额（千日元） | 百分比（%） | 平均每笔的金额（千日元） |
|---|---|---|---|---|
| 购买不动产 | 358 | 3 792 | 20.5 | 10.6 |
| 建筑房屋 | 431 | 2 423 | 13.1 | 5.6 |
| 宅地改良 | 44 | 753 | 4.1 | 17.1 |
| 各种营业资金 | 236 | 2 135 | 11.6 | 9 |
| 其他 | 723 | 9 348 | 50.7 | 12.9 |
| 合　计 | 1 792 | 18 451 | 100 | 10.3 |

资料来源：日本劝业银行(1953,314页)。

注：(1)各项都包含旧债转期在内,(2)其他中715万日元是旧债偿还资金。对农工业者提供的旧债偿还资金贷款中,旧债和其从事的事业并没有直接关系。因此这一项包括了很多东西"。

首先,桥本忽视了劝银的新资金(非旧债转期资金)几乎都是"纯粹用于房地产用途"的资金这一点。表2-5-2注释中写道,用途为"其他"的935万日元之中,715万日元是旧债转期资金。现在我们假设1 845万日元中减去715万的旧债转期金额,为1 130万日元(纯粹房地产资金中所包含的旧债转期资金的数量实际上比这个数额还要小)。我们将此作为新资金,那么纯粹用于房地产用途的资金为697万日元(包括房地产买入、房屋建筑物和宅地改良)占1 130万日元的比例为62%。也就是"新资金"中一半以上都是"纯粹用于房地产用途"的资金。

其次,不能断言"其他"也就是"农工业从业者的旧债转期"和房地产资金之间毫无关系。表 2-5-2 的注释中,暗指旧债偿还资金为 715 万日元,又表明"面向农工业者的旧债偿还资金贷款中,旧债和其所从事的事业并无直接关系,因此不包含在此项中"。也就是借款人的"职业"确实是农工业,但是"旧债"的用途却与农工业没有直接的关系。而我们从日本劝业银行(1953)的记述中,无法断言旧债并未用于房地产买入、房屋建筑物等方面;反而可认为这部分资金很可能被用于房地产方面,劝银所做的旧债转期正是这部分贷款。

1911 年法律修订后,人们认为这引发了城区的"土地热"和"地价的人为飞涨",房地产银行造成了"土地公司等的兴起",到了 1915 年,开始要求将其归还原本的劝银、农银。

"不应掩盖城区贷款简便一事,煽动了城区的土地热,促进了土地公司的兴起。岂能言京阪地方地价的人为飞涨与此毫无关系"①。

因此,桥本对 20 世纪第一个十年劝银和房地产业之间的联系做出过小评价,这点并不恰当。

**(2)两次世界大战之间的"房地产金融"**

房地产抵押债务的总额,从第一次世界大战时的 16 亿日元左右大幅增加,到了大正末年达到了 55 亿日元,相当于同时期全国普通银行贷款总额 86 亿日元的 64.0%;在 1928 年达到最高点,为 62 亿日元,其后渐渐下降。从图 2-5-2 中可以看出,包括个人等在内,全部金融机构都参与了"房地产金融",成为促成 20 世纪 20 年代的"房地产金融"膨胀的主要推手,而其中普通银行、储蓄银行的上升情况十分引人注目,成为这段时期"房地产金融"膨胀的一个基本特征。普通银行、储蓄银行的市场份额在 1913 年末为 20%,在当时仅次于个人金融,占据重要地位;其后不断上升,到了 1917 年末达到 25%,1920 年末达到 30%。后来,兴业银行、信托公司、生命保险公司一并介入,"房地产金融"主体快速增长,而即使在这种情况下,普通银行和储蓄银行占比仍然在整个 20 世纪 20 年代保持略微低于 30%的水平。

---

① 作者不详:《日本劝业银行发修改之议》(松方家文书),大正四、五年(山口忠夫:《劝银史研究一节——关于普遍房地产银行化(研究会 15)》,1951 年 3 月 24 日劝银史报告会,原第一劝银收藏)。

# 第2章 城市化、重工业及化学工业化和房地产业的发展：1914—1936

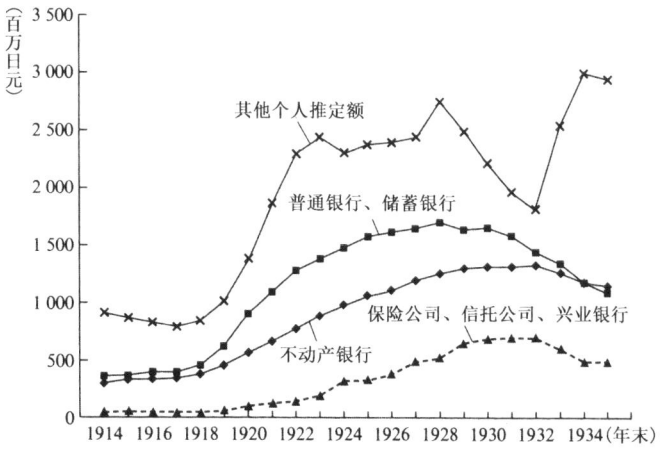

图 2-5-2　各房地产抵押金融机构贷款额（1914—1935 年）

资料来源：根据 1914—1929 年日本劝业银行（1932），1930—1935 年日本劝业银行（1953，514 页）作成。

注：(1) 1930 年以后的数字仅为日本本土，因此不包括劝银对台湾的贷款。

1922—1929 年末劝银在台湾的贷款额，1922 年为 15，1923 年为 22，1924 年为 25，1926 年为 23，1927 年为 25，1928 年为 27，1929 年为 31，单位是百万日元。

(2) 不动产银行的统计是劝银、农银和拓银合计在一起。

(3) 信托公司的统计是在 1924 年以后。

　　第一次世界大战后，城区"工业用地繁荣""交通设施完备"，导致住宅用地不足，郊外开始住宅化。土地价格飞涨，"投机买卖"激增，"投机风潮"波及地方。而以普通银行为代表的房地产抵押金融机构与这种围绕着土地的"投机风潮"有很大的联系。1918—1919 年"投机资金"的发放带来了土地建筑物债券发行数额的激增（远远超过了土地建筑物贷款金额的增加幅度）。在反动恐慌后，普通银行和储蓄银行发放的房地产抵押贷款的比例上升，一方面是由于经济不景气而选择进入房地产抵押贷款业务，同时也是反动恐慌前房地产抵押贷款固定化的结果。也就是说，在反动恐慌后发生的"房地产金融"膨胀，也是 1918—1919 年促进投机的"房地产金融"膨胀（债券发行数额的激增）的结果[①]。此外，这也意味着 20 世纪 20 年代普通银行"房地产金融问题"不断突出和加深。围绕着这个问题，展开了有

---

[①] 关于一战后房地产抵押金融增长的契机，请参考植田（1994a）和桥本（1995）。

关劝银和农银两家银行密切联系是否恰当的辨论,也就是围绕"银行分业体制"的激烈论争①。

而房地产抵押贷款金额在1928年末达到62亿日元的峰值后,开始不断减少,到1935年末减少到了57亿日元。20世纪20年代头五年的"房地产金融"主体,也就是普通银行、劝银、农银等主要房地产抵押贷款金融机构的房地产抵押贷款金额普遍减少。而在20世纪20年代初,一度为"房地产金融"膨胀的主要推手的普通银行,在进入昭和时代后开始转向收缩②。

下面我们以大城市为中心,看房地产银行的性质是如何转变的。在第一次世界大战刚刚结束后(1918—1920年初),城市的膨胀引起了宅地价格的高涨,普通银行对贷款的审慎带来了"城镇金融"的增长。而1920年的金融恐慌造成了金融市场的极度收缩,这又带来了"城镇金融"的爆发式增长。当时,包括普通银行在内的所有金融机构都提高了宅地抵押金融的比例,纷纷进入"城镇金融"市场,在这个过程中,位于城市的农银长期发放房地产抵押贷款,增加债券发行量,正式成为房地产银行。房地产银行发放贷款的对象从农工业转变为其他类型。东京、大阪、神奈川、兵库、尾三(爱知)等大城市的农银借款人(按年偿还)中,农工业的比例在1915年末为76%,到了1925年末下降到38%,1935年末继续下降到了22%,相对商业及"其他"的比例大幅增加。1935年末的农银借款人中商业和"其他"的比例分别为东京25%和29%,大阪26%和53%,神奈川20%和53%,兵库26%和49%,爱知16%和59%。"其他"中的主要职业方面,以兵库县农银为例,多为以预计建设住宅地(山林原野)抵押获得资金的房地产业、城区土地地主等(植田2000)。

---

① 房地产金融问题即从20世纪20年代开始"逐步深化的房地产担保融资的固定化应当如何才能解决的问题"(伊藤1983,第189页)。关于这一问题的论争过程,后藤(1977)、池上(1983)、伊藤(1983)、村上(1983)对主要论点进行了整理。此外从金融恐慌到《抵押证券法》(1931年)、《房地产融资及损失补偿法》(1932年)的制定为止的过程,请参考日本劝业银行(1953、第501~510、574~583页)的详细说明。

② 普通银行房地产抵押贷款减少的原因请参考进藤(1961,第81~92页)、植田(1994a,第56~57页)。此外,南条(2002)基于20世纪90年代经济不景气这一现代的视角,对资产价格下跌对银行贷款造成的影响进行了分析。而对这篇论文的讨论刊登在同杂志《金融研究》2002,第5~7页)上,十分有趣。

第一次世界大战后,农银贷款除了用于营业的资金和购买房产等,还有许多债务整理资金,也就是"整理资金"的一面更加突出。这里的债务整理,指的应该就是在大恐慌等的影响下,不得不将自己和其他金融机构之间的债务进行清算的债务人,在转向依靠市内宅地来借钱的过程中,由农银对其融资(代替融资)[①]。20世纪20年代前五年的"整理资金"需求是这一变化的背景,可以说农银发挥了经济波动导致的金融紧缩、经济恶化的局面下的"缓冲垫"作用。在这段时间里农银在债务整理资金方面的供给,成为确立农银在两次世界大战之间性质的重要因素。20世纪30年代逾期还款(房地产商的逾期还款也有所反映)增加,农银不得不对自己的贷款进行债务整理。于是,20世纪30年代中期在几乎所有位于大城市的农银间发生了第三次劝农合并,其背景之一,是金融形势好转的情况下债务在未到期时偿还的情况增多,另一个就是由于贷款的逾期情况变多,不得不进行债务整理(植田2000)。

### (3)两次世界大战之间的土地房屋出租业和东京府农银

东京府农银在1936年10月和劝银合并为劝银东京分行。这里我们就东京府农银的个别贷款业务进行分析,并揭示大城市农银与土地房屋出租业之间的关系,探究土地房屋出租业的业务内涵。

东京府农银在和劝银合并时,在编写其他经营资料的同时,还编制了"贷款金1口调"(截至1936年6月30日)[②]。这里就对"贷款金1口调"中有关按年偿还贷款进行分析。东京府农银在和劝银合并之前不久,也就是1936年6月末时的融资额度为14 192笔,6 510万日元(按年偿还的5 707万日元,定期贷款803万日元)。

主要用于分析的数据为东京府农银的按年偿还贷款中,1936年6月末为止每笔贷款额度在1万日元以上的贷款,共计1 100份,截至当时的贷款额为2 663万日元。这些数据所占的比例分别为笔数8.8%(1 100笔/12 473笔),贷款额46.7%(2 663万日元/5 707万日元)。分析对象的资料

---

[①] 植田(1987)曾经根据广岛市的土地登记簿进行调查研究。另外,伊藤(1976)、涩谷(1980)也曾就劝银和其他金融机构之间的关系进行考察,只是考察的对象不是大城市。

[②] "贷款金1口调"《东京府农工银行合并调查及附件表格》1936年7月(原第一劝银藏)。

涉及东京府农银融资的近一半。这份资料记载了抵押物及债务人的"职业"和贷款的"用途",对于"房地产金融"的研究,尤其是对狭义房地产金融的研究有重要意义。

在收集并整理数据后,我们可以看到贷款总额2 663万日元的各个债务人职业构成如下:农业4.1%(111万日元),工业2.9%(76万日元),商业16.2%(432万日元),土地房屋出租业30.2%(805万日元),旅店、饮食、金融26.7%(710万日元),公司董事、公司职员19.9%(529万日元)。土地房屋出租业的笔数占32.3%(355笔),贷款额占30.2%(805万日元),为最多。东京府农银贷款对象中,农业、工业、商业从业者合计617万日元,除此之外的"其他"为2 046万日元,占39.3%。在此方面的基本统计《大藏省银行局年报》中,"其他"的内涵不明,但是"其他"的核心部分为土地房屋出租业等房地产商。除了后面还要提到的公司董事、员工外,土地房屋出租业以外的其他职业借款人也可能将贷款作为"房地产资金"使用,考虑到这一点,我们可以确认东京府农银的贷款基础中,房地产业占据了核心位置。

下面来看土地房屋出租业的地区分布。东京府农银的土地房屋出租业贷款额中,不同地区所占比例如下:旧城区39%(313万日元,136份),新城区57%(461万日元,205份),多摩地区及其他4%(31万日元,14份)。土地房屋出租业方面的贷款新城区要高于旧城区。表2-5-3中清晰地表示了土地房屋出租业贷款的地区分布,从中可以看出以新城区为中心,出现了专业的土地房屋出租业从业者,在东京35区中,有24个区的土地房屋出租业贷款所占比例都超过了30%。特别是新城区中,几乎每个区的比例都超过30%,有9个区超过了50%(城东、向岛、丰岛、杉并、荏原、目黑、江户川、泷野川)。尤其是丰岛区,土地房屋出租业贷款额高达55万日元(23笔)。旧城区中,浅草为48万日元,小石川为37万日元,下谷为34万日元,占据前列。

## 第 2 章 城市化、重工业及化学工业化和房地产业的发展：1914—1936

表 2-5-3 市内各地土地房屋出租业贷款金额和贷款比例（东京府农银）

| 土地房屋出租业的贷款金额（日元） | 土地房屋出租业的贷款比例（%） | | | | | | |
|---|---|---|---|---|---|---|---|
| | 10以下 | 10~20 | 20~30 | 30~40 | 40~50 | 50~60 | 60~70 |
| 50万~60万 | | | | | | 丰岛(23) | 城东(12) |
| 40万~50万 | | 麹町(4) | 中野(10) | 大森(20)<br>涉谷(18) | 浅草(26) | | |
| 30万~40万 | | | | 小石川(13) | 下谷(13)<br>世田谷(17)<br>淀桥(15) | | |
| 20万~30万 | | 本所(10)<br>神田(8) | 芝(10)<br>麻布(8) | 品川(9)<br>本乡(14)<br>牛込(5) | 四谷(7) | 杉井(15)<br>荏原(10)<br>目黑(6) | 向岛(17) |
| 10万~20万 | 日本桥(6) | 深川(4) | 蒲田(2) | 葛饰(3) | 荒川(6)<br>板桥(3)<br>足立(3) | 江户川(8) | |
| 10万以下 | 赤坂(5)<br>京桥(3) | | | | | 泷野川(3) | 王子(5) |

资料来源：:"贷款金1口调(1936年6月30日)".《东京府农工银行合并调查附件诸表》1936年7月。

注：(1) 只统计刊登了东京市区。八王子市和多摩地区除外。该地区很少。
(2) 各地区的（）内数字表示对土地房屋出租业提供的按年偿还的贷款笔数。黑体字表示贷款笔数。

按年偿还的2 663万日元贷款额在不同城区的情况如下：旧城区54%（1 428万日元，542份），新城区40%（1 070万日元，475份），多摩及其他6%（170万日元，83份）。这里的中心在旧城区。构成东京农银基础的是土地房屋出租业，向其提供贷款在新城区占据中心地位。而按年偿还的贷款则集中在旧城区。这一现象的原因应该是新城区的土地房屋出租业务到了旧城区，由土地房屋出租业从业者之外的其他职业来进行的。也就是说，债务人的职业为商业、旅馆、饮食、金融以及公司董事和职员等，贷款资金的用途多为"房地产资金"。

那么，下面来探讨一下东京府农银的贷款对象人群即土地房屋出租业从业者在经济方面的特征。1936年6月末东京府农银面向土地房屋出租业发放贷款共355笔（805万日元），其中在人事兴信所（1937）登记的人名（即笔数）有56人。这56人相当于土地房屋出租业贷款笔数的16%。根据"贷款1口调"和人事兴信所（1937），可以看出土地房屋出租业从业者具有如下特征。

一是在土地房屋出租业的阶层方面。土地房屋出租业从业者在人事兴信所（1937）的登记信息中，也有一部分直接写作土地房屋出租业的，但是大多数都登记为"地主（即土地所有人）"、"地家主（即土地房屋所有人）"以及"家主（即房东）"。从所得税看，24名超过1 000日元（人数占全体的43%），其中还有大额纳税人，应为大型土地所有人。此外，还有区议会议员、东京市议会议员、府议会议员等在政界有权势者。因此，尽管这份史料涉及范围有限，但是可以看出，不能认为土地房屋出租业从业者仅包含"平民"了。当然，所得税数额上十分分散，土地房屋出租业的从业者在阶层上具有"多阶层的"特征（加藤1988，第174页）。正是这些阶层的人群从东京府农银贷款，并将资金用于土地房屋出租业的经营上。

二是关于贷款资金的用途。"贷款金1口调"中有关于"用途"的记载，但只是对56人中的24人简单记载为"旧债偿还"。旧债的用途是什么？在哪些金融机构借贷的？这份资料并没有告诉我们答案。因此，这里将新发生贷款（除了旧债偿还以外的贷款金）涉及的32人整理到表2-5-4中。主要"用途"方面，房屋建筑19笔、土地买入7笔、土地整理和填造3笔、营业资金3笔（有重复）。值得注意的是，宅地抵押贷款主要用于房屋建设上。而上述资金,当然几乎都被用于与土地房屋出租有关的"房地产资金"中。

表2-5-4 主要的土地房屋出租业者行业和分年偿还的贷款(仅限新资金、东京府农银)

单位:日元

| 序号 | 姓名 | 贷额款 | 用途 | 行业(身份) | 所得税 | 备注 |
| --- | --- | --- | --- | --- | --- | --- |
| 1 | 吉野原吉 | 10 802 | 建筑房屋 | 房主 | 767 | |
| 2 | 石井明三 | 16 312 | 偿还旧债 建筑资金 | 房主 | 719 | |
| 3 | 二宫章一 | 10 645 | 建筑房屋 | 地主 | 1 067 | |
| 4 | 金田吉兵卫 | 49 381 | 购买土地 | 土地房屋出租业 | 532 | 运营拍照摄影业 |
| 5 | 铃木孝一郎 | 29 933 | 购买土地 | 演艺场主 | 1 141 | |
| 6 | 田中善作 | 12 944 | 营业资金 | 房主 | | |
| 7 | 田中卯之吉 | 19 645 | 偿还旧债 建筑房屋 | 地主 | 702 | |
| 8 | 大森矫次 | 36 071 | 偿还旧债 建筑房屋 | 房主 | 1 249 | |
| 9 | 大塚合资公司 大塚弥吉 | 43 194 | 建筑房屋 | | 1 094 | 东京谷物肥料社长 |
| 10 | 原忠三郎等3名 | 40 450 | 建筑房屋 | 有价证券买卖业 | | 大额纳税人 |
| 11 | 大泽幸次郎 | 160 992 | 购买土地 | 土地房屋出租业 | 1 528 | 大额纳税人、矿山业 |
| 12 | 宇田川启辅 | 16 320 | 土地整理 | 东京运河土地(股份公司)董事 | 325 | 东京市议员 |
| 13 | 岩崎林三郎 | 13 299 | 填海造陆资金 | | 696 | |
| 14 | 片桐兴藏 | 12 868 | 购买土地及建筑房屋 | 土木建筑承包业 | 3 647 | |

续表

| 序号 | 姓名 | 贷额款 | 用途 | 行业(身份) | 所得税 | 备注 |
|---|---|---|---|---|---|---|
| 15 | 小山久吉等2名 | 11 522 | 建筑房屋 | 地主 | 934 | |
| 16 | 泷泽条太郎 | 10 919 | 建筑房屋 | 地主 | 941 | |
| 17 | 石井弥吉 | 19 229 | 营业资金 | 土木建筑承包业 | 1 073 | 王子砖(股份公司)董事 |
| 18 | 浅见茂兵卫 | 23 708 | 建筑房屋 | 地主 | 912 | |
| 19 | 丰田金太郎 | 12 000 | 建筑房屋 | 地主 | 1 324 | |
| 20 | 柴田千右卫门 | 17 830 | 建筑房屋 | 地主、房主 | 492 | |
| 21 | 须田铸治 | 40 807 | 偿还旧债 建筑房屋 | 地主 | 462 | 目黑区议员 |
| 22 | 增山文吉 | 15 000 | 购买土地 | 金融业 | 1 413 | |
| 23 | 松原传吉 | 12 530 | 建筑房屋 | 地主 | 1 626 | 东京市议员 |
| 24 | 金子贺舞等 | 10 573 | 偿还旧债及建筑 | 地主 | 533 | |
| 25 | 田中幸吉 | 73 374 | 营业资金 | | | |
| 26 | 岛村一郎 | 14 256 | 土地整理费 | 地主 | 3 897 | 府议员 |
| 27 | 岛村作次郎等2名 | 11 656 | 建筑房屋 | 地主 | 1 416 | |
| 28 | 有山小一郎 | 28 653 | 偿还旧债 建筑房屋 | 地主 | | |
| 29 | 铃木重孝 | 20 400 | 购买土地 | 宫内事务官 | | |
| 30 | 岩井七之助 | 13 966 | 建筑房屋 | 梅森公共汽车社长 | 1 329 | |
| 31 | 横沟直也 | 18 586 | 偿还旧债 整理土地费 | 地主 | 220 | 东京市议员 |

续表

| 序号 | 姓名 | 贷额款 | 用途 | 行业（身份） | 所得税 | 备注 |
|---|---|---|---|---|---|---|
| 32 | 石井寅三 | 16 972 | 购买土地 | 土木建筑承包业 | 668 | 前府议员 |

资料来源：《东京府农工银行合并调查附件诸表》人事信用调查所（1937）。

注：行业（身份）在《人事信用调查录》中有记载。

三是主要抵押物的特征。在56人中，主要抵押物即宅地的面积超过1 000坪的有29人（600坪以上的有39人）。600坪以上的占整体的70%。超过5 000坪的有麴町区的大泽幸次郎[将位于芝区的5 034坪土地（每坪评估价格为55日元）作为抵押获得16万日元贷款，全部用于土地买入]，向岛区的宇田川彦太郎（将向岛区的住宅用地6 529坪作为抵押获得8万日元贷款，用于偿还旧债），荏原区的田中幸吉[将北多摩郡的住宅用地6 200坪（每坪评估价格22日元）作为抵押获得73 374日元贷款，用于营业资金]，中野区的深野芳三[将中野区的住宅用地9 812坪（每坪评估价格6日元）作为抵押获得34 500日元，用于旧债偿还]，世田谷区的铃木重孝[将世田谷区的住宅用地7 400坪（每坪评估价格5日元）作为抵押获得20 400日元，用于土地买入]。

大规模住宅用地用于抵押后获得的贷款，多数用于土地买入和土地整理。而用于房屋建筑的情况，抵押物的面积多数较小。从面积来看，较大的有大塚合资公司1 068坪，柴田千右卫门2 069坪，须田铸冶公司1 100坪，金子1 271坪，岛村作次郎等1 450坪。假设其主要用途为房屋建筑，那么可知当时东京府农银融资的重点为有一定流动性的宅地的抵押贷款。

不过，土地房屋出租业从业者所从事的房地产方面的业务，其主体并不仅限于土地房屋出租业从业者。这里我们从大额借款人方面来看。贷款额在10万日元以上的债务人共有24人。大额借款人的特征如下。

首先，职业为公司董事、职员的借款人中，从事房地产公司经营的人较多。例如，荏原土地株式会社的绵贯要之助，其职业就是公司董事，他以15 515坪的土地作为抵押从东京府农银获得了51万日元的贷款。此人是荏原土地的总经理，还是土地商会株式会社的监察。用途为旧债偿还，这里的旧债也是用作房地产资金。排在第 3 位的是望月军四郎,他是从事"动产不动产保管利用"的九曜社(1920 年成立)和横滨仓库公司的总经理,还是京滨电气铁道株式会社和湘南电气铁道的董事。排在第 4 位的是饭田延太郎,他是从事"矿业及农业经营、矿区买卖中介及探矿作业承包费用贷款"的南满州大兴株式会社的总经理。第 11 位是小川银藏(小川保全合名会社),原为"米谷商人,现主要从事土地经营"。小川保全合名会社从事"房地产买卖租赁",于 1934 年成立。第 13 位是小岛长兵卫,他的公司叫尾张屋,他是经营"土地建筑物管理业"的尾张屋土地公司董事。第 15 位是箱根土地株式会社的堤康次郎,是箱根土地公司的专务董事。

其次,一些债务人尽管有非房地产业的其他主要职业,但是东京府农银仍然将其作为土地房屋出租业等房地产业从业者对待。例如绵贯要之助是"铜铁商",但登记为荏原土地株式会社的董事;大泽幸次郎是"矿山业"(东京府大额纳税人),登记为"土地房屋出租业";田中幸吉(谦)是"东京制靴株式会社""田中制革所合名代表职员",但也登记为"土地房屋出租业";鹿岛登善为"酒水批发业",但登记为"酒水批发、土地房屋出租业";原忠三郎是"有价证券买卖业",但登记为"证券买卖、土地出租业"。

综上所述,从人事兴信所(1937)登记信息中可以看出,即使登记职业为公司董事、职员,其和房地产业之间的关系也相当密切,并且东京府农银向较大规模土地公司进行融资。而主要职业为非房地产业的借款人,也大规模开展土地房屋出租业。

### (4)大阪农银的"无业"

下面就劝农合并时间晚于东京府劝农合并半年(1937 年 3 月)的大阪农银进行探讨[①]。该银行和东京府农银相同,都向劝银提供了截至 1936 年 12 月末的贷款数据"贷款金 1 口调"。统计项目也和东京府农银相同。

"按年偿还贷款 1 口调"中记载的单份超过 5 000 日元的按年偿还贷款金额为 2 890 万日元(1 862 笔),相当于截至 1936 年 12 月末的大阪农银按年偿还贷款总额 3 756 万日元的 77%(同期定期贷款额为 1 005 万日元)。

---

① 两次世界大战之间大阪农银和劝银大阪分行的动向参考植田(1998)。

## 第2章 城市化、重工业及化学工业化和房地产业的发展：1914—1936

因此，纳入统计范围的1 862笔贷款，基本可以反映大阪农银按年偿还贷款的性质了。对数据进行统计后，可以看到按年偿还贷款额2 890万日元中，借款人职业方面，农业4%（96笔，119万日元），工业10%（234笔，292万日元），商业22%（493笔，632万日元），房地产业11%（115笔，307万日元），其他9%（222笔，271万日元），公司董事5%（78笔，155万日元），无业39%（624笔，1 116万日元）。和东京府农银比较后，可以发现土地房屋业等房地产业仅占11%。还有东京府农银中没有出现的登记项目即"无业"为39%占据了最大的比例，大幅超过商业的22%。那么，大阪农银在合并资料中记载的"无业"指的究竟是什么呢？

"无业"中包含了624笔（人），在人事兴信所（1937）对这些借款人进行调查后，找到了52人（1人占2笔）。首先，关于"无业"人员的经济性质。"1口调"中登记职业为"无业"的债务人在人事兴信所（1937）的登记信息中，房东17人，土地房屋所有人13人，土地所有人8人，其他房地产经营者4人（阪神公寓、大南土地株式会社董事、城东土地株式会社董事、土木建设承包业），其他还有10人（伞商、袜商、典当商、公司职员、邮局局长、医院院长、和服商等，金久商店、演艺）。在52人中至少有42人从事房地产相关（房东、土地房屋所有人、地主、其他房地产经营）的"职业"。从中可以推测，大阪农银"职业"分类中占最高比例的"无业"指的应该是土地所有人、房屋土地所有人和房东。也就是说，东京府农银登记为"土地房屋出租业"的人群，在大阪农银则被登记为"无业"。占大阪农银最大比例的"无业"（房东、土地所有人）和占东京府农银最大比例的土地房屋出租业是相对应的。

其次，这些房地产相关从业者是如何使用贷款资金的，也就是资金的"用途"。用途中和土地经营没有关系的只有7人（铁工业资金、制布资本金、棉布制造、汽车制造等）。除此之外全部与土地经营相关。在这些"用途"中，土地购买14人，土地加工（土地改良、土地整理、泊船场填造、开垦资金、土地加工、受益者负担资金、土地规划整理等）10人，租赁房屋购买4人，租赁房屋建设1人，住宅建设、修理8人，住宅经营2人，旧债偿还6人。综上所述，大阪农银发放的资金主要用于土地的购买和加工、住宅建筑和出租房屋建设等方面。这里抵押房地产面积超过1 000坪，应该是用于土地经营。也就是说，至少经营房地产相关行业的"无业"是将银行的贷款用于土地经营上。

综上，我们通过2010年代的劝银和1936年的大都市农银发放贷款对象的职业和用途对两银行和房地产业之间的关系进行了分析，位于大城市的房地产银行和房地产业之间的关系可谓十分密切，当时就存在"狭义的房地产金融"，而1911年的劝银和农银法修改则正式拉开了这种金融方式的帷幕。

（植田 欣次）

# 第 3 章

## 经济统制及其对房地产业的影响:1937—1951

经过侵华战争和太平洋战争，日本在二战战败后进行了战后改革。这一时期，房地产商的活动在很大程度上受到了战争的影响，进入一个活动自由性受限的时期。但是，单纯地将从战争到战后复兴的这段时期作为"房地产业停滞时期"来看待是不确切的，主要理由有如下三点。

第一，战争期间，军需工厂的建设和工厂工人从农村到城市的迁移促进了工业地带的形成和住宅建设的发展。在昭和恐慌的克服时期开始增加的大城市周边住宅建设，多数都持续到了侵华战争开始后的20世纪30年代后半期并有所扩大。正如第2章中所述，在两次世界大战期间不断扩大活动范围的房地产商，在战争期间（或者战后复兴期）又发挥了何种作用呢？对此必须做出详细探讨。

第二，从20世纪30年代末到40年代间实施的房地产价格统制的确对房地产商带来了影响，但是这种统制在地租、房租和土地价格上带来的影响是不同的。在土地价格统制中，对住宅用地和农业用地也有不同的统制规则，对于将农业用地转为住宅用地的情况也有不同的统制规则。这种对于房地产的统制内容的不同，对于房地产商的活动来说，除了有抑制的一面以外，还为其留下了一定余地，在一定情况下由其作为战争时期开发主体，这两个方面都需要注意。

第三，战争时期除了上述统制规定以外，还有许多对房地产业产生重要影响的政策，包括发展工业开发直接相关的产业基础设施建设，以及从防空角度强化城市规划和住宅小区建设等。在战后复兴时期，还有农地改革和原军用基地用途转换等政策。这些公共政策在战争时期制定的意图是什么？对房地产业产生了何种影响？反过来看，房地产商的活动范围在这些政策的限制下是如何发展的呢？在研究战后房地产业和公共政策之间的关系时，必须对这些问题进行解答。

在本章中，首先将就战争时期到战后改革时期的开发和统制、战争灾难及复兴进行概括。在此基础上，分城市地区和农村地区对房地产业的动向进行解读,最后对战争时期的房地产活动和房地产金融的关系进行考察。

# 1. 对开发及地价、土地费用的统制

## (1) 战时经济、战后复兴和城市

从1935年到1950年主要城市的人口变化数据见表3-1-1。战时人口增加,到了1945年一度减少,到1950年左右再次增加,这一倾向在各个城市都是共通的。战争时期的工业化带来了人口向城市的流动,这在各个城市都引发了严重的住宅问题。

表 3-1-1　城市人口的变迁(1935—1950 年)

单位:千人

| 城市 | 1935 | 1940 | 1945 | 1947 | 1950 |
| --- | --- | --- | --- | --- | --- |
| 东京都(区部) | 5 876 | 6 779① | 2 777 | 4 178 | 5 385 |
| 大阪市 | 2 990 | 3 252 | 1 103 | 1 559 | 1 956 |
| 京都市 | 1 081 | 1 090 | 866 | 1 000 | 1 102② |
| 名古屋市 | 1 083 | 1 328③ | 598 | 853 | 1 031 |
| 横滨市 | 704 | 968④ | 625 | 814 | 951 |
| 神户市 | 912 | 967 | 379⑤ | 607⑥ | 765⑦ |
| 福冈市 | 291 | 307 | 252⑧ | 329 | 393 |
| 仙台市 | 220 | 224 | 238⑨ | 294 | 342 |
| 川崎市 | 155 | 301⑩ | 180 | 253 | 319 |
| 札幌市 | 197 | 206 | 220⑪ | 260 | 314⑫ |

资料来源:总理府统计局(1951)。

附注:1950年列举了人口超过30万的城市。这些数据都是根据调查年份当时的边界而定的。市域变更如脚注所示。

脚注:①1936年编入北多摩郡千岁村、砧村。

②1948年编入葛野郡中川村、小野乡村。1949年编入爱宕郡云畑村、岩仓村、八濑村、

大原村、静市野村、鞍马村、花背村、久多村。

③1937年编入下之一色町、西春日井郡庄内町、荻野村。

④1937年编入橘树郡日吉村的一部分。1939年编入都筑郡川和町、新田町、中川村、山内村、中里村、田奈村、新治村、都冈村、二俣川村、镰仓郡户塚町、中川村、川上村、丰田村、本乡村、大正村、中和田村、濑谷村。

⑤1941年编入明石郡垂水町。

⑥1947年3月编入有马郡有马町、有野村、武库郡山田村、明石郡伊川谷村、栌谷村、押部谷村、玉津村、平野村、神出村、岩冈村。

⑦1950年4月编入武库郡住吉村、御影町及鱼崎町。

⑧1940年12月编入糟屋郡箱崎町。1941年编入早良郡壹岐村、残岛村、系岛郡今宿村。1942年编入系岛郡今津村。

⑨1941年编入名取郡中田村、六乡村、宫城郡岩切村、七乡村、高砂村。

⑩1937年编入橘树郡高津町、日吉村的一部分、橘村。1938年编入橘树郡宫前村、向丘村、生田村、稻村。1939年编入都筑郡柿生村、冈上村。

⑪1941年编入札幌郡圆山町。

⑫1950年4月编入石狩支厅札幌村的一部分。同年7月编入石狩支厅白石村。

此外，人口的增加和减少幅度在不同城市有较大差别。这里我们将关注的重点放在京滨地区和阪神地区的大城市，以及名古屋市。可以看出东京市（改制为东京都后的区部）、大阪市、名古屋市、横滨市、神户市在战时都出现了吸收周边町村地区的人口（除了大阪市）的现象，人口显著增加。1945年人口锐减到1940年的半数以下（横滨为65%）。1950年的人口数为东京都区部500余万人，名古屋市100余万人，均接近1935年的人口数量（不过名古屋市在1937年将周边町村纳入了市区范围），横滨市也在大规模的兼并周边町村后，人口数恢复到了1940年的水平，大阪略少于200万人，神户略少于80万人。和1935年的人口对比可以看到，大阪人口减少了约100万人，神户市也减少了10万人以上。

这段时期京滨地区相对于阪神地区的优势地位从公司统计和工业生产值上也可以看出来。表3-1-2显示了公司数量的变化，全国的公司数量中东京府（都）所占的比例在战时从20%～25%增加到25%～29%，而大阪府、大阪市在战时基本发展持平，还出现了减少倾向。从1951年的数据看，东京都区部和大阪府在全国总公司数量中所占的比例均有所提高，

表 3-1-2　公司数的变化

资本金单位：百万日元

| 年度 | 全日本 公司总数 | 全日本 股份公司数 | 全日本 股份公司交纳资本金 | 东京府(都) 公司总数 | 东京府(都) 股份公司数 | 东京府(都) 股份公司交纳资本金 | 大阪府 公司总数 总和 | 大阪府 公司总数 大阪市 | 大阪府 股份公司数 总和 | 大阪府 股份公司数 大阪市 | 大阪府 股份公司交纳资本金 总和 | 大阪府 股份公司交纳资本金 大阪市 |
|---|---|---|---|---|---|---|---|---|---|---|---|---|
| 1935 | 84 146 (100) | 23 264 (100) | 14 197 (100) | 16 106 (19.1) | 4 553 (19.6) | 6 536 (46.0) | 10 645 (12.7) | 9 574 (11.4) | 2 563 (11.0) | 2 240 (9.6) | 2 574 (18.1) | 2 297 (16.2) |
| 1936 | 87 511 (100) | 24 752 (100) | 15 248 (100) | 17 280 (19.7) | 5 106 (20.6) | 7 130 (46.8) | 11 499 (13.1) | 10 297 (11.8) | 2 948 (11.9) | 2 586 (10.4) | 2 779 (18.2) | 2 499 (16.4) |
| 1937 | 85 042 (100) | 26 266 (100) | 17 655 (100) | 17 935 (21.1) | 5 861 (22.3) | 8 558 (48.5) | 10 923 (12.8) | 9 703 (11.4) | 3 309 (12.6) | 2 888 (11.0) | 3 458 (19.6) | 3 150 (17.8) |
| 1938 | 83 042 (100) | 28 294 (100) | 20 054 (100) | 18 628 (22.4) | 6 850 (24.2) | 10 181 (50.8) | 10 422 (12.6) | 9 240 (11.1) | 3 782 (13.4) | 3 324 (11.7) | 3 784 (18.9) | 3 411 (17.1) |
| 1939 | 85 122 (100) | 33 166 (100) | 23 014 (100) | 21 081 (24.8) | 9 086 (27.4) | 12 224 (53.1) | 10 734 (12.6) | 9 462 (11.1) | 4 728 (14.3) | 4 133 (12.5) | 4 157 (18.1) | 3 700 (16.4) |
| 1940 | 85 836 (100) | 35 497 (100) | 25 799 (100) | 22 621 (26.4) | 10 075 (28.4) | 14 029 (54.4) | 10 465 (12.2) | 9 063 (10.6) | 5 036 (14.2) | 4 342 (12.2) | 4 610 (17.9) | 4 172 (16.2) |

续表

| 年度 | 全日本 ||| 东京府(都) |||| 大阪府 ||||||
|---|---|---|---|---|---|---|---|---|---|---|---|---|---|
| | 公司总数 | 股份公司数 | 股份公司交纳资本金 | 公司总数 || 股份公司数 | 股份公司交纳资本金 | 公司总数 || 股份公司数 || 股份公司交纳资本金 ||
| | | | | 总和 | 大阪市 | | | 总和 | 大阪市 | 总和 | 大阪市 | 总和 | 大阪市 |
| 1941 | 90 778 (100) | 38 192 (100) | 27 835 (100) | 24 829 (27.3) | | 11 009 (28.8) | 15 375 (55.2) | 11 165 (12.3) | 9 572 (10.5) | 5 535 (14.5) | 4 727 (12.3) | 4 794 (17.2) | 4 272 (15.3) |
| 1942 | 92 951 (100) | 38 377 (100) | 31 510 (100) | 25 036 (26.9) | | 11 375 (29.6) | 17 707 (56.2) | 10 631 (11.4) | — | 5 440 (14.2) | — | 5 507 (17.5) | — |
| 1951 | 182 567 (100) | 116 886 (100) | 307 214 (100) | 72 923 (39.9) | | — | — | 34 655 (19.0) | 26 032 (14.3) | — | — | — | — |

资料来源：商工省大臣官房统计课(1942)，大阪市政府(1943、1953)，总理府统计局(1953)。

注：1951年的公司数为事业所统计调查的"法人"的事业所数。

但是二者的差距也在不断扩大。工业生产值(包含员工人数少于 5 人的企业)方面,东京市(改制东京都后为区部)从 1935 年的 160 万日元上升到了 1938 年的 333 万日元,增幅较大;而大阪市在 1935 年就略少于东京,为 150 万日元,到了 1938 年仅为 263 万日元(东京市政调查会 1935,1938)。而在 1951 年,东京都区部的生产值达到 4.5011 亿日元(东京都 1951),大阪仅为 3.2017 亿日元(大阪市政府 1952)。

阪神工业地带在战争时期到战后改革期间,相对于京滨工业地带出现了经济地位的相对下降,其原因如下:阪神工业地带中金属部门所占比重较高,而京滨工业地带中机械设备工业部门比重较高,在战争时期,机械工业部门集中分布在京滨地区(天川 1976);另外,大阪企业的本部和主要的分公司向东京集中,带来第三次产业部门扩大(川岛 1962,第 32~33 页)。这些都使京滨地区各城市的经济地位在战时获得了提高。

**(2)侵华战争期间的开发和城市规划**

战争期间,军需工厂的建设和城市人口的增加,产生了对工厂用地和住宅用地的新需求,同时,大城市郊外以及军需工厂所在的农村地区开发进程加速。对此,政府开始统制的时间是 1939 年以后(正式开始在 20 世纪 40 年代)。这里我们就地价和地租的统制正式开始前(也就是 20 世纪 30 年代后半期)的房地产(或者房地产商)相关政策,尤其是产业基础设施建设相关政策和城市规划行政措施的变化进行探讨。

产业基础设施建设方面,一个非常重要的事件就是 1935 年的地方统制改革后,府县政府可以设置经济部门,这表示内务府地方局开始重视地方政府的"产业行政"。1936 年 7 月,内务大臣在府县经济部长事务工作会中的指示中包含了产业行政的具体内容。河川行政方面,至今地方行政都以"治水"为中心,在大臣指示中要求"扩充各种水利需求",进行"河水统制调查";港湾行政方面,提出了"将港湾和临港地带一体化"建设的必要性,要求建设"工业港"[①]。也就是说,内务省关于至今一直没有明确定位的产业基础设施建设,尤其是工业生产所必需的基础设施建设方面的工作,对

---

① 《内务时报》第 1 卷第 8 号,1936 年 8 月,第 3~6 页。

道、府、县作出了明确的指示。

道、府、县的产业基础设施建设在资金方面也获得了优惠待遇。在侵华战争开始后,大藏省和内务省同时采取了抑制地方债券发行的措施,但是在有关生产力提高方面的产业基础设施建设领域,作为一个例外,仍然允许发行地方债券。结果,府、县政府获准发行用于电力事业、工业用水事业、河水统制事业、工业地带建设事业、工业港湾建设事业等的地方债券。神奈川县实施的包含京滨工业地带建设项目和相模大坝建设项目在内的相模川河水统制事业,就是其中的一个典型案例(沼尻 2002,第 155~159页)。这些政策对两次世界大战之间房地产商在临海工业地带建设中的活动产生了较大影响,对此将在下节详述。

在侵华战争中,另一个支援工业开发的政策,是作为城市规划行政措施之一的土地规划整理事业。在战前普遍开展的土地规划整理事业主要分为基于《城市规划法》第 12 条的公会开展的土地规划整理,以及基于第 13 条的城市规划事业土地规划整理两种。在侵华战争开始前,基于第 12 条的依托公会的土地规划整理已经在大城市郊区广泛开展,到了战时,继续被用于军需工业化发展下的大城市郊外建设上(沼尻 2002,第 149~152页)。

在战时大规模的工业开发外,还开展了基于《城市规划法》第 13 条的城市规划事业土地规划整理。日本制铁工厂的厂址兵库县广村(1937 年决定)、军工厂大量建设的相模原(1939 年决定)、在战时军需工厂建设激增的群马县太田(1940 年决定)均利用了这一制度,对市区进行规划整理。

战时,基于《城市规划法》第 13 条的土地规划整理之所以被广泛利用,是因为这种规划整理可以不经土地所有人同意,由公共团体强制实施。兵库县广村在最开始也曾考虑过适用《土地征收法》,但是最终还是适用了《城市规划法》第 13 条下的规划整理。其理由之一,就是规划整理能够更早开始项目施工。依托公会开展的土地规划整理也由于可以通过出售项目实施区域土地(保留地)而快速获得项目资金,因而广泛用于城市规划事业土地规划整理。

在基于《城市规划法》第 12 条的土地规划整理事业的一般实施方法上,首先通过协议与土地所有人和耕作者就失业补偿金达成一致后组成公

## 第3章 经济统制及其对房地产业的影响：1937—1951

会，同意减少自家所有地面积，并将这部分面积用于新建、扩建道路，以及建设公园等，开展城区建设，或者作为保留地出售并获得项目收入。这里最重要的是项目实施区域内的地价上升。从个体土地所有人角度来看，土地价格上涨，实施整理前土地评估价格和等同价格的土地面积就会减少。群马县太田的土地规划整理中，每户的面积减少率达到了30%。由此，这种通过农地转宅地带来土地价格上涨，进而实施城市规划的做法，从侵华战争前开始就已经广泛出现，为土地统制实施之前的土地建设事业的一种方法（沼尻2002，第149~155页）。

在多数情况下，战时的产业基础设施建设政策和土地规划整理事业都没能满足当时对工厂用地日益增长的需求。这时一个有重要意义的事件，就是县和市町村的工厂招商政策。战时，县及市町村之所以开始面向工厂招商，其背景是商工省从1935年开始实施地方工业化政策。除此之外，人们对工厂带来的税收增加和对产业趋向停滞状态的中小城市工业发展的期待，成为县及市町村积极推进工厂招商的一大原因。这些招商措施的核心是工厂用地的收购。市町村政府和议会鼓动当地有势力者，委托他们在土地收购中周旋，而当地的有势力者也会凭借自己的人脉来说服那些在土地出售方面比较消极的人（或者是反对者）。在军需工厂用地的收购上，军部和警察还会对土地所有人施加压力（沼尻2002，第159~166页）。

战时的一些企业，如后面会提到的三菱地所等，以工厂用地建设为中心，将自身业务范围扩展到土地建设管理和设计、承包等领域（参考本章第2节）。可以说，以开发为目的收购土地的这一房地产商所特有的功能，在战时经济中得以频繁利用[①]。在当时一般的做法是不介入现有的土地所有和土地利用相关的权利关系，直接将农田转宅地，通过完善提高土地所有者资产价值的各项条件来获得所有者的同意，通过民间（或者公共团体）实施的土地规划整理事业，或者通过地方公共团体说服当地有势力者，通过军部的强权在短时间内从土地所有人手中收购土地用于工厂建设。

此外还存在着和上述政策原理迥然不同的政策。用途地域制度和土

---

[①] 根据1941年农林省的调查，对工厂用地建设所伴随的土地收购进行周旋的多为市町村等公共团体和其职员，土地公司在其中参与的情况极少。（沼尻2002，第165页）。

地规划整理事业相同,都是城市规划的方法之一。用途地域制度是基于城市规划,由公共权力对目前持有和被利用的土地的利用方式做出规划的做法,带有公法性质,和前面提到的产业基础设施建设政策性质不同。当然,用途地域制度并非确立于战时。累计接受用途地域指定的城市数量,在1937年为84个,1938年为90个,1939年为95个,呈逐年上升趋势。对现有的规划进行一次以上补充和变更的城市,从1937年到1939年之间也增加了16个。这些城市多数都有在城市规划区域内发展工业的倾向,因此多将住宅区和未指定区域转化为工业区(沼尻2002,第102~103页)。尽管地域用途指定具有公法性质,但是如果出现了在实际所有和使用中,对于战时经济或者本地区经济有重要意义的经济活动(例如工厂),那么还可以在事后追加工业用地,变更城市规划。

而具体规定了用途地域制度的《城镇建筑物法》,在1938年以防空为由进行了修改,新规定了住宅专用区和工业专用区的位置。但是,1939年该法律实施令修订时,将对用途地域指定之前建成的、不符合用途指定的建筑物,在用途指定后15年内完成增建和改建的条款中,有关缓期的规定撤除,允许对不合格工厂进行增建和改建。于是,《城镇建筑物法》对现有建筑物的规范能力进一步下降,而《防空法》(尤其是1941年该法律修改后对防空空地地区的指定)对建筑物的统制力度越来越大。

### (3)战时统制和地租、地价、土地利用

从1939年到1941年,日本实施了面向宅地建筑和农地的新的统制。其间制定了《地租房租统制令》(1939年10月18日颁布,1940年10月19日重新公布《地租房租统制令》)、《宅地建筑物等价格统制令》(1940年12月21日颁布)、《临时农地价格统制令》(1941年1月30日颁布)、《临时农地等管理令》(同上),将住宅用地和农业用地的价格纳入统制对象,并出于保障粮食生产的目的,对农业用地的用途进行了管制。下面我们从地租房租的统制、土地价格的统制、土地利用的统制三个方面,探讨上述土地建筑物统制法规的实施对地价地租和土地买卖带来的影响,以及在战前就开始实施的产业基础设施建设政策和用途地域制度与上述统制法令之间的关系。

## 第 3 章 经济统制及其对房地产业的影响：1937—1951

1939 年制定的《地租房租统制令》，要求 1938 年 8 月 4 日以前的地租及房租保持 8 月 4 日的价格不变，1938 年 8 月 5 日后、统制令实施之前的地租及房租则按照 8 月 5 日后最初的一期价格交纳并固定下来。该管制令带有较强的应对措施色彩，是为了解决侵华战争开始后工厂工人激增带来的城市地区地租房租涨价而出现的。而 1940 年新制定的《地租房租统制令》，则对原《地租房租统制令》颁布实施后新发生的地租和房租，要求按照一定的标准修正价格，不允许超过标准价格（堀内、鲛岛 1941，第 2~6 页）。这条法令的主要目的是以国债获利率引导地租获利率，以此抑制物价，实现民间资本的合理利润（濑川 1995，第 126~127 页）。

再来看《地租房租统制令》的实施情况。1939 年 10 月 20 日到 1942 年 10 月末之间，共收到了土地房租重新定价的地租申请 20 295 份、房租申请 117 307 份，其中价格获得认可的地租申请 6 649 份、房租申请 71 647 份，勒令减价的地租申请 1 131 份、房租 11 427 份。地租房租的涨租申请也很多，分别为地租 12 544 份、房租 36 207 份。其中，通过的申请数量地租为 4 062 份、房租为 15 082 份，驳回的地租 3 479 份、房租 9 725 份[①]。此外，关于违反统制令的情况，全国受到处罚的事例达 70593 件[②]。处罚数量巨大，一方面反映出人们不遵守统制令的情况大量存在，另一方面，这种对地租房租的全面管制，让租金在建筑费飞涨的情况下反而受到抑制，引发房屋租赁经营难以维系的困境（本间 1987，第 112~113 页）。对于房东暗地里提高房租的情况，在 1941 年新修订的《房屋租赁法》中，允许房东在有正当理由的情况下，如自己使用等，可以拒绝续签合同、要求解约等（稻本、小柳、周藤 2004，第 37~38 页）。

下面我们来看土地价格的统制。在物价上升趋势下，基于"以物易物思想"的土地建筑物投机买卖愈发兴旺，导致价格被抬高，政策实施者视之为问题，因而制定《宅地建筑物等价格统制令》。为此，该统制令的重点也放在了土地建筑物的投机买卖上。其特征有三。

第一，《宅地建筑物等价格统制令》的对象范围是 1939 年 9 月 18 日后

---

① 这里地租房租的提交申请数和地租房租涨租申请数均包含调查中的申请。
② 上述有关《地租房租统制令》实施情况的数据来自杉田（1943，第 4~6 页）。

通过有偿行为获得的宅地或建筑物,且限于已经竣工的建筑物,在此之前获得土地建筑物不在统制范围内。

第二,在该法令第 5 条中,加入了和房地产销售业直接相关的条文:"宅地销售者需遵守命令,将其销售宅地之价格送往行政官厅审核。"这是因为"最近宅地销售商常有不合理抬价或通过宣传煽动土地热等情况,蕴含各种弊端,故特此规定"。销售者要获得第 5 条的认可,就必须在发放销售广告之前,向土地所在地的地方长官提交申请并获得批准,这成为销售者的义务(《宅地建筑物等价格编制令》实施规则第 8 条)。获得认可的土地销售者必须将向地方长官提交的申请书中所记载的申请人姓名、职业及住址,土地所有者姓名及住址,土地所在地的番号及土地类型、坪数、价款交付方法及其他出售条件,有关销售期间的各个项目、销售计划平面图(在报纸杂志等上刊登广告时,也可以简要记载获得批准的销售价格)、土地上修建的各类设施等(该实施规则第 9 条)。广告中刊登的销售价格也有规定,"有的简单标注每坪 2 日元以上,或 2 日元以上 30 日元以内,然而到现场一看,2 日元之处仅有 20 坪或 30 坪,其余皆 20 日元、30 日元",这样不算是简要的价格介绍,而是必须"每坪 2 日元的面积若是 30 坪则写明为 30 坪,每坪 5 日元的面积若是 50 坪则写明 50 坪"(中央物价统制协力会议 1941a,第 28～31 页)。

第三,该法令第 6 条规定,非住宅用地(农业用地等)作为住宅用地转让时,也属于该法令的管制对象。关于土地农转宅中的价格标准,法令在一开始认为"将农业用地变为住宅用地出售时,不一定将价格压在农业用地同等水平,应当充分考虑宅地的价格"(中央物价统制协力会议 1941a,第 35 页)。到了 1940 年 12 月 9 日,商工省次官发布通知,非宅地土地转为宅地的评价标准要求农转宅土地销售价格必须是对作为田地等原始土地的价格、佃耕权价格及失业补偿金、已经转为宅地的原始土地期待价格(不承认投机要素)的核算结果。也就是说,如果一块土地具备了作为住宅用地的性质,那么即使现在仍然属于农业用地,也可以承认它作为住宅用地的期待价格。

1941 年 12 月 17 日,物价局长官也对土地规划整理的实施对象区域发出了通知,即《土地规划整理实施地的管理办法》,要求将非住宅用土地改为住宅用地出售时，买卖价格需分别根据将土地作为田地和住宅用地的原始状态的现有期待价格进行核算（杉本1942，第277～278页）。

在侵华战争期间制定了《土地建筑物统制法》后，土地的买卖价格和地价又是如何变化的呢？表3-1-3体现了主要城市的房地产买卖价格。东京、大阪、广岛等1940年下半期买卖数量和金额均开始减少，到了1941年上半期所有城市的买卖数量和金额都降低了。表3-1-4表示的是城区平均地价指数。在侵华战争期间，地价短时间出现了上升的趋势，但是在《土地建筑物统制法》公布后的1939年到1940年间地价上升的趋势被遏制，其后一直受到抑制，低于物价上升幅度。事实上，对土地建筑物的统制的确取得了一定的成效。

另外，战时军需工厂建设推动了各大城市的开发进程，也带来了地价的上涨。"时局产业城市"的工业区地价指数如下。1936年为100，1937年为119，1938年为156，1939年为171，1940年为192，1941年为198，1942年为209，超过同期批发价格指数上升幅度[①]（日本劝业银行调查部1943，第2～8页）。土地建筑物统制抑制了投机性土地买卖，而军需工厂的建设带来的人口激增也造成了城市地区地价的显著上升。

土地利用统制方面，为了避免耕地荒废而制定了《临时农地等管理令》。关于这则法令的详细内容和实施过程将在本章第3节详述，这里对上述法令名称中出现的"管理"的含义进行说明。"管理""并非对农地或者可以用作耕地的土地的所有权，或所有权带有的使用收益功能直接进行剥夺，而是通过参与，使其使用收益处置权向国家所需要的方向转变。"（加着重号为原文）（中央物价统制协力会议1941a，第29页）。因此，该法令并非从私法领域介入土地买卖合同本身。该法令除了第3条（农地所有人等要将农地转为非农业用地时）外，还制定了第5条（为了实现农业用地转为非农用而获得农业用地的所有权），是因为预想到当以农业用地转非农用为目的购买土地时，可能出现"按照第3条提交了许可申请，但是没有获得批

---

[①] "时局产业城市"指的是室兰、川崎、川口、四日市、尼崎、吴、宇部、八幡、门司、小仓、户畑、若松、直方、饭塚、大牟田、佐世保。

表 3-1-3 主要城市（六大城市及广岛、福冈）房地产买卖件数、金额

| 城市 | 1939年上半年 | | 1939年下半年 | | 1940年上半年 | | 1940年下半年 | | 1941年上半年 | |
|---|---|---|---|---|---|---|---|---|---|---|
| | 件数 | 金额 | 件数 | 金额 | 件数 | 金额 | 件数 | 金额 | 件数 | 金额 |
| 东京 | 13 890 | 73 447 | 14 444 | 85 919 | 14 722 | 96 676 | 13 386 | 84 141 | 10 345 | 76 960 |
| 大阪 | 6 278 | 51 525 | 4 816 | 46 690 | 4 759 | 55 913 | 3 984 | 47 300 | 3 224 | 41 906 |
| 名古屋 | 5 730 | 13 844 | 5 043 | 14 047 | 5 442 | 14 362 | 5 876 | 18 921 | 3 217 | 13 381 |
| 京都 | 2 767 | 9 533 | 3 123 | 12 622 | 3 508 | 15 624 | 2 812 | 13 647 | 2 286 | 12 367 |
| | 3 063 | 11 480 | 3 158 | 12 272 | 3 081 | 11 617 | 2 818 | 10 608 | 1 855 | 11 735 |
| | 2 153 | 13 124 | 2 399 | 13 692 | 2 351 | 15 273 | 2 353 | 16 171 | 1 723 | 13 581 |
| | 1 233 | 4 779 | 1 162 | 5 267 | 1 461 | 6 527 | 976 | 5 271 | 677 | 4 513 |
| | 2 101 | 3 893 | 1 803 | 3 677 | 2 102 | 4 700 | 2 058 | 5 850 | 1 344 | 5 406 |
| 合计 | 37 215 | 181 626 | 35 948 | 194 186 | 37 426 | 220 692 | 34 263 | 201 909 | 24 671 | 179 849 |

资料来源：东京市政调查会（1942—1943）。

注：1942年上半年日本劝业银行调查。关于1941年下半年和1942年上半年，只有这些城市的合计值。1941年下半年件数2 391，金额222.042千日元。1942年上半年件数25 519件，金额217 766千日元。

## 第3章 经济统制及其对房地产业的影响：1937—1951

表 3-1-4　市区平均地价指数

| 年度 | 东京 | 大阪 | 京都 | 名古屋 | 横滨 | 神户 | 日银东京批发物价指数 |
|---|---|---|---|---|---|---|---|
| 1936 | 100 | 100 | 100 | 100 | 100 | 100 | 100 |
| 1937 | 100 | 100 | 100 | 100 | 105 | 100 | 120 |
| 1938 | 100 | 109 | 103 | 115 | 108 | 101 | 127 |
| 1939 | 130 | 109 | 108 | 126 | 108 | 100 | 145 |
| 1940 | 126 | 109 | 107 | 126 | 108 | 111 | 155 |
| 1941 | 128 | 111 | 107 | 126 | 112 | 111 | 171 |
| 1942 | 133 | 111 | 107 | 131 | 112 | 111 | 184 |
| 1943 | 139 | 120 | 106 | 140 | 132 | 128 | 198 |
| 1944 | 137 | 124 | 106 | 162 | 130 | 128 | 216 |
| 1945(a) | 111 | 102 | 112 | 162 | 130 | 131 | 301 |
| 1945(b) | 134 | 126 | 122 | 174 | 146 | 154 | 757 |
| 1946 | 383 | 156 | 311 | 236 | 156 | 182 | 1 891 |
| 1947 | 781 | 372 | 501 | 929 | 548 | 456 | 6 353 |

资料来源：东京市政调查会(1948)，建设省住宅局(1951)。

注：来源于日本劝业银行调查。住宅用地、商业用地、工业用地的平均指数以调查开始年度为100。调查时间是每年的10月1日。但是，1944年是5月31日，1945(a)是5月1日，1945(b)是12月31日。

准的情况下，该农地的买卖合同在私法上就会十分错综复杂"的情况，为了防患于未然而制定的(中央物价统制协力会议1941a，第40页)。使用收益处置权作为所有权的功能，虽然有国家"参与"，但是国家并没有直接剥夺其权利，而是在允许私法上的买卖合同为前提而进行的①。实际上，军需工厂建设带来的农业用地转非农用的情况占大多数。

作为城市规划的行政手段之一的用途地域制度在20世纪40年代依

---

① 一些研究者认为，战时农地法律制度还有"超出私法和公法的框架，为了维持战争而制定的统一的土地法"的性质(冈田1989，第233页)。从上述"管理"一词的定义来看，该时代的行政负责人在制定之时并未产生如此超前的意识。

然存在，同时，出于防空方面的考虑，政府强化了大城市的土地利用统制，包括指定城市规划空地区域、指定城市规划绿地等。但是，空地区域指定的是建筑面积占土地面积的比例，因此，当对象地区已经有土地规划整理公会项目用地的时候，就会遭到当地土地所有人的强烈反对。城市规划东京地方委员会不得不在1940年5月修改了有关空地地区制定方案（沼尻2002，第184～187页）。后来近卫文麿建立近卫新体制，基于国土规划构想，于1942年在内阁决议制定《关于工业管制地域及工业建设地域的暂行措施纲要》，将全国29个地区指定为"工业建设地区"，而在工业管制地区中，虽然称为"管制"，但是在《临时资金调整法》和各类事业法的批准下，是允许新建和增设的例外存在的，实际上批准的案例有许多；此外，也没有公布工业建设地区的名称，没有提及工业建设所必需的基础设施等方面的内容（西水1975，第31～38页）。

综上所述，战时对房地产的统制具有如下两点特征。

第一，《地租房租统制令》和《宅地建筑物等价格统制令》关于地租、地价的统制规定，对于城市中心地区的商业区和现有住宅地产生了一定的影响，但是对于新建工厂土地建设中最重要的部分，即农业用地转住宅用地方面，仍然承认土地作为宅地的价格（但是不承认投机要素）。并且，这一统制的目的并不是要通过全面管制地租地价的上涨、从公法的角度推进以战争为目的的政府自身的开发事业，而是与兵库县广村、神奈川县相模原案例相似，承认通过土地农转宅获得资产价值提高及出售收益，并将其用于事业开发的做法。在农转非农的土地上进行开发时，需要获得《临时农地等管理令》的许可，还存在着建材不足的问题，但是只要开发的内容和战争能搭上边，那么就相当于给民间的房地产商留下了一定的活动余地。

第二，通过房屋租借权的强化、出于防空原因的土地用途管制、建筑物规制的强化、制定《临时农地等管理令》等方式对土地利用本身进行了一系列的管制，但是这些管制内容和前面所讲的承认土地农转住宅用地所伴随的地价上升政策相抵触。因此，除了分散城市中心地区建筑物等情况外，这些统制政策未必能够贯彻。如果不从公法层面加强对土地利用的管控的话，那么在以战争为目的进行开发的过程中，一旦出现不同意开发的小土地所有人和使用人，就很难收购到开发所必需的土地。这就要通过当地村落的有势力者的人脉网络来说服土地所有人，或者借助军部和警察的力量了。

综上，战时对房地产的统制在城市中心的商业区和既有的住宅地产生了一定影响，但是并不能够从根本上改变农地转非农伴随着的郊外市区的形成。因此，如我们在第 2 节中讨论的那样，一方面城市中心地区和商业区的房地产商活动受到抑制，另一方面通过农地转非农地而开展宅地建设的民间房地产商和地主们，在受到种种制约的同时，仍然继续着他们的开发活动①。

### (4) 战后复兴和地价、房地产买卖

日本战败后，战后复兴城市规划和农地改革相继开展，在此过程中，战争时期的土地建筑物统制法规中的《宅地建筑物等价格统制令》《临时农地价格统制令》《临时农地等管理令》被废止。在对地租房租的统制上，战后又重新制定了《地租房租统制令》。该法律属于战后抑制通胀政策的一部分，然而在通胀的大环境下对地租收入加以限制，这不仅没有促进需求增长，反而导致了土地租借权价格飞涨。表 3-1-5 展示的就是这一情况。可以看到住宅用地的土地租借权价格大幅上涨。《地租房租统制令》在 1950 年修订，将同年 7 月 11 日后建设的建筑物和商业、工业用建筑物从统制对象中剔除出去。这就促进了 20 世纪 50 年代城市中心地区高层建筑物的增加。

---

① 日本战时房地产统制中，为何没有从公法的层面强制介入土地所有和利用，而是通过当地村落的有势力者说服（此外还有军部和警察等强权的介入）来收购土地，这一点是今后的课题。这里做一简单的尝试。近代日本国家法中，私有土地所有权和城市规划法等公法来源不同，再加上日本在国家法之外，还存在着所谓的部落法（在当地部落内部的土地所有和土地利用的惯例），并在地区的现实生活中发挥着作用（参照沼尻 2007），所以我们需要从这两点上考虑它们的联系。在这种土地所有现状下，(a) 在收购土地时，不仅仅依靠和现实的土地所有情况关系疏远的国家法律，也要通过精通当地部落内部的土地所有和土地利用的有势力者周旋；(b) 国家法中，对私有土地所有权的重视程度也大于公法，因此即使在战争时期，也没有最终出现一个抑制开发带来的地价上升的理论。从上述两点看日本战争时期的房地产业。(b) 在战争时期房地产业的持续发展和扩大上具有重要意义，而与房地产商从多个土地所有人手中收购土地有密切关系的 (a)，则意味着当地部落的土地所有和土地利用惯例在这个过程中起决定作用，房地产商只能消极地发挥作用。

表 3-1-5  东京的空地价格、租地权价格的变迁

单位：日元

| 地段 | | 价格的种类 | 1938 | 1940 | 1946 | 1947 |
|---|---|---|---|---|---|---|
| 商业地带（京桥区）·中等位置 | 一等地 | 空地每坪价格 | 2 000 (100) | 2 500 (125) | 3 000 (150) | 7 000 (350) |
| | | 租地权价格 | 1 000 (100) | 1 250 (125) | 1 500 (150) | 4 000 (400) |
| | 二等地 | 空地每坪价格 | 350 (100) | 400 (114) | 600 (171) | 4 000 (1 143) |
| | | 租地权价格 | 131 (100) | 160 (240) | 300 (229) | 2 500 (1 908) |
| | 三等地 | 空地每坪价格 | 430 (100) | 450 (105) | 500 (106) | 600 (140) |
| | | 租地权价格 | 225 (100) | 191 (85) | 225 (100) | 300 (133) |
| 住宅业地带（世田谷）·中等位置 | 一等地 | 空地每坪价格 | 50 (100) | 60 (120) | 70 (140) | 800 (1 600) |
| | | 租地权价格 | 7 (100) | 9 (129) | 11 (157) | 500 (7 143) |
| | 二等地 | 空地每坪价格 | 30 (100) | 40 (133) | 60 (200) | 500 (1 667) |
| | | 租地权价格 | — (—) | — (—) | 9 (100) | 250 (2 778) |
| | 三等地 | 空地每坪价格 | 25 (100) | 30 (120) | 50 (200) | 700 (2 800) |
| | | 租地权价格 | — (—) | — (—) | 7 (100) | 450 (6 429) |
| 零售物价指数 | | | 100 | 130 | 927 | 2 399 |

资料来源：桥本（1949,14—15 页）。

注：对原资料中明显的错误数值进行了修正。括号内 1938 年指数为 100。

在战败后不久，承担复兴行政职能的战后复兴院设想通过发行土地执照，将整个城区的土地先全部买下来，然后设计一个彻底的房屋改建整备

工程(建设省1959,第45页)。虽然这一设想并没有实现,但1946年9月制定的特别城市规划法中,规定了在实施土地规划整理时,每户土地所有者必须无偿提供15%的土地。可以说,在战败后不久的一段时期内,战后复兴院在城区的规划方面采取了一种比战争时期更加积极的公法手段。

但是,战后复兴院的设想在整个战后复兴事业初期就退出了历史舞台。在《特别城市规划法》制定前的1946年5月7日,内阁会议决定将民间实施的土地规划整理事业认定为灾后复兴事业,在东京的歌舞伎町、惠比寿、六本木、田端等商业街和住宅区相连的地区开展了土地规划整理(波多野宪男1988)。而GHQ(驻日盟军总司令)及法务厅认为,《特别城市规划法》中的有关15%土地无偿上缴的规定,可能违背《特别城市规划法》制定后的1946年11月颁布的日本《宪法》第29条第3项的规定。结果在1949年该法律修订之际规定,在土地规划整理实施之时,如果宅地总价低于实施前的总价,那么需要将减少的部分以补偿金的形式补偿给所有人。其间,建设省都市局将宅地运作的经济效率的提升程度定义为提升率,作为整理后宅地价格总额计算的依据。这种承认通过提高土地利用效率来提高地价的理论,和战争时期的政策理念是有共通之处的(沼尻2002,第217~222页)。

战后改革时期,城市中心地区的土地所有情况发生了变化,这种变化和战后复兴院有关城区整理的设想大相径庭。大阪的中心地区经过战争时期的企业建设和战后改革时期的财产税征收,逐渐出现了将近世起传承下来的私人土地出售的趋势,与之相对的就是土地的所有权逐渐集中到大企业的手中(名武2006)。

农业用地方面,农地改革带来了地主制的解体,确立了以自耕农为中心的土地所有制度。在战后改革时期,农地和宅地的关系也引发了诸多问题。

一个是城市规划区域内的农地是否属于农地改革的对象(也就是是否认为属于《自耕农创设特别措施法》第5条第4款的对象)的问题(详细请参考本章第3节)。另一个就是农地和宅地之间的价格差距不断加大。在战败不久后召开的东京都议会上,一方面基于开展农地改革的观点,议员们对战争时期开始实施的土地规划整理政策提出批判,认为是以提高个人土地价格为目的的政策；另一方面，又从推进城市规划的角度，认为将有可能发展为住宅用地的公用地廉价卖给农民是不恰当的（沼尻2002，第230～236页）。

战败后还留下了大片的军事用地。根据大藏省的方针，从1947年开始，原军事用地逐步转化为国家及地方公共团体设施（自卫队宿舍、演习场以及医院、学校等）、农业用地、工业用地等。在20世纪50年代后期以后，还将这部分土地用于国家对日本住宅公团①的实物投资上。截至1963年10月，关东地区共转化面积429平方千米；转化用途分别为农业用地43.7%（最多），公共设施30.0%，驻日美军14.0%，防卫厅7.9%，制造业3.6%（宫木1964，第33～36页）。原军事用地转化为农业用地是在农地改革中实现的。还有一部分成为后来房地产商开发的对象②。

下面看一下战后改革时期的房地产买卖和地价的动向。从东京的数据来看，1946年土地买卖数量为15 205件，35 280笔③，建筑物买卖数量为18 083件，22 329栋；到了1948年，土地买卖数量达到48 368件，64 993笔，建筑物数量达到38 413件，43 752栋。1949年土地建筑物的买卖数量有所减少，但1950年、1951年又恢复上升，其后上升态势一直持续到1953年，土地买卖件数维持在5万余件，建筑物买卖件数维持在3万余件（东京都1949—1954）。大阪方面，1940年代后五年的数据不明，但是1950年代头五年的土地买卖数量为2万余件，建筑物买卖数量为1万余件（大阪市1952—1954），和东京的趋势基本相当。

东京和大阪的地价上升情况则有较大差别。从表3-1-4可以看出，在战败不久后，各城市的地价上升速度要慢于一般物价上升速度，大阪的地价上涨速度要远远低于东京。这一趋势在其后也一直持续，大阪的地价到了1949年才终见显著上涨（建设省住宅局1951，第234页）。表3-1-6是将1950年代头五年六大城市的地价按照交易价格和固定资产评估价格分类得出的结果。这一资料的提供方是建设省，当时之所以从交易价格和固定资产评估价格两方面着手收集资料，是因为考虑到城市地位变化和随之产生的投机式买卖的增加等同时带来的实际宅地价格变化，在固定资产评估

---

① 1995年设立的为工人提供房屋建设、出租、出售的公共团体——译者注
② 关于无视农地法、收购原军事用地的这种房地产商的行为，请参考中村(1954，第61～63页)。
③ 日本土地登记簿中一块土地的单位为一笔，不同于买卖数量的单位件——译者注

价格上很难体现出来，却可以在交易价格上表现出来。这里，交易价格对固定资产评估价格比上，名古屋最高，其次是东京，而大阪在六个城市中最低。在交易价格平均值方面，东京和大阪之间也有很大的差距。这样，不仅从工业生产值和公司数量上，从地价的层面也可以看出，和东京相比，大阪陷入了停滞的状态。

表 3-1-6　六大城市住宅用地（空地）价格指数

单位：日元

| 项目 | | 地点数量 | 每坪宅地交易价格（A） | 每坪固定资产评定额（B） | （A）/（B） |
|---|---|---|---|---|---|
| 东京 | 全部地点平均 | 185 | 21 751 | 5 283 | 4.78 |
| | 住宅地平均 | 149 | 13 268 | 3 270 | 4.75 |
| | 商业街平均 | 28 | 70 232 | 16 978 | 4.76 |
| 大阪 | 全部地点平均 | 85 | 15 157 | 4 595 | 2.76 |
| | 住宅地平均 | 63 | 7 322 | 3 335 | 2.62 |
| | 商业街平均 | 18 | 56 500 | 11 085 | 3.50 |
| 名古屋 | 全部地点平均 | 50 | 15 052 | 2 700 | 6.32 |
| | 住宅地平均 | 31 | 9 062 | 2 332 | 4.46 |
| | 商业街平均 | 15 | 29 763 | 2 435 | 10.81 |
| 横滨 | 全部地点平均 | 40 | 5 955 | 2 056 | 2.9 |
| | 住宅地平均 | 33 | 4 530 | 1 785 | 2.83 |
| | 商业街平均 | 3 | 26 666 | 8 570 | 3.04 |
| 京都 | 全部地点平均 | 48 | 6 140 | 2 191 | 3.01 |
| | 住宅地平均 | 27 | 4 166 | 1 353 | 3.23 |
| | 商业街平均 | 10 | 15 300 | 4 467 | 3.06 |
| 神户 | 全部地点平均 | 39 | 10 462 | 3 992 | 3.25 |
| | 住宅地平均 | 31 | 6 113 | 2 577 | 3.27 |
| | 商业街平均 | 7 | 30 071 | 9 027 | 3.61 |

资料来源：建设省住宅局（1954）。

注：全部地点除了住宅地和商业街之外，还包括工厂用地和农业用地。

（沼尻晃伸）

## 2. 城市地区的动向

本节中,我们将就战争时期开发和统制下的城市地区房地产业的动向,分为侵华战争开始后但对土地建筑物的统制尚未开始的 20 世纪 30 年代后五年、对土地建筑物统制正式开展的 1940 年代前五年和战后复兴时期 1945—1951 年这三个时期来进行讨论。

### (1) 20 世纪 30 年代后五年的房地产业

首先,是住宅用地的分售①情况。现在能够找到私营铁道公司在 1930 年代后五年进行住宅地分售的信息,其中包括关东的目黑蒲田电铁、东京横滨电铁(1939 年两公司合并为东京横滨电铁)、京成电气轨道及关西的阪神急行电铁和南海铁道的住宅地分售等。东京横滨电铁的土地分售情况见表 3-2-1。该公司从大正时代开始对沿线土地进行收购和分售,这一业务持续到了 20 世纪 30 年代末。公司还将 1939 年收购的目黑西乡府邸旧址的土地立即分割出售,以及受委托开展南林间部分小田原急行铁道住宅土地的分售等,在这方面的活动范围有所扩大。

表 3-2-1 东京横滨电铁的土地出售

单位:坪

| 出售开始时期 | 场所 | 面积 | 其他 |
| --- | --- | --- | --- |
| 1937 年上半年 | 府立高等附近 | 1 267 | 旧东横电铁社所有土地出售 |
| 1937 年下半年 | 目黑区政府前 | 11 386 | 旧东横电铁社所有土地出售 |
| 1937 年下半年—1938 年上半年 | 户越 | 6 807 | 旧目浦电铁受托出售 |
| 1937 年下半年—1939 年上半年 | 豪德寺前 | 8 281 | 旧东横电铁社所有土地出售 |

---

① 分售,即将整块土地购买下来以后,经过平整和建设,分割成一个个小块分别出售的房地产经营方式。在日本,住宅地分售的过程中,可能是单独出售小块土地,也可能成套出售土地及住宅——译者注

## 第3章 经济统制及其对房地产业的影响：1937—1951

续表

| 出售开始时期 | 场所 | 面积 | 其他 |
| --- | --- | --- | --- |
| 1937年下半年—1939年下半年 | 守山公园 | 9 543 | 旧东横电铁社所有土地出售 |
| 1938年上半年 | 中目黑 | 689 | 旧东横电铁社所有土地出售 |
| 1938年下半年 | 片濑 | 15 300 | 旧东横电铁受托出售 |
| 1938年上半年—同年下半年 | 雪谷 | 4 184 | 旧目蒲电铁受托出售 |
| 1938年上半年—1939年上半年 | 代代木德川邸遗迹 | 16 172 | 旧东横电铁社所有土地出售 |
| 1938年下半年—1939年下半年 | 宿山 | 1 638 | 旧东横电铁社所有土地出售 |
| 1938年下半年 | 石川台 | 1 404 | 旧目蒲电铁受托出售 |
| 1938年下半年 | 横滨站前 | 4 358 | 旧东横电铁社所有土地出售 |
| 1938年下半年 | 三宿台（淡岛） | 5 532 | 旧东横电铁受托出售 |
| 1938年上半年—1939年上半年 | 新丸子（第二） | 11 494 | 旧东横电铁社所有土地出售 |
| 1938年下半年 | 五反田 | 605 | 旧东横电铁社所有土地出售 |
| 1938年下半年—1939年下半年 | 伊豆伊东 | 8 017 | 旧东横电铁社所有土地出售 |
| 1939年上半年 | 下马 | 3 803 | 旧东横电铁社所有土地出售 |
| 1939年下半年—1940年上半年 | 箱根春山庄 | 34 259 | 旧东横电铁社所有土地出售 |
| 1939年下半年 | 目黑赛马场遗迹 | 1 300 | 旧东横电铁社所有土地出售 |
| 1939年下半年 | 大仓山 | 730 | 旧东横电铁社所有土地出售 |
| 1939年下半年 | 前住吉无花果园 | 1 070 | 旧东横电铁社所有土地出售 |
| 1940年上半年 | 佑天寺后 | 2 228 | 旧东横电铁社所有土地出售 |
| 1940年上半年 | 目黑西乡邸周围地 | 7 030 | 1939.12 目黑区上目黑西乡邸遗迹3万坪 购入 |

续表

| 出售开始时期 | 场所 | 面积 | 其他 |
|---|---|---|---|
| 1940年下半年以后 | 南林间 | 约40 000 | 1939.12.18小田急经营的南林间城市住宅地出售的受托(17万坪)之中的土地平整结束的部分。一个规划面积27~400坪。关于建筑物,以7年按月偿还2 000日元以内的住宅资金为条件进行协助贷款。 |
| 1940年下半年 | 涉谷区樱丘地町 | 1 244 | |
| 1940年下半年 | 大森区田园调布所在樱坂出售地 | 1 232 | 受托出售 |

资料来源:东京急行电铁(1943),东急不动产株式会社总务部社史编纂组(1973)。

注:出售开始年份列举了1937—1940年的相关内容。

20世纪30年代后五年中,京成电气轨道(以下简称京成)的土地分售面积出现大幅增加。京成从1935年6月到1938年11月出售了144 200坪土地,从1938年12月到1941年11月又出售了11 880坪土地(分布在千住、堀切、御花茶屋、青砥、柴又、小岩、江户川、市川、八幡、中山、海神台、谷津、检见川、稻毛、千叶海岸等地)。结果使得京成的土地销售收入(包括土地房屋出租收入)出现大幅度的增加,54到55期(1935年12月—1936年11月)为95万日元,56到57期(1936年12月—1937年11月)为138万日元,58到59期(1937年12月—1938年11月)为150万日元(京成电铁1967,第312~313页)。"受本社土地分售情况良好刺激,沿线各地主纷纷提出将土地开发为住宅地之需求,故本社计划依次将其收购并建设,再加以分售"(京成电气轨道株式会社1939a,第10~11页),除了本公司所有的土地,那些有意向做土地住宅化开发的沿线地主也成为京成土地分售面积扩大的一个原因。在关西地区,阪神急行铁道于1937年出售了武库之庄住宅区的共计70户60 383坪的宅地,南海铁道从1938年到1940年共计销售了3处25万平方米的宅地(京阪神急行电铁1959,第124~125页,南海

## 第3章 经济统制及其对房地产业的影响：1937—1951

电气铁道1985，第221～222页）。

除了私铁公司外，三井合名的房地产课也从1938年12月开始，将丰岛区巢鸭六丁目的土地（约16 000坪）出售。这块土地原本为三井家持有，日俄战争后为了建设负伤士兵的疗养设施捐赠给政府，其后由于疗养院搬迁，三井公司又购回了该块土地。三井合名在巢鸭住宅区之前，还在1935年开始了荏原区户越的公司所有地销售，巢鸭是该公司的第二个土地销售项目。在设计和监督中，户越住宅区和巢鸭住宅区均请非三井系列的土木工程事务所来承包实施（日本经营史研究所1985a，第40～43页）。

信托公司也在两次世界大战之间开始进入大城市近郊土地分售行业。到了20世纪30年代，将陷入变现困难的大土地所有人的土地进行分割销售的业务逐步发展起来。三井信托到1938年为止经手的分售土地面积（合计超过2 000坪的情况）达到约9万坪（三井信托银行三十年史编纂委员会1955，第209页）。三菱信托则从1933年左右起，从岩崎和三菱系列、华族、麒麟麦酒、津田英学塾、富士瓦斯纺织等法人手中接受各种土地分售委托，其业务于1939年达鼎盛期，为29口（三菱信托银行株式会社调查部社史编纂室1968，第297～299页）。

私铁公司和财阀旗下的企业之外，还有一群自大正时代起活跃在土地分售市场上的中小型经销商，他们从20世纪30年代后期开始进行土地分售。片木笃等编制的"郊外住宅地数据库"中，在20世纪30年代后期，东京近郊就活跃着如大西土地拓殖、郊外土地、星野土地开拓、井之头田园土地等公司，大阪近郊也有柴田土地建筑物、南商店土地部、中央土地拓殖、寿土地等公司在开展土地分售业务[①]。这些公司搭上了私铁公司城郊线路开发的车，通过选地和收购—平整（建设）—宣传销售（分售）流程进行住宅地开发。由于项目企划和土地平整等业务的特殊性，这些公司和以往的房地产中介商保持了一定的距离，也有可能获得远远高于中介费收入的高收益，因此在行业内部形成了远远超过中介商的巨大经营规模（东京都宅地建筑物交易协会1975，第127页）。

通过民间的土地规划整理公会实施的城区整理事业，也一直持续到了

---

[①] 片木、藤谷、角野（2000）参考最后的"郊外住宅地数据库"。

20世纪30年代后期。1939年2月末,由公会实施的土地规划整理公会,在东京有现存地区85个(面积1 147万坪)、项目完成地区17个(面积93万坪),在大阪市现存地区66个(面积1 190万坪)、项目完成地区10个(面积93万坪)。土地规划整理项目的实施地区中,除了公会出售保留地外,土地所有人也积极建设公寓和住宅,推进土地的宅地化。前面提到的阪急的武库之荘住宅区就是私铁公司和土地所有人共同开展的土地规划整理,再由私铁公司进行住宅地的分售(尼崎市立地域研究史料馆2007,第117~120页);大阪市的神路土地规划整理公会则在公会创立之初进行的选举中,将封国土地株式会社、城东土地株式会社等土地公司选为评议员(幸田1942,第128~129页)。

综上所述,我们对推动20世纪30年代后期的住宅地建设的房地产商的动向进行了总结,可以看到,伴随着战争时期城市化的发展,城市郊外地区经由私铁公司、中小型土地分售开发商、土地规划整理公会等不断开发,同时财阀旗下的企业开始从大土地所有人手中收购已经完成宅地化的土地(或者接受委托),将其分割出售。

但是,从20世纪30年代后期的新建住宅数量上来看,东京市1936年为23 563户,1937年为18 405户,1938年为16 369户,1939年为21 054户;大阪市1936年为17 499户,1937年为18 914户,1938年为17 810户,1939年为14 264户,整体呈现减少的趋向。新建住宅数目的减少,加上战争时期城市人口数量的激增,使东京市的房屋空置率从1936年的3.4%下降到1939年的0.6%,大阪市从1936年的2.9%下降到1939年的0.9%,均出现了大幅度下降(本间1987,第95页)。这个时期,民间房地产商主要通过在郊外地区开发土地及住宅并进行分售的方式来供给房地产商品,这和给快速增加的工厂工人提供房屋(出租)的供给形式并无直接联系[①]。

下面再来看工厂用地的建设。正如第1节所述,20世纪30年代后期,内务省将产业基础设施建设作为地方公共团体的一项事业加以重视,使得这段时期出现了划时代的发展。主要由于京滨工业地带(东京湾填海公司

---

① 东京市总务局城市规划课认为,20世纪30年代后期住宅供给的减少应该从建筑材料价格飞涨和供给不足、工资增长、对房租的抑制政策导致的出租房屋建设数量减少等方面寻找原因(东京市政府1939,第1页)。

## 第3章 经济统制及其对房地产业的影响：1937—1951

项目）、福冈县刈田临海工业地带（三菱地所收购，三菱矿业等实施的项目）（三菱地所株式会社社史编纂室 1933a，第 455~457 页）等原为民间企业实施的临海地区填海造陆工程，在这一时期作为县营项目开展的缘故。这以后，进入战争时期，临海地区的开发商作为公共项目承包者的一面更加突出。但是，像是东京湾填海、若松筑港等公司，既将已经竣工的土地卖给企业，同时又在公共项目之外继续开展临海地区的填海造陆工程，因此从 20 世纪 30 年代后期到 40 年代前期，其土地所有面积持续增加（沼尻 2002，第 139~140 页）。福冈县刈田临海工业地带建设项目中，也在合同中写明，在项目结束后，除去公共用地等之外的土地均出售给三菱地所（三菱地所株式会社社史编纂室 1933a，第 456 页）。

民间开展的土地规划整理事业和公共团体开展的土地规划整理事业，也在工厂用地的建设中有着重要的意义。民间开展的土地规划整理事业中，出现了东京的志村第一土地规划整理公会和志村第二土地规划整理公会这种在土地整理过程中直接将所涉及的土地按照住宅区、工业区、绿地等进行用途的划分后，设计建设工业用地的案例（阿部 1937，第 4~5 页）。公共团体开展的土地规划整理事业在战争时期有所增加。1930 年到 1934 年之间获批的公共团体开展的土地规划整理项目面积为 109 万坪，1935 年为 105 万坪，1936 年为 122 万坪，1937 年为 83 万坪，1938 年为 208 万坪（沼尻 2002，第 137 页）。如前一节所述，伴随着军需工厂建设的开展，群马县太田、神奈川县相模原、兵库县广等地开展的城市规划事业土地规划整理项目是造成这一增长的主要原因。

综上，在战争时期，由于政府政策的变化，工厂用地供给的方式也出现了一定的变化，其中需要注意以下两点。首先，对土地建设商造成影响的公共政策是内务省主导的、府县实施的产业基础设施建设政策，但是府县本身很少直接参与土地的建设，多数临海工业地带的建设都是面向民间开发商招标开展的。其次就是战争时期工厂的区位问题。在区位的选择中，有的比较重视企业作为工厂用地的需求主体的意愿，在决定厂址后再提请城市规划事业土地规划整理立案（日本制铁广畑工厂选址带来的广土地规划整理项目），也有的迅速开展产业基础设施建设（日本轻金属清水工厂选址带来的县营静清工业用水建设），特征各有不同（沼尻 2002，第 143~146

页)。其中多数工厂选址都位于农田上,因此土地收购过程中,除了县和市町村的工厂招商政策外,还需要当地的议员、有势力者说服(有时候还需要借助军队、警察施压)才能实现。结果就出现了三菱地所这种针对在太平洋战争期间突然增加的军需工厂建设项目,将自身的业务中心放在开展管理设计和土地收购业务的企业(其特征详述见后文)。

最后来看20世纪30年代后期商业区中房地产业的动向。城市中心地区的高层建筑有玉川电气铁道的玉电大厦(1937年开工)、阪神电气铁道的梅田阪神大厦等私铁公司开展的建设项目,以及三井合名房地产课的日比谷大厦建设计划等,不过这些项目均在侵华战争开始后,由于主体企业的资金管制和建筑材料难以获取等原因,不得不中止计划,或者大幅缩减当初的计划(东急不动产株式会社总务部社史编纂组 1973,第89页;日本经营史研究所 1985a,第39~40页。日本经营研究所 1985b,第216~218页)。《地租房租统制令》抑制了办公楼出租的收益。因此,三菱地所在战争时期没有在东京的中心地区投入任何新的项目,只依靠军需工厂建设等相关业务部门寻求一线生机。

### (2)土地建筑物统制的开始和房地产业

《地租房租统制令》和《宅地建筑物等价格统制令》的实施,对于房地产业整体都造成了巨大的影响。其中《地租房租统制令》对房屋和楼盘出租业的影响尤为巨大。大阪对房屋出租进行的调查(1940年1月1日)中,调查房东1 944人,其中有新建出租房屋意向的为81人(占4.2%),没有此意向的有1 863人(95.8%)。没有新建房屋意向的原因中,"材料贵"494人(26.5%)、"建筑材料难以获得"374人(20.1%)、"资金不足"327人(17.6%)三条占比例较大。此次调查的实施方大阪市社会部认为:"'材料贵''房租统制之故''入不敷出'等,简单来讲就是建筑材料和劳务费用过高,然而由于房租统制,房租收入难以如愿增加,因此有651人推迟新建房屋,占总人数的34.95%。"指出当时房租统制对房屋租赁供给起到阻碍作用(大阪市

## 第3章 经济统制及其对房地产业的影响：1937—1951

社会部1940,第12～15页）①。

东京横滨电铁在《地租房租统制令》实施后,也决定从上野毛出租住宅区的经营中撤出,并且在1949年前,陆续放弃了多个该公司经营的出租住宅区（东急不动产株式会社总务部社史编纂组1973,第65～66页）。在城市中心地区,对三菱地所1937年到1942年所持有并受托经营的丸内出租办公楼的可出租面积总和、每坪平均租金、每月租金合计三项进行比较可知,可出租面积从39 987坪增加到46 365坪（增加16%）,每坪平均租金从7日元5钱提高到8日元4钱（提高14%）,每月租金从27万日元提高到37万日元（提高37%）,增长较为缓慢（旗手2005,第179～182页）。

住宅地分售方面则受到了《宅地建筑物等价格统制令》的影响。该法令指定了一个基准分售价格,因此东京横滨电铁在房屋分售中,利润率被压在1成3分,无法按照最初预计的2成到3成的利润率销售（东急不动产株式会社总务部社史编纂组1973,第68页）。20世纪30年代后期,财阀旗下的信托公司停止了当时的分售业务,中小型土地分售商也纷纷转向低调。公会开展的土地规划整理公会也由于投机目的购买保留地的情况锐减,难以筹措到事业资金（盐田1941,第15页）。

此外,《宅地住宅地统制令》对于已经具备了城镇特征的地方,在土地由农用转住宅用的时候,原则上承认地价上升。因此,在这一个法令颁布后,私铁沿线的开发也随即展开。东京横滨电铁手中的分售土地获得认可耗费了半年之久,但是其1941年6—11月的田园都市业营业利润达到了57万日元（东急不动产株式会社总务部社史编纂组1973,第68页）。

20世纪30年代后期开始活跃的进入土地分售市场的京成,其土地分售业务一直持续到了20世纪40年代。该公司的土地买卖收入第60到61期（1938年12月—1939年11月）为128万日元,第62到63期（1939年12月—1940年11月）为165万日元,第64至65期（1940年12月—1941年11月）为167万日元（京成电气轨道株式会社1939—1941）。在1941年上

---

① 还需要注意,在建筑材料价格飞涨的背景下,仍然有城市郊外地区的土地所有人斥资建设出租房屋。在小田原市附近的下府中村,就有土地所有人以军需工厂建设增加的工人为对象进行公寓建设的地主（沼尻2005,第3页）。在城市近郊农村,由于战时城市化的发展和统制的加强,自耕农收入降低,土地耕作收益率下降,使得地主们愿意在建材价格飞涨的情况下推进出租房屋和公寓建设。

半年东京横滨电铁事业停滞期,京成"土地分售方面受到统制令颁布等诸多限制,但鉴于大城市住宅困难之现状,交通业经营的住宅地开发反而获得奖励性措施,当期分售之东京新市区之堀切、柴又、青砥等本公司沿线住宅地,销售情况极好,合计达20 500坪",业务发展并非陷入停滞状态(京成电气轨道株式会社1941a,第9页)。1942年以后的土地买卖收入情况不明,不过1942年6月到11月之间出售千叶市检见川台等11500坪土地(京成电气轨道株式会社1942,第9页),1942年12月到1943年5月之间又开展葛饰站附近的春日台住宅区分售,"根据内务省千叶县工业港口建设及利根川溢洪道开凿计划,共计卖出谷津海岸社持有土地73 000余坪"(京成电气轨道株式会社1943,第11页)。可见,在《宅地建筑物等价格统制令》实施后,私铁沿线有利于缓解城市住宅困难问题的住宅地分售,1942—1943年间仍然在建设和出售。

不过,私铁公司的分售仅限于本公司沿线土地的部分开发,并非专门面向新建军需工厂工人的住宅建设。政府面对建筑物资不足和价格飞涨所采取的政策性应对方式,是面向府县及市町村开展低利息融资,同时面向建设工人住宅的公共团体,实施了由国家补偿其50%损失的工人住宅建设损失补偿制度(杉田1943,第6~8页)。其后,在1940年11月19日内阁决议的《住宅对策纲要》的基础上,1941年3月制定了"以工人及其他庶民的住宅供给为目的"的《住宅营团法》[①];同年5月1日,住宅营团吸纳同润会正式成立[②]。住宅营团成立后,制定了在5年内建设30万户住宅的计划(其中20万户为土地分售方式,10万户为租赁方式),实际上到1946年3月为止建设的住宅数目为107 919户(本间1987,第104-108页)。1943年11月30日为止签订合同的户数为34 907户,其中面向特定企业打包出售的有21 656户,占比最大,其次是面向特定企业打包出租的10 351户,普通租赁2 298户,普通分售1 002户,打包出售和打包出租占整体九成以上(盐崎2002,第3页)。

1941年以民间房屋租赁业投资者的租赁房屋提供为目的,制定了《房

---

① 营团,日本在二战时期设立的,由政府出资、监督的从事公共事业的特殊法人,后大多被废除——译者注

② 住宅营团的成立过程请参考富井(2002)。

屋租赁组合法》。在军需工厂激增、住宅问题愈发严重的川崎市内,川崎市政府和在市内有工厂的主要企业共同出资设立了川崎住宅株式会社,开始住宅供给(沼尻2003,第562~563页)。但是,1942年10月厚生省面向各地方长官进行的工人住宅需求数量的调查显示,还需要新建家庭住宅约42万户、公共宿舍约58万户,住宅困难问题距离解决还有一段漫长的道路(杉田1943,第18页)。建筑物方面,在建筑成本提升的情况下,住宅营团无力负担房租低廉的地区的出租房屋建设(添田1943,第6~7页)。土地方面,除了购买运动场、赛马场等旧址之外,还有诸如千叶市检见川台事业(分售住宅292户、出租住宅28户)从京成购买了17 000坪土地(京成电气轨道株式会社1941b,第11页;住宅营团经营局会计课1943),还有大阪府守口市利用土地规划整理地区开展的项目(分售住宅46户、出租住宅228户)等,在许多情况下,也利用了战前民间土地供给主体建设的土地。战时经济统制之中,中央政府开始了诸多新的住宅政策,但是除了资金和建材方面的措施之外,中央政府并没有在土地收购和建筑物建设方面采取新的公共手段,也没有大幅改变现有的土地建筑物供需关系。

工厂用地的建设中,除了地价统制外,还有《临时农地等管理令》《工业管制地区及工业建设地区暂行措施》等对土地的利用进行强化管理,房地产商的活动被限制在一个很小的范围内。此外,在四大工业地带之外建设工厂疏散地也成了当务之急。长野县的工厂疏散地较为集中,1941年6月设置了长野县矿工业计划委员会,对闲置工厂开展工作(宫泽1968,江波户1973)。商工会议所也为确保工厂疏散用地,开始各项工作(沼尻2002,第195~197页)。

在进入20世纪40年代后,房地产商中,三菱地所在三菱集团军需公司的新工厂建设和来自大城市的疏散工厂用地建设中,通过工厂设计、工厂用地收购、建设,以及工厂和公司宿舍建设等业务中找到了一线生机,根据这些业务进行了组织机构改组(旗手2005,第205~209页)。地租房租统制令带来了丸内办公楼出租业收入减少,因此,20世纪40年代前期该公司的营业收入中,土地建筑物租赁和设计管理、工程承包的金额1941年分别为33万日元和94万日元,1942年362万日元和166万日元,1943年373万日元和246万日元,1944年492万日元和426万日元,1945年345

万日元和506万日元,设计管理、工程承包业务量大幅增加(旗手2005,第226~227页)①。

但是,由于受到了战时政策框架的限制,三菱地所在临海地区等工厂用地建设方面的发展受到阻碍,设计管理和承包业务的内容也集中在根据个别工厂选址而开展的土地收购和工厂设计、建设等代理业务方面。例如,三菱重工业名古屋发动机制造厂应陆军要求增产,于1942年新建静冈发动机制作所,此工程也是由三菱地所承包的(三菱地所株式会社社史编纂室1993a,第461页),但是土地收购方面由陆军介入,陆军直接通过市政府从土地所有人处短时间强制收购土地(沼尻2002,第201~202)。该公司设计管理部门在战时的成长,是建立在军部强制土地征收之上的,这一点我们也必须注意。

### (3)战后复兴和房地产业

由于空袭而受到破坏的城市地区,在战后复兴时期的住宅地分售中,至20世纪40年代后期仅有东京急行电铁一家开展了小规模的建设和销售。私铁公司正式开始进入战后住宅地分售市场,是在住宅金融公库②开始对住宅购买提供贷款的20世纪50年代后期才开始的。尽管1940年代后期,在郊外也存在中小型销售商通过按月支付的方式进行住宅建设的分售,但是开发商仅限于几家。信托公司虽然在战时加大了土地分售力度,但是到了1940年代后期,从房地产买卖中介业务中找到了盈利契机,并没有进入宅地分售市场。

农地改革实施后,私铁公司持有的待售住宅地和城市郊区的土地规划整理土地是否适用于《自耕农创设特别措施法》第5条第4款成为一大问题。这导致了东京急行电铁有10万余坪的土地无法出售(东急不动产株式会社总务部社史编纂组1973,第84页)。土地规划整理公会中,战时开始的项目中未完成的也多数中断,这段时期新成立的土地规划整理公会也

---

① 同属财阀系房地产商的三井不动产开始设计监督业务的时间,是在1945年1月成立三井土建综合研究所,和同年2月收购西本组并将其进行改组,于同年5月成立三井建设工业公司后,也就是战争末期(日本经营史研究所1985a,第64~66页)。

② 以提供长期低息住宅建筑基金为目的的政府金融机构——译者注

相应减少。战败后,城市人口减少,农地改革加强了自耕农的耕作权,结果造成了城市郊外通过土地由农用转住宅用来筹集住宅用地的情况暂时停止了。

战后复兴时期的房地产事业中,尤为值得一提的就是商业区附近的城市中心地区的开发。1950 年,《地租房租统制令》修订,商业、工业用途的建筑物不再作为统制对象,这一举措带来了城市中心地区高层建筑的增加。三井不动产 1950 年开始建设东京日本桥的三井别馆(1952 年 1 月竣工)(日本经营史研究所 1985a,第 86~87 页),私铁公司在关东地区,将因战争一度停工的东京急行电铁的玉电大厦改名为东急会馆,于 1953 年重新开始建设(东急不动产株式会社总务部社史编纂组 1973,第 89~90 页)。在关西地区,由阪神电气铁道全资设置阪神建筑公司(1951),在原梅田停车场旧址上建起了新阪神大厦(日本经营史研究所 1985b,第 345~346 页)。京阪神急行电铁也在 1952 年全资设立阪急不动产公司,成立后立即于 1951 年合并了刚刚完成阪急航空大厦的增建工程的株式会社淀屋桥建设公司和神户土地兴业株式会社(阪急不动产社史编纂委员会 1998,第 96~97 页)。

如上一节所述,作为城市中心地区战后复兴土地规划整理项目的一部分,由公会实施了土地规划整理。东京歌舞伎町成立区域内的复兴协力会,通过收购除了本协力会成员外的其他区域内租地权来完成土地规划整理,同时还由规划整理公会会长设立复兴协力株式会社,推进上住宅下店铺的房屋建设。1950 年 4 月举办产业文化博览会,将博览会中建设的房屋用于兴业街的建设(产业馆后为东京滑冰馆,社会教育会馆后为东京奥德翁剧院,儿童会馆后为新宿剧场等)(波多野 1988)。

城市中心地区的商业街和邻近地区之所以能够开展这些新的项目,其中一个契机是战后复兴,另一个就是 1950 年的《地租房租统制令》修订。此外,如表 3-1-5 中所示,战时开始大城市城镇地价增长缓慢,和一般物价相比增长率徘徊在极低的水平,这也是一个原因。1947 年,建设院认为,战争带来城市人口减少,现有城镇受战争灾难影响,已经有了一定的升值,但是已经接近了城市宅地价格的上限,因此战后复兴事业无法带来地价的进一步上升(建设院内地政研究会 1947,第 557 页)。到了 1950 年,城市人口开始增加，战后复兴也进入了轨道，而农地改革让郊外地区的开发受到了限制，人们开始预测今后大城市的城镇地价将持续看涨（日本劝业银行房地产研究会1950，第143~145页）。因此，1950年初的建筑高峰中，地价再次上升。但是如前一节所述，上述情况主要在东京、横滨等城市出现，战后工业和贸易方面地位持续下降的大阪并未出现这种情况[①]。

战后复兴时期，三菱地所继续扩大在战时积累起的设计和监督业务，包括北海道炭住设计、名古屋事务所完成的三菱电机和日东制粉的战后修复工程、大阪事务所完成的福山市城市复兴事业等（三菱地所株式会社社史编纂室1993a，第546~551页）。但该公司的设计管理、工程承包方面的收益并没有像战争末期一样持续增加，占营业收益的比例在20世纪50年代后就开始持续下降，第20期（1946年8月11日到1949年10月31日）仅占32.9%（三菱地所株式会社社史编纂室1993c，第158~159页）。

三菱重工在水岛地区的设施管理业曾经委托给三菱地所进行，但是由于军政部迟迟不批准，最后由大林组、竹中工务店和当地有势力者共同出资，成立了水岛都市开发株式会社（1947年4月），国家将三菱重工的设施出借给这家公司。三菱重工的土地建筑物多作为战时补偿特别税上缴给国家了，因此水岛都市开发的业务范围以水岛铁道为中心，1952年3月，水岛铁道和公交业务被仓敷市收购了（水之江、竹下1971，第77~94页、141~160页）。

战时临海地区的填海造陆工程变为府县主导，军队相关的土木建设工程承包增加，导致房地产商中向土木建设领域发展业务者增加，但是到了战后，这些领域并没有持续发展。土建公司过去一直通过接受军队相关的土木建设项目维持经营，开始进入府县工厂用地建设相关的港湾疏浚项目后，公共事业承包领域的竞争愈发激烈[②]。其中，也有像东京建筑公司这种，在战后短暂发展建筑业务后，又转为房地产销售业务专门企业的情况（东京建筑1968，第48~49页）。

（沼尻晃伸）

---

[①] 关于这一点，当时人们的认识请参考大阪经济振兴审议会（1953）。
[②] 战前从海军处获得大量工程的水野组也是其中一个。参考五洋建设株式会社（1971）。

## 3. 农业用地转化的规章制度和实际情况

本节我们将对战时、战后粮食紧缺时期的农地状况做一个概述，重点对战时军需工业化、地方工业化大潮下农地转用规制的情况进行整理。战时，军需工业化和军事用途对农业用地的非农业需求提高，这和对非农业用途的土地几乎没有任何需求的战后时期截然不同。但是二者的共同点包括粮食短缺要求保护农地，以及公益的土地利用和土地所有人、耕作者之间利益冲突加剧等。当时所采取的政策手段对其后的房地产法律制度也带了重要影响，这也是这段时期的一个特点。

战时农地转非农等动向可以通过总力战体制下各项统制的一元化发展趋势来看，而实际上，这也是一个农地转非农的需求（军需工业化）和阻止农业转非农的需求（粮食增产）之间在没有明确标准的情况下互相对抗的过程。此外，农转非农看似顺利实现，但是招来了因为军事需求而不得不卖掉自己土地的农民们的不满①，战败后，重新清算战时处理方法的情况也不在少数②。

### （1）农业用地荒废、转用及其规章制度

日本的地主制度即佃农制度，指的是农民以外的主体拥有全部耕地一半以上的所有权，农民多从他们手中租用土地耕作来进行农业经营。这一制度在农业土地的非农业用途方面，既有促进的一面，也有阻碍的一面。一方面，农业用地的出售和转非农用的决定权，放在对土地的农业用途没有太多执念的地主手中，和那些零散的土地相比，地主手中的土地更为集

---

① 军队和军需工厂在没有充分说明的情况下强制收购农民土地，农民认为交涉时间太短、收购价格过低等，要求修改收购条件的情况在全国各地多有发生。其中一个案例就是沼津市史编纂委员会（2001）记录的海军和地方自治政府之间的交涉（第605～633页）。

② 一些土地出于军需要求不得不卖给国家，这些土地后来成为整块的国有土地，多供战后归国者耕作。对此，当地人并不希望将这些土地交给外人，而是要求将它归还原主或者原主的子孙，在论争的过程中，战时的土地收购和正当性备受争议。战后农地开拓问题和未开垦土地强制收购问题一起，成为关系战前战后的连续性（军需目的下的强制收购对位确保归国者耕地的强制收购）和非连续性（战后农民、地主的反对带来的争执）问题的一个大的课题（例如茨城县开垦情况较多，关于此参考西田、加濑2000，第四章）

中,因此在农业用地转非农用的过程中起到了促进的作用。而另一方面,农民中的一半以上都是佃农,对于他们来说,能否在这块土地上继续耕作是关乎生死的大事,这就意味着在农业用地的出售和转非农用的过程中,地主和佃农之间容易发生纠纷,或者即使成功避免了这种纠纷,农地购买方也往往需要向佃农们支付额外的失农补偿。战时,虽然农家子弟有许多都进入军需工厂工作,但是大部分的农家都停留在"职工农家"的阶段,并没有放弃务农,保证自家粮食供应的务农需求丝毫没有减少,因此在农业用地转非农用的过程中,地主和佃农之间的利益冲突仍然存在。

不过在战时,出于解决粮食短缺问题的目的,政府农林部门将增产作为最高命令,竭力阻止农业用地转非农用。加之农林省中负责农地开发和改良的官僚群体还占据了府县耕地课长的职位,同时还组织帝国耕地协会、府县耕地协会等民间团体,这对确保每年国家及县一级的耕地事业预算具有较大的意义[①]。而负责土木事业的内务省土木局和负责产业重配政策的商工省,为了实现农业用地转非农用的顺利开展,隐隐与农林省的农地政策形成对抗之势。

战时实际实施的农地相关法律中,首先是《农地调整法》(1938年)。这部法律包含了政府在1931年提出却被立刻废止的佃耕法案,以"稳定农民地位及维持并提高农业生产力"为目的,以期调整农地相关各种利益关系。为了达成目的,该法律规定当农业用地的所有者或耕作者不能亲自对土地实施管理或耕作的情况下,需向市町村提出农地管理和收购申请,市町村农地委员会需采取相应措施,保障该土地继续作为农业用地使用。法律考虑到耕地可能被放弃或者转为其他用途的可能性,尽可能保证土地的农业用途。

其后,随着社会经济的战时化,粮食短缺程度不断加深,农地有效利用方面的强制性制度必要性凸显,出现了《临时农地等管理令》(1941年2月1日实施)。这一法令以限制农地转非农用为目的,规定转用时需经过地方长官(或者农林大臣)的同意。此外,所有者和佃农本人想要将农田用于其他目的时(第3条),或者有人出于非农业目的想要获得所有者和佃农本人

---

① 晖峻众三编《日本的农业150年》有斐阁,2003。

的所有权、租赁权时（第5条），抑或行政厅做出适用于第3条和第5条的行为时（第7条），相关手续和条件被予以设定。但是，涉及军事机密保密的案例、不足50坪的小规模专转用、土地规划整理对象区域等情况无须获得上述许可。在该法令实施规则的第3条中，规定了下述转用申请条件，即：转用目的需对当前时局有一定重要性；不会对附近农地产生明显损害，不会引起该农地耕作者生活上的不稳定；该农地不是自耕农创设事业指定自耕地。

这一敕令的制定过程反映了农地转用中的利益关系。农林省作为法令的需求方，认为"工厂用地等造成耕地荒废"外，"出于工厂等其他住宅用地建设而闲置下来的土地"以及"由于预见到将来会荒废而闲置下来的土地"等大面积闲置和荒废土地成为一个问题，批判企业为了"未来增设"工厂而过多购置农地导致土地长期闲置（农地制度资料集成编纂委员会1972，第36页）。对此，内务省强硬反对，认为农地用途的统制应该衡量农业目的和非农目的之间的优先程度，并且认为"如何将狭窄的国土合理分配这一问题"的决定权"以农林大臣的职权决定是极不恰当的"。具体来讲，主张不应将非农田的空地强制用于农业等，表现了较强的战时产业建设主张（农地制度资料集成编纂委员会1972，第54页）。但是在当时粮食短缺问题板上钉钉的条件下，农林省的主张得到认可，管理令最终得以颁布实施。

在农地价格统制方面，《临时农地等价格统制令》的管理对象包括继续作为农地使用的情况，以及除了"供建筑房屋而转让的情况"以外的"非农用的情况"（《临时农地等管理令》同日颁布实施）（中央物价统制协力会议1941b，第58页）。该法令要求以《地租法》规定的租赁价格为基准，将土地买卖价格限制在由农林大臣规定的、租赁价格的一定倍率以内[①]。而转用目的包含"建设房屋"的交易则适用于《宅地建筑物等价格统制令》（1940年11月25日实施），每次交易都需要向地方长官申请并就价格获得批准（花岛1943，第192页）。但是，这两条敕令的适用范围划分比较微妙，需要对各自的主管部门，以及政府的农林部门和内务部门的权限范围进行调整。

---

① 没有租赁价格的农地由地方长官规定交易价格上限。

例如,在规则的说明中,就"在《城市规划法》的规定中,以增进宅地利用为目的而进行的土地规划整理地区内的农地"转用问题,一般应适用于《临时农地价格统制令》,但是"以宅地建设为目的"转让的部分土地又须按照《宅地建筑物等价格统制令》来进行整理,因此其实际适用范围相当大(中央物价统制协力会议1941b,第59页)。

可以看出,在农地转用和农地价格方面,要遵守上述法令十分困难,而这些从国家立场以政策的形式强制执行的规则与实际交易状况不符,与国家对实际交易的应对方式也不一致,这种迫不得已的不一致就引起了当时违法现象的蔓延。具体表现为:上述规章制度是管制法令而非效力法令,因此"即使违反了统制令,也只会受到惩罚,而并不会让合同本身不生效";没有一个有执行力的政府部门,这也是造成这种不一致的原因(坂根2004,第27页)。实际上,如果有人需要购买农地用于其他用途,同时又有农民愿意出售自己的土地,那么双方只需按照法律规定的价格统一口径再向上报告即可,其中的违法部分很难被揭发;即使被发现,民事交易的法律效力也仍然存在。因此不得不说,法令对于农业用地的转用起到的遏制效果十分有限。

战时农地荒废的规模方面,"1937—1945年,包括放弃耕作的土地在内的农地荒废面积超过了50万公顷,远远超过农地扩张面积25万公顷这一数字"(晖峻2003,第106页)。从每年的数据来看,除了1939年以外,每年的土地荒废面积都大于开拓面积(加用1977,坂根2002)。特别是在1943—1947年间,土地荒废面积尤其多,说明了当时弃耕状况之严重。战时开拓耕地的呼声很大,然而实际上农地在以前所未有的速度减少。在地主米价抑制方针的作用下,地主的收支情况陡然恶化,地主本身对于土地改良事业无动于衷,大规模的开垦计划基本都由农地开发营团实施,但是由于材料不足、劳动力不足等,开垦的成果远远低于预期数量。

军需工业化带来农地荒废的加速,这一点也被当时的观察家们捕捉到。例如小野武夫在1943年的调查报告中指出"新设工厂由于需要尽快开始运转……而对现存的平坦且建设完毕的、无需太多手续的土地"提出要求,农地(尤其是旱田)大受欢迎;而农地面积的减少在全国的统计中尽管并不显眼,但是对当地农村来说可谓"一大异变",带来极大的影响;工业

## 第3章 经济统制及其对房地产业的影响：1937—1951

化大势所趋，使得遵守转用限制条例变得十分困难（例如《临时农地等管理令》禁止自耕农创设土地转用为其他用途，但是"仅仅为了维护一块刚刚开垦的自耕农地，就不允许在此新设工厂云云，从实际角度来看是无法想象的"）；此外，农民们也希望通过农地转用而在家附近出现新工厂，这是因为"如果被选为征用工人，就必须要去远离住所的工厂工作，因为不想面对这一问题，故大家都主动希望在附近的工厂就业"（日本学术振兴会1947，第169～181页）。包括机场在内的军事设施对土地的征用由于涉及军事机密，在当时极少有报道和调查，因此也无法统计，不过可以从几个事例中得知，一直到战争末期，都没有停止过机场等相关设施的建设和转移对农业用地的征用[①]。

《临时农地等管理令》下农地转用的申请和许可方面，我们可以从表3-3-1看到1941—1943年的情况，其特征如下。首先，从转用批准面积来看，第3条（农地所有人本人的转用）最少，第5条（以转用为目的获得农地）最多，第7条（政府主体）居中。具体数量方面，第5条最多，第3条次之，第7条不足500个。适用于第3条、第5条的土地转用均为地主为主体的小规模土地转用，而政府为主体的土地转用每单均接近20町整，开发规模更大，二者之间存在着质的差距。其次，通过率无论在哪种情况下都超过了85%，可以说通过率十分高，尤其是政府为主体的农地转用通过率将近100%，可以看到转用限制几乎没有发生作用。但是，政府主导的农地转用并非都是原案通过，其中"有条件"通过的数量占整体20%～30%，从面积上来看占整体的50%以上，可以说通过率较高。还可以看出，农林省尽管同意开发，但是出于维持农业生产的目的，对开发项目提出了各种要求。可以说管制的作用仅限于此。再次，在批准项目中，农田占总面积的比例超过37%，旱田相当多，而其中适用于第3条的转用项目中，农田所占比例极低，仅为10%～20%。这是由于在自建住房或者出租房的情况下，多选择技术难度比较低的旱田，同时在战争时期，十分重视基本粮食大米的种植，因此农林省对水田的转用采取了限制政策，这两点都有关系。而第5条、

---

① 例如佐久市在战败不久前的1945年7月，还决定将牧草地租借给海军省作为飞机的滑行跑道（佐久市志编纂委员会1996，第1167页）。

表 3-3-1 临时农地等管理令的实施情况

单位：件、町步、%

| 项目 | | 申请件数 a | 合计 许可 | | | | 未许可 | | 其中田地的许可（面积） | | 许可每件的平均面积 c/b | 许可率 | | 附带条件许可率 | | 田地的面积对许可面积比例 h/c |
|---|---|---|---|---|---|---|---|---|---|---|---|---|---|---|---|---|
| | | | 合计 | | 其中申请通过 | | 件数 f | 面积 g | 合计 h | 申请通过 i | | 件数 b/(b+f) | 面积 c/(c+g) | 件数 (b-d)/b | 面积 (c-e)/c | |
| | | | 件数 b | 面积 c | 件数 d | 面积 e | | | | | | | | | | |
| 1941 | 第3条 | 5 288 | 4 468 | 1 814 | 2 743 | 1 531 | 586 | 297 | 319 | 155 | 0.4 | 88 | 86 | 39 | 16 | 18 |
| | 第5条 | 6 549 | 5 802 | 1 907 | 4 212 | 1 312 | 520 | 162 | 901 | 617 | 0.3 | 92 | 92 | 27 | 31 | 47 |
| | 第7条 | 155 | 145 | 3 415 | 111 | 1 742 | 0 | 0 | 1 542 | 938 | 23.6 | 100 | 100 | 23 | 49 | 45 |
| | 合计 | 11 992 | 10 415 | 7 136 | 7 066 | 4 585 | 1 106 | 459 | 2 763 | 1 710 | 0.7 | 90 | 94 | 32 | 36 | 39 |
| 1942 | 第3条 | 5 056 | 4 290 | 1 515 | 3 017 | 1 349 | 513 | 209 | 212 | 136 | 0.4 | 89 | 88 | 30 | 11 | 14 |
| | 第5条 | 8 795 | 7 405 | 2 373 | 5 379 | 1 218 | 772 | 288 | 1 166 | 567 | 0.3 | 91 | 89 | 27 | 49 | 49 |
| | 第7条 | 191 | 161 | 2 329 | 117 | 1 431 | 5 | 54 | 1 181 | 721 | 14.5 | 97 | 98 | 27 | 39 | 51 |
| | 合计 | 14 042 | 11 856 | 6 216 | 8 513 | 3 999 | 1 290 | 551 | 2 560 | 1 424 | 0.5 | 90 | 92 | 28 | 36 | 41 |

续表

# 第3章 经济统制及其对房地产业的影响：1937—1951

| 项目 | | 申请件数 a | 合计 许可 | | | | 未许可 | | 其中田地的许可（面积） | | 许可每件的平均面积 c/b | 许可率 | | 附带条件许可率 | | 田地的面积对许可面积比例 h/c |
|---|---|---|---|---|---|---|---|---|---|---|---|---|---|---|---|---|
| | | | 合计 件数 b | 合计 面积 c | 其中申请通过 件数 d | 其中申请通过 面积 e | 件数 f | 面积 g | 合计 h | 申请通过 i | | 件数 b/(b+f) | 面积 c/(c+g) | 件数 (b-d)/b | 面积 (c-e)/c | |
| 1943 | 第3条 | 3 471 | 3 047 | 1 787 | 2 379 | 1 544 | 386 | 199 | 186 | 116 | 0.6 | 89 | 90 | 22 | 14 | 10 |
| | 第5条 | 7 959 | 7 168 | 7 124 | 5 338 | 1 986 | 788 | 313 | 2 603 | 681 | 1.0 | 90 | 96 | 26 | 72 | 37 |
| | 第7条 | 171 | 168 | 2 686 | 134 | 1 318 | 2 | 15 | 1 219 | 580 | 16.0 | 99 | 99 | 20 | 51 | 45 |
| | 合计 | 11 601 | 10 383 | 11 597 | 7 851 | 4 848 | 1 176 | 527 | 4 008 | 1 377 | 1.1 | 90 | 96 | 24 | 58 | 35 |
| 合计 | 第3条 | 13 815 | 11 805 | 5 116 | 8 139 | 4 424 | 1 485 | 705 | 717 | 407 | 0.4 | 89 | 88 | 31 | 14 | 14 |
| | 第5条 | 23 303 | 20 375 | 11 404 | 14 929 | 4 516 | 2 080 | 763 | 4 670 | 1 865 | 0.6 | 91 | 94 | 27 | 60 | 41 |
| | 第7条 | 517 | 474 | 8 430 | 362 | 4 491 | 7 | 69 | 3 942 | 2 239 | 17.8 | 99 | 99 | 24 | 47 | 47 |
| | 计 | 37 635 | 32 654 | 24 949 | 23 430 | 13 432 | 3 572 | 1 537 | 9 331 | 4 511 | 0.8 | 90 | 94 | 28 | 46 | 37 |

资料来源：来源于农地制度资料集成编纂委员会（1972．539—542页）。

第 7 条的转用已经指定了地点和用途,上述判断不起作用,故水田占比和在全部农地中所占比例相同。

关于农地价格统制,如果站在物价政策的角度,对交易价格采取全面限制,土地所有人就会不想出售农地,这会导致需要农地用以开展农业的人无法获得土地,也无法满足转用的需求。因此,农地的交易价格的统制更倾向于和消费品法定价格比较,并配合市价来定价。那么,农地本身的买卖价格就与农产品的法定价格间接挂钩,相对来说比较容易制定统制价格[1],然而宅地价格不存在这种基准,故行政部门一般会将价格设定为有必要的转用需求能够获得满足的水平。那么,实际农地转用中的价格上限应该设定在一个什么样的水平?一般由想要迅速收购土地的官方和公共主体来决定价格上限,因此卖方也比较倾向于将农地卖给政府和公共团体,这就导致了民间企业很难获得土地[2]。

农地的转用价格方面有几个特点。例如,战时农业政策,如佃农优惠待遇,强化了耕作权,因此佃耕地转用时的失农补偿金相对上升,自耕农地和佃耕农地的价格也出现了不一致。因此,对于因不属于"价格"而一直被放在统制对象之外的失农补偿金也开始出现管制的需求[3]。此外,粮食政策方面,由于水田的转用受到了严格限制,因此旱地的转用情况变多,但是在蔬菜和水果价格上升的背景下,在一些地方旱田耕作更有优势,导致也有要求不要在水田和旱地之间进行差别化设置,而是一视同仁地让想要出售土地的农民都能顺利卖掉[4]。

战败之后,国家《总动员法》废止,立足于《总动员法》的《临时农地等管理令》也随之废除,但在粮食短缺的情况下,农业行政沿用了管制政策,并

---

[1] 农地买卖价格的上限在 1941 年 1 月 30 日公布,分为田地和郡市两种,全国平均数据中水田为租赁价格的 32 倍,旱田为 39 倍,而按照府县分类,前者为 26~48 倍,后者为 27~69 倍,差距相当大。如需例外处理,可以通过个案申请批准(农地制度资料集成编纂委员会 1972,解说第 74 页)。

[2] "官公署的收购价格之所以高于一般行情……未必不是对地主个人立场的过度顾虑。""公用征地价格过高,导致民间需求土地的收购变得更加困难。""郊外地价上升多起因于官公署的收购行为"等(花岛 1943,第 193 页)。

[3] 土地价格受到统制,但是"失农补偿金没有标准",所以"过少则剥削农户,过多又让农户徒增盈利之心,弊害颇多"。出自山梨县内政部长致农林省农政局农政课长的《农地荒废状况一事》(1943 年 6 月 17 日,山梨县 200,第 706~710 页收录)。

[4] "目前国家政策对水田的荒废进行消极遏制,因而许多人失去了更能获利的旱地。……需要考虑在水田上建设工厂,或者根据种植情况细细考量。"(山梨县 2000,第 709 页)。

## 第3章 经济统制及其对房地产业的影响：1937—1951

且为了农地改革的过程中不会出现太过复杂的情况，还严格禁止土地转用行为。农林省在行政指导中，就农地转用一事规定："申请书中需添加详细的市町村农地委员会的意见书，并在现场调查中验证该农地是否有供耕作外目的使用的必要性，除非没有其他的合适的土地，否则即使土地收获少，耕作上有少许不便，仍沿用做耕地，尽量将转用土地划在山林原野等地区"（农林省熊本农地事务局1951，第176～179页）。

1946年后，随着农业劳动力从短缺转为过剩，以及希望移居从事垦荒的人数增加，农地面积不断变大，但是由于材料短缺，这一增长并没有达到1929—1936年间的程度，在1946—1947年间，土地荒废面积仍然很多，到了1948年后才渐渐转为扩张增加（加用1977，第58页）。

### (2) 农村工业化和战争疏散

农村工业化是当时农村在副业上谋求发展的一环。农山渔村经济重生运动（1932年开始）中，农村为了从昭和恐慌中恢复元气，努力开展农产品加工、销售等副业环节。在此背景下，农林省于1935年公布了农村工业奖励制度，对在农村经营工厂工业的产业公会等发放补助金，奖励农村地区劳动力和资源的发掘利用。但是，此项预算在1935—1937年间每年只有254万日元，基本上全赖于农村地区农民的自发性。工业内容中农林产品加工占一半以上，这部分工业和后来军需工业化背景下的农村工业化（生产军需工业相关的零件工厂等）无法衔接，因此在进入战时劳动力短缺后，上述农村工厂大半都倒闭了。而此类农村自发的工业化中，农民几乎意识不到土地问题，也没有外来的工人，因此也就没有产生农地转用问题和住宅问题。

到了战时，军需工业背景下的农村工业化不断发展，对于农村工业化的设想立足于战时经济建设，以实现高效率的工业化为目标[①]。商工省在1936—1937年间将这一方向政策化，在各县设置办公部门直接与商工省地方工业化委员会对接，同时也包含了以工厂招商促进地方振兴的意图。

---

① 牛山敬二将农村工业化分为两个阶段，第一阶段是为了从大恐慌中恢复经济而由农林省开展的，第二阶段是在"商工省和军需省的'国土规划'、'国防产业培育'"等政策下实施的，而日中战争开始前后的这段时期正处于两个阶段的交界处（牛山1975，第230页）。

有关地方工业化在农村的实际状态，我们可以从几份调查报告中窥见一二。例如，纯粹农村的代表兵库县饰磨郡广村、八幡村的大型工厂建设计划于1937年2月公布，这一可以让"人口几千人的寒村将在数年内发展为几万、十几万人的大城市"的计划使人们"非常之兴奋"，"阪神地区的投机商预见工厂周边土地价格即将飞涨而大量涌入，市价从以反为单位到以坪为单位"激增，工人的临时住宅也相应增加，"如同战场一般"。1941年4月，两村合并为广畑村，六成耕地供转用，正式进入开发阶段（日本学术振兴会1947，第453~455页，米花稔执笔）。

上述农村工业化方针指导下的地域开发项目大多都没能在战时完成，战败后多数都终止或放弃开发了。例如广畑村"伴随着耕地转工厂用地、道路以及河口的改道等规划整理计划，对耕地做出了换地指示，但是随着工业化的终止，换地指示也随之停止，直至现在仍然没有处理完毕，尤其是对提高农民生产积极性，在心理上没有起到好的作用"。同样，在全国各地也存在着"未完成工业地带"（日本学术振兴会1947，第461~465页）。

战争疏散方针制定是在1940年左右，但真正有计划地实施人口疏散则是在城市轰炸越来越频繁的1943年9月以后①。这对疏散目的地的房地产市场产生了巨大的影响，房地产价格"伴随着疏散的开展，交通便利地区建筑上涨"（辻1944，第12页）②。其中，有许多新闻报道中都对房地产商充当疏散中介的现象进行了报道，对房东提高房租的现象进行了批判③。

最初，城市居住的人口为了躲避空袭而将家人搬到郊外，上班的劳力通勤到城里（或在城市过独身生活），这种方式比较受人们认可。然而伴随着郊外住宅告罄，这种疏散方式也很快行不通，因而只能去往更偏远的农村，人们也开始认为租整个房子太过奢侈，提倡租插间（《疏散越来越遥远 插间凑合一下吧》，《朝日新闻》1944年6月3日）。后来，随着战火的蔓延，到了战争末期，疏散开始从这种有意识的行为，变为因战火而失去家园的

---

① 东京于1943年9月末在警视厅内设置疏散课，具体制定计划（《警视厅内新设疏散课》，《朝日新闻》1943年10月1日，晚报头版）。

② 关于战争疏散等当时住宅方面的情况，在神户大学经济研究所（1985）收藏有大量报道。

③ 房地产商在疏散过程中的参与受到了报纸的赞赏（《租房中的周旋 房地产商协助疏散》，《朝日新闻》1944年1月22日），同时，一旦房租等上涨，房地产商就会遭到抨击（《飞涨的"郊外房租"恶毒中介蔓延》，《朝日新闻》1944年2月18日）。

战争受难者们的被迫选择,在政府的安排下去往指定地区生活,越来越多的人不得不被收容在学校、仓库、畜棚、棚屋中[①]。

随着战败到来,空袭停止,尽管城市地区出于配给问题和住宅不足等原因限制了人口的流入,但是仍然有疏散者源源不断地返回(东京都 1979,第 1317~1319 页)。这是因为疏散地的居住环境恶劣,并且没有就业机会。

(加濑和俊)

## 4. 战争时期的"城镇金融"和房地产银行

《日本劝业银行史》的作者指出了农业金融和城镇金融在补全时局金融上的意义。"与声势浩大的军需金融不同,二者在幕后运作,低调不惹人注意",这种"'补全式'的业务在战时有非常重要的意义""我行在中小商工业者的贷款、自耕农创设维持贷款、住宅建设贷款中,都具有独特的力量"(日本劝业银行 1953,第 679 页)。

本节将以劝银大阪分行为基础,解读上文中提到的劝银大阪分行的"独特的力量"究竟为何物。

### (1) 战争时期八大城市的"房地产金融"的开展和劝银的地位

战时八大城市的"房地产金融",以 1938 年上半期为起点开始膨胀,一直持续到 1940 年下半期。也就是说,八大城市半年间的土地建筑物借贷额度在侵华战争开始时暂时减少(1938 年上半期为 9 901 万日元),但是其后立刻快速增长,到了 1940 年下半期达到了峰值 1.8788 亿日元。在仅仅两年半的时间里,变为原来的 1.9 倍,"房地产金融"膨胀到何种程度可见一斑。而到 1941 年后,整个"房地产金融"在曲折中开始逐渐缩水。

"房地产金融"膨胀主要集中在东京和大阪两市。从 1938 年上半期到 1940 年下半期,两年半间土地建筑物借贷额度为:东京从 4 145 万日元增加到 9 104 万日元的,大阪从 2 019 万日元增加到 3 934 万日元,也就是八个大

---

[①] 参考五加村等的事例分析(大石 1991)。

城市的全部增加额度(8 887万日元)中有6 874万日元即77%都集中在东京和大阪市。东京和大阪的借贷"数量金额均超群,而大阪的发行量约等于其他六大城市之和,城镇房地产抵押大额资金需求在大城市尤为显著"①。

"房地产金融"的主体是金融机构,在各期房地产抵押借贷额中,劝银所占比例从1939年到1940年为24%~28%,从1941年到1942年为18%~22%,整体呈下降趋势。"我行号称专门的房地产金融机构却仅占整体的两成,虽然我行新贷款额度仍居首位,但和标会及个人的贷款数额并无太大差别⋯⋯城镇房地产金融领头地位式微"(1941年上半期)②。标会的情况正好和劝银形成了鲜明对比:1939年下半期标会占比仅为8%,但是到了太平洋战争打响后的1941年下半期已经增加到了20%,超过占比18%的劝银位居第一位。个人贷款也从11%增加到18%,和劝银并肩③。标会和个人之所以能够占据如此大的比例,是因为普通银行和劝银受到统制政策的影响,而标会等能够提供更为优惠的条件,因而得以扩大市场份额。

战时"房地产金融"中,应当注意抵押房地产内容的变化。1939年上半期八大城市借贷中,抵押物品的内容为土地建筑物50%,土地19%,建筑物17%,适用于《工厂抵押法》第3条的抵押物14%;其后,建筑物部分大幅度增加。建筑物抵押贷款额度占全体的比例1939年上半期为17%,到了1941年下半期提高至26%,1942年下半期占24%。1940年下半期建筑物抵押从上一个半期的17%提高到了21%,首次超过土地(18%)。对此业务参考资料记载:"土地建筑物成套抵押仍然占首位,但只抵押建筑物的情况在显著增加,⋯⋯这是由于我行、标会、个人等对建筑物的贷款显著增加引起的"(1940年下半期)④。可以看出,当时主要的房地产抵押金融机构都在大规模进入建筑物抵押金融市场。这和后来发生的由于建材短缺问

---

① 劝银调查科"八大城市中单笔1万日元以上的房地产抵押借贷情况调查(昭和16年上半期)"《调查资料别册》第3号,1942年3月,第3页。本节所采用的资料如无特别注明,均为原第一劝业银行(现水穗银行)收藏。
② 同前,第7页。
③ 《金融经济资料别册》26,45,60号。《调查资料别册》3,7,11,15号。
④ 业务参考资料65号,1941年10月。

题加重而引发的现有建筑物买卖活跃情况相对应①。

## (2)战争时期劝银的基本性质——劝银是如何考虑的

1934—1938年,第三次劝农合并(东京、大阪、兵库等14家银行)中,"劝农两行并立"这一日本"房地产金融制度"的主要特征也随之不复存在②。劝银成为在东京、大阪、神户等全国各大城市拥有分行的第一房地产银行③。首先,我们来看劝银是如何看待自己和房地产业之间的关系的。劝银在1942年12月发行了一本叫作《我行新发放贷款用途调查》(调查资料别册第9号)的小册子④。这项调查对1941年下半期劝银新发放贷款共计1.2818亿日元(27 892笔)按照不同用途进行了分析,提出以往"只按照抵押房地产种类和借款人的职业信息来分析贷款"是不充分的。

表3-4-1显示了1.2818亿日元的劝银贷款用于什么项目,或者资金用途情况。新发放贷款中,经营用资金占83%(1.0656万日元),生活用资金17%(0.2163亿日元)。大多数都是用于经营。

表3-4-1 劝银不同用途的新贷款额(1941年下半年)

单位:千日元

| 项目区分 | 经营资金 | | 生活资金 | | | 合计 |
|---|---|---|---|---|---|---|
| | 总量 | 其中土地建筑物 | 自用住宅 | 生活费等 | 小计 | |
| 矿业 | 1 274 | 1 | 45 | 43 | 88 | 1 362 |
| 工业 | 35 183 | 8 675 | 1 224 | 570 | 1 795 | 36 978 |
| 农林水产业 | 30 535 | 8 622 | 1 066 | 2 343 | 3 410 | 33 945 |

---

① 上述第1项的详细内容请参考植田(2007)。主要以当时的地方银行房地产抵押贷款为对象进行调查的有进藤(1961)、朝仓(1978,第6章)。

② 第三次合并背景请参考池上(1991),兵库农银合并请参考植田(2000)。

③ 未参加合并的农银有福岛、茨城、神奈川、爱知、冈山5家。这些农银在1944年被劝银合并。

④ 1932年后,新发放贷款的调查作为业务参考资料的一个环节经常开展,但是一直到这时才将新发放贷款的"目的"作为一个基本调查项目来进行。"各店贷款报告(旬报)"从1941年下半年开始改革,要求"十分详尽地记载贷款的用途和贷款人的职业等信息"。旬报的这一改动为用途方面的调查提供了可能性。虽然,就像调查者写的,对于短期贷款的讨论尚有不足,但仍然不失为了解战时劝银特征的重要资料。

续表

| 项目区分 | | 经营资金 | | 生活资金 | | | 合计 |
|---|---|---|---|---|---|---|---|
| | | 总量 | 其中土地建筑物 | 自用住宅 | 生活费等 | 小计 | |
| 交通业 | | 964 | 253 | 86 | 37 | 123 | 1 088 |
| 商业 | 物品销售业 | 8 308 | 983 | 1 595 | 864 | 2 460 | 10 769 |
| | 不动产买卖业 | 2 239 | 1 386 | 1 | 3 | 5 | 2 244 |
| | 其他商业 | 2 736 | 204 | 232 | 70 | 303 | 3 041 |
| | 小计 | 13 286 | 2 574 | 1 830 | 939 | 2 770 | 16 057 |
| 其他行业 | 不动产租赁业(农业用) | 3 185 | 2 801 | 315 | 698 | 1 014 | 4 200 |
| | 同上(其他) | 14 557 | 14 094 | 405 | 1 311 | 1 717 | 16 275 |
| | 土木建筑承包业 | 736 | 12 | 249 | 3 | 253 | 989 |
| | 饮食、旅馆、会展业 | 1 022 | 706 | 410 | 82 | 494 | 1 516 |
| | 其他行业 | 1 500 | 721 | 489 | 82 | 572 | 2 073 |
| | 小计 | 21 003 | 18 336 | 1 870 | 2 180 | 4 051 | 25 055 |
| 其他 | | 3 709 | 1 867 | 6 245 | 3 143 | 9 388 | 13 097 |
| 地方自治体 | | 593 | 363 | | 0 | | 593 |
| 合计 | | 106 551 | 40 694 | 12 368 | 9 259 | 21 628 | 128 179 |

资料来源:《关于本行新贷款金额的用途的调查》(调查资料别册)第9号,1942年12月。

注:(1)经营资金根据资金实际流通的行业的种类,生活资金根据贷款者的主要职业,据此进行了分类。

(2)事业分类根据临时资金调整法的事业资金调整标准。"其他商业"是指贸易业、仓储业、金融业、其他的商业、公会及团体的总计。

(3)土地建筑物资金是土地(包括耕地林地等)建筑物的购买及建筑资金。

首先,面向房地产租赁业(除农业)和房地产销售业经营发放的贷款分别为1 456万日元和224万日元,二者合计1 680万日元,占经营资金发放贷款总数(1.065 6亿日元)的16%。太平洋战争爆发后,日本整体对所谓的时局产业更加侧重,在这种情况下,上述事业仍然占据16%之多,可以看出租赁业对于位于城市地区的劝银分行的重要性。

其次,资金用途为土地建设资金和自家住宅资金的发放额度分别为4 069万日元和1 237万日元,供给5 306万日元,占新发放贷款总额(1.281 8万日元)的41%之多。也就是说,劝银贷款的主要用途为各个社会阶层的土地建筑物购买资金。

再次,自家住宅资金(相当于现在的买房贷款)为1 237万日元,占房地产资金总额5 306万日元的23%。自家住宅项目可以在以"个人及其他"为中心的各类业务中看到。这和劝银面向各类小型企业发放贷款相关。

调查报告对于用途进行了如下分析总结:

"经营资金及生活资金均呈现出有显著特征的借贷情况,各个行业均包含大量房地产购买和建筑资金,……结果用于房地产购买建筑资金的贷款发放额度占我行新发放贷款总额度的将近一半,由此,对于我行被冠上的房地产金融银行之名,认为是为了土地建筑物获得和建设而进行的金融亦非不可"(重点为引者加)。

也就是说,不仅其他行业有大量房地产借贷,各行业用于设备的资金多数也被用来购买房地产,这些资金占劝银贷款的接近一半。调查者认为劝银是"为了土地建筑物获得和建设而进行的借贷"。也就是说,认为劝银具有第2章第5节中所指的"狭义房地产金融"供给机构的性质。劝银在包括农村和城市在内的日本全国均有分行,而大城市的分行在上述性质上的表现更加明显。

## (3)大阪"房地产金融"和劝银大阪分行地位的下降

侵华战争爆发后,大阪府的房地产买卖额从1937年上半期的5 977万日元锐减到1938年上半期的4 818万日元。但是到了1939年下半期又转为增长,1940年上半期的买卖额达到了1937年上半期的1.6倍,即9 792万日元。买卖对象集中在"工厂或工厂附近的小住宅房地产",交易较为活跃的地区包括府下、从"市西北部淀川以北、阪神国道沿线"到"市东侧东成区,布施市附近或京阪神国道沿线附近""逐渐推移"①。房地产价格随着工厂地带的实际需求增加大幅攀升,同时也"影响周边地区和郊外住宅地",进而"波及中心地区老城区"②。当时房地产买卖和土地价格的上升最先波及的并非市中心地区,而是"周边地区计划建设宅地的田埂"。这一"波及过程"对劝银的借贷也产生了影响(后文有详述)。

抵押借贷额(宅地建筑物等房地产抵押贷款额)和房地产买卖额也呈现相似的变动。房地产借贷额从1937年的3 337万日元下降到1938年上半期的2 789万日元,但是到了1939年下半期又开始增加,到了1940年上半期达到了4 394万日元。

再看房地产统制法令的影响。1940年下半期,房地产买卖和前期相比转为下降,从9 792万日元减少到了7 940万日元。这和1940年秋季以后颁布实施的《地租房租统制令》《宅地建筑物等价格统制令》《临时农地等管理令》《临时农地价格统制令》等诸多法令导致的"房地产价格、利润均受到管制,连其使用也受到限制"的影响。"房地产渐渐丧失作为商品的价值……大阪府房地产买卖额近几年来一直攀升,然而到了本期转为下跌,10月后下跌倾向愈发显著。"抵押借贷额从1940年上半期的4 394万日元增加到同年下半期的5 558万日元,大阪市、府下均呈现增加态势。房地产买卖额减少的同时,抵押借贷额却有所增加,表现出了各个房地产统制法令的影响之大。也就是说,借贷额激增不过是"一时的现象","因各种房地产统制令而备受打击的投机方面对资金需求增加,以及普通银行的金融硬化影响到商业和工业,因此需要通过房地产借贷来达到资金周转的目的"③。

表3-4-2将大阪市各期的房地产抵押贷款额(也就是以房地产为抵押物获得的借款额)按照不同金融机构进行了分类。大阪单笔1万日元以上的房地产抵押贷款占劝银总贷款的比例,1939年上半期为24%、1940年上半期为21%、1941年上半期为14%、1942年上半期减少到9%,"房地产金

---

① 大阪分行《分行长会议答辩书》1939年5月。
② 大阪市的"中心地区"指的是东区、西区、南区、北区、浪速区、此花区、天王寺区、港区、大正区,在1925年4月第二次市区扩张前被指定为市区范围的地区。"周边地区"包括东成区、西成区、东淀川区、西淀川区、住吉区、旭区这几个新市区。业务参考资料,20号,1939年9月新发放贷款抵押物所在地区调查。
③ 大阪分行《分行长会议答辩书》1941年3月。

融"中劝银的地位骤然下降。这种倾向在八大城市中均有所体现,各年比例为:1939年末24%,1940年末25%,1941年末18%,1942年末21%,徘徊在20%左右①。不过大阪市在1940年维持在21%,但是到了1941年末迅速下降为13%,1942年末再减少到了9%。劝银在大阪的地位下降要比其他城市都明显。

表3-4-2 大阪市各金融机构房地产抵押贷款额情况(1万日元以上)

| 金融机构 | 1939年 | | 1940年 | | 1941年 | | 1942年 | |
|---|---|---|---|---|---|---|---|---|
| | 千日元 | % | 千日元 | % | 千日元 | % | 千日元 | % |
| 劝银 | 5 369 | 24 | 4 927 | 21 | 4 257 | 14 | 2 402 | 9 |
| 兴银 | 716 | 3 | 828 | 3 | 4 838 | 16 | 3 742 | 14 |
| 农银 | 0 | | 0 | | 0 | | | |
| 普银 | 1 991 | 9 | 1 007 | 4 | 1 654 | 5 | 2 398 | 9 |
| 信用社 | 693 | 3 | 1 165 | 5 | 1 707 | 6 | 1 511 | 6 |
| 保险 | 911 | 4 | 1 034 | 4 | 310 | 1 | 175 | 1 |
| 信托 | 6 787 | 30 | 4 605 | 19 | 6 194 | 20 | 1 937 | 7 |
| 互助会 | 3 016 | 14 | 5 143 | 22 | 6 102 | 20 | 6 543 | 25 |
| 不动产公司 | 39 | 0 | 371 | 2 | 495 | 2 | 440 | 2 |
| 商务公司 | 555 | 2 | 907 | 4 | 442 | 1 | 253 | 1 |
| 个人 | 2 195 | 10 | 3 640 | 15 | 4 628 | 15 | 6 288 | 24 |
| 其他 | 0 | 0 | 44 | 0 | 339 | 3 | 279 | 1 |
| 小计 b | 22 275 | 100 | 23 676 | 100 | 30 971 | 100 | 25 973 | 100 |
| 总计 a | 28 917 | | 29 856 | | 38 255 | | 29 236 | |
| 比例 b/a | | 77 | | 79 | | 81 | | 89 |

资料来源:"八大城市每笔一万日元以上的不动产抵押贷款情况调查"《金融经济资料》附册第26号、45号、60号,《调查资料》附册第3号、7号、11号、15号。

注:(1)各年6月末的数值。
(2)"小计"表示每笔一万日元以上的贷款额,"总计"表示全部贷款额。

---

① 《金融经济资料》第33、53、78、120、142、159、174号。《调查资料》22、40号。

对于劝银大阪分行来说，这一事态是"重点关注"的对象。分行长在1941年3月的分行长会议上提交了答辩书，其中指出"应当注意上一年度信用组合、标会及个人等贷款数额大幅增长，其市场参与程度令人瞩目"[①]。这里，信用组合、标会和个人之所以能够大量发放贷款，是因为《临时资金调整法》和《银行等资金运用令》在内的金融统制法令尚未将它们纳入对象范围内。但是这点对于其他城市银行来说也是相通的。

此外，分行长还进行了如下叙述，虽然内容是关于太平洋战争时期的情况，仍值得一看：

"预计发展为宅地的土地在评估当中，我行会根据《农地价格统制令》和《农地等管理令》的立场来进行观察，又在建筑物评估的过程中，斟酌考虑建筑物升值和收益情况，这样多多少少会导致一些较为消极的评估结果，然而上述金融机构只是简单粗暴地了解情况，就做出积极的预估，这就产生了可借贷额度的大幅差距，因此许多人不顾高利而选择使用上述金融机构[②]。"

这里认为，劝银在对计划发展住宅的土地和建筑物的价格进行评估时，作为房地产银行会得出"消极的评估"结果，而标会等则多给出"积极的评估"结果。如上，交易较为活跃的地区为府下的"市西北部淀川以北、阪神国道沿线"到"市东侧东成区，布施市附近或京阪神国道沿线附近""逐渐推移"，而房地产买卖和土地价格的首先波及地区是"周边地区预计建筑宅地的田埂"。也就是说，东成区、西成区、东淀川区、西淀川区、住吉区、旭区等大阪市"周边地区"的"预计发展为宅地的田地"逐渐成为交易和借贷的中心。大阪分行长的上述发言正是基于这种背景。于是，大阪地区土地交易和价格的上升地区不断重组，房地产抵押金融即借贷也完成了重组，因此位于大阪市周边地区的受到营业管制的劝银的地位更加显著降低。劝银的地位降低在大阪市如此极端，也是因为大阪作为大工厂地带的地位比

---

[①] 大阪分行《分行长会议答辩书》1941年3月。
[②] 大阪分行《业务概况报告》1942年下期。

## 第3章 经济统制及其对房地产业的影响：1937—1951

其他城市高。

太平洋战争中的房地产交易受到了以房地产统制为代表的各类统制法令的强化管制。1942年已经开始实施的各类统制令得到更好的贯彻，再加上新颁布的对企业许可、整备的统制令中，对中小企业的重组与合并严加管束，因此出现了要求将房地产销售获得的收入"购买国债"，"从国土规划的角度制定工业管制地区和工业建设地区"等"新事态"[①]。1943年后，政府开始对房地产转让获利课税，并公布了建筑物建设统制规章，设置防空空地和防空地带等，"买卖双方同受抑制"。尤其是国土规划对工厂建设地区的限制和建材、劳动力短缺带来的对新开工建筑项目的制约，对一直以来作为工业城市发展的大阪市及其近郊造成了重大影响，大阪的房地产交易"逐期减少"，"房地产金融愈发不景气"[②]。但是房地产的买卖、价格、借贷并非单纯地缩水而已。

工业地区的房地产"呈现需求渐渐减少的倾向，价格也停滞的状态"。但是，"郊外住宅"（"为满足人口疏散、转行、停业的城市中小商工业向郊外的转移以及作为超重点产业的劳务配置转换的先决条件的工人住宅和福利设施等目的"）、"钢筋混凝土建筑"（"空袭中比较安全"）的需求十分旺盛，然而由于建筑统制和建材、劳动力短缺等，新建基本不可能，因此这些现存的建筑物在"以法外之价叫卖"（1943年临时营业财务年）。为此，1943年临时营业财务年的借贷额"数目减少但是金额仍然维持在最高位置，每笔金额巨大化……但是，借贷额的巨大化也表现出重点产业兴盛之下对事业资金的需求激增"[③]。

这些"现存建筑物"价格飞涨带来的买卖和借贷增加并非一时的现象，到了1943年下半期，二者仍在持续攀升。"综合企业或军需产业的事务所对房屋的需求增加，更重要的是为了避免交通不便，均选择城市中心地区的大型建筑物，造成这部分需求激增"。此外，"军需产业方面的设备扩充"中，也存在着旺盛的"对于现有工厂的需求"。

---

① 1942年6月2日，《工业管制地区和工业建设地区暂行措施》通过内阁审议。这一决定禁止在四大工业地带及其周边地区新建工厂，同时将全国29个地区指定为"工业建设地区"（沼尻2002，第183页）。
② 大阪分行《业务概况报告》1942年下期。
③ 大阪分行《业务概况报告》1943年临时营业财务年。

因此，和商店街毫无房地产需求形成鲜明对比的，是对城市中心地区的大型建筑物、现有工厂以及郊外住宅地的需求。人们为了回避"建材短缺""空袭"等问题，促使了这部分需求的增长。为此，1943年下半期"交易额以及借贷额的数目和最近几期相比都有所减少，但是金额仍然处于最高位置"。战时八大城市的借贷额到了1940年达到峰值，其后呈现减少的倾向，但是到了1942年下半期以后又恢复了快速增长的态势。

1944年下半年，城市中心地区受到时局影响，以及国防对房屋及人口疏散的需求，产生了"城镇需求的锐减"，价格也"渐渐消极化"。1945年3月的空袭让更多的土地化作焦土，使这一问题"进一步恶化"。商业区受损极为严重，"未来无法预计"，住宅地区"空房显著增加"、"需求停滞不前"，工厂用地的需求呈现出"渐渐走向停滞"的倾向。1943年时受限的需求已经不复存在。但是，郊外地区以及卫星城市的现有建筑物免于空袭，因众多城市难民流入而"导致大幅涨价"。但是这些建筑物"需求大增"的地区，一直以来都不属于劝银的贷款服务对象①。

### (4) 劝银大阪分行的"房地产资金"融资

劝银大阪分行是劝银最早的一家分行，于1918年开设，1937年3月和大阪农银②合并。该行在战争时期是劝银最大的分行，也是城市分行的代表。图3-4-1显示了大阪分行的主要结算项目。劝银在太平洋战争末期，出现了贷款基础从长期贷款（图中的贷款金）到短期贷款为中心的结构（面向企业的无担保票据贷款）转换。长期贷款余额在1944年上半年末（9月末）为1.5406亿日元，达到最高值，其后快速下降，而短期借贷余额从1943年开始激增，到1944年下半年超过了长期借贷额度③。太平洋战争结束后不久的1945年上半年末，长期贷款为1.0624亿日元，而短期贷款已经达到

---

① 大阪分行《业务概况报告》1944年下期。
② 两次世界大战期间的大阪农银和劝银大阪分行的动向参考植田(1998)。
③ 短期贷款限于公共团体、各类公会以及10人连带产业者，1942年2月《劝银法》修订，短期贷款只要获得大藏大臣的认可，可以面向包含实业公司在内的任何一个对象发放。这一修订给劝银带来了"作为房地产银行最大的自由权限"（日本劝业银行1953，第677页）。

了它的2.4倍①。长期贷款内部也发生了变化。战时,大阪分行的长期贷款主要是以宅地建设和财团作为担保,其中宅地建设贷款为主(例如1940年上半年末的宅地建设贷款占抵押贷款总额9 611万日元的83%),但是这部分贷款持续走低,到1945年上半年已经跌落至23%。替代了宅地建设的主要地位的是财团抵押贷款,1943年下半年超过了宅地建设贷款的余额。

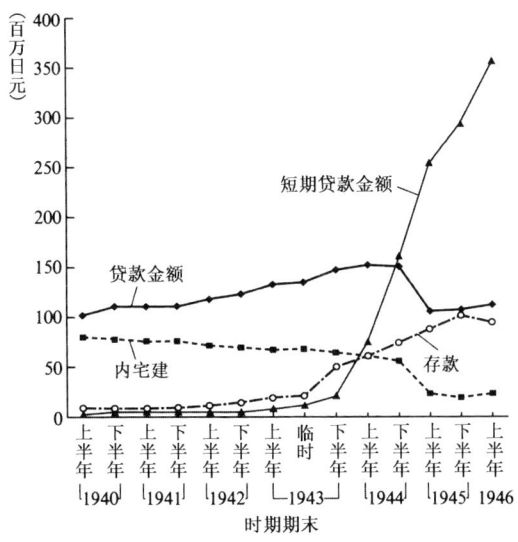

图 3-4-1 大阪分行的主要结算项目(金额)

资料来源:劝银大阪分公司《核算概况报告》各时期,劝银大阪分公司《业务概况报告》各时期。

注:"内宅建"指的是贷款金额中住宅建设抵押贷款金额。

下面我们就劝银大阪分行的业务参考资料——1939年9月完成的《大阪分行辖区房地产金融状况》,对劝银大阪分行1939年上半年的贷款用途进行分析。1939年上半年大阪分行共有1 703万日元(1 424笔)的贷款申请,发放了1157万日元贷款。在表3-4-3中按照借款人的职业对贷款的用途进行了划分。

首先,土地房屋租赁业的借款人的借款额度占总额的21%。按照职业

---

① 注意存款的增加。1945年上半年末的存款余额为8 873万日元,其中4 898万日元都是特殊存款,因此需要重视短期借贷的增加伴随的存款的增加。

排序,主要为商业26%、工业21%、土地房屋租赁业21%、其他18%。大阪分行贷款的三大支柱是商业、工业、土地房屋租赁业。土地房屋租赁业不及商业的26%,但是和工业相同,都是大阪分行的重要客户。

**表3-4-3　劝银大阪分公司贷款用途和职业调查(1939年上半年)**

单位:千日元、%

| 职业 | 用途 | 营业资金 | 不动产资金 | | | | 其他 | 总计 | 职业构成% |
|---|---|---|---|---|---|---|---|---|---|
| | | | 住宅 | 房屋土地出租 | 营业用 | 其他 | 小计 | | |
| 工业 | 军需工业 | 614 | 0 | 10 | 823 | 7 | 841 | 18 | 1 473 | — |
| | 和平工业 | 267 | 0 | 132 | 364 | 0 | 497 | 154 | 918 | — |
| | 小计 | 881 | 0 | 142 | 1 187 | 7 | 1 338 | 172 | 2 391 | 21 |
| 农林水产业 | | 31 | 5 | 142 | 4 | 1 | 154 | 43 | 229 | 2 |
| 商业 | 食品销售业 | 137 | 4 | 319 | 68 | 1 | 392 | 16 | 545 | — |
| | 衣料销售业 | 62 | 0 | 103 | 16 | 2 | 121 | 0 | 183 | — |
| | 其他销售业 | 598 | 44 | 421 | 83 | 15 | 565 | 32 | 1 197 | — |
| | 其他 | 287 | 0 | 596 | 103 | 3 | 702 | 0 | 990 | — |
| | 小计 | 1 084 | 48 | 1 439 | 270 | 21 | 1 780 | 48 | 2 915 | 26 |
| 土地房屋出租业 | | 252 | 30 | 1 927 | 23 | 38 | 2 020 | 204 | 2 477 | 21 |
| 旅馆食宿百货业 | | 63 | 0 | 33 | 66 | 2 | 102 | 2 | 168 | 1 |
| 饭店酒馆业 | | 60 | 0 | 51 | 43 | 0 | 95 | 3 | 158 | 1 |
| 其他 | | 792 | 35 | 522 | 197 | 14 | 770 | 498 | 2 061 | 18 |
| 政府公务人员 | | 0 | 39 | 502 | 80 | 59 | 681 | 156 | 837 | 7 |
| 无职业 | | 9 | 30 | 214 | 0 | 7 | 251 | 71 | 332 | 3 |
| 合计 | | 3 179 | 190 | 4 977 | 1 874 | 153 | 7 195 | 1 199 | 11 574 | 100 |

资料来源:《大阪分公司管辖范围内的不动产金融状况》业务参考资料第20号。1939年9月。

注:(1)构成比不相符的情况是因为舍去了未满一个单位的部分。
(2)用途的各种金额是旧债转期部分和新资金的合计。

其次,劝银的资金基本上都被用于"房地产资金"。按照用途来划分,营业资金318万日元(27%),房地产资金720万日元(62%),其他120万日元(10%)。房地产资金与其他所有用途的资金都拉开了极大的差距,占据一半。"房地产资金"再进行细分,又有住宅19万日元(3%)、土地房屋租赁498万日元(69%)、营业用187万日元(26%)、其他15万日元(2%)。也就是说,"房地产资金"中大约70%都供"土地房屋出租"使用,而面向"土地房屋租赁"的资金供给正是劝银大阪分行住宅建设抵押贷款的一项基本内容。这里"土地房屋租赁"又可以分为两种,即"投资类房地产购买资金"和"建设资金"①。

还有必要了解一下"土地房屋租赁"对资金的使用中使用人的职业阶层情况。"土地房屋租赁"资金共计498万日元,其主要职业阶层包括土地房屋租赁业39%(193万日元)、商业29%(144万日元)、政府职员及其他21%(102万日元)。土地房屋租赁业最多,但也只有39%。"土地出租"资金中的60%以上都是被土地房屋租赁从业人员之外的商业、其他、政府职员等借贷。"土地出租"资金主要的借款人不仅包括土地房屋租赁业从业者,还包括商人等其他职业阶层。反而是土地房屋租赁业之外的阶层才是"土地租赁"资金的主要使用者。

再次,"营业用"房地产资金。这部分虽然不及"土地房屋租赁",但仍然占"房地产资金"的26%。特别是工业的比例很高。工业将"房地产资金"借款用于"营业用途"(大概是购买工厂用地、工厂建设资金等)。

商业、其他和政府职员的借款主要用于"土地房屋租赁"。尤其是商人这部分借款,与其说用于营业资金、营业用途的房地产资金,还不如直接说用于"土地房屋租赁"更为恰当。这就让大阪分行最重要的贷款对象商人的贷款动因变得更加难以界定。

对于1939年上半年的新发放贷款,大阪分行认识如下:

"我行资金主要利用者为商人,面向商人共发放用于出租土地房屋购买和建筑的资金66份,共62.7万日元,其营业用资金112份,共计72.2万日元,二者相差无过悬殊。而面向土地房屋出租业从业者发放的贷款额度

---

① 大阪分行《大阪市以及附近地区泛地产抵押借贷情况 大阪分行贷款按用途及职业分类情况——1939年第三季度》业务参考资料32号,1940年2月。

当然占土地房屋出租用资金的大部分,……因此本地商业繁盛与否当然会反映在我行贷款中,此外,对于房地产,尤其是对土地房屋租赁的需求增减也对我行有着显著影响①。"

这里指出,大阪分行的主要贷款对象是商人,面向商人除了提供商业用途的营业资金以外,还提供"土地房屋租赁"资金,即用于购买房屋土地供出租或者用于建设的资金,也正因此大阪分行的贷款情况不仅受到"商业繁盛与否"的影响,而且基本上是基于"对房地产尤其是对土地房屋租赁的需求的增减"确定的。

**(5)住宅建筑物抵押贷款基础的崩溃**

大阪分行各期的住宅建设贷款额如下:1940年到1941年为600万~800万日元(500万~800份),在太平洋战争开始的1942年上半年,锐减到355万日元,后来一直到1944年上半年基本维持在400万~500万日元的水平;但是随着空袭不断加剧,1944年下半年又减少到了205万日元,几乎减半,1945年上半年更是减少到54万日元(26份),房地产银行的贷款基础即住宅建设贷款陷于崩溃状态。在大阪分行住宅建设贷款的锐减和崩溃过程中,有以下两个侧面值得注意。

以往,房地产抵押贷款的根源,分为房地产购买和新建等获得房地产所需的资金,以及既有的房地产变为资金投入中小企业经营中这两大类。"而前者的需求……由于对价格、租金及浮动购买力的限制,以及工业地区管制、建材难以获得等原因,导致房地产本身的需求下降,从而此类资金的需求也不高。而后者也由于中小企业的整理和合并导致的资金需求减少而减少,这种情况不限于我行一家,而是各个方面均呈现缩水状态。②"

综上,住宅建设贷款锐减的原因主要包括:房地产价格和租金管制、工业地区管制、建材难以获得等导致的房地产购买和新建、增建对资金需求

---

① 大阪分行《大阪分行管内房地产金融状况(大阪分行调查)》业务参考资料20号,1939年9月,第9页。上述引用数字中,仅包含"新发放资金",不包含"借新还旧"。此外,这里引用的"营业用资金"并非房地产资金中的"营业用途"部分,而是和房地产资金无关的"营业资金"。
② 大阪分行《业务概况报告》1942年上半年。

## 第3章 经济统制及其对房地产业的影响：1937—1951

减少；中小企业整顿合并带来的经营资金需求减少，现有房地产变现的需求消失等。大阪分行的贷款金主要用途是"房地产资金"（主要是土地房屋出租）和"营业资金"，然而在战时统制政策下，这些需求统统消失了。

不过，住宅建设贷款余额减少的原因不仅仅是上述背景下的新发放贷款的停滞，还包括临时偿还的大幅增加等。侵华战争到太平洋战争初期，1939年下半年的偿还额度为994万日元，其中临时偿还461万日元。临时偿还的理由包括抵押物出售42%，留存手头现金32%，借新还旧4%[①]。当时，临时偿还的理由中，借新还旧大幅度减少，这是由于"优良贷款特别减息的效果"（日本劝业银行1953，第661~662页）。1940年上半年，抵押物出售带来的临时偿还较为活跃，到了下半年显著减少。这是"统制实施后最近房地产市场情况"的反应（1940年下半年）。临时偿还额的减少情况一直持续到了1942年。比较讽刺的是，经济统制为劝银大阪分行带来了贷款临时偿还的减少，从而使得"余额累计增加"（1942年上半年）。

但是，1943年度的临时偿还额重新增加。这是由贷款额的减少和劝银住宅建设贷款余额崩溃导致的。《业务概况报告》中，偿还额度"临时较之前期大幅增加"（1943年上半年），1943年下半年随着企业整备项目的加强，"转业、停业者的共助金及其他店铺出售获得的资金等导致临时偿还渐渐增加"[②]。临时偿还增加正是由于"企业整备"加强，为债务人带来共助金收入及出售产业获得资金才出现的现象。

1944年下半年，经济不景气带来的对投入资本的回收、建筑物抛售带来的收入及其他手头闲余的现金，使临时偿还依然大量存在。"普通偿还也显著增加，加之最近空袭灾难，对于一直以住宅建设贷款为根基的我行来说，影响颇深，即在战争中受灾的债务人蜂拥而至偿还债务。"[③]

1945年初，临时偿还的增加主要原因有：手头富裕的现金增加（经济不景气带来的对投入资本的回收、建筑物抛售带来的出售收入的增加的结果）；空袭[④]。当时劝银的"房地产金融"的根基受到了毁灭性打击。换言

---

① 大阪分行《业务概况报告》1939年下半年。
② 企业整备、转行、停业者共助金参考原、山崎（2006）、柳泽（2005）。
③ 大阪分行《业务概况报告》1944年下半年。
④ 1945年3月"空袭灾害带来的受灾债务人临时偿还"出现"大幅增加"。大阪分行《决算概况报告》1945年下半年。

之，劝银在空袭和建筑物抛售等造成的房地产本身价值受损的情况下，受到了决定性的打击，所以才说"对于一直以住宅建设贷款为根基的我行来说，影响颇深"[①]。

最后，提几个今后的研究方向。第一是战前日本的"房地产金融"机构中劝银和农银的地位问题。1911年后，在当时政府的指导下，劝银、农银作为农业金融机构、水产业金融机构（水产银行）、商工业金融机构、房地产金融机构承担了各种各样的功能。而战争时期劝银的"独特的能力"，与其说是战争时期新赋予的，还不如说是在战争开始前就已经具备了的功能，重要的是这些功能到1944年上半年为止一直在发挥作用。劝银的主要贷款对象之一是房地产业，资金的用途是作为房地产资金在使用。稍微夸张一点说，劝银和农银作为特殊银行，在从明治末期到太平洋战争结束为止的30年间，作为房地产金融机构一直发挥着重要的作用。

第二是应该如何评价在战后金融制度史中至今为止都没有重新设立房地产银行这一问题。劝银大阪分行一直到1944年上半年都还勉强维持了宅地抵押金融的余额，到了下半年急转直下，最终导致劝银作为房地产银行破产。战后复兴期曾经计划设立房地产银行，但是由于日本银行的政策委员会强烈要求劝银继续作为房地产银行发挥作用（1949年8月29日），以及大藏省虽然编写了相关法案，但是最后都没有实施等原因导致一直未设置房地产金融机构。劝银一直以来所承担的金融业务多数都转交给了战后成立的中小企业金融机构、农林渔业金融机构、住宅金融公库等金融机构。不过，战前劝银在城市分行和大城市的农银为中心的房地产金融机构的功能这方面，究竟应该由什么样的金融机构继承，仍然没有定论。

上述问题对于我们研究支持日本房地产业"资产经营效益"的"房地产业金融"在今后的发展方面有重要的意义。

（植田欣次）

---

[①] 需要注意1942年上半年到1944年上半年之间的住宅建设贷款远远低于侵华战争时期，但是仍然维持在6000万日元左右。当我们思考房地产抵押金融机构中劝银地位不断下降的问题时，可以看到，一直到这个时候为止，房地产抵押金融机构发放的住宅建设贷款都发挥了重要的作用。

# 第4章

经济高速增长和房地产业的发展:1952—1973

## 1. 经济增长和土地价格上涨

**(1) 人口移动和房地产业**

本章将对经济速增成长期的房地产业进行分析。说起经济高速增长期开端的标志，人们想到的是各项经济指标恢复到战前水平、经济白皮书中出现"战后已经过去了"的字样的1955年，但是本章中我们将再向前回溯一些，以1952年作为节点来划分。关于标志着各个时期的法令的含义，将在后面详细叙述。1950年，日本为了应对战后出现的住宅困难问题而设立了住宅金融公库，1951年又颁布了《公营住宅法》。对当时的房地产企业来说，和平条约签署后，一度被美军接收了的办公大楼又重新归还日本，建筑材料也变得更加容易获得，房地产业在1952年前后迎来了战后第一次高潮（蒲池1979，第51页）。1952年，日本颁布实施了两条重要法令，分别为作为战后的房地产交易基本法的《宅地建筑物交易业法》，以及建立了战后农地法制基础的《农地法》。可以说这也是一个战后房地产业法律框架逐步建立的时期。

战后日本经济的高速增长主要得益于以下几点。活跃的企业设备投资，以及丰富的青壮年劳动力流入城市，并形成了对耐久性消费品有旺盛需求的阶层。首先，从象征着这个时代的人口移动的角度，来分析人口和房地产业之间关系。战争结束时，日本国内人口约7 200万人，1947—1949年间第一次生育高峰期以后，人口开始持续增加，1970年突破1亿人。但是从年人口增长率来看，只有第一次生育高峰期超过了3%，其后均维持在每年1%的水平，远远称不上"人口爆炸"的水平。

然而，在整个高速增长期内，住宅短缺和住房困难问题一直是困扰日本社会的核心问题。1954年鸠山内阁将"住宅对策的扩充和强化"作为最

## 第4章 经济高速增长和房地产业的发展：1952—1973

重要的政策之一提出来，打出了"一家一房"的口号，并制定了"住宅建设10年计划"；次年日本住宅公团成立。在那之后，解决住宅困难问题一直保持着较高呼声，政府在1966年、1971年相继制定了第一次和第二次"住宅建设五年计划"，不仅在20世纪50年代，甚至到了20世纪六七十年代，住宅困难仍然是日本国内的一大主要社会问题。

尽管人口增加十分平稳，住宅供需矛盾却愈发尖锐。要解释这种矛盾成因，可以从两点来考虑。第一点是要重视人口的"移动"而不是"增长"，第二点是对战后日本家庭形态的变化进行解读。当然，上述两点之间存在着密切的关系。20世纪50年代到60年代之间日本国内的人口移动在当时被称为"民族大迁移"，可谓规模巨大。人口移动的主要特征是从农村向城市流动，20世纪50年代从农业到城市的"滑坡式"人口流出令人瞩目。1953年到1959年间，农业从业人口数量从29万人减少到17万人，减幅41.3%，也就是说，新毕业的农家子弟几乎全部离开了农村，前往大城市就业（并木1960）。图4-1-1中显示了当时首都圈人口的增长率。首都圈都、县的人口增长率大幅超过全国平均水平。国内的人口增长整体水平较低，但是城市地区却出现了人口爆炸式增长。20世纪50年代初人口数为600

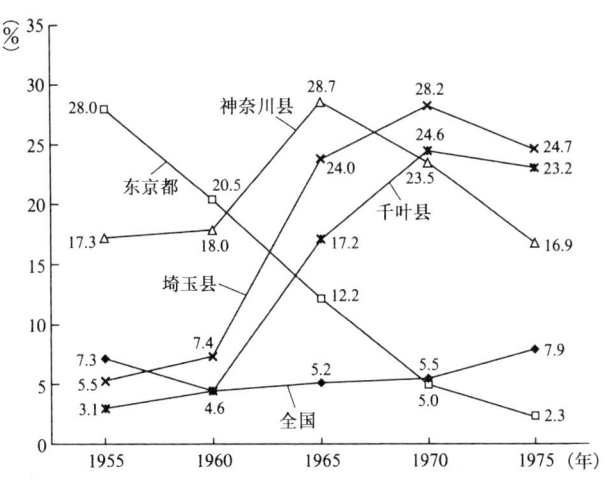

图4-1-1 首都圈人口增长率变化

资料来源：总理府统计局（1955—1975）。
注：增长率的数值是每5年统计的数值。

余万人的东京都,到 1965 年超过了 1 000 万人,其后还在继续增加。很显然,人口持续集聚的中心——东京都,正是房地产业的核心市场。

然而,东京都人口增长率却在快速地下降。人口密度方面,1960 年为 4 778 人/千米$^2$,达到饱和状态。人口增长率在首都圈的外延地区也就是千叶、埼玉、神奈川县等更为显著。这部分地区也成了为了逃避日渐恶化的大城市居住环境而逃离城市的人群,以及从农村地区来到大城市、经过一段时间的租房生活后打算购买自己的房子居住的上班族的去处。这些近郊县为了满足快速流入的人口对住房的需求,加快了农业用地转住宅的进程。关于这一点将在下面一节详细论述,这里提醒大家注意的是,20 世纪五六十年代的主要住宅供给方其实是近郊各县。

此外,还需要对当时的人口流动情况,从年龄结构和人生阶段上来进行分析。当时中学、高中毕业的年轻人被称为"金蛋",这些"金蛋"大批来到东京工作,甚至成为当时的一大社会现象。可以说,流动到城市地区的劳动人口中,大多数都是刚刚毕业的青年。但是,这些年轻的劳动人口也并非一来到东京就可以租房入住、成为房地产商的顾客的。研究表明,大多数人甚至都拿不出用来租房的租金,只能住在公司或者宿舍中(加瀬 1997)。这些"金蛋"要在城市定居下来,首先要成为租客,然后才能渐渐产生买房的需求,这之间需要 10~20 年的时间。一方面我们必须考虑上述时差的影响,另一方面也要看到,这种前所未有的国内人口移动给日本国内的住宅市场带来了极大的影响。城市地区的住宅供需在大量涌入的人口面前可谓捉襟见肘。

还有一个对当时的住宅供需结构产生重要影响的因素,就是当时的家庭结构变化。经济高速增长的支柱是国内的耐用消费品(例如洗衣机、电冰箱、黑白电视等,所谓的"三种神器"),这部分需求的出现,和年轻人移居城市、家庭数量增加带来的追加需求效应密不可分(吉川 1997,第 124 页)。在住宅需求方面也是一样的。图 4-1-2 将人口增长率和家庭增长率进行对比,可以很明显地看到人口增长率比较平稳,而家庭增长率大幅上升,这意味着单个家庭的成员数在下降。实际上,从 1950 年到 1970 年,平均每户人口数从 4.97 人下降到 3.69 人。造成这种变化的,除了上述人口移动以外,还有大城市从大家庭到核心家庭化,以及女性平均生育人数的下降等影响。无论是哪个因素都对新的房地产需求产生影响,促进了房地产质的变化。总之,在这段时期,房地产业产生了巨大的变化。

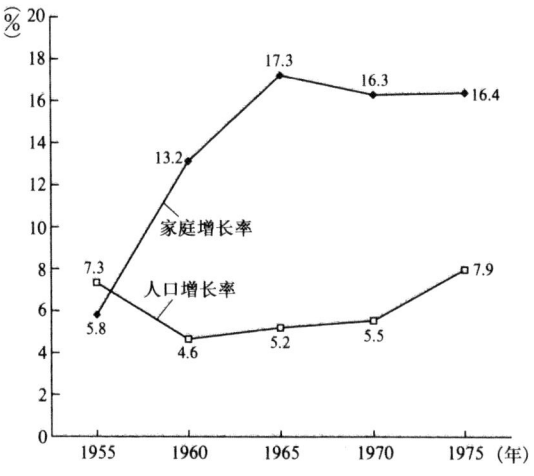

图 4-1-2　国内人口增长率和家庭增长率

资料来源:总理府统计局(1955—1975)。

注:增长率的数值是每5年统计的数值。

### (2)住宅供给的动向——租房时代

战后日本人的居住形态主要是以家庭为单位,住在自家房产中。而1950—1975年的《国势调查》则显示,普通家庭中"自家房产"的持有率在1955年最多为67%,其后逐年递减,到1975年为58%[①]。这一数值除了反映出以自家房产为中心的居住方式外,还显示出高速增长期,租房的比例在增加。如前所述,当时城市地区住房需求的主体是从地方来到城市工作的年轻人,这一人群经过了最初的寄宿生活,开始逐渐向租房居住发展。为了满足这部分新产生的对住房的需求,当时出现最多的就是民间建设的"出租房",也就是木制的共同住宅。据调查,1962年东京都内共有民间经营的木制公寓54 637栋499 861户(房地产业界沿革史出版特别委员会1975,第260页),相当于当时东京都人口数目的约25%,可以说当时从地方来到东京刚刚结束寄宿生活的年轻人多数都居住在这样的住宅中。

---

① 国势调查是调查员家访式的调查,所以需要注意这一调查对单身人群的覆盖度不是很理想。

从住宅的建设情况也可以看到这一点。表 4-1-1 体现了不同类别的新建住宅的数量。20 世纪 50 年代中,独门独户的住宅建设数量整体减少,而出租房建设则明显增加。到了 60 年代,商品房和出租房的建筑数量基本比肩,如果再将"分售"算入商品房,"分配(公司宿舍等)"算为出租房,那么 1963—1965 年仅仅两年的时间里,出租房建筑数量就已经超过了商品房建筑数量。20 世纪 50 年代到 20 世纪 60 年代前期,显然是一个"租房"的时代。

不过,这个"租房时代",换句话说就是"住宅贫乏"的时代。为了应对人口的快速涌入,在极短的时间内,在资金极不充分的情况下大量建设的这些出租房,普遍在面积上不及商品房,在设施上也多较为简陋。1965 年的《国势调查》统计了住房中平均每人占有面积(单位:榻榻米),买房居住的情况下为 5.76 榻榻米,而租房仅有 3.53 榻榻米,东京市中心更是低至 3.3 榻榻米。然而,就连如此狭窄的出租房,在城市也是供不应求,在卖方市场下,再生产难以进行,因此租户只能忍受糟糕的居住环境。1972 年建设省的调查显示,当时甚至出现了一些十分不人道的合同,例如有以噪声等为理由,包含诸如"一旦生了孩子就得搬出去"等条件,这种合同在东京达到 30%,大阪达到了 40% 以上(早川 1979 第, 12 页)。不过,"出租房"供给的扩大,也带来了房地产租赁业和中介行业的商机。尤其是面向来到城市工作的人群开展房屋租赁中介的中介商,其重要性越来越明显。

出租房的市场优势持续到了 1965 年,其后商品房又重新恢复其优势地位。出租房的减少主要由于占最大比例的民营(居住设备专用)住宅供给在 1963 年后没有增加,而且共用生活设施的民营出租房也在 1963 年后转为减少。这一现象基本上反映了国内住宅环境的改善。随着从地方来到大城市工作的人群的年龄上升和生活水平的提高,他们的居住方式也开始从出租房向商品房发展,而新来到城市工作的年轻人也越来越不愿意居住在共用生活设施的出租房里,这种变化是造成上述现象的主要原因。公营、公团提供的出租房数量在 1964 年到达一个峰值,其后虽然在 1968 年再次上升,但是一直没有能够颠覆商品房的优势地位。

表 4-1-1　开工新建住宅户数变化

| 年度 | 私有房产 户数 | 私有房产 占比(%) | 租房 户数 | 租房 占比(%) | 分配 户数 | 分配 占比(%) | 分售 户数 | 分售 占比(%) | 合计 户数 | 合计 占比(%) |
| --- | --- | --- | --- | --- | --- | --- | --- | --- | --- | --- |
| 1951 | 164 886 | 78 | 25 677 | 12 | 15 151 | 7 | 4 796 | 2 | 210 510 | 100 |
| 1952 | 174 517 | 72 | 42 460 | 18 | 15 971 | 7 | 9 566 | 4 | 242 514 | 100 |
| 1953 | 174 201 | 71 | 44 791 | 18 | 16 899 | 7 | 11 106 | 4 | 246 997 | 100 |
| 1954 | 160 346 | 64 | 57 681 | 23 | 20 351 | 8 | 11 290 | 5 | 249 668 | 100 |
| 1955 | 168 578 | 65 | 58 363 | 23 | 17 918 | 7 | 12 529 | 5 | 257 388 | 100 |
| 1956 | 180 746 | 59 | 84 422 | 27 | 20 509 | 7 | 23 009 | 7 | 308 686 | 100 |
| 1957 | 191 691 | 60 | 90 432 | 28 | 21 223 | 7 | 17 749 | 6 | 321 095 | 100 |
| 1958 | 188 656 | 56 | 110 657 | 33 | 20 474 | 6 | 18 202 | 5 | 337 989 | 100 |
| 1959 | 204 280 | 54 | 137 028 | 36 | 22 569 | 6 | 16 698 | 4 | 380 575 | 100 |
| 1960 | 233 259 | 55 | 145 874 | 34 | 30 098 | 7 | 14 939 | 4 | 424 170 | 100 |
| 1961 | 265 575 | 50 | 213 942 | 40 | 40 492 | 8 | 15 954 | 3 | 535 963 | 100 |
| 1962 | 263 091 | 45 | 261 300 | 45 | 39 714 | 7 | 22 017 | 4 | 586 122 | 100 |
| 1963 | 305 669 | 44 | 307 239 | 45 | 46 703 | 7 | 29 132 | 4 | 688 743 | 100 |
| 1964 | 322 093 | 43 | 335 908 | 45 | 57 016 | 8 | 36 412 | 5 | 751 429 | 100 |

续表

| 年度 | 私有房产 户数 | 私有房产 占比(%) | 租房 户数 | 租房 占比(%) | 分配 户数 | 分配 占比(%) | 分售 户数 | 分售 占比(%) | 合计 户数 | 合计 占比(%) |
|---|---|---|---|---|---|---|---|---|---|---|
| 1965 | 377 297 | 45 | 367 972 | 44 | 55 995 | 7 | 41 332 | 5 | 842 596 | 100 |
| 1966 | 407 810 | 48 | 349 281 | 41 | 52 039 | 6 | 47 449 | 6 | 856 579 | 100 |
| 1967 | 486 305 | 49 | 382 121 | 39 | 61 423 | 6 | 61 309 | 6 | 991 158 | 100 |
| 1968 | 547 347 | 46 | 484 997 | 40 | 71 585 | 6 | 97 746 | 8 | 1 201 675 | 100 |
| 1969 | 582 467 | 43 | 563 412 | 42 | 71 592 | 5 | 129 141 | 10 | 1 346 612 | 100 |
| 1970 | 617 189 | 42 | 615 615 | 41 | 87 978 | 6 | 163 774 | 11 | 1 484 556 | 100 |
| 1971 | 617 520 | 42 | 602 747 | 41 | 71 236 | 5 | 172 257 | 12 | 1 463 760 | 100 |
| 1972 | 688 141 | 38 | 799 724 | 44 | 67 406 | 4 | 252 310 | 14 | 1 807 581 | 100 |
| 1973 | 764 996 | 40 | 702 928 | 37 | 70 487 | 4 | 366 701 | 19 | 1 905 112 | 100 |
| 1974 | 680 763 | 52 | 358 800 | 27 | 43 365 | 3 | 233 172 | 18 | 1 316 100 | 100 |
| 1975 | 704 154 | 52 | 376 128 | 28 | 38 213 | 3 | 237 791 | 18 | 1 356 286 | 100 |

资料来源：建设省计划局(1951—1975)。

注：1973年以后含冲绳县。占比(%)受四舍五入的影响，合计值有时不是100。

进入20世纪70年代,房地产公司和建筑公司的分售住宅供给增加,不断地满足来自地方的人群对于自家房产的需求。"总有一天要买房子"成为来到大城市工作的人们的"梦想"和"目标"。在这样一个时代背景下,没有多少家庭愿意一直居住在出租房里,来到大城市工作的人们多数都想要实现从租房到买房的过渡。可以说"租房时代",是日本从住宅困难困扰社会的时代,向买房热的时代发展的一个过渡期。

### (3)地价上升和房地产市场

日本经济的快速发展不仅带来了工业开发、人口移动,也带来了地价的节节攀升。日本房地产研究所得出的全国城镇土地价格指数中,如果将1955年设为100,那么1960年就是280,1965年768,1970年1 395,在15年间上升了13倍之多。其间批发物价指数和消费者物价指数的增长率分别为115%和188%,其间实质地价增长率为7~11倍。工薪族所谓的"收入翻番",在这一时期实际收入增长率为略少于3倍,维持在一个远远高于一般物价和国民收入增长率的水平上。尽管月薪翻了一番,但是仍然不及地价的上涨速度,人们买房的压力越来越大。

那么,是什么带来了地价的飞涨呢?图4-1-3中从商业用地、工业用地、住宅用地三个方面比较了城镇土地价格指数的上涨率可以看到,不同时期上涨速度快的土地类型有所不同。1957年到1964年间,工业用地的价格上涨率基本上都高于商业和住宅用地的上涨率。这一趋势在六大城市尤为显著,可以说,当时的地价上涨主要受到大城市工业用地需求的拉动。当时正值1960年,池田内阁提出"国民收入倍增计划",产业基础设施的建设被列为重点项目,1962年全国综合开发计划("一全综")实施,在四大工业地带和新产业城市集中开展工业用地建设项目。这段经济热潮来自政府政策和投资热,被称作"岩户景气",其间企业设备投资升温,带来了对工业用地的实际需求上涨。

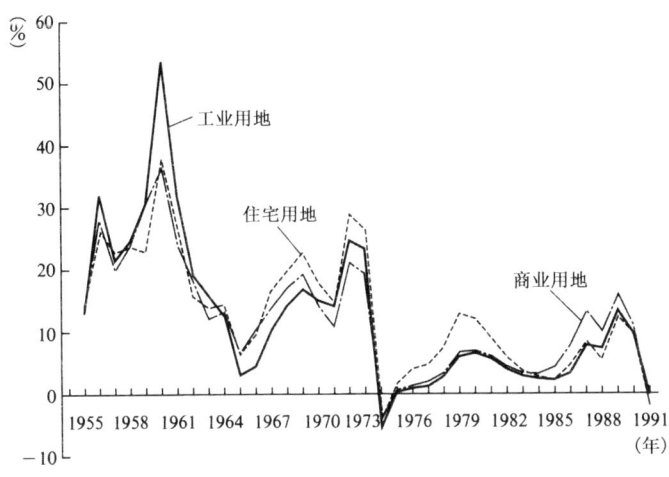

图 4-1-3　城镇土地价格指数增加率变化

资料来源：日本不动产研究所(1955—1993)。

其中，1961年的地价上涨情况尤其引人注目：工业用地上涨了53%，六大城市上涨了87%。这一数值甚至超过了20世纪70年代的"狂乱地价"时代。造成这种快速上涨现象的原因，除了工业用地不足带来的实际需求方面的因素外，日本银行放宽金融政策起到了推波助澜的作用(吉川等 1993)。但是工业用地价格上升影响了住宅用地的地价，于是政府在1962年4月成立宅地制度审议会，就如何实现住宅用地的价格稳定和流通顺畅征求意见。

其后地价上升势头暂缓，到了20世纪60年代大概维持在10%～20%之间，也正因为如此，直到进入20世纪70年代地价的上升才再次显著。不过，增长率到1965年触底反弹，其后一直在提高。1965年后的地价上升和以前不同，是由住宅用地拉动的。工业开发对土地的需求告一段落，而工业开发带来的流入城市的人口才刚刚正式进入对房屋的需求时期。住宅地价拉动的地价整体上升到了后面的稳定发展期也仍然在持续，一直到20世纪80年代后期即所谓的泡沫经济时期，才变为由商业用地拉动地价。

关于当时的住宅租赁价格，出租房占重要地位是20世纪50年代及60年代前期的一个特征，这在前面有提到过，不过这一时期租金的上涨幅度远远没有赶上地价的上涨幅度。1956年到1970年之间，平均每平方米的房租，别墅为210日元～494日元，大杂院为240日元～547日元，公寓为

548日元～772日元,增加幅度均不足 2 倍。而和上面说过的地价相比较,可以说房租的上涨速度和收入的增长速度基本持平(长谷川 1972,第 41 页)。房租之所以受到抑制,主要是《地租房租统制令》的缘故。1946 年公布的《地租房租统制令》设置了地租和房租的"认可统制额度"。1950 年的修订中,新建住宅和商业、工业用建筑物不再进入统制范围,1956 年的修订中解除对建筑面积 30 坪(1966 年改为 99 平方米)以上出租房的统制,其后仅对小型的房屋和插间出租进行管制。这些统制法规在地价上升时期,有效阻止了房租的同步上涨,在当时公营住宅尚不成熟的日本住宅政策下,对国民住房情况有所裨益。但是,统制对房租的抑制也使房东采取防护措施,如高额的押金成为一种惯例(全宅联不动产综合研究所 1999b,第 169 页)。还有人认为低价房租阻碍了住宅的供给,也有人认为农家在衡量房租时,并不是将租金和地价相对比,而是将租金和农业收入对比来决定的,这点需要对实际情况进一步分析。

快速发展的工业化和设备投资的活跃化,使工业用地需求增加,也提高了农村过剩人口在城市地区的住宅需求。工业开发带来房地产开发的契机,人口移动给中介带来了商机——在这以后不久,来到城市定居的年轻人开始逐渐产生了买房的需求,而新兴房地产开发商通过工业开发积累了大量业绩,他们在商品房(地)的分售事业中找到了新的商机并大举进入这一市场。这就是列岛改造之前的日本房地产业的发展特点。

### (4)房地产业的动向

关于战后房地产企业的业务内容,在《事业所统计》中可见一二。表 4-1-2 记录的是东京、大阪、爱知的企业业务形态和结构。从企业数量上看,最多的是"房屋出租、插间出租业"。这一业务形态属于将自己持有的房屋或公寓出租获得收益,大约 60% 的企业都属于这种。这些企业从很早就开始在城市经营自己的出租屋,或者是农民将自己的土地转化为宅地,建设住宅或者木制公寓,从企业的标准来看属于最为微小的企业形态。职工不足 5 人的占整体的 99%,采取个人经营而非法人经营的有 95%,可以说支持日本经济高速增长时期住房需求的,正是这些个人经营房屋和插间的房东。到了 20 世纪 70 年代,这些微小的企业开始减少,从中可以看出

表 4-1-2 房地产事业所数

| 分类 | 全国 | | 东京 | | | | 大阪 | | | | 爱知 | | | |
|---|---|---|---|---|---|---|---|---|---|---|---|---|---|---|
| | 1972年 | 占比 | 1972年 | 占比 | 增长率 | 1969年 | 1972年 | 占比 | 增长率 | 1969年 | 1972年 | 占比 | 增长率 | 1969年 |
| 总计 | 154 687 | 100 | 32 400 | 100 | 0 | 32 370 | 15 641 | 100 | 30 | 12 034 | 7 549 | 100 | 15 | 6 549 |
| 出租业（房屋、房间出租业除外） | 9 452 | 6 | 2 887 | 9 | 53 | 1 888 | 1 535 | 10 | 33 | 1 156 | 466 | 6 | 18 | 395 |
| 房屋、房间出租业 | 100 769 | 65 | 19 803 | 61 | −14 | 22 910 | 9 694 | 62 | 30 | 7 451 | 4 391 | 58 | 5 | 4 191 |
| 商品房出售、土地买卖 | 8 767 | 6 | 1 466 | 5 | 42 | 1 031 | 957 | 6 | 61 | 594 | 498 | 7 | 120 | 226 |
| 不动产中介 | 29 684 | 19 | 6 881 | 21 | 23 | 5 616 | 3 156 | 20 | 21 | 2 618 | 1 959 | 26 | 20 | 1 637 |
| 其他 | 6 015 | 4 | 1 363 | 4 | 47 | 925 | 299 | 2 | 39 | 215 | 235 | 3 | 135 | 100 |

资料来源：总理府统计局（1972.539—542页）。

注：占比和增长率的单位是%（百分比）。

房屋出租业的停滞和消费品供给层次提升带来的企业形态重组。

这些房屋、插间的房东很少自己寻找租客,大多数都是通过中介。"房地产代理、中介"这一分类就包含了中介。中介在当时也多为小企业,82%都只有不到 4 个职工,非法人比例占 66%,仅次于"房屋、插间出租业"。房地产中介即使没有太多资金也可以开业经营,因此有许多新进入市场的企业。1952 年《宅地建筑物交易业法》主要制定的就是针对这些中介和买卖在内的流通部门的登记和许可制度。其后,这些中介构成了业界的主要部分。到了 20 世纪 70 年代,有增加的倾向。

和这些小规模的、主要业务内容为中介业务的事务所形成鲜明对比的是"商品房土地买卖"大类。这种企业形态中,职工人数少于 4 人的零散形态为 6.5%占比最小,而超过 100 人的大型企业更占了 55%,法人比率也高达 72%。这些企业主要从事土地开发、分售,当时被称为"房地产开发商"。除了原财阀旗下的房地产公司外,还有电铁系列的房地产公司等,先参加工业用地开发,后进入住宅建设和分售事业,成为该行业的核心主体。而"developer"即房地产开发商的称呼,也是 1960 年代的开发商们为了消除"不动产屋(即卖房的)"、"千三屋(房地产中间商,意为只有千分之三能谈妥)"等过去带有蔑视意义的称呼,在 1962 年日本生产本部视察团视察美国城市开发时引进的叫法。对于那些从以往的流通和中介为主的业务形态,向房地产开发为主的业务形态发展的领头企业来说,"developer"这一称呼作为新的房地产业的象征再合适不过了(蒲池 1979,第 29 页)。最后,"租赁业"主要是指出租办公大楼等的行业。以三菱地所为代表的有历史的企业虽然整体数目不算多,但是大企业的比例和法人比例都很高。

综上所述,当时的房地产业主体呈现出一种双重结构。一方面,包括历史较长的、以经营办公楼出租为主的"租赁业"和以强大的资本力量为武器投身开发事业、发展为"developer"的"商品房土地分售业"在内的主体形成了大企业群,支持整个房地产业的发展;另一方面,包括为了应对当时巨大的人口流动而迅速开展住宅建设和供给的"房屋、插间租赁业"以及负责流通的"房地产代理中介业"等在内的、数目众多而新兴零散的个人事务所和企业,也在不同业务分支上支持着日本的房地产业。

(永江雅和)

## 2. 土地价格上涨和农业用地的转化

### (1) 战后《农地法》和农地转用

房地产市场的主要商品是土地和建筑物,这里我们就土地的供给源头,也就是农业用地转非农用的问题来进行探讨。细说起来,这部分应该包括土地供给源头,即土地农转非,以及山林、原野、公用水面的填埋和建设,还有土地用途规制放宽后出现的可供建筑面积的增加。尤其是水面的填埋和分售,以千叶县为代表的这一业务形态是当时房地产业最具特征的一个部分,相关详细内容我们放在下一节,这里仅从土地农转非形成的土地供给角度来讨论[①]。从规模上来看,1956—1975 年的农转非面积在 56 万公顷左右,是同时期填海造陆累计造陆面积 5.3 万公顷的 10 倍多。战后房地产市场的主要土地供应源头就是土地的由农转非。

战后农业用地转为住宅、工业用地方面,众所周知存在着众多强有力的管理法令。其核心就是 1952 年制定的《农地法》。《农地法》以保护战后农地改革成果和自耕农地位为宗旨,在第 1 条就明确提出"农业用地由其耕作者持有最为恰当",打出了自耕农主义的理念,并以"调整土地在农业用途上的关系……提高农业生产力"为目标[②]。因此该法律对农转非提出了十分严格的规定,要求当需要将农业用地变为其他用途(转用)时,需要都道府县知事甚至农林大臣的许可(第 4 条),将农业用地出售供其他目的使用时,也需要相同的许可(第 5 条)。

但是,在《农地法》制定前后,还有一个放宽了农地改革对象地区限制的重要规定。在农地改革实施过程中,如果作为改革对象的农业用地不再耕种,那么就需要由政府按照统制价格买回,也就是政府有优先购买权。但是这一规定由于 1950 年《土地台账法》的修订、租赁价格被废止而失效,就此农地地价统制解除,新开垦的自耕农地也可以用于转用了(岩本 2002,

---

[①] 农业用地以农用为目的交易在广义上也属于房地产买卖行为,但是本节原则上将这种情况排除在外。

[②] 农地法律制度方面如无特别标准均参照全宅联不动产综合(1999b)。

第 502 页)。

《农地法》对农转非的许可权限规定为都道府县知事和农林大臣,但是在实际应用中,一般采取的是由市町村农业委员会讨论并提交县审核的形式。农业委员会成立于 1951 年,是行政委员会的一种,是将负责战后农地改革的农地委员会和农业调整委员会、农业改良普及委员会三者合一而成。委员由公选决定,委员会的特色之一就是不通过分层选举,而是直接选举产生委员,因此具有较强的地区代表性。农业委员会继承了其前身 3 个委员会的所有业务,除了根据粮食管理制度对农产品的生产任务分配额进行计算、对农事进行指导外,最大的业务就是根据《农地法》对农业用地的流通和转用的许可进行讨论和向上级提交。市町村农业委员会通过的转用申请一般很少会在都道府县或农林省的层面被否决,所以在这点上,农业委员会在事实上就是地区农民代表组成的"《农地法》的执法者",承担了地区农业管理的核心职能(田代 1993,第 316 页)。委员会的事务所通常设在市町村政府办公楼里,如果有人提交农转非申请,那么就由负责该地区的委员到现场核实,然后在每月举行的委员会上审议,再提交到县一级。如果不向委员会提交申请进行农地转用,则构成"非法转用",将被"处以三年以下刑罚或 100 万日元以下罚金"。农业委员会很少执行这么重的刑罚,大多数都是写个检讨书提交上去了事;如果情况过于恶劣,就会将无效的申请提交到县一级。

## (2)农地转用的动向

下面从全国的发展情况来看一下农地转用面积和地价的动向。表 4-2-1 是《农地法》对农转非批准和申请的数量。1953—1975 年间,累计共约 58 万公顷的农地转用为住宅或工业用地。但是其中转用面积的增幅存在波动,转用面积较上一年大幅增加的"波峰"共有 4 次。每个转用的"波峰"都和当时日本经济的周期密切相关。

表 4-2-1　全国农地、采草放牧地的转用批准和申请成果

| 年度 \ 项目 | 件数 | 面积(ha) | 累计(ha) | 增长率与上年比(%) |
|---|---|---|---|---|
| 1953 | 114 617 | 5 731 | 5 731 | |
| 1954 | 125 755 | 6 298 | 12 029 | 9.9 |
| 1955 | 115 606 | 5 488 | 17 516 | −12.9 |
| 1956 | 154 412 | 6 958 | 24 475 | 26.8 |
| 1957 | 187 702 | 9 293 | 33 768 | 33.6 |
| 1958 | 203 894 | 9 119 | 42 887 | −1.9 |
| 1959 | 230 228 | 11 115 | 54 002 | 21.9 |
| 1960 | 258 597 | 15 009 | 69 011 | 35.0 |
| 1961 | 310 972 | 21 033 | 90 044 | 40.1 |
| 1962 | 297 121 | 20 233 | 110 277 | −3.8 |
| 1963 | 358 418 | 24 626 | 134 904 | 21.7 |
| 1964 | 417 955 | 28 753 | 163 656 | 16.8 |
| 1965 | 421 397 | 26 502 | 190 159 | −7.8 |
| 1966 | 431 721 | 28 032 | 218 190 | 5.8 |
| 1967 | 458 617 | 29 544 | 247 734 | 5.4 |
| 1968 | 478 605 | 30 549 | 278 284 | 3.4 |
| 1969 | 600 407 | 42 876 | 321 160 | 40.3 |
| 1970 | 578 047 | 46 519 | 367 679 | 8.5 |
| 1971 | 577 762 | 47 609 | 415 288 | 2.3 |
| 1972 | 609 357 | 50 705 | 465 993 | 6.5 |
| 1973 | 608 661 | 52 532 | 518 525 | 3.6 |
| 1974 | 420 858 | 34 247 | 552 772 | −34.8 |
| 1975 | 387 026 | 25 507 | 578 279 | −25.5 |

资料来源：加用(1977)。

注：(1)包括1972年以后复归后的冲绳。

(2)1970年以后的数值是补充修正了抽出调查的推算值之后的推算总数值。

## 第4章　经济高速增长和房地产业的发展：1952—1973

第一个波峰是1956—1957年，正值高速增长期的开端"神武景气"。旺盛的出口和国内企业设备投资拉动了经济增长，企业也随之出现了和设备投资息息相关的土地方面的需求。当时鸠山内阁正在实施"住宅建设十年计划"，1955年日本住宅公团设立。在经济大发展的背景下，民间住宅开发商对土地住宅的开发也蓬勃发展。但是，当时《农地法》依然生效，开发方面管制较多，于是大多数开发项目都"跳过车站周边的农地，在一定距离外的丘陵地区（山林）等优先进行开发"（蒲池1979，第52页）。这种无秩序的开发在当时被称为"甜甜圈现象"，也是后来的城市无计划扩展（虫噬）问题的开端。这一时期的特点是，一方面《农地法》的管理力度依然强大，另一方面在城市开发中毫无分区概念，任意发展。

第二个波峰是在1959—1961年，是"岩户景气"时期。如前一节所述，在"一全综"口号下，太平洋工业带和新产业城市建设蓬勃发展，带来了对工厂用地的实际需求，加之日银放宽金融管制，带来了地价的快速上涨。这一时期，农业用地方面的行政政策也出现了重要变化。1959年，农林省次官通达制定了"农地转用许可标准"，规定了开发所必需的农地转用标准，实际上是对土地农转非的承认。结果，这一时期各自治体政府纷纷出台工厂招商政策，从20世纪50年代末到60年代初，农业用地向工厂用地的转化大幅增加。

第三个波峰是"奥运会景气"，也就是1963—1964年。在东京奥林匹克运动会的影响下，东海道新干线、首都高速公路纷纷开始建设，产生了旺盛的建筑需求。

而最后一个波峰则是在1969年，当时日本经济刚刚经历过1965年的经济下滑时期，迎来了"伊奘诺景气"。这一时期的经济发展是在国内主要吸引就业的企业从制造业变为了建筑业、服务业等非制造业领域的过程中产生的，当时拉动地价上升的主要因素是住宅用地的价格。也有人认为，这一时期农转非的大幅增加有其他非经济因素的作用。例如野口悠纪雄曾就1969年度土地税制改革中有时限地放宽了长期转让税一事的效果进行过论述（野口1989，第37页）。还有赶在《城市规划法》"划线"之前的土地转用等的影响，以及对城市地区农业用地是否应当按照住宅用地标注纳税的争论等的影响（永江2005）。第四个波峰在后来美元冲击下的金融政策放宽以及列岛改造热潮的推动下,引发了战后日本最大规模的一次土地农转非潮流。1973年石油危机后,转用面积大幅度下降,在那之前的1969—1972年间的农转非面积约有24万公顷。

再来看一下这期间的农地价格变化。图4-2-1是田地买卖价格增幅变化。和前一节的图4-1-3中城镇的情况相比,此图有很大的区别。最大的区别在于20世纪50年代前期的农地价格增幅的大小,主要受到了上面我们说过的农地价格统制政策撤除的影响。而又如前面所讨论过的那样,战时到占领时期的日本农业用地和城区不同,处于严格的统制之下,农地的统制价格在战后通货膨胀的背景下,相对来说十分低。1950年地价统制政策废止,农地价格开始向当时的物价水平靠拢,出现了大幅度涨价。另外,城镇价格指数中,20世纪60年代初的地价上升所造成的影响,也同样在于这个时期的农业用地价格上升。不过,我们使用的数据是日本房地产研究所将可能会实施农转非的农业用地排除后再进行地价计算得出的结果,即《田地价格调查》,因此工厂用地需求带来的农地价格上升难以反映在数据中。1965年后,进入了住宅用地主导的地价上升时期,农地价格和城镇土地价格之间的联系也越来越密切(西村1995)。此外,全国农业会议所的

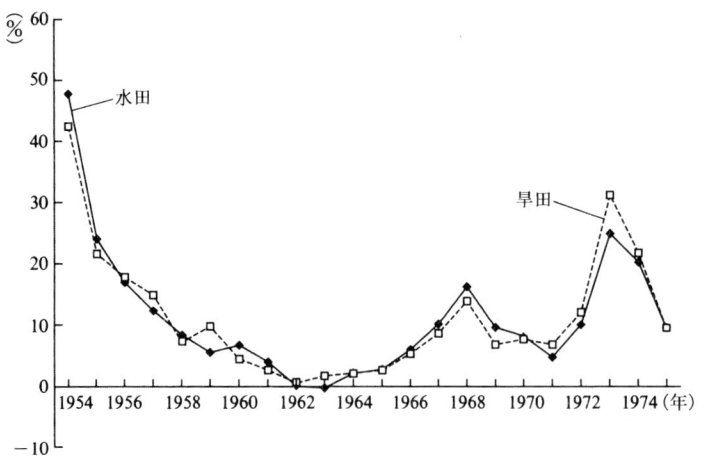

图4-2-1　田地买卖价格增长率变化

注:(1)截止到1958的情况来源于日本劝业银行的调查。1959年以后来源于日本不动产研究所调查。

(2)水田、旱田等级都是"普通"的数值。

《田地买卖价格等相关调查结果》显示,农地转用价格中,旱地价格要高于水田价格。这是因为转用过程中,旱地的成本更低。

### (3)工业化和农地转用

这里以埼玉县八潮市为例看一下农地转用的具体变化。该市是接近东京都的近郊农村,战后由于大量的工厂建设和人口流入,发生了大规模的农地转用。这些近郊各县的农村地区人口增长远远超过东京都的增幅,如前面讨论过的,极具代表性地反映了当时土地问题的变化[①]。表 4-2-2 是八潮市内农地转用面积的变化,该市从 1958 年到 1975 年共实现了 514 ha 的农地转用。根据《农业调查》,1950 年市内农地面积为 1 358 公顷,所以简单地计算来看,共有大约 38% 的农地发生了转用[②]。从农地法第四条、第五条适用案例看,80% 以上为伴随着所有权变更或租赁权的、适用于第五条的转用,可见战后该市农地转用的主流是从自耕农手中转移到第三者手中。1969 年后,不伴随所有权转移的、适用于第四条的比例开始增加。

表 4-2-2 八潮市农地转用面积变化

单位:公亩、%

| 年度 | 第四条 | | | | 第五条 | | | | 转用合计 | | |
|---|---|---|---|---|---|---|---|---|---|---|---|
| | 水田 | 旱田 | 合计 | 比率 | 水田 | 旱田 | 合计 | 比率 | 水田 | 旱田 | 计 |
| 1958 | 5 | 37 | 42 | 12.5 | 86 | 209 | 295 | 87.5 | 91 | 246 | 337 |
| 1959 | 51 | 67 | 118 | 7.5 | 1 110 | 345 | 1 455 | 92. | 1 161 | 412 | 1 573 |
| 1960 | 10 | 96 | 105 | 4.2 | 1 701 | 711 | 2412 | 95.8 | 1 710 | 807 | 2 517 |
| 1961 | 53 | 65 | 118 | 4.6 | 1 880 | 599 | 2 479 | 95.4 | 1 933 | 663 | 2 597 |
| 1962 | 42 | 102 | 144 | 6.4 | 1 593 | 516 | 2 112 | 93.6 | 1 637 | 619 | 2 256 |
| 1963 | 64 | 166 | 230 | 7.7 | 2 254 | 518 | 2 773 | 92.3 | 2 319 | 684 | 3 003 |
| 1964 | 77 | 201 | 278 | 10.4 | 1 814 | 592 | 2 406 | 89.6 | 1 891 | 793 | 2 684 |
| 1965 | 152 | 281 | 433 | 15.6 | 1 852 | 486 | 2 338 | 84.4 | 2 004 | 767 | 2 771 |

---

① 以下八潮市相关内容如无特别标注均参照《八潮市农业委员会议事录》。
② 但是《农业调查》属于属人主义,农业委员会的业务属于属地主义,二者数据相比较时需要尤其注意。

续表

| 年度 | 第四条 | | | | 第五条 | | | | 转用合计 | | |
|---|---|---|---|---|---|---|---|---|---|---|---|
| | 水田 | 旱田 | 合计 | 比率 | 水田 | 旱田 | 合计 | 比率 | 水田 | 旱田 | 计 |
| 1966 | 118 | 176 | 294 | 10.3 | 2 141 | 421 | 2 562 | 89.7 | 2 259 | 597 | 2 856 |
| 1967 | 226 | 306 | 533 | 14.0 | 2 761 | 519 | 3 280 | 86.0 | 2 988 | 825 | 3 813 |
| 1968 | 299 | 458 | 756 | 13.5 | 4 247 | 612 | 4 860 | 86.5 | 4 546 | 1 070 | 5 616 |
| 1969 | 1 211 | 755 | 1 966 | 28.7 | 4 134 | 745 | 4 879 | 71.3 | 5 344 | 1 500 | 6 844 |
| 1970 | 419 | 276 | 695 | 21.8 | 2 001 | 499 | 2 500 | 78.2 | 2 420 | 776 | 3 195 |
| 1971 | 377 | 290 | 667 | 26.7 | 1 318 | 517 | 1 835 | 73.3 | 1 695 | 806 | 2 501 |
| 1972 | 409 | 324 | 734 | 26.5 | 1 474 | 566 | 2 040 | 73.5 | 1 883 | 890 | 2 773 |
| 1973 | 479 | 232 | 711 | 30.4 | 1 271 | 358 | 1 629 | 69.6 | 1 751 | 590 | 2 340 |
| 1974 | 392 | 308 | 699 | 28.6 | 1 227 | 520 | 1 747 | 71.4 | 1 619 | 828 | 2 446 |
| 1975 | 241 | 97 | 338 | 26.4 | 593 | 352 | 945 | 73.6 | 834 | 450 | 1 283 |
| 计 | 4 626 | 4 237 | 8 863 | 17.2 | 33 459 | 9 085 | 42 544 | 82.8 | 38 085 | 13 322 | 51 407 |

资料来源：根据《八潮市农业委员会议事录》作成。

注：(1)面积截止到1966年4月用町、反作为单位来记载(1反约等于992平方米)。本表中1步=3.3058m²。

(2)比率是对第四条"合计"和第五条"合计"的转用率的比率(%)。

这里再按照时间来整理一下。八潮市内，农地转用正式开始于1959年。前一年度的转用面积仅为3公顷左右，而到了这一年，面积迅速扩大4倍即15公顷，1960年扩大到25公顷，发生了大规模农地转用。其背景为八潮村(原名)制定的"工厂招商条例"[①]。1856年町村合并后一直为财政困难所困扰的八潮村在该条例中规定，"对于村长指定的工厂，在每个财务年度，都按照该工厂相关的村固定资产税收额发放奖金"，开展工厂招商[②]。结果，市内出现了大规模的农地转用，1959—1964年间适用于第5条的案例中，大概有58%都用于工厂建设。

---

① 八潮市是1956年由原八条、潮止、八幡三村合并而成的。其后在1964年设町，1972年设市，下面为方便起见统称八潮市。

② 八潮市《工厂招商关系册》，八潮市立资料馆收藏。

## 第4章 经济高速增长和房地产业的发展：1952—1973

20世纪50年代末到60年代初期，在全国范围内出现了对工厂用地的大量需求。当时各个自治体的情况和八潮市相似，都苦于财政困难，还需要为农村家庭中的次子、三子提供就业，因此对工厂建设寄予厚望（沼尻2005）。此外，当时的农业委员会内部正在就农林次官《农地转用许可标准》进行探讨，对转用许可起到了推波助澜的作用。工厂招商中，农业委员会通过设置调查委员会，面向相关各方听取意见，对周边农业环境进行调查，对于大规模的工厂建设项目在土地置换方面进行周旋，保证工厂用地不会过度集中在某个农家的土地上等等，均属调节性的工作，并没有阻止工厂招商的开展。

农转非的大量、快速开展，农地改革中的大面积土地成为收购对象，因而引起旧地主阶层的强烈不满。1959年10月，旧地主阶层向农业委员会提交了陈情书，"距离（耕地）作为快速创造自耕农的手段而被强制收购尚不足十年，现在……又被收购作为工厂用地，有违政府爱民之心"，强烈批判了将好不容易获得的土地轻易放手的农民和对这种情况采取容忍态度的农业委员会。但是同时，陈情书中也指出"工厂建设将促进我八汐村跨越发展，进而对村财政也有所裨益，作为村民的一员十分欣喜，并表示赞赏"，反映了当时旧地主阶层一方面反对新创设的自耕农耕地被转用，另一方面又不能正面反对工厂招商的发展心情。委员会在1963年之前创设的自耕农地被转用时，会加上"创"字标记，想通过这种方法来掌握创设农地的转用情况。但是如前面提到过的，创设农地的政府优先购买权撤销后，再没有办法将创设农地和其他农地区别对待，村中大多数的原佃农也并不希望继续区别对待。

此外，工厂建设快速发展，尽管农业委员会在开展监管，当时周边的农业环境仍然在快速恶化。近邻耕地的填埋和建设及其后的工厂运转带来大量抱怨："（企业）堵塞水渠，导致水稻无法种植"（1963年），"不知不觉间旁边的土地就被填平，不仅无法引水排水，连进出都成问题"（1965年）。环境的恶化让有经营意愿的农家也逐渐失去动力，成为后面农家开展副业经营的一个契机。20世纪50年代大的农地转用发生在人们对农地改革记忆犹新的时期，在当地造成了各种纠纷，但仍然快速发展。

在农业用地向工业用地的转化和房地产业的关系方面，首先工业用地和住宅用地不同，在八潮市，企业多直接购买土地；此外，和填海造陆不同，从中介角度来看，房地产企业介入的余地很小。但是土地建设和工厂建设多依靠金融机构获得资金，因此负责土地房屋建设的建设公司多进行分期付款。后来，住宅公司殖产住宅相互株式会社以分期贷款的形式积极参与到该市的工厂建设中，进行融资活动，这点将在后面详细叙述。可以说，在土地和工厂建设中，通过分期贷款的形式开展融资，形成了建筑业和金融业相互融合的新的运转方式。

### (4) 农地对住宅地的供给

20世纪50年代，工厂招商拉动了土地转用，到了20世纪60年代后期，土地转用开始向满足住宅需求方向发展。1965—1975年，农转非中工业用地的比例仅为17%，而住宅相关的用途则取代了工业用途，占比达到了53%。20世纪60年代中期这种从工业需求到住宅需求的变化，无论在八潮市还是在整个日本都是极为相似的。

住宅方面的需求可以进行进一步的细分。住宅相关用途中最多的还是"住宅"，基本上指的是用于建设供自家居住的房屋。购买人的职业包括个体户、公务员等，范围很广，其中最多的是公司职员等，很少有法人以"住宅"为目的购买土地。这是因为当时的住房建设中，并非像现在这样直接成套购买建好的房屋和土地，而是由买方购买土地，再委托建设公司建设房屋。建筑理由方面，1962年后的申请书中有包括"想在工作的工厂附近盖房子居住""现在租房住，所以想盖个房子""这里环境优美，希望在这里建设房屋居住"等。可以说，市区的工厂建设带来的进城工人对住房的需求、长年租房居住的青年工薪阶层对买房的需求，以及城市环境恶化带来的城市居民向郊外搬迁的需求等，各种原因共同造成了八潮市住宅需求的产生。住宅购买者很难凭借自己的力量找到合适的地方，因此需要房地产中介从中周旋，获得住宅用地。

20世纪50年代的另外一个特征是很多土地转用适用于第5条，但有许多情况不是"买卖"而是"带租赁权"，也就是通过租赁获得土地，然后购买土地上的住宅或者建设住宅。可能是由于这种做法会使所有权和使用

## 第4章 经济高速增长和房地产业的发展：1952—1973

权关系复杂化，因此在20世纪60年代以后越来越少，基本仅限于"买卖"了①。此外，还有一部分"住宅"被记载为"分家住宅"。这是农家的家主将农地赠予儿女，或者卖给同族的情况，属于财产分割的一部分。在制定《城市规划法》之前，由于缺乏明确规定而难以确定这种情况的多少，不过这种通过财产继承而实现的农地转用，作为一种钻《城市规划法》空子的方法，尽管规模有限但是十分重要②。

"房屋公寓出租"这部分大体分为两种情况：一种是适用于第4条，由农业用地所有人实施转用，然后在上面建设房屋和公寓出租；另外一种是适用于第5条，将农地转卖给第三方，然后由买方负责建设和经营出租房、公寓的情况。八潮市位于近郊农村，但是和全国的发展情况相比，在出租房供给方面发展较晚，到了20世纪60年代后期才正式开始③。八潮市前一种情况比较多，1958—1975年之间，"房屋公寓出租"中63%左右都是适用第4条的项目。适用于第5条、转用后建设出租房的案例中，比较突出的是1968年位于市内八条和之村的日本住宅公团租赁住宅（约11公顷）。受其影响，这部分数值在1968年比较突出。除了这个案例外，当时的房地产企业并未正式进入住宅租赁经营市场，租赁业基本上都由农家来作为副业经营。不过，1969年适用于第4条的"房屋公寓出租"在数量上也很突出。1969年是全国土地农转非快速发展的一年，第4条转用不伴随所有权转移，因此应该没有受到上面所说的长期转让税放宽的影响。应该是前一年公团住宅建设带来了出租房屋建设热潮，或者是市内的农家赶在《城市规划法》"划线"之前开始经营房屋出租的缘故。而适用第5条的转用在足立区、葛饰区、台东区等东京都居民的个人申请中较为多见，可以看出当时东京都内的居民个人和商户开始在近郊农村地区寻找房地产土地的动向。

---

① 农业委员会的采访调查显示，后来进行规划整理时，土地所有人和建筑物所有人之间的关系调解变得十分复杂。
② 《城市规划法》制定后，城镇化调整地区内的农业用地转非农用的许可条件中，"分家住宅"占十分重要的地位，因此许多案例中都有明确的记载。
③ 东京内的世田谷区等最晚在20世纪60年代初开始了以农户为主体的土地农转"房屋出租和公寓"的运动。

表 4-2-3 八潮市各用途第 5 条转用

单位：公亩

| 年度 | 总计 件数 | 总计 面积 | 住宅 | 分家住宅 | 公司宿舍 | 宅地扩大 | 房屋出租、公寓 | 商品房 | 车库、停车场 | 作业场地、资材存放场地 | 农业设施 | 店铺经营场所、仓储库房 | 工厂 | 道路、学校等公共用途 | 其他 |
|---|---|---|---|---|---|---|---|---|---|---|---|---|---|---|---|
| 1958 | 59 | 283 | 88 | 3 | 5 | 1 | 0 | 0 | 0 | 40 | 0 | 3 | 116 | 27 | 0 |
| 1959 | 113 | 1 520 | 260 | 0 | 66 | 7 | 0 | 0 | 0 | 22 | 0 | 77 | 1 076 | 10 | 3 |
| 1960 | 159 | 2 412 | 331 | 3 | 28 | 6 | 0 | 0 | 6 | 10 | 21 | 89 | 1 649 | 269 | 0 |
| 1961 | 236 | 2 479 | 287 | 36 | 54 | 4 | 0 | 0 | 4 | 22 | 0 | 174 | 1 771 | 72 | 55 |
| 1962 | 249 | 2 112 | 323 | 90 | 99 | 4 | 0 | 0 | 4 | 80 | 4 | 195 | 1 232 | 81 | 1 |
| 1963 | 362 | 2 773 | 469 | 118 | 156 | 8 | 30 | 0 | 1 | 280 | 0 | 365 | 1 281 | 41 | 24 |
| 1964 | 449 | 2 495 | 587 | 137 | 193 | 5 | 25 | 0 | 16 | 193 | 12 | 213 | 1 036 | 78 | 1 |
| 1965 | 518 | 2 338 | 736 | 77 | 154 | 13 | 132 | 0 | 17 | 112 | 6 | 383 | 572 | 133 | 5 |
| 1966 | 527 | 2 562 | 727 | 54 | 285 | 14 | 124 | 0 | 2 | 175 | 25 | 297 | 368 | 490 | 1 |
| 1967 | 682 | 3 280 | 874 | 61 | 233 | 20 | 97 | 64 | 16 | 251 | 7 | 433 | 1 143 | 79 | 2 |
| 1968 | 752 | 4 860 | 1 208 | 21 | 507 | 9 | 1 311 | 16 | 11 | 259 | 0 | 513 | 697 | 297 | 11 |
| 1969 | 967 | 4 879 | 1 475 | 37 | 729 | 36 | 513 | 33 | 77 | 271 | 37 | 820 | 586 | 266 | 0 |
| 1970 | 471 | 2 500 | 560 | 0 | 166 | 7 | 185 | 590 | 8 | 233 | 14 | 294 | 392 | 28 | 25 |

# 第4章 经济高速增长和房地产业的发展：1952—1973

续表

| 年度 | 总计 件数 | 总计 面积 | 住宅 | 分家住宅 | 公司宿舍 | 宅地扩大 | 房屋出租、公寓 | 商品房 | 车库、停车场 | 作业场地、资材存放场地 | 农业设施 | 店铺经营场所、仓储/库房 | 工厂 | 道路、学校等公共用途 | 其他 |
|---|---|---|---|---|---|---|---|---|---|---|---|---|---|---|---|
| 1971 | 519 | 1 833 | 495 | 6 | 147 | 21 | 132 | 135 | 33 | 137 | 58 | 206 | 411 | 27 | 25 |
| 1972 | 464 | 1 933 | 399 | 10 | 145 | 35 | 276 | 153 | 68 | 185 | 55 | 258 | 279 | 15 | 56 |
| 1973 | 334 | 1 629 | 294 | 14 | 85 | 11 | 194 | 207 | 62 | 240 | 0 | 127 | 331 | 14 | 51 |
| 1974 | 340 | 1 603 | 367 | 13 | 61 | 18 | 152 | 109 | 95 | 421 | 0 | 235 | 102 | 22 | 10 |
| 1975 | 241 | 945 | 185 | 16 | 33 | 14 | 116 | 87 | 51 | 229 | 0 | 151 | 60 | 3 | 0 |
| 计 | 7 442 | 42 434 | 9 663 | 693 | 3 144 | 231 | 3 286 | 1 393 | 471 | 3 159 | 239 | 4 833 | 13 102 | 1 951 | 268 |

资料来源：根据《入潮市农业委员会会议事录》各年度作成。

注：(1) "其他"中还包括电力公司的"铁塔"等。
(2) 驳回、搁置部分也纳入统计，但去除了明显重复的情况，因此与其他表的一部分数值不一致。
(3) 申请书中有记载多个申请目的的情况，原则上以最初记载的理由进行统计。

表 4-2-4 八潮市各用途第四条转用

单位：公亩

| 年度 | 总计 件数 | 总计 面积 | 住宅 | 宅地扩大 | 车车、停车场 | 作业场、资材存放场地 | 农业设施 | 仓储、库房 | 店铺、营业所 | 房屋出租、公寓 | 工厂 | 道路 | 学校等公共设施 | 其他 |
|---|---|---|---|---|---|---|---|---|---|---|---|---|---|---|
| 1958 | 15 | 42 | 15 | 1 | 0 | 5 | 16 | 0 | 0 | 0 | 0 | 0 | 0 | 6 |
| 1959 | 32 | 118 | 62 | 10 | 0 | 1 | 9 | 19 | 0 | 0 | 17 | 0 | 0 | 0 |
| 1960 | 24 | 105 | 30 | 0 | 0 | 0 | 9 | 7 | 2 | 0 | 0 | 0 | 0 | 57 |
| 1961 | 28 | 118 | 61 | 2 | 1 | 11 | 15 | 0 | 0 | 0 | 27 | 0 | 0 | 0 |
| 1962 | 31 | 144 | 68 | 0 | 0 | 23 | 26 | 7 | 7 | 14 | 0 | 0 | 0 | 0 |
| 1963 | 50 | 230 | 54 | 9 | 2 | 3 | 10 | 53 | 11 | 46 | 2 | 2 | 0 | 40 |
| 1964 | 59 | 278 | 20 | 6 | 0 | 9 | 43 | 13 | 29 | 107 | 18 | 2 | 10 | 24 |
| 1965 | 85 | 367 | 64 | 7 | 3 | 31 | 42 | 10 | 9 | 178 | 9 | 0 | 14 | 0 |
| 1966 | 74 | 294 | 24 | 7 | 1 | 13 | 21 | 9 | 6 | 203 | 5 | 2 | 0 | 7 |
| 1967 | 113 | 533 | 58 | 7 | 5 | 45 | 58 | 5 | 6 | 307 | 30 | 2 | 0 | 10 |
| 1968 | 149 | 757 | 122 | 8 | 0 | 28 | 14 | 19 | 20 | 533 | 10 | 5 | 0 | 0 |
| 1969 | 305 | 1 966 | 177 | 6 | 30 | 97 | 24 | 49 | 14 | 1 499 | 0 | 1 | 70 | 0 |
| 1970 | 116 | 695 | 70 | 6 | 13 | 30 | 4 | 45 | 23 | 485 | 0 | 1 | 0 | 18 |

# 第 4 章 经济高速增长和房地产业的发展：1952—1973

续表

| 年度 | 总计 件数 | 总计 面积 | 住宅 | 宅地扩大 | 车库、停车场 | 作业场、资材存放场地 | 农业设施 | 仓储、库房 | 店铺、营业所 | 房屋出租、公寓 | 工厂 | 道路 | 学校等公共设施 | 其他 |
|---|---|---|---|---|---|---|---|---|---|---|---|---|---|---|
| 1971 | 123 | 677 | 55 | 9 | 8 | 6 | 14 | 45 | 13 | 459 | 10 | 4 | 55 | 0 |
| 1972 | 146 | 734 | 92 | 19 | 13 | 25 | 0 | 9 | 12 | 539 | 8 | 9 | 10 | 0 |
| 1973 | 102 | 711 | 76 | 11 | 96 | 59 | 2 | 26 | 5 | 413 | 23 | 0 | 0 | 0 |
| 1974 | 100 | 700 | 67 | 1 | 21 | 12 | 0 | 40 | 32 | 471 | 0 | 1 | 55 | 0 |
| 1975 | 71 | 338 | 35 | 3 | 17 | 6 | 0 | 19 | 10 | 241 | 3 | 6 | 0 | 0 |
| 计 | 1 623 | 8 807 | 1 150 | 108 | 210 | 401 | 307 | 374 | 195 | 5 494 | 161 | 33 | 213 | 161 |

资料来源：根据《入潮市农业委员会议事录》各年度作成。

注：(1)"其他"中还包括"杂地"等。（杂地是指不动产登记规则第 9 条规定的第 23 种土地。旱田、水田、学校用地、铁道用地、山林牧场、池沼等 22 种之外的第 23 种）。
(2) 驳回、搁置部分也纳入统计，但去除了明显重复的情况，因此与其他表的一部分数值不一致。
(3) 申请书中有记载多个申请目的的情况，原则上以最初记载的理由进行统计。

"公司宿舍"这一项主要指的是市内企业为其职工提供的宿舍、单身宿舍即单户建筑等。企业向职工提供宿舍,这在20世纪60年代初期还很少见,60年代后期开始出现了短暂的增加,1965—1975年间,农地转用的大约10%的面积都被用于企业住宅建设了。从形态上来看,适用于第4条的转用形式完全不存在,均为适用于第5条的通过买卖方式获得土地并进行建设。一方面,这是给员工提供的福利;另一方面,企业从地价上升期资产增值的角度进行土地购买投资。

1967年后,"商品房"这一项开始出现在农地转用的用途中。"申请人职业"一栏中为"房地产业""宅地建筑物销售业""建筑承包兼房地产销售业""土地建筑及中介"等,房地产企业开始正式进入住宅分售市场。在此之前,住宅公司参与住宅用地的买卖,实际上已经很接近商品房供给了,但从全国范围来看,房地产企业购买农地并进行平整,再在上面建设好房屋将其出售,这种和现在相同的住宅销售方式,实际上是在这一时期才出现的。

### (5)农民副业式出租经营的开展

再就农民的房屋出租经营进行简单讨论。城市近郊农民建设并经营出租房屋,一般认为和1970年前后住宅困难直接相关,另外,其房租整体水平要低于房屋所在土地的地租(新泽、华山1970)[①]。不过,石田赖房从农村家庭经济的观点对这一行业进行了分析,认为对于当时的农户来说,让他们参与到房屋租赁市场的决定性因素,并非房租是否达到地租水平,而是在同样土地上从事农业耕作获得收益的多寡,以及投入劳动力的多少之间的比较(石田1972)。石田分析的案例位于川崎市,他将房屋出租的平均收入和同样规模土地用来种植蔬菜的收入对比,得出了房屋出租能够获得4倍的收入,并节约470小时(大棚蔬菜栽培需要1 800小时)的劳动力。当然,从当时的地价水平来看,房租收入仍然要小于将土地出售后把钱存到银行里获得的利息收入,不过当时正处于地价上升期,所以除非万不得已,

---

① 新泽等在该书中认为应当加强面向建设出租房屋的农户的公共融资,但是在1976年的同书第二版中,又撤回了原来的观点,认为这类政策会导致土地供给受到抑制,招致地价上涨。

# 第4章 经济高速增长和房地产业的发展：1952—1973

从财产保值的角度来看，与其将土地出售，不如将土地上的房屋出租，这一判断更加具有合理性。

八潮市的特点类似石田的案例，也是位于城市郊区的蔬菜种植地带，1953年农业生产值中蔬菜的部分占四成以上，农户实际上是在房屋出租和蔬菜栽培之间二者择一。因此，1955年的蔬菜价格暴跌和其后价格持续低迷带来的农业经营波动，都成为农户在选择中的影响因素（八潮市史编纂委员会1989，第1015页）。而到了20世纪50年代末，工厂建设和随之出现的农业环境恶化，让"房屋出租"这一选项变得更加有利。房屋出租的收入比农业生产稳定，并且更加重要的是劳动力投入更少，因此这对于老龄化和兼职化的市内农户来说，是一个非常有吸引力的经营方法。

当然，在农地转用之际，就算是出租业也并不意味着可以马上获得收益。实际上，由于贷款资金不足而导致房屋建设半途而废，或者自己出资建设的木制公寓质量比专业公司建设的房屋差，或者结构脆弱，导致建成后短时间内不得不翻修，结果陷入资金困难而不得不卖掉房子（实1978）。后来，随着人们对出租房屋的设备水平要求提高，经营出租房也需要投入大量的资金用以维护设备，需要具备基本的市场知识。这些农户经营的出租房开始越来越多地依赖大型中介，一些情况下甚至不得不将房子转让出去，从出租业中退出，不过这是在很长一段时间之后才出现的情况。

上述农户副业式的房地产经营包含在上一节提到的《事业所统计》的"房屋插间出租"部分，或者说，是《事业所统计》没有包含到的零散的底层房地产商。这些城市地区和近郊地区农户进行的兼职出租业在最底层、从最广泛的范围支持着当时的房地产租赁市场。而这些房东多数都不具备自己寻找租户的能力，因此就出现了对具备中介功能的房地产企业的需求。此外，一部分农户从副业经营出发设立房地产事务所，利用附近农户之间的网络进军中介行业[①]。而这些面向零散的副业式房东进行租赁中介的中介商，大多也都是零散的企业，位于前面所述的房地产业"双重结构"中的下层。

---

① 八濑市内采取这种方式的房地产企业至少可以找到2家。

**(6)住宅转化相关金融动向**

最后从金融角度来看上述住宅相关农转非。八潮市农业委员会在1961年开始,要求填写农转非中的资金能力相关内容,包括转用所需金额估算,以及申请人存款额、申请人为企业时则记载资本金,还有申请贷款时的计划贷款额等。从1961年开始,开始出现在工厂的情况下融资的记载,其后贷款项目开始增加。但是住宅建筑中贷款的记载较少,1961年一例也没有,一直到1963年后才有偶尔几个案例出现了极少的贷款。凭借资料很难确定贷款方,其中能够确认名称的只有日本住宅建设株式会社和殖产住宅相互株式会社。殖产住宅株式会社1950年成立时是一家存款式按月分期付款的住宅公司,1951年建立土地部,开始收购住宅用地;后来又将土地和建筑物的按月分期付款统一执行,打出"房屋和土地按月分期"的口号,迅速实现了业绩的上升(殖产住宅相互株式会社1970)。1965年该公司在八潮市内的贷款数量迅速增加,除了普通住宅以外,还提供面向个体经营的店铺、出租房以及工厂、事务所、公司宿舍等法人所有的建筑的贷款。当然,和工厂相比,住宅融资比例很低,实际上,包括公共融资在内,当时的贷款数量完全不能满足日益增长的住宅需求对金融的要求。在这种情况下,1967年以后的农户要经营出租房屋,一般会选择卖掉一部分耕地,将售地所得用于建设房屋。必须指出的是,这种行为让出租房从规模和设施上变得更加狭小和零散,还带来了农地的进一步细碎化,是造成地区无计划扩展(虫噬)的重要原因。

(永江雅和)

## 3. 城镇地区的动向

**(1)城市空间和房地产业**

上一节我们就高速增长期城市化的迅猛发展中,农业用地向工业用地和住宅用地转化,以及大量出现的农户的副业式房地产经营情况进行了讨论。本节将焦点放在城镇地区,继续探讨高速增长期房地产业的特征。具体将按照城市空间的三种主要类型,即工业区、住宅区、商业区,分别讨论每个分区都有什么样的主体、开展何种房地产经营业务。

现有的关于高速增长期的房地产业的研究,主要围绕着大企业的动向进行分析[①]。而本节主要从房地产供给现场,也就是城市空间来进行的观察,解释高速增长期的房地产业实际状态。尤其在住宅区方面,将从住房需求方即城市居民的生活阶段来了解城市地区房地产供给的性质。

### (2)工业用地的动向

现有研究表明,高速增长期工业用地和住宅用地建设等开发项目作为房地产业的一个业务分支获得了极大发展。房地产商作为"developer",在历史上,或者说和其他领域的房地产商相比,究竟具有什么样的特征呢？这里以重化学工业发展背景下成长起来的石油化学联合工厂所处的临海工业地带的开发为例,对这一问题进行探讨。

当时的工业地带开发中,最著名的就是三井不动产在京叶临海工业地带市原地区开展的疏浚和填海造陆项目[②]。这个项目是三井不动产受千叶县委托,用3年时间在市原地区进行的约88万坪的河道疏浚和填海造陆工程,于1961年7月完工。当时,项目资金的筹措方式被称为"千叶方式",这与作为开发商的三井不动产有重要联系。所谓的千叶方式,就是千叶县作为项目主体采取县营方式,同时为了减轻财政负担,在工程完成之前向计划进驻工业地带的企业收取土地分售金,然后再施工。这种筹资方式的问题是有可能发生进驻企业无法确定,或者施工过程中有企业要求退出,以及缴费滞纳等情况,而三井不动产以自身的信誉为基础将这些风险一力承担,甚至负责招揽企业以及垫付费用等,代替县政府来促进资金的顺利周转和河道疏浚、填海造陆工程的顺利开展。

---

① 高速增长期的房地产业在日本住宅综合中心(1994,1995,1996)和全宅联房地产综合研究所编(1999a)、石见尚(1990)等现有研究中,都被认为是房地产业的发展期,是大规模建设和用于出租的写字楼及公寓等建筑物的高层化时期,以及除了专业房地产商外,其他各个行业全方位参与的时期,是住宅金融的发达时期。此外,宫本(1980)和大泉(1991)等就土地、住宅问题进行研究,指出这段时期存在资本带来的土地集中和土地支配的发展,以及大型房地产商的垄断开发现象。

② 京叶临海工业地带开发和后面的"千叶方式"详情请参考千叶县开发局(1968a,第101～121页)和日本经营史研究所(1985a,第119～121页)。

高速增长期的工业开发带来了工业用地价格的攀升。工业开发的对象地区主要有以下几种情形：一种是在战前就已经具有一定的工业集聚基础，在这一时期向外进一步扩展；另一种是对农村、渔村地区有计划地开发。战后的工业开发多数为后一种，其原因是重化学工业从工业性质上来说需要广阔的土地，同时人们对公害问题的关注程度越来越高。其中一个先驱性的案例，是茨城县鹿岛滩沿岸地区的鹿岛临海工业地带开发项目[①]。鹿岛开发项目在土地获得方面采用了每个土地所有人提供自身土地的四成、剩余六成在新建的农业园区中归还的方式[②]。农村、渔村逐渐发展为工业地带，城市的地域结构也发生变化，同时也有许多农户借机转职或转业到商业或工业（佐藤 1975，第 297～302 页）。在这一过程中，出现了地价的显著上升。

在鹿岛开发项目中，三井不动产发挥了开发商的作用。茨城县为订立计划而召开了研究会，三井不动产和三菱地所、住友不动产共同参加了会议，并在鹿岛港口航道疏浚工程的实施过程中，以及企业招商过程中发挥了重要作用。在什么地方新建工厂对于一个企业来说是关乎经营战略的大事，故招商活动都是在背地里进行的。由于鹿岛开发项目规模过于巨大，因此并没有采取针对每个分区分别寻找进驻企业的方法，而是由县知事直接对三井、三菱、住友各集团企业布置了大约 200 万坪的任务，并委托三井不动产对三井集团下企业的进驻一事全权统筹（鹿岛开发史编纂委员会 1990，第 224 页）[③]。从 1961 年知事和三井不动产社长接触到 1966 年公布了 18 家进驻企业为止，三井不动产在开展企业招商的同时，还和茨城县签订了约 200 万坪的工业用地分售预约协议，在最终确定进驻企业之前按年支付土地费用（日本经营史研究所 1985a，第 206～207 页）。

虽然案例有限，这里我们将高速增长期的工业开发中房地产业特征总结为四方面：

第一，在规模方面，这些工业区开发的规模都比较大，对于开发商来说

---

① 以下鹿岛开发相关内容如无特别标注，参照鹿岛开发史编纂委员会（1990）。
② 用地取得由鹿岛临海工业地带开发公会负责。这个公会是为了进行开发用地的取得、管理、处理于 1964 年设立的部分事务公会，分摊金茨城县占 90%，当地 3 个町村共占 10%。
③ 三菱集团委托计划入驻鹿岛地区的三菱油化、住友集团通过三井不动产社长取得联系。

投资相当大,和中介、管理等房地产业务相比,要求开发商具有更为强大的经营能力。因此,对于一些风险较大的项目,只有那些规模巨大的开发商才有可能承接。从整体上来看,这是一个有利于大型开发商的领域。

第二,在项目主体方面,这一时期形成的多数工业区都具有相同的特征,即工业开发多数属于国家和地方自治体产业政策和地方政策的一环,因此在项目策划时,国家和地方自治体等公共部门或者起主导作用,或者深度参与其中。对于房地产商来说,这些项目的参与方式和开发高层公寓、出租大楼等过程中从设计到竣工为止均由自己或者和其他民间企业合作完成的方式不同,而是需要和公共部门分工协作推进项目,收入也来自公共资金。

第三,在项目特殊性方面,对于开发商来说,必须按照国家或地方自治体的设想,基于当地的地理和社会特征,在每个项目开展之时都单独制订计划。例如航道疏浚和填海造陆的技术,就必须适应每个地方的自然条件。而在资金方面,则多受到地方自治体财政情况限制。此外,就像三井不动产在京叶临海工业地带开发和鹿岛开发中一样,开发商还需要针对不同项目的需求随机应变。

第四,在对城市形成的巨大影响方面,如鹿岛开发项目,这些高速增长期的工业开发项目让传统的农村、渔村地区出现了工业地带,在产业结构和居民生活等方面,都给当地带来了重大变化。房地产业的活动本身就具有城市创造的性质,而高速增长期的工业地带开发对城市的影响,更是不仅从物理角度,而且从经济角度规定了一个城市的性质。这些工业地带开发项目自然而然地会为当地带来供职工居住的住宅区,以及为满足人们消费需求而形成的商业区;在对城市形成的影响上,具有大规模性、长期性、连锁性特征。

### (3)住宅用地的动向

在高速增长期,城市化快速发展,促进了城市地区住宅需求的大幅增加。来到城市工作的人群在一开始居住在民营的出租房或者公司宿舍中,后来随着收入的增加和家庭形态的变化而开始考虑买房,现实中这种情况非常多①。下面我们从高速增长期住宅阶梯型需求的不同阶段,来看以住宅区为主要活动范围的房地产业的特征。

第一,对于大量进城工作者来说,为他们提供最早的生活空间的,主要是零散的、面向大众出租房屋的房东②。住宅统计调查显示,高速增长期出租房占住房总数的比例从三成提高到四成,其中除了公营住宅和福利住宅(公司宿舍)以外的民营出租房的实际数量,1958年大约为322万户,到了1973年增加到789万户,占住宅总数的27.5%(总理府统计局1958b,1973b)。这些民营出租房一般为个体所经营③,通常包括房东在内只有1~2个员工,经营规模很小,并且除了房东和其家人之外还雇佣其他人的情况仅占6.6%④。高速增长期城市地区的住宅供给,是建立在个人为了资产运作而开展的房地产经营基础上的。同时,将个人经营的出租房屋房东和租户联系在一起的中介,也是和当地有着密切联系的中小型房地产中介商们。

第二,从战前到当时的所有权关系来看,城市地区土地和房屋持有率有所上升。二战前,东京城镇地区土地所有形式以大地主所有为主,城市居民的大部分是通过租借土地和房屋居住。城市地区房地产所有关系的大众化是在战后特别是高速增长期的政府商品房政策和住宅金融发展的背景下产生的。

第三,在商品房供给的过程中,大开发商采取高层公寓、住宅新城等形式进行大规模、大量生产式的开发在当时十分盛行。希望迈上住房阶梯最顶端的买房的城市居民,接受了利用高速增长期发展起来的住房贷款等金融手段买房的新方式,为家庭经济带来了一笔长期大额支出,同时还接纳

---

① 这种城市居民住宅的关系俗称"住宅双六"。而促使人们从租房到买房的推动因素包括房租水平较高,以及面向家庭提供的出租房绝对数量较小等。

② 这些途径包括本章第2节提到的城市近郊农户将所有土地转用为宅地的情况,也包括战前开始的城市地主将继承而来的土地和建筑物进行运作的情况,均为资产运作型的房屋出租经营方式。

③ 这里是基于事业所数目的数据,根据总理府统计局(1976a)第5表,1975年5月15日为止的"房屋插间出租业"事业所数目有114 885个,其中民营、个体经营的有107 438个,占比93.5%,民营、法人事业所的比例为6.1%。不过,经营规模上法人企业的规模显然要更大,所以从户数上来统计的话,个人经营的出租业的比例要小于93.5%。

④ 参照总理府统计局(1976a)第11表。从该表可以看到,房屋插间出租业商户中98.3%都是只有1~2名营业员的事业所。

了郊外卫星城和集体住宅这种新的居住形式。

第四，无论是买房还是租房，住宅供给的主体都是民间房地产商。的确，不管二战前后这段时期还是整个高速增长期，都是公团、公营住宅建设的高峰期。但是，和其他发达国家相比，日本的公共住宅供给较少，这也是众所周知的。因此，高速增长期的城市化发展，和日本的房地产业的发展有直接关系。

综上所述，高速增长期的住宅供给主要包括两大支柱，即以大开发商为主体的大规模开发式的商品房供给和从近代发展至今的零散的个人经营的出租房源供给。后者每个经营主体的规模都很小，但是总数占住宅供给的比例较大，而这部分出租房经营之所以没有大房地产商插手，一方面是由于出租房经营中租户频繁更换，缺乏稳定性，另一方面是由于维修、处理四邻关系等个别问题十分繁杂等。在这一时期，郊外新城开发、高层公寓分售等大规模商品房项目大量出现，因此对于大型房地产商来说，没有必要特意插手出租业这种琐碎的业务。高速增长期是一个产业组织化和系统化大发展的时期，而从房地产业的底层，也就是从出租房源的需求方——城市居民的角度看，房地产业实际是对模糊又落后且数量巨大的个体经营的肆意发展问题视而不见，同时进军新的大规模开发事业，实现数量增长[①]。

## (4) 商业用地的动向

战后城镇地区土地价格的变化，一般可以通过地价上涨率的三个高峰来说明。第一个高峰是在20世纪60年代前期，以工业用地价格上升为主要推手。第二个高峰是在20世纪70年代前期，以"列岛改造热"中住宅用地价格上涨为代表。第三个高峰是在20世纪80年代后期，以泡沫经济时期的商业用地价格上涨为契机。工业用地和住宅用地被称为高速增长期的"台风眼"并备受瞩目，商业用地迟迟得不到重视也是因为这个。下面我们将通过对工业用地和住宅用地比较研究的视角，来看这一时期商业用地

---

① 房地产业不同层级在高速增长期形成了业界团体。但是这些业界团体的形成并不具备诸如便利对租房有需求的城市居民等住房体系标准化的性质。

的发展和房地产业之间的关系。

经济的快速发展促使城市中心商业区的公司数量的激增。这一变化伴随着下面两个现象。

首先,从物理角度,建筑物高层化获得了大发展。二战前的办公街中,最著名的就是红色砖墙大楼林立的丸内地区了,除此之外,能称得上是大楼的建筑只有零散的几处而已。例如东京的日本桥地区和大阪的船厂地区都是近代最具代表性的商业区,在二战前还是日本屈指可数的企业大规模集聚地,当时那里的商业建筑的主流也不过是木制结构的两层商住一体化小楼。二战前在这些地区建设的银行、保险公司的大楼则成为当地的地标式建筑。因此,可以说二战后随着经济复兴而在20世纪50年代出现的大楼建设热潮,从视觉上让日本的商业区有了翻天覆地的变化[①]。

其次,如果我们仔细看这些办公大楼的所有关系,就会发现"企业自有"和"租赁大楼"这两种截然相反的所有权关系在这一时期均呈现出总量扩大、平行发展的形势。第一,企业自有办公大楼的出现,源于当时的土地抵押贷款对企业活动的重要支持作用,出现了在企业自有的建筑中办公是一个企业经营实力的象征的价值观,因此大企业相继投入办公大楼建设中。在丸内地区经营办公大楼出租的三菱地所,曾经在高速增长期对自家的办公楼群进行了大规模的重建工程。当时三菱地所提出需要大型、具备最新设备的办公大楼的理由,就是"随着日本经济的发展,优良企业持有自己的办公楼成为潮流",关于这点将在本章第4节中详述(三菱地所社史编纂室1993b,第101页)。而正如三菱地所所担忧的那样,办公楼的需求数目是有限的,那么企业自有办公楼的增加势必会带来出租大楼租户的减少。从商业区土地市场的角度来看,企业在自有的土地上建设属于自己的办公楼的情况不断增加,建成后的大楼在其后很长一段时间内都不会出现在房地产的买卖和租赁市场上,也就是休眠房地产增加了。

不过,如前所述,得益于高速增长期办公空间需求的绝对扩大化,写字楼的租赁业也出现了同样快速的发展[②]。所谓的写字楼租赁业可以一直回

---

① 三井不动产开展超高层大厦建设的开端是1968年竣工的霞关大厦。这座大厦地上36层,高147米,总建筑面积156 000m²,配备客用电梯29台。

② 战时、战后复兴期以及高速增长期的写字楼租赁业请参考名武夏纪(2004)。

溯到明治时期，在两次世界大战之间有了一定的发展，但是受到战时、战后复兴期的《地租房租统制令》和 GHQ 接收写字楼等的影响，一直处于低迷不振的状态。此外，在新的写字楼建设时，由于不属于政策上规定的重点产业，所以能够获得的融资额度是很有限的，因此资金上存在困难。这种状况一直持续到 20 世纪 50 年代才得以解决。写字楼租金从《地租房租统制令》的对象范围中移除，归还了被接收的写字楼，在资金筹措方面也出现了向计划进驻的企业提前收取资金的"建筑协力金"筹资方式，现有的写字楼租金上涨，新的写字楼建设不断发展。

写字楼出租业打开了一扇通往发展的大门，而在这之中，出租房源的供给主体也多种多样。三菱地所、东京建筑等专业的房地产商投入大量资本，以租赁为目的建设写字楼的情况自不必言，同时还有将企业自有的写字楼高层化的副产品——多余的建筑面积用以出租的副业式非房地产业企业参与其中。因此，经营主体的规模从把持着超高层大厦的上市企业，到利用现有的几十坪土地兼营出租业的其他企业，范围十分广泛。

从将办公空间出租这一角度来看，写字楼租赁业实际上继承了近代以来的店面租赁业的传统。但是，写字楼从外形上为高层建筑，建筑面积可以达到土地面积的数倍，因此一栋大楼中可以容纳多个企业，也可以将企业自有的大楼的一部分用于出租。对于进驻企业来说，它们和土地之前的关系变得更疏远，从经营主体的角度看，其他非房地产行业的企业也更加容易参与其中。同时还促使专门从事写字楼管理和商户租赁的中介商的出现，创造了新的房地产业分支，并确立了写字楼租赁业作为房地产业的主要部门的地位。

而在大阪的中心地区，在"列岛改造热"这一时期，商业区的土地交易反而陷入低潮（名武 2004）。房地产抵押融资和写字楼建设等土地利用方式多元化发展，对于小规模土地所有人来说，继续保持土地所有的意义更大，房地产所有这件事本身的意义远远大于作为办公空间的功能，这种想法也是导致这一现象的原因之一。同时，高速增长期的商业区和工业区、住宅区相比，地价上涨率较低，投机资金多追寻更大的升值空间而流向郊外，因此城市中心地区的土地市场反而比较平稳。

### (5)房地产业的阶级性

现有研究对于房地产业的高速增长期有一个共识,那就是这是这一行业实现划时代发展的时期。日本经济的快速增长和城市化的发展,为工业用地、住宅用地、商业用地提供了市场规模扩大的条件,而临海工业地带的开发和高层公寓建设等的发展,使大规模开发项目层出不穷。在这一过程中,确立了以地价长期上涨为前提的经营模式。无论是从市场规模、事业内容、经营体制等哪个方面来看,房地产业都步入了一个焕然一新的时代。

此外,本节从城市空间的角度对高速增长期的房地产业发展进行了考察,揭示了和传统认识中略有不同的房地产业特征。这就是上一节提到的"双重结构",即房地产业的阶级性。在住宅用地和商业用地市场的底层,均存在着数量巨大、在资产运作方面较为零散的房地产从业者。房地产商这一群体可以跨多个层级,但是这些处于最底层的群体恰恰满足了城市房地产供给的大部分现实需求,这一事实正是高速增长期城市地区房地产供给的一大特征。

(名武夏纪)

## 4.大型房地产企业事业的发展

### (1)房地产业的阶级性和城市

房地产业从业者的阶级性,指的是位于顶层的大企业和无数的零散从业者之间在规模上有巨大差距的情况,这在前面的论述中已经有所提及[①]。规模的差异造成了从房地产商的业务内容到房地产业的各个要素上的本质差异。本节将立足高速增长期日本最具代表性的房地产企业,对其业务

---

① 橘川(1996)1973年上市公司销售额排名为三井不动产、三菱地所、东急不动产、有乐土地、住友不动产、太平洋兴发、大和团地、角荣建设、大京观光、藤和不动产。其中在本节将通过对三井不动产、三菱地所、东急不动产、住友不动产以及东京建筑等大型房地产企业的分析来把握高速增长期的房地产业特征。

## (2) 三井不动产株式会社

三井不动产在整个高速增长期,都占据着房地产业界营业额第一的宝座。本章第3节对高速增长期的经济发展和城市化带来大规模工业、住宅、商业用房地产需求,并为市场扩大提供条件进行了论述,而在这一时期,三井不动产在上述领域开展业务,形成了三大业务支柱。

首先,商业区写字楼租赁业务是三井不动产的传统核心业务。除了位于东京市中心的1960年竣工的日比谷三井大厦(地上9层、地下5层,包含其他公司用的总建筑面积约90 359平方米)等,还在大阪、横滨、神户、札幌等各大城市建设写字楼[②]。在工业用地方面,除了最具代表性的京叶临海工业地带市原地区疏浚和填海造陆工程外,还在千叶港中央地区、千叶县浦安地区、三重县川越地区、大阪府泉北地区等实施大规模开发项目,工业用地开发也成为三井不动产的一大特色。为应对旺盛的市场需求,三井不动产在1960年进入住宅建设开发市场,在以东京、大阪为中心的大城市圈着手大规模开发项目,完成了如神奈川县藤泽市湘南新城等片濑山(总开发面积约62.3万平方米,1967年开始销售),以及大阪府和泉市泉丘陵住宅区(总开发面积约43万平方米,1967年开始销售)等项目。

上述业务给三井不动产的营业结构带来了巨大变化。1955财年统计显示,全部营业收入中,建筑物租赁约占75.9%,住宅分售和业务用地销售等房地产销售共占6.1%。而1967年,填海造陆工程占31.7%,建筑物租赁占26.2%,房地产销售达到了17.7%(日本经营史研究所1985a,第108页,表2~表6)。如图4-4-1所示,1972年3月的营业收入结构中,房地产销售约占44%,建筑物租赁约占16%,其他包括疏浚、填海造陆、建设工程约占37%。写字楼租赁业的收入占比减少,取而代之的是三井不动产作为开发商的特征越来越明显。

---

① 本节的主题是将领导型企业的动向和位于行业底层的出于资产运作目的而开展的土地房屋租赁者进行具体的对比,但是由于这类商户本身就较为零散,且主要为个人业主,资料上的限制比较大。因此本节将从大型企业的角度对上述观点进行考察,来接近主题。

② 以下三井不动产业务开展事实参考日本经营史研究所(1985a)。

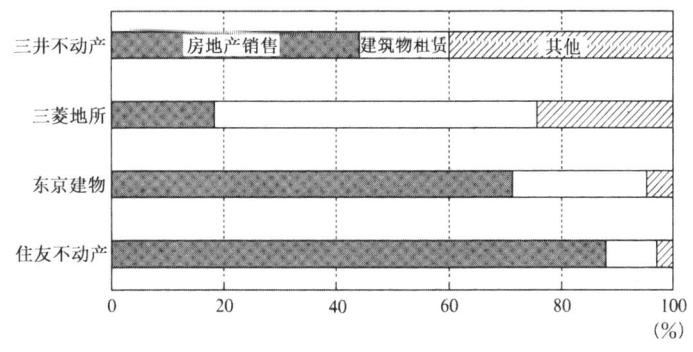

图 4-4-1　财阀系 4 企业的营业收入构成（1972 年）

资料来源：根据日本经济新闻社（1972）作成。

注：东京建物是 1972 年 6 月，"其他"是 1972 年 3 月的数据。

从收益角度看，写字楼租赁只要设施良好就能够长期稳定地获得收入。而房地产销售和工业区建设工程由于每个项目都有不同的特点，所以项目的收入好坏容易受到开盘时经济状况的影响，收益的获得时期也比较短。三井不动产之所以特意去扩大这种不稳定性极强的业务，是因为在高速增长期这种特殊的时代背景下，通过这些业务获得了大量收益。在这一时期，三井不动产的业务发展特征，是通过将自身与日本经济和城市的快速发展一体化而实现企业自身的快速提升。

## （3）三菱地所株式会社

高速增长期的三菱地所在营业收入上不及三井不动产，但是经常性收入占首位。三菱地所的高盈余得益于以丸内办公大楼群为代表的写字楼租赁业务。

在高速增长期，三菱地所和其他企业一样，都开始着手住宅分售、高层公寓开发、工业区疏浚和填海造陆等，实现多元化经营①。此外，三菱地所的设计管理部门还承接了大量的建设和设计工作，如东京商工会议所、富士银行本部大厦等办公设施建设，以及大型工厂、大学校舍的设计工作。不过，如图 4-4-1 所示，三菱地所的营业额到了高速增长期末期，建筑物租赁收入仍然占整体的 57% 之多，和其他企业相比这部分占比颇多。三菱地

---

① 以下三菱地所业务开展事实参考三菱地所社史编纂室（1993a、1993b）。

第4章 经济高速增长和房地产业的发展：1952—1973

产名下的出租用建筑在1953年就已经达到了69栋，总建筑面积约32.6万平方米，而到了1973年则为42栋，总建筑面积约为81.4万平方米[①]。

三菱地所在高速增长期的写字楼租赁业务，除了在丸内地区开展外，还在有乐町站前等其他地区，以及名古屋、札幌等其他城市同步进行。但是无论从收益角度，还是从对日本城市形成的影响力大小的角度看，这些业务的核心都在丸内地区。高速增长期的丸内地区实施了被称为"丸内综合改造计划"的大规模城市二次开发项目。这一项目的背景是，战前建设的砖瓦结构建筑在设施水平方面远远落后于三井不动产和东京建筑在战后建设的大楼。该项目从1959年开始持续15年，共拆除30栋旧建筑，建设13栋新建筑，同时还扩宽了道路，设置了绿化带。

土地房屋租赁业是近代开始发展至今的传统的房地产业主要形态之一，它主要包含两种不同的经营类型：一种是在遗产继承的土地和房屋上，出于资产运作的目的开展租赁业经营；另一种是作为一种投资，购买土地和建筑物再开展出租业务。三菱地所的丸内项目是日本写字楼高层化和租赁业务的先驱，形成了日本近代的办公街区，因其站在时代最前端而备受瞩目和称赞。不过，如果刨除这种外观上的先进性因素，三菱地所实际上是将企业在明治时期获得的土地继续用于房地产经营而已，和把祖上传下来的房屋修缮一下继续用于盈利的传统房地产业没有本质区别[②]。

房地产业的分类一般有中介、销售、租赁等。在这些业务内容中，租赁的特征是需要保持房地产一直在手头的状态。而支持三菱地所作为房地产企业的地位的正是在屈指可数的头等地段丸内地区继承了土地这一历史条件，以及租赁行业的高稳定性。

## (4) 财阀四企之间的比较

在对战后房地产企业进行分类时，通常会将原财阀系列的房地产企业，即三井不动产、三菱地所、东京建筑（原安田财阀）、住友不动产四家企

---

[①] 三菱地所社史编纂室(1993a,1993b)及三菱地所社史编纂室(1993c,第190~191页)。
[②] 橘川(1996)将三菱地所和三井不动产进行了对比，认为三菱地所之所以采取了比较保守的业务形式，是因为二者初期条件之间存在差异。也就是说，自战前起就在东京都中心地段拥有丰富的写字楼等土地的三菱地所，和缺乏这类经营资源、只能在其他业务领域谋求发展的三井不动产之间的差别。

业相提并论。的确,正如在丸内地区开展业务的三菱地所所象征的那样,房地产企业在初期持有的房地产的区位和规模对今后的发展方向有决定性作用,因此企业的创立过程有重要意义。不过,当我们用企业收益规模、业务内容等在其他产业广为应用的公司分类要素对房地产公司进行分类时,就会发现这四家企业之间的共同点在高速增长期反而在减少。

首先从企业规模来看。三井不动产、三菱地所两家和东京建筑、住友不动产两家之间存在着巨大的差距。从半年营业额来看,1954年三井不动产约为5.5579亿日元(1954年3月),东京建筑为1.0845亿日元(同年6月);到了高速增长期末期的1972年,三井不动产约有328亿日元(1972年3月),住友不动产约为193亿日元(同年3月),东京建筑约为20亿日元(同年6月)[1]。1973年房地产企业的营业额排行榜中,三井不动产排名第一,三菱地所第二,住友不动产第五,东京建筑还没有进入前10名。同年的经常收益排名中,三菱地所排名第一,三井不动产第二,东京建筑第六,住友不动产排名第八[2]。

从业务内容看,四企的营业额结构(图4-4-1)显示了它们各有特色的业务结构。除了在明治时期通过政府出售获得丸内地区土地所有权的三菱地所外,其他三家企业仅凭战前获得的土地发展经营能够获得的空间十分有限,因此在高速增长期不得不通过房地产销售等领域来开展业务。

以东京建筑为例,在二战前就在国内开展写字楼租赁、土地房屋租赁、房地产抵押金融等业务,其房地产事业领域也发展到了海外[3]。尽管有学者指出,战前在国内开展的写字楼租赁规模并不大(粕谷1995),而战争中,由于失去了海外资产而立足八重洲的本部大楼开始国内办公楼的重建工作。1956年建设部门被废除,企业的重心转移到了房地产业,并将买卖、租赁、中介和鉴定、宅地建设作为四种基本业务,努力实现多元化经营。为了应对城市化,该公司重视住宅开发,1968年开始进行高层公寓分售项目,这一业务也成为石油危机后该公司的一大特征。

---

[1] 参照日本经济新闻社(1954)以及同社(1972)。分别为半年销售额。
[2] 上述1973年房地产企业排名参考橘川(1996,第120页,表5-1、表5-2)。原资料是日本经济新闻社《公司年鉴(上市企业版)》(部分为公司史),因此只有上市企业的排名。
[3] 以下东京建筑具体业务开展参照东京建筑(1998)。

## (5)东急不动产

高速增长期,仅次于三井不动产和三菱地所,位于日本房地产企业排名第三位的是东急不动产。该公司是由东急电铁全额出资、于1953年成立的房地产公司,其房地产业务的起点可以追溯到战前在田园调布开发的田园都市株式会社[①]。东急不动产和关西地区的阪急不动产同为电铁系列的房地产公司,主要经营基础为铁道沿线的住宅分售,在高速增长期也从事写字楼租赁等业务。

1960年,该公司为了获得稳定的收入来源提出"五年长期计划",计划在5年内,在6个地方建设6栋共计53 000平方米的写字楼和公寓[②]。先后完成了自由之丘东急大厦(1961年竣工、地上9层、地下2层、建筑面积5 814平方米)、麻布东急公寓(1961年竣工、地上9层、建筑面积约4 610平方米,54户)等出租用写字楼和公寓,完成了当初的计划。

东急不动产的这一动向和三菱地所、东京建筑这样的以写字楼租赁为中心建立业务框架再向住宅供给发展的形式正形成鲜明对比。不过在实现业务多元化来确保多种多样的业务机会、强化经营基础这点上,三者是相同的。从1972年1—3月的营业额结构上来看,以住宅地开发为主的"田园都市业"占87%,而写字楼、公寓也不过11%[③]。住宅业务仍然是该公司最大的业务部门。

1955年,该公司为配合政府住宅政策而制定了"东急住宅5万户建设计划",设置了数量目标。该计划经过几次探讨,将计划的中心从土地分售变为集公寓和企业宿舍等在内的中高层住宅建设和分售于一体的方案,并将东急沿线地区以外的地区也纳入项目范围内,实现了多元化发展。后来更是同高速增长期土地大众化的发展和私有房产持有率的上升同步,开展新城建设及商品房"东急之家"的销售,同时为了发掘潜在的住房需求,还

---

[①] 以下东急不动产具体业务内容参照东急不动产(1973)。

[②] 该公司最早的用于出租的写字楼是位于东京都涉谷区的、于1958年竣工的南平台东急大厦(地上10层、地下1层,除公寓部分建筑面积约4 429平方米)。这座大厦的上半部分用于居住。

[③] 参照日本经济新闻社(1972)。另外,"田园城市业"是该公司内部使用的业务名称,根据公司历史记载,指的是为了建设位于城市郊外的充满田园风情的住宅城,基于这样的理念进行的住宅区开发项目,是该公司战前财务核算项目之一。

和三菱银行合作开发了"东急之家贷款"住房贷款[1]。这些业务中,东急不动产十分重视住宅区的环境和住宅设计,保持了从战前起一贯的品牌形象,赢得了庞大的消费者群体。

### (6)阶级性和业务内容、城市形成

下面,我们从两个角度来总结一下大型房地产商在业务发展方面的特征。

第一,从业务内容看,本节所介绍的大房地产企业在二战前多数以租赁业务为中心,在高速增长期强化销售业务,以扩大营业额。如前所述,在租赁业务中,作为业务主体的房地产企业需要长期持有业务对象即房地产。所以,一般会长年将同一个房地产作为业务对象,只要质量足够优良,就可以在很长一段时间内持续获得租金收入,收益的稳定性很高。而销售业务不同,房地产作为其业务对象,随着销售行为的完成就会消失,成为购买方所有,并且暂时从房地产业的对象范围中剔除,成为休眠房产。对于企业来说,必须持续不断地获得房地产,这就会造成业务收益缺乏长期的稳定性,反之也成为销售价格上涨时期获得巨额利润的源泉。

在这两种性质完全不同的业务形态中,在高速增长期内,销售业务的增长尤为显著。这是因为当时地价远远脱离一般物价上升的路线节节攀升,同时城镇区域扩大使得业务对象即房地产变得更加容易获得,销售业务能够从中获取更大的利润。在高速增长期,大房地产企业和房地产之间的关系一方面在数量上出现了前所未有的扩大,另一方面和个别房地产之间的关系变得更加短暂,和以前相比更加具备大量生产、大量消费的特征[2]。

第二,从规模角度看,位于房地产业底层的无数个土地房屋租赁业从业者由于本身就是在通过自家资产盈利,因此即使到了高速增长期,也只是凭借各自特定的房地产来开展经营。在这里,历史上形成的人和特定房地产之间的关联成为他们经营的存在基础,并没有出现像大房地产商一样

---

[1] 该公司新城建设的第 1 号就是"多摩川新城·津田山",在 1962 年后分 5 期共计销售 302 个区。

[2] 如前所述,三菱地所在高速增长期仍然以租赁业为核心开展各项业务,这是由于该公司拥有日本屈指可数的一流地段的土地,属于历史因素。

根据地价转换业务内容的情况。

这里再提出一个关于房地产业与城市形成的关系的论点。房地产业同时也是形成城市的产业。在高速增长期,正是大房地产商进行的临海工业地开发、新城开发、城市中心地区的二次开发等,创造了现在的日本城市。可以说,大规模房地产商的动向是关乎城市形成的决定性因素之一。对此,正如第3节所述,拥有巨大数量的小规模公寓经营者和小中介商等个体并不具备如此巨大的影响力。他们关注的焦点是如何根据现有的城市结构和城市形成的阶段特征开展经营,在城市形成中处于从属地位。在房地产业和城市形成的关系上,主体规模大小的差异往往具有本质性意义。

(名武夏纪)

## 5. 促进城市开发相关法律制度的完善

### (1)初期房地产业发展最重要的几个前提

本节将对高速增长期房地产业发展的前提条件,即法律制度的内容和特征的形成过程进行探讨。考虑到房地产业的对象即"作为商品的房地产"的特殊性质,"作为房地产业发展的前提条件的法律制度"这一说法中究竟包含着什么含义,要解释这个问题是十分困难的。不同的理解方式可能带来不同的解读,甚至需要从一个极大的范围来解读这一时期的法律制度[1],但是本书中暂且不对其进行深入探讨,下面仅对高速增长期房地产业

---

[1] 作为商品的房地产——土地和建筑物——从私法的角度来看,为了供土地的最终使用者使用,需要经过原始土地的取得、土地开发和改良、建筑物建设、销售和流通、融资和抵押、出租和管理、修复和装修、重建和二次开发等多种多样的交易行为和营业活动才能够实现。这些交易和营业活动绝非全部在自由市场上完成的。在房地产私法领域里,商品的形式、内容也需要遵守《土地租赁法》《房屋租赁法》《建筑物区分所有权法》等,在交易时也需要按照《宅地建筑物交易业法》执行。同时,在现代社会中,商品的开发、生产、流通、使用自然而然地要受到城市规划、城市改良法制(宅地、城镇地区开发法制在内)、建筑法规、道路及其他基础设施法规,以及从更高层次对上述法规做出规定的国土、地区、城市开发政策等各种各样的公法、行政上的干预,或者说规定和指导,不可避免地就会出现许多复杂的公法制度。此外,房地产和其使用者的安全、健康、卫生、生活环境等息息相关,因此对私法上的买卖和营业行为本身,也往往要受到公法上和行政上的限制。我们应当如何从整体上把握这些问题,以及通过和其他国家的对比能够发现一个什么样的"日本房地产业发展特征",将是今后的课题。

发展时必须知道的一些法律制度，做一个比较泛泛的概括。在开始考察之际，首先要介绍1952年这一时间节点上，已经存在的几个重要制度上的前提。

首先，城市规划制度和建筑法律制度方面的战后改革没有得以实施。一度出现过修订《城市规划法》的计划，但最终流产，1950年制定的《建筑标准法》也远非一个完善的旧城区建筑物法。后者其实是通过将建筑行政权限从警察转移到自治体（政府）手中，建立约束性的"建筑确认"制度，维持由国家制定全国统一的"最低标准"原则等，成为让战前以来持续的"建筑自由"想法再次扎根的契机（原田编2001a，第71页）。

其次，战争对当时的社会造成了巨大破坏，而住宅政策的重要支柱《住宅金融公库法》（1950年）和《公营住宅法》（1951年）在当时已经制定，在住宅政策中，公共主体能够干预的范围无论从数量上还是质量上都受到限制，住宅政策方面早就形成了基本依靠民间力量建设和供给房源，应对住宅短缺状况的基本方针。这首先意味着，在住宅和房地产市场扩大的过程中，为今后的民营企业留下了巨大的发展空间，也意味着住宅和房地产市场的发展将永远伴随着和城市规划以及城镇改良之间缺乏合作的问题，始终存在"自由"的住宅开发（原田1885，原田编2001a）[①]。针对民营企业的住宅房地产销售情况，日本在1952年就早早地制定了《宅地建筑物交易法》，当然也是应企业确保社会信用的要求而制定的（稻本等2004，第90页），这一事实也从一个侧面反映出当时民间住宅市场的特征。

再次，在住宅严重短缺的背景下，《土地租赁、房屋租赁判例法》快速出台。除了1941年法律修订时引入的"正当事由"中一般条目的解释理论外，还确立了限制以拖欠债款、擅自转让、转租为理由解除合同的判例理论，土地房屋租赁相关的制度框架和战前大相径庭。这一判例法的实施包含了压制续约时租金上涨的因素，同时也对新的土地租赁（包括租借双向）和民间房屋租赁（包括租借双向）的供给（当然，土地和房屋的租赁形态是

---

[①] 这些均与同时期的英国、德国、法国有较大差异。日本的住宅法制和政策理论与其他国家相比较的研究请参考原田（2001c）。

# 第4章 经济高速增长和房地产业的发展：1952—1973

完全不同的)产生直接、间接的影响①。另外，从战时到战后一直持续的地租和房租的统制法令，在1950年7月被修订，确定了商业、办公用建筑及其所在土地不再成为统制对象，同时同年7月后开始施工建设的住宅用土地和建筑物也不再纳入统制对象范围内。此后自不必说，还有为了促进民间自行建设民营出租住宅而制定的法规。

最后，是以开展农地改革和维护其成果为宗旨的《农地法》(1952年)的存在。一方面，耕地的所有结构出现了根本性改变，撤销了农地价格统制；另一方面，城市规划制度尚未完备（没有城市提出土地利用计划和在此基础上制定的开发规则）。在这两个前提下，一直以来凭借着农业内部要求而维持下来的农地转用统制，让战后自耕农在耕地所有关系上带有一种"利用途径转化受到管制，但是价格可以自由决定"的特征，这就引发了在战前没有出现过的农地转用问题（隔绝式的转用地价水平的形成及其影响，"转用管制＝住宅供给管制"说法的出现等）（原田编2001a，第81页）。

## (2)住宅建设政策的实施及为产业复兴而制定的开发和土地立法

20世纪50年代的一大特征，是住宅建设政策在一定程度上的实施，以及为实现产业复兴而进行的开发和土地立法。立足当时日本经济回归正轨，以及大量劳动者向大城市和太平洋工业带等工业地区的移动、集中，日本制定了《日本住宅公团法》(1955)，形成了超越地方公共团体能力范围的、能够开展更大规模的住宅和城镇开发和住宅建设的主体。1954年的《土地规划整理法》也为宅地开发事业提供了重要的依据。不过，新建住宅的建设和供给中，仍然是民间力量占大头。

为实现产业复兴而开展的基础设施建设，日本在1952年颁布了《耐火建筑促进法》，逐步实现并扩充了面向耐火中层建筑物提供的公库融资措施。此外，道路建设、港口建设相关立法也纷纷出台，《土地规划整理法》成为道路建设的重要依据。最后，还需要注意的是，1949年加入《特别城市规划法》的"减价补偿金"相关规定成为土地规划整理中减少面积的一般原则

---

① 到了更晚的时候，这还带来了从战后到20世纪50年代持续增加的新的土地租借供给到了20世纪60年代中期开始大幅度减少的现象。地域差异和位置上的差异，住宅用和企业、营业用的差异等问题参考濑川(1995，第14、18、146、174页)。对房屋租借的影响将在后文叙述。

(第 109 条)。

### (3)高速增长前期的据点开发政策和城市开发立法的动向

日本经济正式进入高速增长时期是在 20 世纪 50 年代后期到 60 年代，在这一时期，国家主导的地区开发和重点地区建设政策相关立法不断出台，以大城市地区为中心，推进城市开发(详细参考原田编 2001a，第 86 页，渡边 1977)。包括 20 世纪 50 年代后期到 60 年代初期陆续出台的高速公路等道路建设立法。其后紧接着出现了电力开发立法。在工业区建设方面 1958 年还出现了《水道事业法》《下水道法》《水质保护法》《工厂废水法》等，1959 年还制定了《工厂区位调查法》。此外，以首都圈为中心，根据《首都圈整备法》(1956 年)制定了首都圈整备第一次基本计划(1958 年)。在这一方针的指导下，一方面在现有的城镇地区制定工业等区位划分的规则(1959 年的《关于限制首都圈现有城镇地区工业等土地规划的法律》)，另一方面加强了推进首都圈内指定"城镇开发区域"的工厂招商的制度建设(1958 年的《首都圈城镇地区开发区域整备法》)。1959 年制定的《农地转用许可基准》的目的也是应对城市土地利用和新城镇开发的扩大。

到了 20 世纪 60 年代初，在公共用地和工厂用地收购价格上涨的推动下，出现了战后第一次地价攀升，其后出台了一系列措施，以更加容易且廉价地获得土地。主要包括 1961 年的《关于公共用地收购的特别措施法》和《公共用地收购带来的损失补偿标准纲要》(内阁决议)，1962 年的《首都圈城镇开发区域整备法》的根本修改(几乎等于重新制定一部法律)，以及 1963 年的《房地产鉴定评估法》等。

1962 年 10 月"一全综"政策出台，立足当时的所有举措，提出了"据点开发方式"，在太平洋工业带之外指定了新的工业开发据点，并将二者之间通过交通通信设施相连，推进重化学工业为中心的产业结构的快速发展。为此，1962 年出台了《新产业城市建设促进法》，1964 年出台了《工业特别地区整备促进法》，1964 年还放宽了用于市町村工业用地建设事业的农转非许可标准。此外，1963 年的《近畿圈整备法》、1966 年的《中部圈开发整备促进法》等陆续出台，《首都圈整备法》也在 1965 年进行了大幅修订(包括放弃"绿色地带设想")。各地方政府之间的"企业招商战"也是在这一时期开始蠢蠢欲动的。此外,无论是大城市圈规划,还是新产业城市、工业特别地区,都是临海地区的工业地带建设之际,1921年制定的《公共水面填埋造地法》的受益者。这一事态伴随着后来出现的自然海滩大量消失这一负面效果,值得我们关注。

回到第2点,就是大城市地区的城市开发方面,也出现了新的立法。这是因为虽然"一全综"将"调整地区差距和消除大城市密度过大、规模过大的弊端"为目标,然而其地域开发政策实际上却是进一步促进了产业、人口及中枢管理功能向大城市圈的集聚。从1960年开始,日本陆续出台了大量法律,促进新形态、新结构、新性质的城镇建设。日本的城市,尤其是大城市迎来了新的发展阶段。

主要的法律包括1961年6月的《城镇地区改造法》(简称)和《防灾建筑街区建设法》,以及同月《建筑基准法》修订后新加入的"特定街区"制度,还有1961年11月的《宅地建设等规范法》,1962年的《建筑物分割所有权法》,1963年7月的《新住宅城镇地区开发法》,以及同月《建筑基准法》修订后新加入的"容积地区"制度(废除高度限制),1964年的住宅地建设事业相关法律,以及1966年的《借地法修正案》中,为促进防火建筑、中高层建筑的建设而设置了允许建筑物增建改建和借地权转让转租的制度。除此之外,还有创立了包括空中权、地下权在内的区分地上权(民法修订),以及流通业务城镇地区整备法等。前文提到的1965年的《首都圈整备法》修订也是对东京城市巨大化和中枢管理功能集中化的一种积极的应对措施。伴随着城市、城镇地区的开发,出现了新一轮地价上涨,而这次的中心在住宅用地上,从20世纪60年代中期起掀起了一轮新的地价对策必要性论争。

上述立法中起主要作用包括如下几个。《城镇地区改造法》采取了类似于立体换地的方法和平面土地收购,是为城市二次开发而制定的法律,用于大阪站(1961年起)和新桥站(1964年起)站前广场和多功能大楼的建设等。《防灾建筑街区建设法》对促进地方城市商业街等公共区域的建筑防火有积极作用。《建筑物分割所有权法》在所有权分割的集体住宅、高层公寓、写字楼的建设中发挥了不可或缺的作用,掀起了第一次(1963—1965)和第二次(1968年后)高层公寓热潮。此外,《建筑基准法》修订加入的特定街区制度和容积地区制度相结合,使得日本第一大超高层建筑霞关大厦的建设得以实现。1965年首先适用于东京的容积地区制度,让容积率为10的新宿副中心地区得以开展进一步建设,迎来了超高层、大容积的建筑时代。1966年还设立了新城市中心开发株式会社,用于开展池袋阳光城地区的第二次开发。参与这些超高层大厦建设的,都是当时日本前几名的房地产公司,具体情况在本章第3、4节中有介绍。

而《新住宅城镇地区开发法》(简称《新住法》)则是为了应对人口向大城市圈的快速集聚而制定的。通过用地全面收购的方法在郊外大规模建设新的住宅城区,其中包括了铁路、公路等交通设施的完善,除了适用于在法律制定前开始的千里新城的建设,还促进了多摩新城、泉北新城的建设(均为1964年12月决定开展的项目)。此外,关于宅地建设的两个法律则针对的是城市周边地区日益增长的民间主体进行的宅地开发,一方面对造成社会问题的粗制滥造的宅地建设进行管制,另一方面从公共角度对获得认可的民间宅地建设事业提供支持。而差不多正是这个时候,大型民间房地产公司开始积极进入郊外住宅地的大规模开发事业(在其他节中,这一现象被称作"开发新城")。

综上,宅地、住宅的开发、建设、供给的背后,是从20世纪60年代中期开始的国家住宅政策明确向促进私有房产[①]方向的转变,我们必须注意这一背景。1965年6月《地方住宅供给公社法》和1966年6月的《住宅建设规划法》出台,民间金融资本提供中长期住宅贷款的制度框架也逐渐形成(原田1985,第390页后,本章第6节第4项)。但是需要注意的是,住宅金融公库的作用和比重并未因此而立刻下降。

### (4)城市、城镇开发政策和相关立法特征以及问题所在

在上述城市、城镇地区开发立法的发展过程中,我们还需要注意以下几点(原田编2001a,第91页后)。

第一,无论是超高层建筑街区和地区,还是大规模新住宅城区,实际上都是先有建设计划,然后才为了从制度上支持这些建设工程而出台法律。

第二,在特定街区和容积地区的法律适用上,出现了实际认可的容积

---

① 这里所说的私有房产不仅包括独立的带土地出售的小楼,还包括公寓。

## 第 4 章 经济高速增长和房地产业的发展：1952—1973

和密度远远高于当时制度设想的情况(石田 1987b,第 256 页)。

第三,实际上,一些带有新的内容的城市城镇开发整备项目已经在当时现有的制度和手法基础上开始筹备并积极推进了,而这一过程不一定要有新的立法。例如日本住宅公团利用土地规划整理开展的、未包含在《新住法》框架内的大规模住宅区建设和筑波研究学园城市建设计划(1963 年起,《学园城市建设法》是在 1970 年才制定的),还有东京奥运会设施建设和相关事业,以及东京、大阪等地铁网络建设等。当然对于民间房地产业来说,这些项目都是扩大业务的重要商机。

第四,在上述项目的设计和实施的过程中,除住宅公团以及各类道路公团外,还有大阪府企业局、新宿副中心公社、池袋新都市开发中心株式会社等引进了民间资本的带有企业性质的事业机构的参与。最终成为超高层大厦建设主体的大型房地产公司,也从最开始就参与了这些事业。

第五,当时与取得公共土地相关的法律制度建设有较大进展,最有代表性的就是《新住法》下的新的城市规划事业,也就是新城建设。这表现为在工业用地开发方面(适用前文提到的 1962 年《首都圈城镇开发区域整备法》修订案),将计划开发地区的土地先全部收购下来(包括土地征收权和优先购买权),然后在土地平整、改良和建设完成后再转让给个人等的体系,并将其用于个人住宅用地领域[其意义参考渡边、稻本编 1982,第 194 页后(藤田宙晴执笔)]。这部分事业和周边地区的大规模土地规划整理同步进行,应该也能够产生出新的商机。

第六,这些措施确实有利于扩大宅地和住房的供给,但是并没有做好有效地控制地价的准备。此外,和工业区开发一样,这些措施具有较强的地区性,适用范围有限,缺乏立足于更广阔范围的整体的土地利用计划和土地利用制度,因而带来了包括各种规模和性质的事业、营业主体在内的新住宅区和城镇开发中的虫噬现象。结果这一时期宅地开发政策反而导致了地价的上升,并且影响范围极大。为了应对这一问题,1965 年 11 月召开了第一次地价对策内阁会议,制定了《关于地价的对策》。对策认为地价飞涨的主要原因是城市化快速发展带来的住宅供需不均衡,并制定了包括提高现有城镇地区利用程度在内的扩大住房供给基本政策,这一政策成为后来土地政策的基本路线。

20世纪50年代中期到60年代后期出现了十分显著的人口向大城市圈集聚的现象。1955—1965年这10年间,东京大城市圈的人口增长率达到了42%。流入人口的大部分都是青年,这些人的家庭成员数量不仅低于全国平均水平,甚至小于大城市圈现有的家庭规模,因此大城市圈的家庭数量的增长率甚至超过了人口增长率。那么,这些快速增加的人口和家庭,其居住环境究竟是怎样的呢?如果从这个角度来看的话,上述的城市和城镇地区开发政策,反而对城市形成带来了许多问题,让各类城市问题变得更加严重这一点是无法否认的。在本部分的最后,将对这些问题进行概述。

例如,这一时期是中高层大楼和高速公路建设快速发展的时期,也是所谓的"木制公寓地带"形成的时期。东京民营出租房占比从1955年的33.7%增加到1965年的51.8%,巨大的增幅下,多数出租房屋都是密度过大、狭窄、设备落后的木制公寓。大阪也形成了类似的"文化住宅"地带。这一时期零散的小规模房地产从业者的增加,正是出现在这样的背景之下。而这一事实也告诉我们,包括《判例法》在内的《房屋租赁法》的存在,尤其是在大量涌入大城市的年轻人住房持续短缺、新签租赁合同可以自由订立租金的条件下,并没有对民间房屋租赁供给产生阻碍①。

另一方面,高速铁道建设和汽车交通的增加,土地利用不充分和建筑物规则不健全的背景下开展的中高层公寓建设,带来了大气污染、道路噪音、遮光等其他城市环境问题。这些问题和各大工业城市发生的公害问题,以及河川、地下水、海水等污染问题共同构成了现代社会的新问题,1967年8月制定了《公害对策基本法》,1973年修订了《公共水面填埋造地法》,对其后的疏浚和填海造陆工程提出了各种限制。

同样,大城市周边地区的住宅用地开发中,不仅住宅、宅地价格攀升,由于通勤距离的增加导致的通勤困难,以及粗制滥造的城镇建设、土地利

---

① 要准确地对这一点进行论述,就需要综合考虑房东的收支计算方法、民间出租房的政策援助的缺失等方方面面,从制度观点上看,比较重要的因素包括,当时除了通过法院的调节或者裁决来决定续租租金("相当额度的房租")以外没有一个房租管理的体系,以及房东可以实现几年一次更新合同、提高租金,以及随着收入及家庭结构的变化租客在短期内换人等情况。对民间出租房屋窄小的这一问题需要记住,当时不仅是公营住宅,甚至公团的出租房都是很窄小的。而没有出现面向家庭提供的大面积的出租房屋,并不能完全归咎到《房屋租赁法》对承租人保护的强弱上。

## 第4章 经济高速增长和房地产业的发展：1952—1973

用虫噬化等造成的土地利用混乱，以及耕地、自然环境、文化遗产的破坏等问题接连出现。农地转用价格的提高，也就是"农地资产持有倾向"也和当时农民兼职化同步进行。笔者将此称为"农业土地商品化的第二阶段"①。此外，大规模宅地开发集中地区的地方政府在公共设施上的财务负担增加，现有的居住环境被破坏，各类问题严重。20世纪60年代中期出台的《宅地开发指导大纲》及其普及，尽管受到民间的强烈反对，但是可以说是地方政府对上述问题采取的应对措施吧。

在上述情况下，各类居民运动和反公害运动层出不穷，地方政府改革措施增加。20世纪60年代后期人们开始感觉有必要对从前的城市开发政策进行一定的修改了。1968年7月参议院选举前，自民党公布了《城市政策大纲》（同年5月26日），其他党派如社会党、公明党、民社党、共产党也纷纷提出了自己的城市政策基本方针，表明这一问题已经成为关乎国策的重大问题。在这一背景下，于1968年6月制定了《新城市规划法》。

---

① 这里"农地资产持有倾向"的增强，和农地转用管制没有直接联系。详细请参考笔者论文（原田编 2001a，第82页后，原田 1987、1988），这里仅略要要点。本来，农家在没有特殊原因的情况下，是不会将作为生活和生存基础的土地放手卖掉的（渡边 1977，第84页后所说的"作为生存权的土地财产权"），这无关乎土地转用管制政策的有无。因此，即使土地转用申请很容易批下来，但是开发商想要某块土地时，仍然必须向这块土地的所有人支付足以让他同意出售土地的代价（这里的价格和自耕田转移补偿中田地价格无关）。从法律上讲，用于公共设施的农转非并不在管制的范围内，但是仍然受到上述逻辑的制约。而尽管存在着转用管制，在整个20世纪60年代，随着转用价格的节节攀升，大量土地实现了农转非（和现在有关联的统计是从1967年开始的，大约3.78万公顷，1970年5.71万公顷，峰值出现在1973年为6.77万公顷）。另外，从农业的角度看，20世纪60年代农业的兼职化（农户收入增加）和农务的机械化，米价上升等新的因素出现，农户多选择兼职农业，对于他们来说卖掉手中的土地的理由越来越弱。而持有耕地也不需要负担多重的税。这样，农户、农业方面的因素（包括税金负担较小）和转用价格上涨带来的耕地价格（自耕地价格）的持续性上涨，带来了"农地资产持有倾向"。而转用价格的上涨带来的自耕地价格的上涨机制中，不但存在所谓的"名义价格"的上升，还受到房地产转让所得税上优惠措施的影响（尤其是转用为公共用地时优惠幅度非常大），因此有许多农户用卖掉土地获得的收入以远远高于这片地区以往的土地价格的价钱购买更大的自耕地，这种行为模式有时甚至会引发连锁反应，这是我们需要注意的一种现象。综上所述，"农地转用统制带来了农地转用价格及宅地价格的上升，妨碍了有秩序的新城镇开发"这一论点可能并不可取。关于这一点，后面有详述。即城镇地区的农地（解除转用管制，可以自由转让转用的"土地商品"）同样出现了转用价格的飞涨，但是并没有带来有计划的城镇地区建设。笔者认为，这部分问题从根本上看，不如说是由于城市方面的各种法律制度（城市规划和城镇地区开发、完善相关法规）中的日本特性导致的。对比来说，在西欧各国，农地的开发的转用早就有统一的规则作为大前提，各个国家在这个大前提下，以建设一个理想的城市为目标，有计划地制定一个精致的城市法律体系。这是我们需要重新注意的地方。

### (5)《新城市规划法》的制定和城市、开发、土地法制的修订

《新城市规划法》在1967年7月12日的国会上通过,其后经过4次国会的后续审理,对部分进行了修订后正式出台。可以说,这部法律是同期进行的城市、开发和土地法律制度修订的核心。

当时的大背景是高层对高速经济增长政策的修订(例如1967年3月的《经济社会发展计划》)和"二全综"方案。1969年5月的"二全综"和"一全综"不同,从正面肯定了产业、资本和人口向大城市和现有工业地带的集聚现象,并且打算充分利用这一现象,也就是将中枢管理功能可以管理的可开发性推广到全国范围。这一开发政策的推行,需要以产业基础设施为中心的公共土木投资,而当时的设想是,如果能够通过引进民间资本将上述计划一一实现,那么就能够获得更大的经济发展,还能让发展过程中经历的所有扭曲都自然而然地得到解决。

"二全综"开发政策的前提是前面提到的自民党的《城市政策大纲》。在田中角荣议员主导下制定的这一大纲中,提出"本城市政策将对日本列岛整体进行改造,实现高效、均衡的发展,并建设一个广域城市圈",并提出了以下几个重点项目。第一是《国土综合开发法》的全面修订和新国土计划的确立。第二是以大城市民间开发商为主的城市二次开发、立体化和高层化建设,以及对近郊城镇有计划的建设。第三是形成广域区块重点城市和新的大工业基地。第四是以"公益优先"为基本理念,对城市、工业、农业、自然环境等进行正确配置,在此基础上确立新的土地利用基本计划。第五是促进民间资本在国土改造中发挥作用。而此大纲关于土地问题和城市开发的思路在"二全综"中的"讨论项目"中进行了更为详细的论述,其后,每个项目都发展成为具体的政策和立法。

事实上,在这一时期后,除了《新城市规划法》以外,还出现了下述政策和制度的修订。1968年10月的首都圈整备第二次基本计划肯定了作为巨大城市的东京的存在,同时将通过城市中心地区二次开发实现业务管理中枢工程的强化作为重点课题。此外,同年11月,在第二次地价对策内阁协议会上制定了《关于地价对策》,其中提出了:通过城市规划和《城市二次开发法》来实现土地的有效利用,促进中高层住宅的建设和未建设土地的利

## 第4章 经济高速增长和房地产业的发展：1952—1973

用，土地税制改良，通过上述政策缓和土地供需紧张问题。其中土地税制改良主要指的是1969年4月的《租税特别措施法》对个人所得税课税方式的改革（长期持有土地出售时课轻税，短期持有土地出售时课重税）。这是因为个人（包括农户）出售土地的现象增加，并出现了"卖地暴发户"，此外还有企业法人扩大土地所有的缘故。上述两点造成了地价的进一步攀升。

此外，《城市二次开发法》作为现有《城镇地区改造法》和《防灾建筑街区建设法》所管辖范围的新法案于1969年6月公布，与《新城市规划法》一起于1969年6月14日实施。自此，为实现城市土地的"高水平利用和城市功能的更新"（第1条）而建立的这一新的事业制度，允许了民间开发商的参与。这一法案和当时的《新城市规划法》以及后来的《建筑基准法》的修订案共同构成"城市三法"，是即将到来的真正的高层化城市的前兆。

1970年6月修订的《建筑基准法》也是相同的趋向。这一修订案与《新城市规划法》相呼应，将用途地域制度详细化和"义务化"，实现容积率规则的全面适用，同时撤除了第一类居住专用地区之外的所有建筑物高度限制，设立了"综合设计"制度，明确指出了城镇地区高水平利用和高层化、高容积化的发展方向。

1970年8月的第三次地价对策内阁协议会上，将下列几项列为紧急开展内容：《城市规划法》尽快完成对城镇化地区和城镇化调整地区的分区，促进城镇化地区内的农业用地转住宅用地，推进大规模住宅用地的开发，农村地区工业开发等带来的住宅需求分散化。其中，与促进城镇地区内的农业用地转宅用地对应的是，1971年3月《地方税法》修订中，规定城镇化地区内农业用地按照住宅用地课税，但是并没有实现当初的目标。反而是紧急开展的城镇化地区的分区将大面积的耕地（全国大约三十几万公顷）划分到城镇区域内，而这些变为"可以自由转用的土地商品"的"现状农地"虽然渐渐接受了虫噬式的开发转用，但是仍然有相当大的一部分在较高的价格评估下长期留存下来。（原因请参考原田1987、1988，原田编2001a）

不过，这一时期的住宅用地供给扩大方案在民间住宅产业和民间住宅金融的发展下，和在整个20世纪60年代后期逐渐定型的私有房产促进政策形成了直接呼应的态势。事实上，1971年3月制定的第二期住宅建设五年计划认为今后工薪阶层私有房产的持有数量会大幅增加，因此在第一期计划的 280 万户的建设目标之上，设定了更高的 958 万户的目标。同年 3 月多磨新城开始接受入住，6 月《工薪阶层财产形成促进法》和《公积金宅地建筑物销售业法》颁布，首个住宅金融专业公司成立（三井、三和、大和等组建的日本住宅金融是第一份）。回想起这些内容，让我们可以很容易地看到当时住宅政策的方向，总的来说，就是经济、城市、住宅都面向增长、扩大、建设一个方向脱缰发展。

同样农村地区住宅开发等带来的住宅需求分散化，通过 1971 年 6 月的《农村地域工业等招商促进法》得以实现。该法律可以说和"针对新城市规划法的农业的领土宣言"即关于农业振兴的地域建设的法律——《农振法》（1969 年 7 月制定，主要内容是对农业振兴地区的农地转用进行严格限制）相矛盾，而大米生产调整和米价稳定政策等农政方面的要求，以及工业向地方分散的要求共同促进了这一法案的制定[①]。另外，1972 年 6 月相继制定了《工业再配置促进法》《新城市基础建设法》《公有地扩大推进法》。次年 7 月田中内阁成立，日本列岛改造论登场，"二全综"部分修订后，共同掀起了一股"列岛改造热潮"，带来了战后第二次地价飞涨的高峰期。《新城市规划法》和其分区制度，在抑制事态发展上并未带来特别的效果。田中内阁 1973 年 3 月提交国会审议的新国土综合开发法案，将上述政策方向推到顶点。

而将从"二全综"到列岛改造论的发展画上句号的，是这一年 10 月爆发的石油危机等外在因素。新国土综合开发法案最终没有得以见天日，就在大幅修订下，于 1974 年 6 月形成了《国土利用计划法》（这一过程参考渡边 1977）。

（原田纯孝）

---

① 大米生产调整政策已经带来了 1970 年 2 月农林事务次官下发的《关于水田转用的农地转用许可暂行标准的指定》放宽水田转用许可的结果。1972 年 5 月的《土地改良法》修正案引进了创设换地制度，也是为了在农村建设工业用地，便于工业进入农村地区。

# 6. 高速增长期的房地产金融——从迂回式的资金供给到直接资金供给

## (1)概论

正如前节所说,高度经济成长和工业化、城市化的发展带来了工业区、商业区、住宅区等非农业用土地的需求,通过开发等举措房地产业获得了巨大的商机。本节将对房地产商在抓住商机中的一个要素—金融—进行探讨。

首先来看高速增长期房地产商整体的资金周转情况的变化(表 4-6-1)。1955—1959 年度、1960—1964 年度、1965—1969 年度、1970—1974 年度四个时期自有资本和金融机构贷款的增加额分别为 509 亿日元、775 亿日元、1 473 亿日元、3 917 亿日元、4 752 亿日元、14 460 亿日元、11 838 亿日元、81 780 亿日元,金融机构贷款的增加额在这一时期大幅增长,甚至大幅超过了自有资本和累计折旧额的总和。从整个产业的角度看,四个时期的金融机构贷款额虽然在资金周转中占据了重要地位,但是自有资本和累计折旧的合计却和贷款并肩甚至更为重要。金融机构贷款对于房地产业的重要性整体有了提高(当然,和制造业相比,金融机构贷款占所有产业的比例仍然较小)。

表 4-6-1 房地产业者的资金筹措情况(增加额)的变化(1955—1974 年)

| | 项目 | 1955.4—1960.3 | 1960.4—1965.3 | 1965.4—1970.3 | 1970.4—1975.3 |
|---|---|---|---|---|---|
| 房地产业 | 从金融机构借入 | 78 | 392 | 1 446 | 8 178 |
| | 其他借款 | — | — | 483 | 1 821 |
| | 公司债券 | 1 | 3 | 14 | 49 |
| | 资本 | 51 | 147 | 475 | 1 184 |
| | 折旧累计额 | 23 | 119 | 376 | 906 |

续表

|  |  | 1955.4—60.3 | 1960.4—65.3 | 1965.4—70.3 | 1970.4—75.3 |
|---|---|---|---|---|---|
| 制造业 | 从金融机构借入 | 1 817 | 5 359 | 9 665 | 22 462 |
|  | 其他借入 | — | — | 597 | 1 540 |
|  | 公司债券 | 139 | 343 | 683 | 842 |
|  | 资本 | 1 437 | 3 335 | 5 536 | 9 286 |
|  | 折旧累计额 | 1 214 | 4 021 | 8 682 | 17 928 |
|  |  | 1955.4—60.3 | 1960.4—65.3 | 1965.4—70.3 | 1970.4—75.3 |
| 全产业 | 从金融机构借入 | 3 866 | 10 017 | 22 132 | 63 359 |
|  | 其他借入 | — | — | 2 132 | 5 909 |
|  | 公司债券 | 356 | 778 | 1 401 | 2 734 |
|  | 资本 | 2 391 | 5 636 | 10 424 | 21 098 |
|  | 折旧累计额 | 2 371 | 7 432 | 15 941 | 33 318 |

资料来源：1955.4—1960.3是日本财务部理财局经济科(1963)，1960.4—1975.3是日本财务部证券局资本市场科(1976)。

注：单位是10亿日元（尾数四舍五入）。增加额＝每个五年期间的金额的差额（计算）。但是，折旧费累计额＝各年度的折旧费＋特别折旧费。基本上，资本＝资本金＋新股实收资本＋资本公积＋未分配的利润。另外，由于截止到1962年的"其他贷款"包括在金融机构贷款中，因此无法计算部分"其他贷款"的增加额。

　　本节的重点在于房地产业中"其他贷款"的增加率，分别为4 830亿日元(1965—1969年)、18 210亿日元(1970—1974年)，相对额较大。制造业中"其他贷款"的增加额远远小于金融机构贷款的增加额，二者相比可以看出差距之大。也就是说，和制造业相比，实际上金融机构以外的贷款对于房地产商来说也是非常重要的[1]。

　　在融资准则中，房地产业和建筑物供给业(除住宅)、土地供给业，在运

---

[1] 到了20世纪70年代中期，房地产业从金融机构获取的资金也开始逐步增加，这就是后面提到的"金融效率化"和"列岛改造热"的影响结果。

## 第 4 章　经济高速增长和房地产业的发展：1952—1973

营资金、设备资金中均属于乙类①。1957 年 12 月的《银行通告》中,也将房地产业归为"不必要、不急需的行业",和旅馆业、演出娱乐业划分在一类里②,在 1963 年 8 月的《融资准则废止通告》中,仍然将"楼房(除了高档公寓外的一般建筑)、演出用建筑物的建设或者取得资金及其他房地产收购等的资金"列为娱乐、奢侈、服务行业相关资金,均为"不必要、不急需的融资",认为"今后也必须进行限制"③。

房地产业无法从金融机构处获得充分的融资,因此不得不较高程度上依存金融机构外的(制造业等)的融资。也就是说,存在金融机构→制造业等→房地产业的这种资金流转途径。换个角度看,融资准则抑制金融机构对房地产业发放贷款,从而导致了贷款从准则中优先度较高的制造业等再转到房地产业的这种间接融资的出现。

上述四个时期公司债务的增加额分别为 5 亿日元、34 亿日元、144 亿日元、494 亿日元,占整个资产的比重还是很小。

其次是各金融机构面向房地产业贷款的变化,总贷款额中房地产业贷款额的比例见图 4-6-1 和图 4-6-2。植田(2002,第 30~33 页)曾就高速增长期的金融机构面向不同产业的不同类型的投资资金贷款分配情况进行过分析,20 世纪 50 年代末到 70 年代末之间,"房地产业、建设业"贷款增加的契机,是相对于"短期金融机构"(都银、地银、相银、信金)而言,而"长期信用金融机构"(长信银、信托、生保)在 1970 年之前的主要贷款对象还是基础设施和制造业。本节将在植田(2002)的基础上,以面向房地产业发放的贷款作为研究对象,进行更为细致的金融机构分类,并解读高速增长期房地产金融的特征。

---

① 日本银行"产业资金贷款优先顺序表"东京大学经济学部图书馆藏书,1947 年 6 月修订。
② 大藏省银行局"不必要不急需融资等限制措施"(藏银 1712 号)1957 年 12 月 23 日,收录于大藏省银行局(1961)。
③ 大藏省银行局"金融机构资金融通准则废止后措施"(藏银 1283 号)1963 年 8 月 16 日,大藏省银行局(1966)收录。1959 年 11 月,将"土地建设(除了不必要不急需用途之外)"融资从"不必要不急需融资"列表中去除。

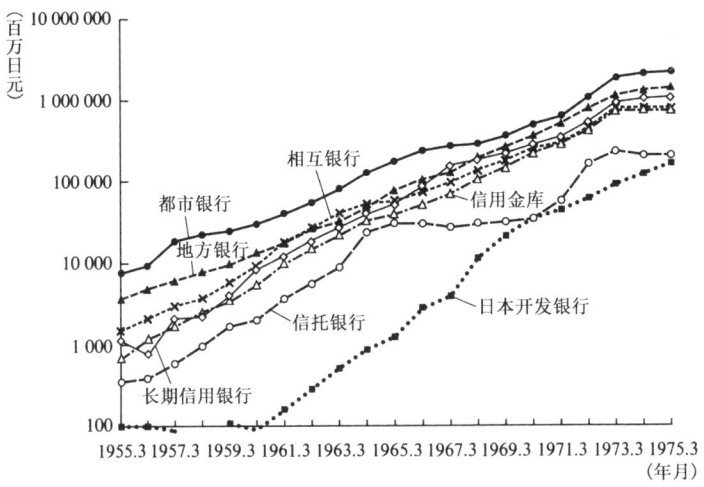

**图 4-6-1　各金融机构面向房地产业贷款的变化（1954—1974 年度末）**

资料来源：日本银行统计局（1955—1975）

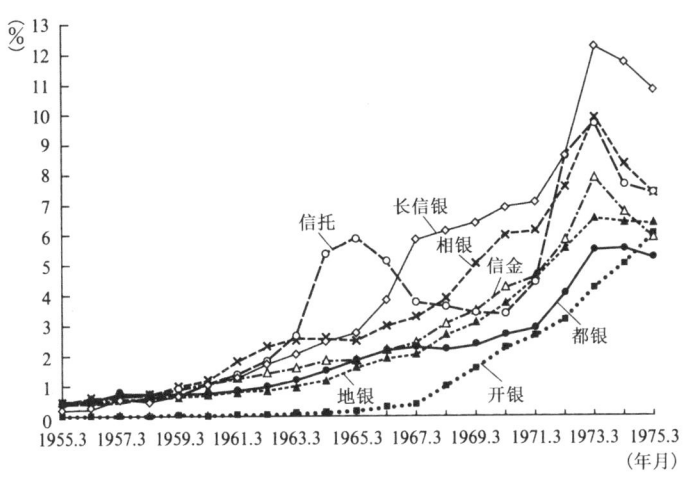

**图 4-6-2　各金融机构总贷款额中房地产业贷款额的比例（1954—1974 年度末）**

资料来源：日本银行统计局（1955—1975）

1954—1974 年末面向房地产业发放贷款最多的一直是都市银行，1954 年末为 79 亿日元、1964 年度末为 1 870 亿日元、1974 年度末为 23 025 亿日元，大幅增长。尤其是 1970 年度末以后的 7 000 亿日元、22 000 亿日元（1973 年度末）有显著增长但是都市银行的贷款中房地产业所占比例 1954 年度末为 0.5%，1964 年末为 1.9%，1974 年末为 5.3%，仍然十分小，甚至

## 第4章 经济高速增长和房地产业的发展：1952—1973

到了1972年才达到5%。

地方银行面向房地产业发放贷款中，1954年度末为39亿日元，1964年度末为808亿日元，1974年度末为15 465亿日元，1960—1963年的年度末及1966年度末外均仅次于都市银行。贷款总额中房地产业所占比例为1954年度末0.5%，1964年度末1.7%，1974年度末6.4%，从20世纪60年代末开始略高于都市银行。

相互银行、信用金库面向房地产业的贷款额分别为1954年度末16亿日元、7亿日元，1964年度末587亿日元、426亿日元，1974年度末8 256亿日元、7 983亿日元，额度均较大。相互银行和信用金库的合计可以与地方银行并肩甚至超过了地方银行的贷款额。另外，1960—1963年的年度末相互银行贷款额超过了地方银行。贷款总额中房地产业所占比例为1954年度末0.5%、0.4%，1964年度末2.5%、1.9%，1974年度末7.4%、5.9%，相互银行相对较高，信用金库也比较高。

长期信用银行面向房地产业发放的贷款额1954年度末为12亿日元、1964年度末548亿日元、1974年度末11 002亿日元，1950年代后期相对较少，进入1960年代后开始大幅上升，1965年后，除了1966年以外，均仅次于地方银行（1966年度末超过了地方银行）。贷款总额中房地产业所占比例为5.9%（1966年度末）、7.1%（1970年度末），整体呈现递增倾向，1972年度末更是达到了12.3%，突破了10%大关，其后也维持在一个较高的水平。

信托银行、日本开发银行面向房地产业发放的贷款额总体较小，20世纪70年代后略有上升。信托银行的贷款额中，房地产业所占比例为1954年度末0.5%、1964年度末5.9%、1974年度末7.4%，在1963年就早早地突破了5%。日本开发银行的贷款总额中，房地产业所占比例为1.6%（1968年度末）、6.0%（1974年度末），从1960年代末开始快速上升，1973年突破5%。

综上所述，在高速增长期，都市银行和地方银行整体上并未将面向房地产业的投资放在太重要的位置上，相对而言，长期信用银行和信托银行从 20 世纪 60 年代中期开始逐渐将重点转移到房地产业融资上①。联系植田(2002)的论述,可以说高速增长期,"短期金融机构"中增加了面向房地产业的融资比例的主要是相互银行和信用金库,而并非都市银行和地方银行;"长期信用金融机构"中,至少长期信用银行和信托银行明显增加了房地产业贷款比例②。尤其是 20 世纪 90 年代后期,几乎破产的长信银早在伊奘诺景气时期就开始加大力度增加面向房地产业的贷款比例,这点引人深思。

在房地产金融结构变化的背景下,受到当时各个金融机构的"业务的同一化",以及以资本自由化为契机开展的"金融效率化"行政政策带来的"金融机构间竞争促进"方针和"企业自我融资能力扩大"预期的影响③,导致长期信用银行和信托银行中以制造业为中心的贷款中,部分份额被都市银行抢走,因此才会出现贷款重心向房地产业的转移。

### (2) 工业用地(填海造陆)和金融

如前所述,高速增长期前期的地价上升主要体现在工业用地上。这里主要以京叶工业地带和京滨工业地带为例,来探讨工业用地建设相关的金融机制④。

京叶临海工业地带的填海造陆工程中,千叶县和三井不动产发挥了核心作用。其资金筹措方式包括:预缴金("千叶方式")、民间资本引进方式("出洲方式"),以及作为上述二者补充的地方债发行三种⑤。京叶工业地带最早实施的填海造陆工程是市原地区 88.3 万坪(总项目费用 39 亿日元,1958 年 4 月开工),当时千叶县财政极为困难,难以发行债券,因此采用了

---

① 例如日本不动产银行在 1965—1975 年后,开始致力于"重点三行业(建筑业、房地产业、私铁业)"以及"住宅金融"等"房地产金融"(日本债券信用银行 1993,第 199~208 页)。
② 当然,植田(2002)探讨的是面向"房地产和建筑业"的融资比例,和只探讨面向房地产业的融资比例的本节论述不能简单对比。
③ 大藏省财政史室(1991b,第 347~351 页),西村(2003,第 45~51 页)。
④ 下面关于京叶工业地带的填海造陆工程如无特别标注,均参考千叶县开发局(1968a,第 15~101 页,第 137~178 页),千叶县开发局(1968b,第 51~63 页,第 79~93 页),日本经营史研究所(1985a,第 117~131 页,第 198~212 页)。
⑤ 其他的还有入驻企业本身筹集资金开展填海造陆工程的情况,例如 1962 年东方乐园在建设时就采取了这种方式。

## 第4章 经济高速增长和房地产业的发展：1952—1973

"千叶方式",也就是由计划入驻的企业负责几乎全部的工业用地建设费用和产业基础设施建设费用。三井不动产作为填海造陆工程的主体,从千叶县承包了全部疏浚和填埋工程,相对的也对计划入驻的企业提供支持,承诺当企业拖延预缴金时可以由三井不动产代为缴纳。实际上该公司在签订基本协议的第二天也就是1957年10月23日,就代替入驻企业垫付了渔业补偿金(总额12.52亿日元)中的第一期付款1.25亿日元。

当时"间接金融优先"①的金融结构使得企业支付预缴金时,多数依赖银行贷款。填海造陆工程的资金通过预缴金的方式,形成了金融机构→入驻企业(制造业等)→开发主体的流转,实现了迂回的资金供给。

千叶港中央地区185万坪的填海造陆工程(总项目费用294亿日元,1964年4月开工),主要采取的是"出洲方式"(引进民间资本)。在这个项目中,总项目费用的1/3由千叶县承担,2/3由三井不动产承担,建成后的2/3土地卖给三井不动产②。工程一半由三井负责施工。本地区填海造陆的主要着眼点是"千叶港公共港湾设施的建设和完善",因此有限制可能造成公害的企业入驻的规定,所以主要依靠入驻企业来筹资的"千叶方法"就行不通了,这才采取了"出洲方式"。实际上,"出洲方式"的背景是千叶县对改善财政状况的需要和三井不动产扩大利润的需求。当然1959年石油联合工厂开始运营后,四日市就出现了大量关于污染公害问题的投诉,以此为契机,在20世纪60年代前期公害问题开始为社会广泛知晓,所以也不能排除千叶县在考虑敏感的社会形势的情况下做出这一决定的可能性。结果是,三井不动产共承担金额140亿日元(3家企业共200亿日元),其中资金筹措最为费力的是渔业补偿金共计现金12亿日元,这其中获得了日本不动产银行的大力支持。

其次是通过发行地方债来筹措填海造陆工程资金。千叶县京叶临海工业地带的填海造陆工程最开始的债券发行额度为1958—1961年度11.5亿日元的供给。其中,内部发行债券8.2亿日元(新日本氮气承担6.6亿日元,三井不动产承担1.1亿日元,千叶银行承担0.5亿日元)。1962年后,债

---

① 大藏省财政史室(1991a,第11~15页)。
② 以三井不动产为窗口,三菱地所和住友不动产分别分担了15%的权利及义务。

券发行总额每年增加 30 亿日元左右,发行总额中内部债券的比例高达70%,这一状况一直持续到 1963 年度。

1964 年度千叶港中央地区的渔业补偿(总额 48 亿日元)中,36 亿日元(债券发行额的 62%)是通过政府补偿公债支付的,因此内部债券的比例下降到 11.3%。1965 年度渔业补偿也是由政府补偿公债支付,并且占债券发行额中很大一部分比重。

下面再来看一下房地产商。这里对三井不动产填海造陆相关资金筹措情况从长期借款来源及其期末余额上进行分析(三井不动产 1956,1960,1965,1970)。1960 年度末的长期贷款主要和市原地区的填海造陆工程相关,其中用途为京叶地区填海造陆工程的有日本生命的 2.8 亿日元(长期借款总额的 13.8%)、朝日生命 1 亿日元(4.9%),而与填海造陆工程相关的疏浚船建造费用上,有第三·三荣丸向日本不动产银行借 5.1 亿日元(25.1%)、第二·三荣丸向日本长期信用银行借 1.1 亿日元(5.4%)、向日本开发银行借款 0.6 亿日元(3.0%)。当时长期借款来源多以非集团旗下的生命保险公司和长期信用银行为主,没有发现集团内金融机构和民间银行参与其中[①]。而当时的三井不动产在垫付渔业补偿金(1.3 亿日元)和购买千叶县债券(1 亿日元)这一块的资金筹措"凭借本公司的信用力,仍需非常之努力"。三井不动产公司持有疏浚船,这是因为当时各家企业的疏浚船全部用于京滨地区等,没有能借给市原地区的空船(江户 1986,第 151~152 页)。

1965 年末的长期借款中,用途为填海造陆相关疏浚船建设费等的这一部分,包含三井信托银行借款 51.2 亿日元(长期借款总额的 28.0%),日本不动产银行 34.7 亿日元(19.0%),日本生命 14.7 亿日元(8.1%),千叶银行的 12.8 亿日元(7.0%),日本兴业银行的 5.9 亿日元(3.2%),三井生命的 4.4 亿日元(2.4%)。当时整体金额变多,结构方面也以集团内金融机构为主,除了长期信用银行外,还从当地银行千叶银行获得资金支持。

最后简单看一下京滨临海工业地带填海造陆相关金融情况。京滨临

---

① 当时的三井信托银行、三井银行等集团内金融机构提供了写字楼(三井第三别馆)的建设资金(三井信托银行 5.1 亿日元,占长期借款总额的 25.0%;三井银行 1.8 亿日元,占 8.6%)。这里的集团指的是二木会 24 家企业(产业动向调查会 1982)。

## 第4章 经济高速增长和房地产业的发展：1952—1973

海工业地带中，大黑町海滩(1955年6月动工)、根岸湾(1959年2月动工)、平潟湾(1963年11月动工)、本牧埠头(1963年1月动工)等填海造陆工程均采用了"预缴金方式"和地方债务结合的方式来完成资金筹措。不过，在金泽海滩的填海造陆(1971年2月动工)中，由于此处建设是为了"促进中小企业的健康发展"，因此很难有大企业参与进来，无法收缴足额的预纳金，故横滨市面向联邦德国分3次、每次发放1亿马克(约合94亿日元)的马克债，完成资金筹措[1]。

### (3) 商业用地(出租大楼)和金融

这里主要以三菱地所为例，看一下出租写字楼的资金供给情况，并解读商业区相关金融框架的动向[2]。三菱地所在高速增长期以东京丸内地区为中心，共建设了建筑面积在5万平方米以上的出租写字楼16栋(橘川1996，第125～128页)。下面就其中可以找到具体用途的长期借款来对这些大楼的建设资金来源进行分析。

1956年度末，该公司的长期借款共59亿日元，其中17亿日元(23.8%)来源于松尾矿业等40家企业，用于新丸内大厦的建筑。其次是从三菱电机等其他14家企业以建设东京大厦为目的借来的资金共9亿日元(15.5%)，还有向日本长期信用银行借款8亿日元(13.6%)用于维修美军归还的写字楼。向租户借款，从原理上来讲和填海造陆工程中的预缴金性质相同。此外，金融机构借款的主要用途是设备投资和修缮，这是因为这部分用途无法获得预缴金。

---

[1] 横滨市港湾局临海开发部(1992，第31～38、57～152页)，横滨市总务局市史编辑室(2002，第271～278页)。大黑町海滩的填海工程开始于1955年，被认为是"地方政府中最早的将土地出售收入提前收缴，并用于项目资金，开展预缴金模式的"。

[2] 下面三菱地所相关内容如无特殊标注，均参考三菱地所(1956，1960，1965，1970)。

表 4-6-2　三菱地所长期借款单位、期末金额及用途的变化(1956—1970年度末)

|  | 借款单位 | 金额 | 用途 | 系 | 比率 | 利率 |
|---|---|---|---|---|---|---|
| 1956下 | 松尾矿业等40个公司 | 1 667 | 新丸内大厦建造 |  | 28.3% | 日息5厘 |
|  | 三菱电机等14个公司 | 911 | 东京大厦建设 | ○ | 15.5% | 日息5厘 |
|  | 日本长期信用银行 | 800 | 接收解除建筑改修工程 |  | 13.6% | 日息2.5厘 |
|  | 丸红饭田等13个公司 | 689 | 第三丸内大厦建造 |  | 11.7% | 日息5厘 |
|  | 三菱信托银行 | 600 | 第三丸内大厦、永乐大厦设备 | ○ | 10.2% | 日息2.5厘 |
| 1960下 | 丸红饭田等40个公司 | 1 987 | 大手町大厦建造 |  | 20.3% | 日息5厘 |
|  | 三菱钢材等45个公司 | 1 576 | 新大手町大厦建造 | ○ | 16.1% | 日息5厘 |
|  | 三菱信托银行 | 1 111 | 大手町、三菱商社、千代田大厦设备、永乐大厦建造 | ○ | 11.3% | 日息2.6厘 |
|  | 松尾矿业等33个公司 | 880 | 新丸内大厦建造 |  | 9.0% | 日息5厘 |
|  | 三菱商社等3个公司 | 867 | 三菱商社大厦建造 | ○ | 8.8% | 日息5厘 |
| 1965下 | 三菱信托银行 | 8 855 | 日本建筑加建等 | ○ | 19.2% | 未公布 |
|  | 明治生命 | 4 170 | 长期运营资金 | ○ | 9.0% | 未公布 |
|  | 日兴不动产等84个公司 | 3 327 | 新东京大厦建造 |  | 7.2% | 日息5厘 |
|  | 日本不动产银行 | 2 903 | 富士制铁大厦建造 |  | 6.3% | 未公布 |
|  | 太阳生命 | 2 800 | 长期运营资金 |  | 6.1% | 未公布 |
|  | 日本兴业银行 | 2 082 | 国际建筑建造 |  | 4.5% | 未公布 |
|  | 松坂屋等43个公司 | 2 045 | 大手町大厦建造 |  | 4.4% | 日息5厘 |
|  | 东京GURIRU等16个公司 | 2 016 | 东京大厦建造 |  | 4.4% | 日息5厘 |
|  | 三菱树脂等7个公司 | 1 673 | 三菱电机大厦建造 | ○ | 3.6% | 日息5厘 |

续表

| | 借款单位 | 金额 | 用途 | 系 | 比率 | 利率 |
|---|---|---|---|---|---|---|
| 1970下 | 三菱信托银行 | 12 795 | 设备资金等 | ○ | 12.6% | 未公布 |
| | 三菱银行 | 9 408 | 长期运营资金 | ○ | 9.2% | 未公布 |
| | 明治生命 | 6 895 | 长期运营资金等 | ○ | 6.8% | 未公布 |
| | 日本兴业银行 | 5 575 | 设备资金 | | 5.5% | 未公布 |
| | Morgan Guaranty 信托 | 3 574 | 设备资金 | | 3.5% | 日息5厘 |
| | 日兴建筑等76个公司 | 3 536 | 新东京大厦建造 | | 3.5% | 日息5厘 |
| | 日本长期信用银行 | 3 489 | 设备资金 | | 3.4% | 未公布 |
| | 太阳生命 | 3 400 | 长期运营资金 | | 3.3% | 未公布 |
| | 日立制作所等69个公司 | 3 370 | 日本大厦建造 | | 3.3% | 日息5厘 |

资料来源：三菱地所(1956,1960,1965,1970)，产业动向调查会(1981)。

注：金额单位是100万日元（尾数四舍五入）。系○表示属于金曜会28个公司。比率表示占长期贷款金额的比率。深色加重部分表示借款单位是金融机构。

借款利息方面，租户借款为每日5厘，和金融机构(2.5钱)相比利息极低。当时，1955年正处于数量景气和后来的神武景气中，经济状况非常好，写字楼大多数都是卖方市场，因此租户宁可承担将资金用于这种长期低利息借款的成本（或者说，是从金融机构高利借款和向三菱地所低利息贷款之间的差额）[①]，也要确保能租到写字楼。

1960年度末，该公司的长期借款额达到了98亿日元，其中20亿日元(20.3%)是从丸红饭田等其他40家企业以建设大手町大厦为目的借款。其次是向三菱钢材等其他45家企业以建设新大手町大厦为目的的借款共计16亿日元(16.1%)，以及从三菱信托银行以建设大手町大厦等为目的的借款11亿日元(11.3%)。这里从金融机构处的借款仍然主要用于设备投

---

① 如果站在后述的金融机构→租户（制造业等）→房地产业的资金流角度看，那么利息的差额可以视为租户的成本。

资和修缮,而从租户处的借款利息极低。而所谓的"运营资金"基本上都由短期借款填补。在 1955—1965 年期间,明治生命、太阳生命等生命保险公司占最大头,其次是三菱银行、三菱信托银行等同集团下银行,最后是常阳银行等地方银行,也占了较大的比重。

1955—1965 年间该公司所开展的写字楼建设中,租户长期提供的低利息发挥了重要的作用,而长期信用银行和集团内金融机构的长期借款起到了补充性作用。当然,这并不意味着在当时的大厦建设中,金融机构没有发挥什么作用。当时的租户手中应该也没有充裕的资金周转,因此在资金方面多数都是依赖于金融机构的。可以看到存在"金融机构→租户(制造业等)→房地产业"这一资金流动链。此外,租户中也有部分主要依靠来自所属集团的资金供给的。

该公司在 1955—1965 年资本市场上获得的资金方面,主要为公司债券每年 4 亿～8 亿日元(1961 年起),伴随着资本金增加(包含溢价,扣除无偿部分)而获得的资金为 10 亿日元(1956 年)、31 亿日元(1958 年)、73 亿日元(1961 年)、55 亿日元(1962 年)、74 亿日元(1964 年)(三菱地所 1993b,第 190～191 页)。

1965—1975 年间,这一倾向发生了变化。1965 年度末该公司的长期借款为 461 亿日元,其中 89 亿日元(19.3%)来自三菱信托银行,目的为日本大厦扩建。其次是明治生命的"长期运营资金"42 亿日元(9.1%),向日兴不动产等其他 84 家企业的借款 33 亿日元(7.2%),目的为新东京大厦建设。该公司的长期借款中,除了从租户获得的借款,从集团内金融机构和长期信用银行获得的资金供给也占重要地位。

1970 年度末该公司的长期借款为 1 019 亿日元,其中 128 亿日元(12.6%)是从三菱信托银行获得的以"设备投资"为目的的借款。其次是向三菱银行借的"长期运营资金"94 亿日元(9.2%),向明治生命借的"长期运营资金"等 69 亿日元(6.8%)。这些"设备投资"和"长期运营资金"的用途究竟是大厦建设,还是休闲娱乐事业或高层公寓、宅地、别墅开发等当时多元化经营的相关事业呢?十分遗憾的是,由于资料缺乏,具体尚不得知。

另外,虽然说"运营资金"基本靠短期借款,但是在 1965—1975 年间,三菱银行、三菱信托银行等集团内金融机构代替生命保险公司成为最大的短期借款来源,其次是富士银行、第一银行、大和银行等都市银行,还有百五银行等地方银行也占较大比重。

综上所述,到了1965—1975年间,该公司在写字楼建设方面的资金整体上除了租户借款外,集团金融机构和长期信用银行通过长期借款的方式直接提供资金的倾向越来越明显。写字楼建设资金中金融机构的作用变得更加直接和重要。其背景是融资准则的废除和"列岛改造热潮"中以制造业为中心的金融机构(尤其是长期信用银行)贷款部分向房地产业转移。

而该公司在1965—1975年间从资本市场获得的资金主要包括公司债券发行额每年10亿~120亿日元左右,以及由于资本增加带来的资金(包括溢价,去除股份分红和转换公司债)83亿日元(1968年)、228亿日元(1973年)。公司债券发行带来的资金量大幅增加,可以说是这个时期的一大特征(三菱地所1993b,第190~191、328~329页)

最后,再来看一下三井不动产。该公司在东京建设的大型办公楼建筑只有日比谷三井大厦和霞关大厦两栋。霞关大厦(1968年)是当时"超高层大厦"的象征,总建设费用172亿日元,其中租户资金69亿日元、金融机构借款100亿日元(三井生命、日本生命、朝日生命、第一生命、东邦生命、三井银行、三井信托银行、日本不动产银行、日本长期信用银行、日本兴业银行各10亿日元),集团内金融机构和长期信用银行的借款比率增加,企业自筹资金不过3亿日元。除了租户借款外,还有通过"押金和保证金"这种无利息方式筹集的资金(日本经营史研究所1985a,第215页)。当然,从租户的角度看,房地产商虽然不交利息,但是初期负担的资金量较小。基本上,1965—1975年间三井不动产和三菱地所在写字楼建设中的金融机制是相似的。

**(4)住宅用地(住宅分期贷款和住宅用地建设)和金融**

如前所述,高速增长期住宅用地价格上升在"列岛改造热"下的1970年前后最为显著。这里主要着眼于高速增长期后期,来解读住宅区相关金融机制①。

高速增长期初期,住宅贷款中发挥重要作用的是住宅金融公库。根据高野(1997,第233页)的计算,1955年度末该公库的住宅贷款额为657亿日元,占金融机构住宅贷款总额的98.8%。其后,该公库的住宅贷款额不断增加,1959年度为1 266亿日元(占金融机构住宅贷款额的92.1%),1964年度为3 073亿日元(67.6%)。20世纪50年代的住宅贷款中住宅金融公库占绝对优势地位。

当然,在这一时期,大企业实施职员福利措施,"积极推进""私有房产融资",而这部分资金是依靠金融机构借款完成的②。通过这种"迂回融资",个人长期融资的风险被转嫁到企业身上。但是关于"迂回融资"的具体数量,由于资料缺乏暂无定论。

20世纪60年代末70年代初,住宅金融公库的住宅贷款额1969年度末为5 802亿日元(占金融机构住宅贷款总额的29.8%),1974年度末为2.1万亿日元(17.7%),数量上大幅增加,但是地位显著下降。这是由于伴随着"40年经济不景气"而产生的产业资金需求减退和"列岛改造热"中民间金融机构加快住宅贷款发放。

民间金融机构住宅贷款的先驱是1961年4月开始的日本劝业银行"住宅计划"和北海道拓殖银行的"HOME PLAN"。其后,又出现了三菱银行的"HOME PLAN"、三井银行的"住宅存款"、三和银行的"住宅贷款"等,都市银行不约而同地开始了这一业务。最初,住宅贷款的年利率大概在10%左右,可以说很高,还期也只有5年;后来到了1972年4月,还期延长到6~10年,年利率下降到9%左右;而还期在11~15年的年利率在9.5%左右,还期逐步延长,利率逐步降低。在此期间,住宅贷款额出现了快速增加③,具体情况如下所述。

这里我们将1965—1974年度末的民间金融机构发放的住宅贷款余额在图中展示(图4-6-3)。首先,民间金融机构中,占比最大的是全国银行。

---

① 下面关于住宅贷款的内容如无特殊标记,均参考高野(1997)。此外,住宅相关农地转用金融方面参考本章第2节。
② 金融机构将这类贷款归类为"面向企业的设备投资"。
③ 住宅金融公库(1980,第59~62页),西村(1994,第358~360页)。

金额变动为 326 亿日元(1965 年)→4 330 亿日元(1969 年)→4.6 万亿日元(1974 年),呈显著增加的趋势。全国银行中,最开始都市银行占 79 亿日元,地方银行为 189 亿日元(1965 年末),地方银行较多。到了 1970 年末二者对调,1974 年末都市银行 1.9 万亿日元,地方银行 1.6 万亿日元。全国银行的总贷款额中住宅贷款占比分别为 0.2%(1965 年度末)→1.3%(1969 年度末)→5.8%(1974 年度末),整体在增加,但是占比并不大。

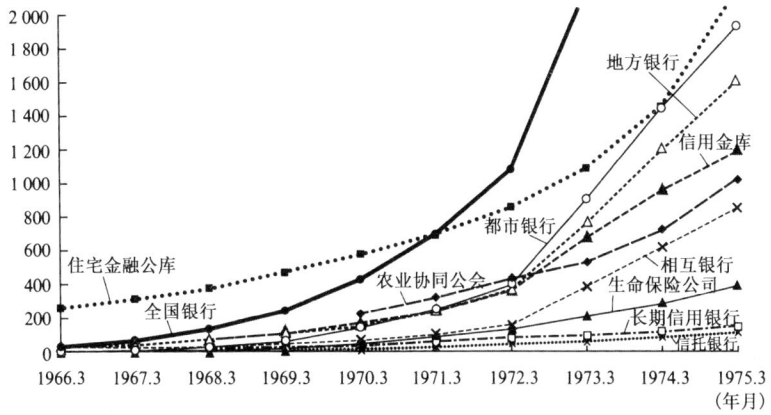

图 4-6-3 面向个人住房贷款额的变化(1965—1974 年度末)

资料来源:住宅金融公库(1980,246-249 页)。

注:单位是 10 亿日元(尾数四舍五入)。数据为各年度末的数据。另外,面向法人(企业、团体等)的住宅贷款不含在内。

其他还有在民间金融机构中发挥了重要作用的信用金库和相互银行、农业协同组合等中小型金融机构。其住宅贷款额度分别为:信用金库1 819 亿日元(1969 年度末)→1.2 万亿日元(1974 年度末),相互银行 124 亿日元(1965 年度末)→657 亿日元(1969 年末)→8 525 亿日元(1974 年度末),农业协同组合2 230 亿日元(1969 年度末)→1 万亿日元(1974 年度末),金额均可与都市银行比肩。

此外,1971 年日本住宅金融(母行为三井、三和、大和等)成立以后,住宅贷款服务(第一劝银、富士、三菱、住友等)、住总(信托银行)、综合住金(第二地银)等住宅金融专门公司(也就是一般说的"住专")相继成立。住专的资金依赖母行,贷款利息不得不保持在较高水平,但是面向的是母行难以发放贷款的普通人，其业务迅速扩大①。

下面再来看一下住宅用地建设相关的金融情况。新城建设中的金融框架主要由开发主体筹集用地收购和建设所需资金，用从购买者那里获得的房款偿还这部分资金。因此，从开始用地收购和建设时到获得房款为止的这段时间如何筹集资金是一个重要的问题。

宅地建设金融中一个重要的部分就是住宅金融公库。公库为住宅用地建设提供的贷款额和土地取得资金之和分别为5.5亿日元（1954年度）→10.5亿日元（1959年度）→135亿日元（1964年度）→324亿日元（1969年度）→1 124亿日元（1974年度），土地取得面积较多的时候达到过462万坪（1964年度）和762万坪（1968年度）（住宅金融公库 1980，第86~91页）。而其发放方式在公共领域的开发主体和民间主体之间是有所不同的。

公共领域（地方公共团体）建设新城时，用地收购费用通过政府补偿公债支付②，宅地建设费用通过一般财务借款和住宅金融公库的融资解决。

例如，大阪府在开发被誉为"大规模住宅地的开发、新都市建设的先驱"的千里新城（计划面积1 160 ha，项目年度1961—1968年）时，总投资额1 870亿日元中，用地收购费98亿日元通过政府补偿公债（1年冻结7年偿还，利息7.8%）支付，建设资金通过住宅金融公库发放的宅地建设贷款41亿日元和大阪府一般财务借款（1966年度末为40亿日元）支付。国库扶助金方面，截至1967年度末仅有5亿日元。这些资金筹集随着1962年住房上市逐渐偿还。而同时，买房中所需的土地和建筑物款有大多数是通过金融机构的住宅贷款支付的。千里新城开发项目带动了一大批如大阪府泉北新城（计划面积1 520 ha，项目时间1964—1977）、东京多摩新城（计划面积2 801 ha，项目时间1965—1977）等新城建设项目，住宅金融公库为宅地建设提供的贷款额分别为164亿日元和111亿日元，有所减少③。

民间主体开展新城建设时，房地产商用于土地收购等的费用主要通过顾客（个人等入住者）提交的预缴金来支付，而道路、上下水道等公共设施

---

① 日本债券信用银行（1993，第212，320页），西村（1994，第362~364页）。
② 同时存在着相反的情况，即填海造陆工程中的渔业补偿金和宅地建设中用地收购的费用主要通过公债解决。
③ 大阪府（1970，第241~266页），住宅金融公库20年史编纂委员会（1970，第263~269，275~282页）。

## 第 4 章 经济高速增长和房地产业的发展：1952—1973

的费用则通过地方债来填补，再通过收取新城居民的税收来偿还（日下 1970，第 86~101、157~164 页）。这里，顾客（居民）支付的建设前预缴金多来源于金融机构发放的住房贷款。

住宅用地建设所需资金仍然通过"金融机构（住宅贷款）→顾客（个人等居民）→开发主体"的循环实现迂回供给[1]。

当然，到了高速增长期后期，1970 年度末三井不动产的长期借款为 690 亿日元，其中 153 亿日元（22.2%）是来自三井信托银行的宅地建设借款，宅地建设方面的资金开始逐渐由民间金融机构直接提供（三井不动产 1970）。另外，地方宅地建设中，则出现了"地方金融机构向我公司发放用地收购贷款，我公司将其用于支付地主的卖地款，地主再将这部分钱存到地方银行里面的资金循环"（日本经营史研究所 1985a，第 284~285 页）。

最后对本节做一个总结。高速增长期前期，融资通过入驻企业、租户（制造业等）以及顾客（个人等居民），大部分采取迂回式的供给方式流向房地产业。其背景包括融资准则的管制、制造业资金需求旺盛而房地产业风险较高故被金融机构敬而远之等。此外，由于总体上来讲房地产市场处于卖方市场，因此房地产商可以从房地产的需求方（制造业、个人等）手中获得低成本的资金供给，这是房地产业内部的原因。三井不动产在填海造陆工程中，通过日本不动产银行获得渔业补偿现金，虽然有限，但是金融机构的直接融资也发挥了重要的作用，这点不应忽视。高速增长期后期，随着"金融效率化"行政措施的施行以及"列岛改造热"的发生，面向房地产业的直接融资开始大幅度增加。但是，占总贷款额度的比重仍然在 5% 前后（参考：面向制造业的贷款占总体的 40%），这是和 20 世纪 80 年代泡沫经济时期的融资情况之间最大的区别[2]。

（边英治）

---

[1] 当然，开发主体为公共主体时，这一关系就仅限于开始销售后才存在了。而上面所说的大企业"私有房产融资"方面，也存在着"金融机构→大企业→顾客→开发主体"的这种更加迂回的资金供给途径。

[2] 此外，在 20 世纪 80 年代的泡沫经济时期，银行通过非银行的金融机构面向房地产业提供的迂回式融资这种不健全的迂回融资供给方式在房地产业银行融资方面占据重要位置。参考第 5 章第 6 节。

# 第 5 章

## 土地神话和房地产业的转变：1974—2004

## 1. "土地神话"的出现和崩溃

### (1) 地价节节攀升中的房地产市场(1974—1991年)

本章将回顾第一次石油危机之后 1974—2004 年之间的日本房地产业的发展进程。这一时期和前面相比,房地产市场在销售数量上整体呈现增长停滞状态。但是当我们将目光投向这一时期的地价变动,则大有不同了。1974—1991 年地价节节攀升,1992—2004 年地价大幅下降,整体上来说可以分这两个时期。而日本的房地产业也在地价由升到降的过程中,实现了"土地泡沫"的最大化,并导致自身的崩溃。

首先,我们看从 1970 年代中期到 1980 年代间地价上升时期的情况。1974 年 10 月 1 日日本人口为 1.1057 亿人,到了 1991 年 10 月 1 日增加到 1.2410 亿人,17 年间增加了 12.2%。而户数上,从 1975 年 10 月 1 日的 3360 万户,增加到 1990 年 10 月 1 日的 4067 万户,15 年间增加了 21.1%[1]。每户人数在 1975 年 10 月 1 日为 3.28 人,到了 1990 年 10 月 1 日变为 2.99 人。

1957 年 10 月 1 日—1974 年 10 月 1 日这 17 年间,日本人口增加了 21.6%,从 1960 年 10 月 1 日—1975 年 10 月 1 日户数增加了 58.9%。从 20 世纪 70 年代中期到 80 年代,人口增长率和户数增长率都有大幅下降。这带来了房地产市场数量上的停滞。1975—1984 年间日本房地产市场迎来了"低迷时代"[2]。

---

[1] 本章中使用的有关日本人口、户数的数据参考总务省、政策统括官、统计研修所的《日本长期统计系列》,http://www.stat.go.jp/data/chouki/02.html,统计截至 2007 年 4 月,参考"第 2 章 人口・户数"。

[2] 参考不动产协会(2007,第 2 页)。

# 第 5 章 土地神话和房地产业的转变：1974—2004

表 5-1-1 显示了日本土地利用中，从 1975 年到 1990 年不同用途的结构是如何变化的。这一时期显著减少的包括农用地 15.3%→14.1% 和原野 1.1%→0.7%，显著增加的有宅地 3.3%→4.2%（其中住宅用地 2.1%→2.6% 以及其他宅地 0.8%→1.2%）和道路 2.3%→3.0%。这些土地用途的变化告诉我们，对于当时的房地产市场来说，造成需求的主要部分并非工业用地，而是住宅和商业用地。

表 5-1-1 日本土地用途构成比

单位：%

| 年 | 宅地 | | | | 农业用地 | 森林 | 原野 | 水面、河川、水路 | 道路 | 其他 | 合计 |
|---|---|---|---|---|---|---|---|---|---|---|---|
| | 合计 | 住宅用地 | 工业用地 | 其他 | | | | | | | |
| 1975 | 3.3 | 2.1 | 0.4 | 0.8 | 15.3 | 67.0 | 1.1 | 3.4 | 2.3 | 7.6 | 100 |
| 1990 | 4.2 | 2.6 | 0.4 | 1.2 | 14.1 | 66.8 | 0.7 | 3.5 | 3.0 | 7.6 | 100 |
| 2002 | 4.8 | 2.9 | 0.4 | 1.5 | 12.8 | 66.4 | 0.7 | 3.6 | 3.4 | 8.3 | 100 |

资料来源：不动产协会（2005）。原始资料为日本国土交通省《土地利用现状掌握调查》。

总的来说，1974—1991 年的日本房地产市场虽然在销售数量上处于停滞状态，但是绝不代表当时房地产业务容量也处于长期低迷状态。从表 5-1-2 中可以看到，日本的房地产业总销售额在 1980—1986 年之间停留在 20 万亿日元左右，从 1987 年开始大幅增加，1990 年度突破了 40 万亿日元[①]。房地产业占全部产业销售额的比例也从 1987 年开始快速增长。不仅是销售额，附加价值方面也呈现相同倾向。日本所有产业附加价值中房地产业的总附加价值额占比在 1980—1986 年为 3.1%～3.4%，而到了 1987—1992 年度提高到 4.2%～4.7%（建设省建设经济局房地产课 1990，1992）。

日本的房地产业销售额在 1987 年后之所以出现了快速增长，主要是得益于地价的节节高升。1974—1991 年地价也处于上升中，延续了房地产业继续实现资产效应的环境条件。这里对资产效应经营做简单的介绍。

---

① 在表 5-1-2 之中，1988 年度日本房地产业总销售额为 40 万亿日元，这是四舍五入的结果，实际上是 39.978 万亿日元，距离 40 万亿还差一些。

表 5-1-2　日本房地产业总销售额的变化(1980—2003年度)

| 年度 | 房地产业总销售额 A(兆日元) | 全部产业总销售额 B(兆日元) | A÷B×100(%) |
|---|---|---|---|
| 1980 | 17 | 820 | 2.1 |
| 1981 | 18 | 881 | 2.0 |
| 1982 | 17 | 902 | 1.9 |
| 1983 | 19 | 921 | 2.1 |
| 1984 | 20 | 991 | 2.0 |
| 1985 | 22 | 1 059 | 2.0 |
| 1986 | 23 | 1 057 | 2.2 |
| 1987 | 32 | 1 117 | 2.9 |
| 1988 | 40 | 1 272 | 3.1 |
| 1989 | 39 | 1 308 | 3.0 |
| 1990 | 42 | 1 428 | 2.9 |
| 1991 | 38 | 1 475 | 2.5 |
| 1992 | 36 | 1 465 | 2.5 |
| 1993 | 36 | 1 439 | 2.5 |
| 1994 | 33 | 1 439 | 2.3 |
| 1995 | 34 | 1 485 | 2.3 |
| 1996 | 36 | 1 448 | 2.4 |
| 1997 | 34 | 1 467 | 2.3 |
| 1998 | 33 | 1 381 | 2.4 |
| 1999 | 32 | 1 384 | 2.3 |
| 2000 | 30 | 1 435 | 2.1 |
| 2001 | 32 | 1 338 | 2.4 |
| 2002 | 34 | 1 327 | 2.5 |
| 2003 | 34 | 1 335 | 2.5 |

资料来源：日本建设省建设经济局不动产业科(1990,1992,1996)。
国土交通省综合政策局不动产业科(2005)。

## 第5章 土地神话和房地产业的转变：1974—2004

房地产业区别于其他产业的最大特征，就是房地产带有资产价值，并且这一价值是会发生变动的。第二次世界大战后的日本，房地产的资产价值中，地价占据核心地位，并且在一个较长的时期内持续上升。而地价上升→房地产估价增加→潜在收益增加→房地产抵押借款增加→房地产相关需求和投资提高→房地产业规模扩大，是一个基于资产效应的成长模式。而所谓的资产效应经营，就是指在这一模式基础上扩大业务规模的房地产业的经营方式。

在日本，地价上升让资产效应经营得以实现，20世纪70年代后期到1991年为止的这段时期内，仍然存在这种背景条件。而关于这一时期的地价上涨，我们可以从表5-1-3中得出如下结论。

表5-1-3　日本基准地价和名义GDP(1977年＝100)

| 年份 | 全国住宅用地 | 全国商业用地 | 东京圈住宅用地 | 东京圈商业用地 | 名义GDP |
|---|---|---|---|---|---|
| 1985 | 151.2 | 137.7 | 177.3 | 164.3 | 174.3 |
| 1991 | 225.0 | 226.7 | 421.3 | 444.4 | 252.3 |
| 2003 | 164.3 | 101.7 | 188.7 | 95.5 | 268.2 |

资料来源：不动产协会(2005)。原始资料为日本国土交通省土地、水资源局等统计(2004)。

第一，地价上涨在泡沫经济时期即1986—1991年之间尤为显著。1977—1985年，全国住宅用地、全国商业用地、东京圈商业用地的基准地价上涨率低于名义GDP(国内生产总值)的增长率。只有东京圈住宅地基准地价的上涨率略高于名义GDP的增长率，但幅度很小。而1985—1991年的基准地价上涨率，无论是全国住宅地、全国商业地、东京圈商业地中任何一个都远远凌驾于名义GDP增长率之上。

第二，泡沫经济时期的地价上涨在东京城市圈尤为显著。1985—1991年间，全国住宅用地基准地价上涨49%，全国商业用地基准价格上涨65%。而在首都圈，住宅用地基准价格上涨1.38倍，商业用地基准价格上涨1.70倍(该时期的名义GDP增长率为45%)。1977—1991年期间，全国基准地价上涨率不及名义GDP增长率，只有首都圈的基准地价上涨率大幅高于名义GDP增长率。

第三,泡沫经济时期的地价上涨中,商业用地比住宅用地更为显著。无论是从全国还是东京圈范围看,基准地价上涨率在 1977—1985 年间都是住宅用地高于商业用地的。但是到了 1985—1991 年间,无论从哪个角度看,商业用地的基准地价上涨率都远远高于住宅用地的基准地价上涨率。

1974—1991 年地价上升的背景下,银行扩大了面向房地产业的融资渠道。房地产金融在 20 世纪 80 年代后期的泡沫经济时期获得了充分的发展,从银行获得的迂回融资发挥了巨大的作用。此外,20 世纪 80 年代的城市开发政策中,将激发民营企业的活力作为目标,实施了放宽管制的方针。

## (2)地价下降中的房地产市场(1992—2004 年)

下面再来看 1992—2004 年间地价下降中的房地产市场。地价由升转降的契机,是 1990 年实施的房地产融资总量管制。地价下降受到泡沫经济崩溃的影响从 1992 年开始,一直持续了 10 年。

表 5-1-3 中,可以看到基准地价从 1991 年到 2003 年下落的幅度,分别为全国住宅用地 27%,全国商业用地 55.1%,首都圈住宅用地 55.2%,首都圈商业用地 78.5%。其间,日本的 GDP 增长幅度较小,但仍维持在 6.3% 的水平,因此地价的大幅跳水令人瞩目。从基准地价的下降幅度中可以看到,1992 年开始的地价下降,首都圈尤为显著。此外,商业用地的下降幅度要大于住宅用地。

地价下降带来了日本房地产业的巨大变化。自二战后一直持续着的资产效应消失殆尽,甚至产生了负面效应。当时,想要继续房地产业的资产效应经营,已经是不可能的了(橘川 2005)。

从日本人口的变化上看,1991 年 10 月 1 日为 1.2410 亿人,2002 年 10 月 1 日增加到 1.2744 亿人,增长率为 2.7%[①]。而户数上,1990 年 10 月 1 日为 4 067 万户,2000 年 10 月 1 日增加到 4 678 万户,增长率为 15.0%。每户人数上,1990 年 10 月 1 日为 2.99 人,到了 2000 年 10 月 1 日变为 2.67 人。

---

① 其后,日本人口总数从 2005 年开始转为减少(厚生劳动省大臣官房统计信息部编《2005 年人口动态统计年测算》,2005 年 12 月 22 日,http://www.mhlw.go.jp/toukei/sakuin/hw/jinkou/suikei05/index.html)

人口增长放缓趋势愈发明显，在此之上地价下跌，因此到了20世纪90年代，日本的房地产业可谓一片灰暗。在表5-1-2中，可以看到房地产业的总销售额在1991—1994年间持续减少[①]，1997年后则一直维持在35万亿日元以下的水平。所有产业的总销售额中房地产业所占比例也从1991年度开始维持在2.1%～2.5%的低水平。

在表5-1-1中，可以看到日本土地利用的用途结构在1990—2002年间的变化情况。这一时期显著减少的有农用地14.1%→12.8%和森林66.8%→66.4%，显著增加的有宅地4.2%→4.8%（其中住宅用地2.6%→2.9%，其他宅地1.2%→1.5%）以及道路3.0%→3.4%，还有其他用地7.6%→8.3%。这一系列土地利用情况的变化，都表现出当时的房地产市场中，导致需求扩大的主要因素不是工业用地，而是住宅用地和商业用地。

1992年后和1974—1991年间相比，房地产市场在数量上处于停滞状态，并且这一状态变得更加明显了。1993年后，放宽各类限制的土地和住宅政策重新出台，立刻产生了效果。地价下降让资产效应成为过去时。而日本房地产业的"土地神话"也在泡沫经济期间达到顶峰后，随着泡沫的破碎而走向崩溃。

（橘川武郎）

## 2. 商机的变化和房地产业

### (1) 开发

以1991年、1992年为界，地价从上升转为下降。在1974—2004年间，日本房地产业的经营方式发生了较大变化。房地产业的经营情况也出现了变化，本节将聚焦这部分内容。房地产业的业务内容多种多样，按照功能可以分为开发、销售、租赁和管理、流通、修缮这几类，下面将逐一进行说明[②]。

---

[①] 严格来讲，日本房地产业的总销售额在1992—1993年曾经短暂增长（35.9642万亿日元→35.9687万亿日元），但是增加幅度很小。

[②] 下面主要参考不动产协会（2005）和不动产协会（2007）。

开发是房地产业这一行业所有流程的初级阶段,是创造土地可用性的活动。从20世纪70年代后期到2000年前期,日本房地产开发行业的变化主要可以分为这三个阶段:第一次石油危机后不断倒退阶段;泡沫经济时期一度扩张后转为缩水阶段;经历了泡沫经济时期的扩大和缩水,在20世纪90年代末到2000年初再次扩大经营规模的时期。

石油危机后的衰退期中最具代表性的事例是疏浚填海造陆工程。1973年《公共水面填埋造地法》引进了环境影响评估机制,自此,日本的航道疏浚和填海造陆工程开始受到严格限制。另一个典型事例是新城开发。高速增长期在大城市郊外如雨后春笋般发展的新城建设,在石油危机后也走向衰落。其背景包括人口向大城市郊外地区的大量流入告一段落,以及1969年《新城市规划法》基础上的分区制度的实施使越来越多的适宜开发土地被编入城镇化调整区域内,以及《宅地开发指导大纲》等行政方针带来的公益负担的增加,还有加强管制使项目期间变长,从而增加了持有宅地的成本等等。其结果是日本的宅地供给量自1972年到达顶峰后——如表5-2-1中A所示——开始进入持续减少阶段。

表 5-2-1　日本宅地供给量、休闲娱乐类公寓销售户数的变化(1973—2002年度)

| 年度 | 宅地供给量 A(百 ha) | 休闲娱乐类公寓出售户数 B(户) |
| --- | --- | --- |
| 1973 | 228 | 8 407 |
| 1974 | 197 | 3 257 |
| 1975 | 163 | 3 618 |
| 1976 | 150 | 1 257 |
| 1977 | 135 | 1 226 |
| 1978 | 135 | 754 |
| 1979 | 134 | 2 108 |
| 1980 | 124 | 905 |
| 1981 | 118 | 321 |
| 1982 | 114 | 1 605 |
| 1983 | 112 | 1 471 |

续表

| 年度 | 宅地供给量 A(百 ha) | 休闲娱乐类公寓出售户数 B(户) |
| --- | --- | --- |
| 1984 | 108 | 793 |
| 1985 | 102 | 828 |
| 1986 | 104 | 1 975 |
| 1987 | 103 | 2 672 |
| 1988 | 107 | 11 564 |
| 1989 | 103 | 12 583 |
| 1990 | 108 | 16 273 |
| 1991 | 112 | 9 319 |
| 1992 | 110 | 5 028 |
| 1993 | 104 | 1 910 |
| 1994 | 108 | 2 365 |
| 1995 | 106 | 717 |
| 1996 | 101 | 426 |
| 1997 | 94 | 565 |
| 1998 | 88 | 339 |
| 1999 | 84 | 318 |
| 2000 | 86 | 664 |
| 2001 | 69 | 693 |
| 2002 | 67 | 677 |

资料来源:A 为日本国土交通省综合政策局不动产业科监修(2005)。B 为不动产协会(2005)。

在泡沫经济时期一度扩张又转为缩水的第二个阶段的典型事例是旅游区的开发。从 20 世纪 70 年代后期开始,随着每周两天假期制度的普及,居民休息时间增加,对娱乐的需求也逐步多样化。在此背景下,日本全国各地出现了大量的大型滑雪场、游艇基地、高尔夫球场等集娱乐和住宿于一体的综合休闲游乐地。1983 年千叶县浦安市的东京迪士尼乐园开放,开启了邻水地区游乐设施的先河。而真正促使这些休闲娱乐场所开发的是 1987 年出台的《综合保养地区整备法》(也就是所谓的"休闲娱乐场所法")。在"休闲娱乐场所法"的作用下,到 1994 年 3 月末为止,共有 41 个道府县通过了以开发休闲娱乐场地振兴经济的基本设想。由表 5-2-1B 可以看出,1974 年后持续低迷的日本休闲公寓的开发户数,在"休闲娱乐场所法"实施后开始大幅增加,1988—1990 年度每年超过 1 万户,1990 年度达到了 1.6273 万户。

《休闲娱乐场所法》和泡沫经济的影响下,日本的休闲娱乐场所开发快速增长,同样的,也随着泡沫经济的崩溃而急剧缩水。1991 年起,休闲娱乐类公寓的开发户数开始降低,1995 年后更是低于每年 1 000 户(表 5-2-1B)。休闲娱乐业开发的不景气呈现长期化倾向。《休闲娱乐场所法》的首个适用项目——SHI-GAIA(宫崎县)、豪斯腾堡(长崎县)分别在 2001 年和 2003 年申请了公司破产,可见全国各地的休闲娱乐场所开发计划纷纷触礁。

经历了泡沫经济时期的扩张和泡沫经济崩溃后的缩水,20 世纪 90 年代末至 2000 年初期再次实现扩张的第三个开发行业发展阶段是城市新生项目。这里我们将对 1974—2004 年开展的日本城市新生项目进行深入解读。

### (2)城市新生项目

高速增长期的大楼建设热潮在石油危机发生后暂告一段落,除了 1978 年竣工的阳光城(东京)外,基本上没有再建设。而到了 1980 年代,高品质"街区建设"项目作为城市新生项目的先驱登场了。1981 年完成的日比谷城(东京)共建设了 4 栋建筑,其中比较引人注目的是这些建筑购买了空中权①。此外在 1986 年,根据《城市二次开发法》(1969 年制定),第一个民间主导的城镇地区二次开发项目——ARK Hills(东京)竣工。

进入泡沫经济时期后,城市中心地区的二次开发和邻水地区的开发成为中心,城市新生项目迎来了高峰期。正如表 5-2-2A 中所示,日本的写字

---

① 空中权包括对土地上空空间利用的权利,以及相邻土地转让的容积率。日比谷城日比谷国际大厦的建设中,就接受了相邻的新闻中心转让的剩余容积率。

## 第 5 章　土地神话和房地产业的转变：1974—2004

楼建设竣工面积在 1987—1992 年创下了历史最高纪录。写字楼竣工的高峰在东京圈较为显著，持续时间也比全国的要久，在 1985—1993 年间持续保持活跃态势。泡沫经济时期，大阪城市圈的写字楼竣工建筑面积也出现了增加。社团法人房地产协会对当时的情况的看法是："50 年代末（昭和 50 年代末，1983—1984 年左右），国土厅（现在的国土交通省）和各类智库都认为即将出现旺盛的需求，因此，原本预计在 10 年内建设完成的面积，仅用 3 年就完成建设，可以说是建设的高潮期。除了开发商外，其他企业也陆续进入写字楼建设行业，进一步推动了泡沫期的地价飞涨。"（房地产协会 2007，第 17 页）。如前节所述，泡沫期的地价上升在东京城市圈的商业用地尤为显著，正是这一机制作用的结果。

在写字楼建设的高峰期中，日本城市中心地区的二次开发不断发展。千叶县幕张、横滨港未来 21 等城市临海地区开发项目，以及 1990 年的大阪 Business Park、御殿山 Hills（东京），1991 年横滨 Business Park，1992 年的天王洲 ISLE（东京），1993 年的新梅田 City（大阪）、大川端 River City 21（东京）、世田谷 Business Square（东京），1994 年圣路加医院二次开发（东京）、惠比寿 Garden Place（东京）相继竣工。但是，在泡沫经济崩溃的几年后，写字楼建设高峰期完全终结，在全国出现了被称为"写字楼建设不景气"的状况。如表 5-2-2A 所示，日本的写字楼新开工建筑面积在 1998 年后终于跌破 1 000 公顷大关。

这里需要注意的是，城市新生事业和前面的休闲娱乐场所开发不同，在 1990 年代末到 2000 年初期再次进入活跃期。主要体现在 1999—2001 年度东京城市圈写字楼新开工建筑面积的增加，达到了每年 300ha 的水平（表 5-2-2A）。从表 5-2-3A 列数据可以看出，东京 23 区内大规模写字楼新开工建筑面积在 2002 年达到了泡沫经济及其后（1989—1993）的水平，2003 年超过了 1994 年的 183 公顷，创下了 216 公顷的新纪录[1]。2002—2004 年的东京陆续完成了丸内大厦、汐留地区二次开发计划 A～I 街区、品川 Grand Commons、六本木 Hills、COREDO 日本桥、丸内 OAZO 等大型城市新生项目。

---

[1]　为此，2003 年东京写字楼供给过剩成为一个社会问题，被称为"2003 年问题"。

表 5-2-2　日本写字楼新开工建筑面积和空置率（1982—2003 年）

| 年度/年 | 写字楼新开工建筑面积 A(ha) | | | 写字楼空置率 B(%) | | |
| --- | --- | --- | --- | --- | --- | --- |
| | 全国 | 东京圈 | 大阪圈 | 全国（除东京以外） | 东京 | 大阪 |
| 1982 | 1 066 | 296 | 146 | 2.6 | 1.3 | 2.4 |
| 1983 | 1 145 | 352 | 174 | 2.3 | 0.8 | 1.4 |
| 1984 | 1 311 | 385 | 213 | 2.5 | 0.7 | 1.5 |
| 1985 | 1 510 | 488 | 245 | 2.5 | 0.2 | 0.7 |
| 1986 | 1 527 | 615 | 203 | 2.9 | 0.2 | 0.9 |
| 1987 | 1 745 | 713 | 250 | 3.5 | 0.3 | 1.4 |
| 1988 | 1 929 | 731 | 281 | 3.1 | 0.3 | 0.9 |
| 1989 | 2 177 | 728 | 384 | 1.9 | 0.2 | 0.4 |
| 1990 | 2 452 | 907 | 392 | 1.0 | 0.2 | 0.2 |
| 1991 | 2 227 | 804 | 307 | 0.7 | 0.2 | 0.3 |
| 1992 | 1 850 | 686 | 205 | 0.8 | 0.5 | 0.4 |
| 1993 | 1 280 | 366 | 148 | 2.4 | 1.8 | 2.0 |
| 1994 | 1 107 | 271 | 124 | 5.1 | 2.9 | 4.1 |
| 1995 | 1 097 | 291 | 170 | 6.8 | 4.7 | 5.7 |
| 1996 | 1 180 | 276 | 201 | 5.2 | 4.7 | 5.4 |
| 1997 | 1 119 | 275 | 142 | 4.5 | 4.2 | 4.8 |
| 1998 | 859 | 236 | 121 | 4.9 | 3.4 | 4.7 |
| 1999 | 880 | 355 | 90 | 6.6 | 3.7 | 6.4 |
| 2000 | 817 | 308 | 90 | 8.0 | 3.7 | 6.7 |
| 2001 | 832 | 335 | 91 | 5.7 | 3.2 | 10.9 |
| 2002 | 683 | 227 | 85 | 5.9 | 2.8 | 10.0 |
| 2003 | 755 | 289 | 75 | 7.2 | 4.1 | 12.2 |

资料来源：A 中的 1982—1993 年度为日本建设省建设经济局不动产业科监修(1994)，1994—2003 年度为日本国土交通省综合政策局不动产业科监修(2005)。B 中的 1982—1984 年为建设省建设经济局不动产业科监修(1994)，1985—1997 年为三井不动产株式会社企划调查部编(1999)，1998—2003 年为不动产协会(2005)数据。

注：(1)A 是年度数据，是根据建筑基准法第 15 条第 1 项的建筑施工报告中不同用途事务所的合计值。一并计入工程申报的开工预定日里。东京圈是指东京都、神奈川县、千叶县、埼玉县。大阪圈指大阪府、京都府、兵库县。

(2)B 是各年的 4 月 1 日。东京是都心 5 区等。大阪是大阪市等。

## 表 5-2-3　东京 23 区内大型写字楼竣工建筑面积和三大都市的事务所新的实质租金的变化（1988—2003 年）

| 年份 | 东京 23 区内大规模写字楼竣工建筑面积 A(ha) | 事务所新的实际租金 B(日元/坪、每月金额) | | |
|---|---|---|---|---|
| | | 东京 | 大阪 | 名古屋 |
| 1988 | 83 | 23 470 | 12 990 | 9 522 |
| 1989 | 100 | 26 850 | 13 520 | 9 691 |
| 1990 | 108 | 30 000 | 14 210 | 10 119 |
| 1991 | 104 | 35 650 | 16 560 | 11 166 |
| 1992 | 114 | 33 750 | 19 360 | 12 528 |
| 1993 | 118 | 28 420 | 17 470 | 12 589 |
| 1994 | 183 | 23 580 | 16 090 | 11 900 |
| 1995 | 92 | 20 040 | 15 180 | 11 583 |
| 1996 | 119 | 18 670 | 14 770 | 11 320 |
| 1997 | 74 | 17 940 | 14 150 | 11 330 |
| 1998 | 99 | 17 460 | 13 770 | 11 260 |
| 1999 | 36 | 16 740 | 13 230 | 11 040 |
| 2000 | 72 | 16 190 | 12 880 | 10 870 |
| 2001 | 91 | 15 990 | 12 320 | 10 790 |
| 2002 | 125 | 15 670 | 11 670 | 10 650 |
| 2003 | 216 | 15 310 | 11 230 | 10 530 |

资料来源：不动产协会（2005）作成。

注：(1) A 是西历年度（1 月 1 日—12 月 31 日）数据，B 是日本年度（一般指 4 月 1 日—第二年 3 月 31 日）数据。

(2) A 以东京 23 区内事务所部分占地面积在 1 公顷以上的新建的大规模写字楼为对象。竣工面积只计入事务所的部分。店铺、住宅、酒店等部分不包含在内。

(3) B 的实际租金是指 1 坪的实际租赁费，包括押金运营利润（按年率 6% 计算）在内的租赁费，为了统一比较租赁条件而计算出的。实际租金 =（押金 × 运营率 ÷ 12 + 租金每月金额）÷（1 − 公摊率）。运营率为年率 6%。公摊率是指包含在合同面积中的公用分摊面积的比率。

20世纪90年代末至2000年初,城市新生项目的大规模发展和泡沫经济时期的写字楼建设之间有两个不同之处。第一,新生项目是政策带来的。城市新生项目对经济有较大的影响效果,是克服泡沫经济崩溃后的长期经济低迷、实现日本经济新生的重要政策之一。为此,"从1997年到1998年间,政府陆续出台了多个促进二次开发事业的经济政策方针,希望完善体制,让城市基础建设公团(现在的城市新生机构)和民间城市开发推进机构充分发挥作用,同时开展各项措施,建设认定二次开发事业制度、特定事业参加者制度,并促进二次开发事业的迅速实施和对其的支持,希望以此改善事业发展环境"(房地产协会2007,第20页)。2002年《城市新生特别措施法》的实施也是其中一环。第二,20世纪90年代末至2000年初的城市新生事业的大规模开展仅限于东京一个地方。如表5-2-2A中所示,这一时期和泡沫经济时期不同,大阪城市圈的写字楼新开工建筑面积几乎没有增长。同样,全国的写字楼新开工面积也没有增加。20世纪90年代末至2000年初的城市新生项目的大规模开展,可以说是"东京单极集聚"的产物。

## (3)销售

按照顾客的要求进行加工,并将加工后的房地产卖给顾客,这就是房地产销售业的内容。房地产销售业中,又以宅地、独立房产、公寓等商品房(地)的销售为中心。

表5-2-4表示的是日本住宅库存数据,时间为1973—2003年。从中可知,这一时期内住宅的库存数量和每户的建筑面积都确确实实增加了。住宅库存总数的增长超过了居住户数的增长,空置率从1973年的5.5%提高到了2003年的12.2%,增幅1.2倍。私有房产持有率在20世纪80年代中期以后开始停止增长,这是因为表5-2-5A数据所示的出租房屋新建成户数增加了[1]。房地产销售业的核心是住宅销售业,主要商品为独立住宅和公寓等。表5-2-5中的A和B和表5-2-4不同,包括独立住宅以及公寓在

---

[1] 例如每年新开工户数方面,1984年后出租房就一直高于私有房产(除了商品房)(表5-2-5A,出租房低于私有房产的年份只有1994年、1999年、2000年三年)。

内的商品房和私有房产被分开统计了。

表 5-2-4 日本住宅库存数据

| 调查年 | 住宅库存数(千户) | | | | 私有房产率(%) | 空置率(%) | 每户住宅建筑面积(m²) | | |
|---|---|---|---|---|---|---|---|---|---|
| | 总数 | 家庭住宅 | 私有房产 | 出租房 | | | 总数 | 私有房产 | 民营出租房 |
| 1973 | 31 059 | 28 731 | 17 007 | 11 723 | 59.2 | 5.5 | 77.1 | 103.1 | 36.0 |
| 1978 | 35 451 | 32 189 | 19 428 | 12 689 | 60.4 | 7.6 | 80.3 | 106.2 | 37.0 |
| 1983 | 38 607 | 34 705 | 21 650 | 12 951 | 62.4 | 8.6 | 85.9 | 111.7 | 39.2 |
| 1988 | 42 007 | 37 413 | 22 948 | 14 015 | 61.3 | 9.4 | 89.3 | 116.8 | 41.8 |
| 1993 | 45 879 | 40 773 | 24 376 | 15 691 | 59.5 | 9.8 | 91.9 | 122.1 | 42.0 |
| 1998 | 50 246 | 43 922 | 26 468 | 16 730 | 60.3 | 11.5 | 92.4 | 122.7 | 42.0 |
| 2003 | 53 891 | 46 863 | 28 666 | 17 166 | 61.2 | 12.2 | 94.9 | 123.9 | 44.3 |

资料来源:日本国土交通省住宅局住宅政策课(2005)。

注:(1)住宅总数除了家庭住宅之外,还包括空置房、暂住人员的临时住宅、在建住宅。
(2)家庭住宅中包括所有关系不详的部分。

表 5-2-5 日本住宅相关各年数据变化(1974—2004 年)

| 年度/年 | 新建住宅开工建设户数 A (千户) | | | 开工新建住宅每户建筑面积 B(m²) | | | 公寓供给户数 C | |
|---|---|---|---|---|---|---|---|---|
| | 私有房产 | 商品房 | 租房 | 私有房产 | 商品房 | 租房 | 开工(千户) | 竣工(千户)[其中首都圈超高层(户)] |
| 1974 | 665 | 217 | 339 | 102.3 | 70.9 | 50.8 | — | 123[—] |
| 1975 | 730 | 251 | 409 | 104.8 | 70.2 | 51.4 | — | 71[—] |
| 1976 | 703 | 319 | 474 | 108.3 | 72.7 | 50.5 | — | 49[—] |
| 1977 | 715 | 354 | 434 | 111.0 | 74.6 | 53.2 | — | 70[—] |
| 1978 | 677 | 352 | 441 | 115.1 | 77.6 | 54.6 | — | 99[174] |
| 1979 | 714 | 346 | 399 | 118.9 | 81.8 | 55.0 | 130 | 103[189] |
| 1980 | 583 | 311 | 296 | 119.3 | 83.5 | 57.1 | 146 | 111[176] |

续表

| 年度/年 | 新建住宅开工建设户数 A（千户） | | | 开工新建住宅每户建筑面积 B(m²) | | | 公寓供给户数 C | |
|---|---|---|---|---|---|---|---|---|
| | 私有房产 | 商品房 | 租房 | 私有房产 | 商品房 | 租房 | 开工（千户） | 竣工（千户）[其中首都圈超高层（户）] |
| 1981 | 557 | 257 | 307 | 120.3 | 82.9 | 54.9 | 139 | 118[179] |
| 1982 | 574 | 227 | 334 | 122.0 | 80.6 | 52.2 | 115 | 124[—] |
| 1983 | 471 | 239 | 405 | 124.1 | 77.2 | 48.6 | 129 | 102[—] |
| 1984 | 473 | 230 | 482 | 125.5 | 77.4 | 46.5 | 126 | 113[—] |
| 1985 | 460 | 227 | 544 | 127.4 | 79.8 | 46.8 | 126 | 112[328] |
| 1986 | 480 | 220 | 679 | 130.2 | 81.5 | 45.7 | 116 | 108[481] |
| 1987 | 563 | 256 | 887 | 130.6 | 84.4 | 45.2 | 141 | 107[648] |
| 1988 | 497 | 299 | 842 | 131.3 | 88.3 | 47.1 | 170 | 123[1 511] |
| 1989 | 499 | 322 | 821 | 134.0 | 88.9 | 45.8 | 186 | 148[1 729] |
| 1990 | 474 | 387 | 767 | 136.8 | 83.7 | 45.1 | 248 | 164[1 439] |
| 1991 | 448 | 273 | 582 | 137.3 | 89.6 | 47.4 | 165 | 186[2 351] |
| 1992 | 482 | 217 | 687 | 137.5 | 90.3 | 48.7 | 111 | 173[2 853] |
| 1993 | 537 | 290 | 652 | 137.1 | 88.7 | 51.1 | 158 | 117[1 525] |
| 1994 | 581 | 378 | 574 | 138.8 | 89.2 | 52.9 | 227 | 136[2 656] |
| 1995 | 551 | 345 | 564 | 137.4 | 90.6 | 52.3 | 198 | 190[1 421] |
| 1996 | 636 | 352 | 616 | 141.0 | 93.1 | 53.0 | 200 | 200[1 161] |
| 1997 | 451 | 351 | 516 | 139.2 | 92.4 | 52.0 | 211 | 182[2 423] |
| 1998 | 438 | 282 | 444 | 139.0 | 92.8 | 51.2 | 166 | 184[2 120] |
| 1999 | 476 | 312 | 426 | 139.3 | 95.4 | 53.2 | 192 | 169[3 164] |
| 2000 | 438 | 346 | 418 | 139.0 | 97.5 | 53.0 | 218 | 173[7 743] |
| 2001 | 377 | 344 | 442 | 137.0 | 98.1 | 51.4 | 223 | 203[8 338] |
| 2002 | 366 | 316 | 455 | 135.8 | 96.1 | 50.0 | 198 | 209[7 995] |

续表

| 年度/年 | 新建住宅开工建设户数 A（千户） | | | 开工新建住宅每户建筑面积 B(m²) | | | 公寓供给户数 C | |
|---|---|---|---|---|---|---|---|---|
| | 私有房产 | 商品房 | 租房 | 私有房产 | 商品房 | 租房 | 开工（千户） | 竣工（千户）[其中首都圈超高层（户）] |
| 2003 | 373 | 334 | 459 | 134.8 | 95.0 | 48.8 | 202 | 199[14 198] |
| 2004 | 367 | 349 | 467 | 134.2 | 95.9 | 47.4 | 207 | 186[12 516] |

资料来源：根据日本建设省住宅局住宅政策科(1993)、国土交通省住宅局住宅政策科(2005)作成。

注：(1)A、B 是日本年度（一般指 4 月 1 日—第二年 3 月 31 日）数据。C 是西历年度(1 月 1 日—12 月 31 日)数据。

(2)与表 5-2-4 私有房产的情况不同，此表中的私有房产不包含商品房。

(3)超高层公寓指 20 层以上的公寓。

如表 5-2-5A 所示，日本商品房的年新建户数在 1976—1980 年度、1989—1990 年度、1994—2004 年度（除 1998 年）三个时期均超过了 30 万户，20 世纪 70 年代后期和泡沫经济时期出现增加，这点和私有房产年新建户数的情况没有太大差别，但是与泡沫经济崩溃后的 1990 年代后的这段时期则大相径庭。1997 年后，私有房产的年新建户数呈现减少趋势，而商品房基本维持在相同水平。1996 年后，作为经济振兴政策的一环，政府大幅扩充了住宅金融公库的融资幅度，并采取了扩大住宅贷款扣除制度等措施，其中住宅金融公库融资的扩充对商品房的推动作用尤其大。此外，人口回归市中心的倾向变强，新建住宅新开工户数中新建公寓的新开工户数的比例从 1997 年开始，基本一直高于 15%（国土交通省住宅局住宅政策课 2005，第 42 页）[①]，这也对商品房销售的业务规模维持做出了贡献。

高级公寓的供给数量（户）变化如表 5-2-5C 所示。由于资料限制，开工数和竣工数均为商品房和出租房的总和，但是仍然可以从中了解到公寓商

---

① 不过 1998 年度中，这一比例曾经短暂降低到 14.1%。

品房销售的大体动向①。日本的公寓住房供给户数在石油危机后持续低迷②,不过开工数量从 1988 年开始(除了 1992 年)、完工数量从 1990 年开始(除了 1993 年、1994 年)基本都在 15 万户以上。泡沫经济崩溃后,公寓商品房供给持续坚挺,其背景是商品房每户价格下降,以及人口回归城市中心、超高层公寓建设进入高峰期等。

20 世纪 70 年代后期,"亿万公寓"成为热点话题,其后,公寓的商品房销售价格经历了泡沫经济时期的短暂上涨,又转为降低。首都圈的公寓每户平均销售价格在 1985 年为 2 683 万日元(专有面积每平方米 42.7 万日元,下同),泡沫经济时期的 1990 年为 6 123 万日元(93.4 万日元)出现大幅涨价;其后到了 1993 年为 4 488 万日元(70.4 万日元),1998 年为 4 168 万日元(58.7 万日元),2003 年为 4 069 万日元(54.5 万日元),持续下降(建设省建设经济局房地产业课 1996,第 72 页,国土交通省综合政策局房地产业课 2005,第 57 页)。

另外,如表 5-2-5C 所示,进入 21 世纪后,以首都圈为中心的超高层公寓建设如雨后春笋。这反映了人口向城市中心回归的情况,同时也体现了政府和东京都开展的一系列政策支持③的结果。20 世纪 90 年代末至 2000 年初,东京城市新生项目不仅在写字楼建设领域有了大幅增长,在住宅领域也是一样。

表 5-2-5B 显示,1974—2004 年期间,公寓房在内的商品房每户平均建筑面积尽管有一定波动,但是总体上是在扩大的。每户的平均建设面积仍然不敌私有房产,但是在泡沫经济崩溃后,二者之间的差距还是有所缩小的。

## (4)租赁和管理

销售业中,房地产是买卖的对象,而房地产的利用形态远不止此。所

---

① 首都圈超高层公寓竣工户数中,2003 年销售用 1 299 户、出租用 3 685 户,2004 年销售用 9 511 户、出租用 3 005 户(国土交通省住宅局住宅政策课 2005,第 43 页)。
② 1976 年《建筑基准法》修订后,采用了遮光管制制度,也对此产生了影响。
③ 1997 年高层住房诱导地区的设立和高层公寓等共同住宅的容积率限制的合理化以及 1998 年《建筑基准法》修订后引进了建筑物整体设计制度,正体现了这一点。此外,这一时期东京都还设立了城市中心居住推进本部,政府设立了城市新生本部。

有人既可以自住,也可以将自己的房产用于出租。出租的话,就需要所有人或者第三方来负责房屋的管理和运营。房地产业中的租赁和管理行业主要包括将自身持有的房产出租从而获得租金的业务形态,以及在房产所有人的委托下开展管理和运营业务、获得顾客(住户)服务相关手续费的业务形态。

房地产租赁业中重要的一部分是写字楼租赁业,这一行业在20世纪80年代到21世纪初期之间是如何发展的呢?我们先回顾表5-2-2和表5-2-3。如表5-2-2所示,20世纪80年代前期东京的空置率有所下降,而东京城市圈写字楼开工建设面积增加了。这一现象不久就发展到了大阪城市圈,进而波及全国。如前所述,1989—1991年的泡沫经济时期,产生了写字楼建设的高峰期。但是受到泡沫经济崩溃的影响,1993年东京、大阪以及其他地区空置率大幅上升,写字楼经营急转直下。这种状态除了20世纪90年代末至21世纪初东京开展城市新生项目的时期外一直持续,特别是在大阪,2001年后的空置率超过了10%。

如表5-2-3所示,东京、大阪、名古屋的事务所新签合同实际租金在泡沫经济时期一度上升,在泡沫经济崩溃后开始下降。这点在东京、大阪及名古屋都没有太大差别。而泡沫经济崩溃后,东京的租金下降幅度更大,因此新签合同租金在东京和大阪、名古屋之间的差距有所缩小。也就是说,20世纪90年代末至21世纪初东京的城市新生项目的大规模开展也没有改变东京地区租金下降的大潮流。这也意味着,在日本的写字楼租赁业中,凭借地价上升实现租金上涨从而获得资产效应的经营方式的结束。

和写字楼租赁业同样占房地产租赁业重要地位的是住宅租赁业。下面通过表5-2-4和表5-2-5简单回顾一下20世纪70年代中期至21世纪初的住宅租赁业的动向。

表5-2-4中,1973年日本出租房库存量为1 172万户,到2003年增加到了1 717万户。但是和所有类型住宅总库存相比,出租房的库存比例却从37.7%下降到了31.9%,下降了5.8个百分点。其中大部分民营出租房[①]的

---

① 2003年的出租房库存为1 717万户,其中,民营1 256万户,公营218万户,公团公社的出租房94万户,福利出租房149万户(国土交通省综合政策局房地产业课2005,第12页)。

每户的建筑面积都确确实实地变大了,但是和私有房产相比还是狭窄得很。

这里需要注意的是,如表 5-2-5 所示,20 世纪 80 年代出租房新开工户数出现了大幅增加。1980 年代新建出租房每户建筑面积和上个时期相比缩小了,也就是说这一时期市场上大量供给的是狭小的出租房。其背景如建设省住宅局住宅政策课(1993,第 19 页)所言,包括"房租的稳定增长、建筑费用的相对稳定、低利率等带来的出租房屋经营热情的提高,青年人口及单身人口增加"等方面。而出租房每年新开工户数和商品房不同,在泡沫经济崩溃后的时期出现了缩小倾向。

**(5)流通**

流通行业在整个房地产业中,具有重要意义。这是因为"房地产通过买卖、租赁等实现所有人和使用人的变化,实现价值的永久性"。房地产流通业在整个经济中,也发挥了不小的作用。这是因为,"买卖当事人的新生活和新事业带来经济上的波及效应,因此激活房地产流通会带来更好的经济效应"[①]。

房地产流通业的特征之一,是中小型企业占较大比重。正如序章中提到的,"房地产是非常差别化的财产",因此促进房地产顺畅地流通,需要对每个商品都进行极为细致的处理。这就是中小型房地产流通企业存在的理由。

在 20 世纪 60 年代末到 70 年代之间,日本的房地产业界陆续有大企业进入了房地产流通业领域,房地产流通业在大型企业和中小型企业之间的势力划分成了一个社会问题。当时负责房地产流通的宅地建筑物买卖从业者的数量也出现了大幅增加:1967 年度有 4.5295 万家,到了 1975 年增加到 8.8122 万家,1985 年增加到 10.8337 万家,1991 年度增加到14.4064万家(建设省建设经济局房地产业课 1994,第 11 页)。

在泡沫经济崩溃后,这一情况出现了很大的改变。1991 年后,日本的宅地建筑物交易从业者数量开始由增变减,2003 年度为 13.0298 万家(国

---

① 均引用自不动产协会(2005)"流通"。

土交通省综合政策局房地产业课2005，第13页）。中小型房地产从业者迅速淘汰，基本上是因为资产方面通货紧缩持续发展，因此以高价购买房产后，消费者在买新房上不积极，导致房地产交易量下降。即使买卖达成，平均合同价格也大幅下跌。泡沫经济时期的1991年1—3月首都圈现有独立建筑平均合同价格和现有公寓平均合同价格分别为6 338万日元和4 083万日元，但是到了2004年1—3月，分别跌至3 259万日元和2 012万日元（房地产协会2005）。合同价格的下跌也促进了中小型房地产流通企业的淘汰。

**(6) 修缮**

除开发、销售、租赁和管理、流通外，另一个由房地产商参与的重要领域就是修缮（重建）。日本房地产修缮业市场规模在1989年为3.4万亿日元，到了1996年提高到5.74万亿日元，后来一度有所缩小，但是从1999年度开始再次增加，2002年度恢复到5.61万亿日元（房地产协会2005）[1]。

房地产修缮业需要注意的有两点。首先，和日本房地产业的其他领域不同，在泡沫经济崩溃后仍然在一步步扩大业务规模。这是因为需要修缮的住宅库存在逐渐增加[2]，而受到1995年阪神淡路大地震的影响，尽管经济状况不好，对房屋进行抗震改造的需求反而在增加[3]。其次，和房地产流通业相同，中小型企业也发挥了重要作用。这里将其原因也归到"房地产是非常差别化的财产"这一点上。正如房地产流通业的发展一样，当时房地产修缮业也开始有大型企业参与。日本房地产修缮业在不久的将来就会出现巨大变化吧。

（橘川武郎）

---

[1] 这里的数据是狭义的房地产修缮项目的市场规模，在住宅开工统计的基础上，加入新建住宅增建和改建工程费、重建相关的家庭用耐用型资产、内饰商品等的购买费用等得出的广义房地产修缮事业的市场规模如下：1989年度为5.78万亿日元，1996年度为9.06万亿日元，2002年度为7.31万亿日元（不动产协会2005）。

[2] 不动产协会（2005）"重建"中指出，2003年日本住宅总数为5 387万户，有家庭居住的住宅数量为4 684万户，其中的大约2 300万户（相当于一半）都是1980年前建设的房屋。

[3] 日本在2005年到2006年之间，曾经出现过伪造的高层公寓及宾馆抗震设计问题。其背景就是当时社会对抗震设计的高需求。

## 3. 房地产企业的动向

### (1) 企业数目和规模

第一次石油危机后,地价由升转降,房地产业的经营环境发生了重大变化,在这种境况下,日本房地产企业是如何应对的呢?表 5-3-1 显示的是房地产业的法人数、事业所数、从业人员数的变化情况,时间范围为 20 世纪 70 年代初至 21 世纪初。从表中可以看到房地产企业的大体动向。

表 5-3-1 日本房地产业法人数、事业所数、从业人员数

| 年度/年 | 法人数(公司数) | 事业所数(个) | 从业人员数(人) |
| --- | --- | --- | --- |
| 1972 | 55 045(5.7) | 154 687(2.9) | 403 931(0.9) |
| 1975 | 93 101(7.7) | 177 327(3.2) | 468 719(1.0) |
| 1978 | 112 952(7.9) | 214 089(3.5) | 531 163(1.1) |
| 1981 | 142 079(8.3) | 238 358(3.7) | 628 877(1.2) |
| 1986 | 167 916(9.0) | 257 862(3.8) | 712 643(1.3) |
| 1991 | 219 253(10.4) | 287 269(4.3) | 924 240(1.5) |
| 1996 | 260 985(10.6) | 292 358(4.4) | 934 106(1.5) |
| 2001 | 270 555(10.4) | 290 339(4.6) | 922 419(1.5) |

资料来源:日本建设省建设经济局不动产业科(1994),国土交通省综合政策局不动产业科(2005)。

注:(1)法人数是日本年度(一般指 4 月 1 日—第二年 3 月 31 日)数据。事业所数和从业人员数是西历年度(1 月 1 日—12 月 31 日)数据。

(2)( )内数据是占全部产业的比率。

地价持续上升的 1972—1991 年间,房地产业从业法人、事业所、从业人员规模均出现了扩大。具体来讲,法人数从 5.5045 万家提高到 21.9253 万家,提高了 3.0 倍;事业所数从 15.4687 万所提高到 28.7269 万所,提高了 90%;从业人员数目从 40.3931 万人扩大到 92.4240 万人,提高了 1.3 倍。在同一时期,房地产业占所有产业的比重中,法人数从 5.7%提高到 10.4%,事

业所数从 2.9% 提高到 4.3%,从业人员数从 0.9% 提高到 1.5%,均有所上升。

地价开始下跌的是在 1991—2001 年间,房地产业相关法人、事业所、从业人员规模均出现了显著的发展停滞。法人数勉强维持增长态势,但是占所有产业法人总数的比重在 1996—2001 年间有所减少。这一时期其他产业的事业所数和从业人员数也有所减少,所以房地产业占所有产业的比重并没有出现大幅下降(事业所数有所上升)。

地价上升中规模扩大在法人数量上的反映,要比在事业所和从业人员数量上的反映更为显著。这意味着每个法人拥有的事业所数量和从业人员数量在减少,换言之,日本房地产业的中小化零散化①倾向在不断增强。1991 年日本房地产业中,不同资本金级别的法人(总数 21.9253 万家)中,资本金少于 200 万日元的有 6.0822 万家(占比 27.7%,下同),200 万~500 万日元的有 6.1356 万家(28.0%),500 万~1 000 万日元的有 4.6508 万家(21.2%),1 000 万~5 000 万日元的有 4.3240 万家(19.7%),5 000 万~1 亿日元的有 4 106 家(1.9%),1 亿~10 亿日元的有 2 933 家(1.3%),10 亿日元以上的有 288 家(0.1%)(建设省建设经济局房地产业课 1992,第 8 页②)。日本房地产企业中,过半都是资本金不足 500 万日元的企业,3/4 以上是资本金少于 1 000 万日元的中小企业。

### (2)大企业的动向

日本房地产业界中,企业规模不同,企业的业务领域和经营行为也有所不同。首先来看一下大企业的情况。笔者曾经就 20 世纪 70 年代后期至 80 年代地价上升阶段日本大型房地产企业的动态进行过概述(橘川 1990,第 115~117 页),其中列出了 1978 年、1983 年、1988 年的销售额和经

---

① 房地产业占所有产业的比例中,法人数量方面的优势要强于事业所数和员工数方面的优势。这反映了日本房地产业中企业以中小型为主并且较为零散的特性。
② 1991 年日本全产业的法人资本金分层为资本金在 200 万日元以下的为 26.0%,200 万~500 万日元的为 29.5%,500 万~1 000 万日元的为 22.4%,1 000 万~5 000 万日元的有 19.2%,5 000 万~1 亿日元的为 1.6%,1 亿~10 亿日元的有 1.0%,10 亿日元以上的为 0.2%(建设省建设经济局房地产业课 1992,第 8 页),和相同年度房地产法人的资本金分层结构没有太大区别。可以说,在日本的企业中,中小型较多且较为零散这点并非房地产业独有的现象。

常性利润分别位于前十位的房地产企业,并得出如下结论。

第一,在地价攀升前的1978—1983年间,有的企业销售额大幅度上升(大京观光、藤和不动产、住友不动产),有的企业收入减少(小田急不动产、有乐土地、NICHIMO)。整体上来看,企业之间的差距在不断扩大,销售额排名的变动也较为剧烈。

第二,在地价开始攀升的1983—1988年,收入减少的企业成为一种例外(只有东急不动产一家),排名前7的企业(按顺序分别为三井不动产、大京[①]、三菱地所、东急不动产、住友不动产、藤和不动产、大和团地)的销售额增长缓慢,而第8位以下的企业销售额出现了显著上升。从中可以看出销售额方面企业之间的差距在缩小,房地产业整体收益增加局势已定,销售额排名几乎就没有再出现过变动[②]。

第三,经常性收益的提升方面,1983—1988年整体要高于1978—1983年(唯一的例外是1978—1983年经常性收益提高了5.9倍的大京观光)。

1978—1988年这10年中,住友不动产[③]在土地收购方面尤其下力气[1978年经常性损失为5 800万日元(未进入排名)→1988年的经常性收益为297.78亿日元(第三)],大京[④][经常性收益1978年为12.16亿日元(第10)→1988年度为239.25亿日元(第4)]和藤和不动产(经常性收益1978年为2.81亿日元(第19)→1988年度为55.04亿日元(第8)]非常积极地参与到城市地区公寓商品房销售事业中,这些企业的经常收益获得了显著提升,经常收益排名整体变动非常剧烈。

在1978年、1983年、1988年这几个年度的排名中,将重点放在建筑物租赁上的房地产企业的经常性收益排名通常高于销售额排名[例如三菱地所在销售额上排名第二(1978年)和第三(1983年、1988年),经常性收益排

---

① 大京观光在1978年10月更名为大京。
② 销售额方面,房地产业排名最高的7家企业从1983年到1988年没有任何变化。
③ 泡沫经济开始前的1986年,住友不动产的社长高城申一郎提出了"房地产公司的能力由土地开发能力决定。收购一块完整的土地,提高土地的经济效益,这种如同炼金术一般的能力才是开发商的技术所在。住友不曾将这一业务委托他人,而是由自己的员工兢兢业业完成了土地开发。正是这批员工创造了现在的住友。底价购买的土地库存,正在开花结果。今后几年内,都可以按照以往的模式继续发展"(《特辑 房地产业——经营可能脱离土地吗》《日经商务》1986年11月10日期,第23页)。
④ 1988年度(1987年10月—1988年9月)大京的总销售额中,中高层住宅销售额达到了82%。

## 第5章 土地神话和房地产业的转变：1974—2004

名一直是第一位)①。相对而言，将重点放在商品房销售中的企业多数销售额排名都要高于经常性收益排名(1988年的销售额排名和经常性收益排名中，大京分别为第二和第四，藤和不动产分别为第六和第八，NICHIMO分别为第八和第九)。

基于上述分析结果，我们把在泡沫经济崩溃后地价下跌的背景下大型房地产企业的动向做成了表格(表5-3-2)。该表格之所以选择1995年作为对象，是因为《房地产业统计集》这本关于日本房地产业最全面的统计资料集，只有在1995年对主要房地产企业进行了全面的财务分析(建设省建设经济局房地产业课1996，第33～42页)。表5-3-2还向我们传达了几个令人深思的事实。

首先，泡沫经济崩溃前后，房地产业的结构发生了巨大变化。通过1988年和1995年的销售额排名相比较可知，排名前4位的企业(三井不动产、大京、三菱地所、东急不动产)在顺序上没有变化，但是第5～10位却发生了翻天覆地的变化。1988年的销售额排名中，第5～10位按顺序分别为住友不动产(1988年第五→1995年第六，下同)、大和团地(第七→第九)、NICHIMO(第八→第十三)、东京建筑(第九→第十)、有乐土地(第十一→第十七)这五家，而这五家企业排名统统下跌。在1988年未进入前10名的DIA建设和Recruit Cosmos两家公司进入前列，分列第七和第八位。

其次，在泡沫经济崩溃前后，业绩出现了显著的恶化。1988年的经常性收益排名中，前十位的企业在1988年的经常性收益和1995年的经常性收益中，均出现了以下变动：三菱地所(763亿日元→293亿日元)、三井不动产(456亿日元→84亿日元)、住友不动产(298亿日元→48亿日元)、大京(239亿日元→73亿日元)、东京建筑(98亿日元→−134亿日元)、东急不动产(67亿日元→−165亿日元)、大和团地(58亿日元→9亿日元)、藤和不动产(55亿日元→−61亿日元)、NICHIMO(50亿日元→5亿日元)、大建②(47亿日元→58亿日元)。除大阪建筑外的其他9家均出现了经常

---

① 三菱地所在1988年度的总销售额中，出租业务收入的比例达到了57%。而三井不动产的这一比例仅为26%，并且在1978年、1983年、1988年三年内，销售额排名均维持在首位，经常性收益排名一直在第二位。

② 大阪建筑于1992年1月更名为大建。

性收益的锐减,东京建筑、东急不动产、藤和不动产3家甚至在1995年出现了经常性损失。在地价下跌的情况下,大型房地产企业的业绩恶化范围大且程度深。

再次,在泡沫经济崩溃后,大型房地产企业中,仍然是将重点放在租赁业的企业相对收益高一些,将重点放在商品房销售领域的企业相对收益低一些,这一趋势基本没有发生变化。表5-3-2中出现的20家企业中,1995年销售额和经常性收益率均占高位的是属于"租赁"型企业的三菱地所(7.2%)和关西积和不动产(8.2%)[1],经常性收支出现赤字的4家企业中,3家都是致力于商品房销售业的"销售"型企业,包括东急不动产、藤和不动产、Erukakuei[2](剩余1家是"综合"型企业东京建筑)。此外,一些企业的销售额没有进入前20名因此没能体现在表格中,这些"租赁"型企业中,大阪建筑1995年的销售额经常性收益率达到了31.4%。

这里需要注意的是,以出租业为中心的房地产企业收益高是相对的,这些企业大部分都在泡沫经济崩溃后出现了不可避免的业绩下滑。日本房地产业资产效应经营的终止,在1992年后也波及以出租业务为中心的房地产企业。

下面回顾一下具有代表性的大型房地产企业在1974—2004年之间的经营情况变动。分析对象为表5-3-2中分类为"综合"企业的三井不动产、住友不动产,"销售"型企业的大京、东急不动产,以及"租赁"型企业的三菱地所,还包括既不是上市企业也并未发行非上市股票,所以没有列入表5-3-2中但是具备"租赁"型企业特征并开展了独特的经营的森建设[3],共计6家企业。

三井不动产在表5-3-2中,经常收益不及三菱地所,但是其他所有项目(销售额、资本、负债、资产)均占首位,可以说是代表日本房地产业界的领军企业,在写字楼出租业、住宅商品房销售业、商业设施开发及运营业、住

---

[1] 不过,表5-3-2中"租赁"型企业中的积和不动产也在1995年度出现了销售额经常收益率为1.2%的例外的低水平。

[2] 不过表5-3-2中被分类到"销售"型企业中的CESAR在1995年的销售额经常性收益率也曾经达到9.9%,属于例外的高水平。

[3] 森建设在橘川(1990)总结的房地产企业在1978年、1983年、1988年度的销售额排名和经常收支排名中也没有出现。

宅租赁业、宾馆酒店业、房地产咨询业、设计方案订做等领域广泛开展业务，具备综合房地产企业的特征。

表 5-3-2　日本房地产业销售额排名前 20 位公司（1995 年度）

单位：亿日元

| 次序 | 企业名 | 类型 | 销售额 | 经常收益 | 资本 A | 负债 B | 资产 A+B |
|---|---|---|---|---|---|---|---|
| 1 | 三井不动产 | 综合 | 6 644 | 84 | 5 315 | 18 626 | 23 941 |
| 2 | 大京 | 销售 | 5 649 | 73 | 2 104 | 13 873 | 15 977 |
| 3 | 三菱地产 | 租赁 | 4 047 | 293 | 4 246 | 15 018 | 19 264 |
| 4 | 东急不动产 | 销售 | 2 641 | −165 | 993 | 7 305 | 8 297 |
| 5 | 藤和不动产 | 销售 | 2 482 | −61 | 73 | 6 812 | 6 885 |
| 6 | 住友不动产 | 综合 | 2 453 | 48 | 2 655 | 11 891 | 16 545 |
| 7 | Daia 建设 | 销售 | 1 991 | 39 | 632 | 4 116 | 4 749 |
| 8 | RecruitCosmos | 销售 | 1 977 | 9 | 949 | 4 250 | 5 199 |
| 9 | 大和团地 | 销售 | 1 070 | 9 | 551 | 1 948 | 2 499 |
| 10 | 东京建物 | 综合 | 844 | −134 | 1 020 | 3 132 | 4 152 |
| 11 | 积和不动产 | 租赁 | 607 | 7 | 73 | 759 | 231 |
| 12 | 扶桑 | 销售 | 555 | 12 | 61 | 698 | 758 |
| 13 | Nichimo | 销售 | 554 | 5 | 234 | 1 183 | 1 417 |
| 14 | 三井不动产销售 | 综合 | 490 | 14 | 844 | 1 591 | 2 434 |
| 15 | Cesar | 销售 | 468 | 46 | 261 | 653 | 914 |
| 16 | Erukakuei | 销售 | 462 | −19 | 40 | 1 747 | 1 787 |
| 17 | 有乐土地 | 综合 | 445 | 7 | 268 | 1 398 | 1 666 |
| 18 | 地产 Tokan | 销售 | 424 | 4 | 195 | 352 | 546 |
| 19 | 富士住宅 | 销售 | 351 | 5 | 65 | 486 | 552 |
| 20 | 关西积和不动产 | 租赁 | 293 | 24 | 186 | 116 | 302 |

资料来源：根据日本建设省建设经济局不动产业科(1996)作成。

注：(1)调查对象为上市企业以及交易公开企业，并且仅限于房地产相关销售额占总销售额的比例在 50% 以上的企业。

(2)企业类型分类来源于原始资料，基于主营业务。

三井不动产在"霞关大厦"竣工（1968年）后，1974年又完成了第二个超高层大厦"新宿三井大厦"的建设。1980年开始了和土地所有人共同开展的项目"Let's"，1981年其 SC（购物中心）首发店铺 Lala Port 在千叶县船桥市开业。

三井不动产和京成电铁合资成立的东方乐园股份有限公司建设的东京迪士尼乐园在 1983 年开放。1983 年，三井不动产在夏威夷的 Halekulani 酒店开始营业。次年，该集团在国内首家宾馆"大阪三井花园酒店"开始营业。海外业务方面，于 1986 年取得了纽约埃克森大厦所有权。

三井不动产在石油危机后，也持续了经济高速增长期一贯的积极经营方式（橘川 1996）。其后，1995 年开设了日本第一家奥特莱斯"鹤见之花"（大阪市），1999 年 Care Design Plaza（东京）开业。2003 年汐留 City Center、2005 年日本桥三井 Tower 相继竣工，2007 年东京六本木防卫厅原址再开发"东京 Midtown"项目全面开始营业。

住友不动产仅次于三井不动产，是日本第二的"综合"型房地产企业。1974 年"新宿住友大厦"、1982 年"新宿 NS 大厦"竣工，1975 年住友不动产销售株式会社、1982 年住友不动产住房株式会社、1984 年住友不动产金融株式会社相继成立，此外，还涉及 1977 年完成的夙川 Green Town（兵库县西宫市）城镇地区二次开发项目、1982 年的广尾 Garden Hills（东京，合作项目）高级公寓销售项目等，综合房地产企业的性质越来越明显。其后还进入城镇地区二次开发领域，完成了 1994 年的"川崎站前 Tower"（神奈川县）、1998 年的"千代田第一大厦东馆"（东京）项目。2002 年开始销售的高层公寓"大阪 City Tower""高轮 City Tower"（东京），还有 2004 年竣工的"千代田第一大厦西馆"（东京）、"汐留住友大厦"等均为住友不动产建设的。

大京从 1978 年开始一直是公寓商品房销售户数首位企业。该公司的主打产品 Lion's Mansion 系列第一号"Lion's Mansion 赤坂"（东京）在 1968 年开始销售。1998 年，日本第一高的 55 层公寓 Elza Tower 55（埼玉县川口市）开始销售，引起广泛关注。但是大京商品房销售的弱点是缺乏位于东京市中心的新建楼盘。大京在泡沫经济时期购买的资产价格下跌带来潜在损失,以及有息负债不断增加,因而该公司陷入经营危机,于 2004 年通过产业新生机构重新开始经营。

东急不动产和大京相似,都在地价下跌的背景下经历了经营危机,同属"销售"型房地产企业。1995—1996 年,东急不动产连续两年出现经常性损失,如何改善企业收益成为一个不得不面对的问题。东急不动产为此将视线投向了租赁业和城市新生项目。这一业务领域的变化带来了 1993 年竣工的世田谷商业广场(东京)、1994 年竣工的圣路加大厦(东京),再后来,还陆续开展了 2003 年开放性购物中心"箕面 Market Park Visola"(大阪府箕面市)、2004 年竣工的日本桥一丁目大厦(东京)等项目,延续了这一经营路线。

三菱地所是"租赁"型房地产企业的代表,它的收益能力要远远高于"销售"型和"综合"型房地产企业。1953 年重新开始经营[1]后,一直稳坐日本房地产业界经常性收益首位的宝座,是一家优良企业。"综合"型企业三井不动产在 1996 年曾经出现经常性损失,三菱地所却从未出现过经常性收益赤字。从高速增长期开始出现的"销售额第一是三井不动产,经常性收益第一是三菱地所这种日本房地产业'双第一体制'"(橘川 1996,第 122 页),在 1974—2004 年仍然没有变化。

三菱地所从 1983 年起进军宾馆业(名古屋第一宾馆开业),1984 年创设三菱地所住房株式会社,在一定程度上推进了业务的多元化发展。此外,还进行了业务范围的海外延伸,于 1990 年投资洛克菲勒集团。2003 年,伦敦 Paternoster 广场(写字楼)竣工。但是,该公司业务的中心归根结底仍然是其本业也就是国内的写字楼租赁业。1993 年竣工的 Landmark 大厦(横滨市)和 2002 年新建的丸内大厦可谓其集大成之作。三菱地所通过这些大厦建设,将横滨港未来 21、大手町、丸内、有乐町联系在一起,开展大规模的城市新生项目[2]。

---

[1] 三菱地所设立于 1937 年,受到财阀解体的影响,1950 年该公司的业务分割成 3 个部分。分割后的 3 家企业再次合并,作为三菱地所重新开始营业实际上要到 1953 年 4 月。

[2] 其中的一部分,是 2004 年开业的集商业设施、写字楼、宾馆等在内的多功能丸内 OAZO。还有 2007 年,新丸内大厦也完成了建设。

森建设①仅次于三菱地所,是日本第二大"租赁"型房地产企业。1998年分裂为森建设集团和森建造集团②,其后二者相互合作,在1997年末森建设集团的建筑物储备面积达到了144万平方米,虽不及三井不动产(291万平方米)和三菱地所(212万平方米),但是已经远远超过了住友不动产(129万平方米)、东急不动产(64万平方米)和东京建筑(40万平方米)。森建设收益率较高,但是由于并非上市企业,资料有限,所以无法了解其详细情况。不过其1996年的经常性收益可能超过了三菱地所(三井不动产株式会社企划调查部调查科编1999,第176、178页)。

森建设在城市新生项目中也发挥了先进性。集中零售和娱乐两大功能的 La Foret 原宿(东京,1978年开业)和六本木大厦(东京,2003年开业)以及日本智能大厦的先驱弧光森大厦(东京,1986年竣工)都是其典型项目。森建造的前身是森建设的开发部门,分离后在1990年完成了御殿山Hills(东京)的建设项目。

### (3)中小企业的动向

日本大型房地产企业以开发、销售、大规模租赁和流通等领域为中心开展业务,而房地产业界的中小企业主要经营小规模租赁、流通和修缮业务。《中小企业基本法》中,将服务类的中小企业定义为"资本金小于1 000万日元,从业人员少于50人的企业"。这里将资本金少于1 000万日元的房地产业相关企业作为"中小型房地产企业"③,来总结它们的销售额和经常性收益的变化(表5-3-3)。表中主要提取了1984—2003年的数据,还加入了资本金超过10亿日元的大型房地产企业的销售额和经常性收益以对比。

---

① 1995年的销售额方面,森建设单个企业为455亿日元,相关企业森建设开发为424亿日元(东洋经济新报社1996,第135页)。

② 1998年分裂为两家公司时,原名为森建造开发集团。森建设开发在1999年9月改名为森建造集团。

③ 这里,对房地产中小企业的范畴的规定和《中小企业基本法》有所不同,是由于资料方面的限制。

表 5-3-3　日本房地产业中小型企业和大型企业的
销售额、经常收益的变化（1984—2003 年度）

单位：亿日元

| 年度 | 销售额 | | | 经常性收益 | | |
|---|---|---|---|---|---|---|
| | 资本金 1 000 万日元以下 | 资本金 10 亿日元以上 | 全部房地产业 | 资本金 1 000 万日元以下 | 资本金 10 亿日元以上 | 全部房地产业 |
| 1984 | 71 511 | 22 128 | 202 578 | 2 452 | 1 387 | 6 641 |
| 1985 | 63 917 | 24 119 | 215 323 | 648 | 1 885 | 7 121 |
| 1986 | 66 189 | 30 315 | 230 039 | 2 507 | 2 783 | 9 703 |
| 1987 | 120 789 | 37 066 | 323 687 | 4 690 | 3 572 | 14 841 |
| 1988 | 143 371 | 45 910 | 399 783 | 5 439 | 4 346 | 17 149 |
| 1989 | 82 247 | 59 403 | 390 153 | 5 056 | 5 530 | 20 788 |
| 1990 | 122 705 | 74 909 | 414 966 | 905 | 5 370 | 12 884 |
| 1991 | 89 970 | 73 866 | 375 863 | −1 157 | 2 162 | −5 118 |
| 1992 | 71 717 | 72 079 | 359 642 | −2 863 | −125 | −10 094 |
| 1993 | 59 746 | 70 045 | 359 687 | −1 947 | −330 | −8 728 |
| 1994 | 70 353 | 71 024 | 328 669 | 569 | −991 | −7 021 |
| 1995 | 65 850 | 72 342 | 340 209 | 1 892 | −870 | −1 132 |
| 1996 | 60 411 | 74 433 | 354 599 | 1 619 | −595 | −7 965 |
| 1997 | 46 693 | 72 570 | 336 723 | 833 | −624 | −1 387 |
| 1998 | 39 753 | 73 692 | 330 887 | 1 688 | −144 | 4 334 |
| 1999 | 42 931 | 72 826 | 323 705 | 1 042 | 1 587 | 10 990 |
| 2000 | 31 500 | 74 027 | 299 054 | 2 079 | 3 469 | 15 730 |
| 2001 | 34 619 | 72 762 | 318 582 | 1 647 | 4 467 | 19 391 |
| 2002 | 34 977 | 77 190 | 334 761 | 2 294 | 6 083 | 23 880 |
| 2003 | 43 609 | 85 099 | 336 283 | 1 543 | 7 348 | 17 584 |

资料来源：根据日本国土交通省综合政策局不动产业科（2005）作成。

通过表 5-3-3，可以将当时中小型房地产企业的销售额做如下总结：1984—1986 年增长停滞→泡沫经济带来 1987—1990 年的快速增长[①]→泡沫经济崩溃带来 1991—2000 年的长期衰退[②]→2001—2003 年稍有恢复。将它们和同一时期大型房地产企业的销售额进行对比可知，中小型房地产企业的销售额对经济好坏的反应更为敏感。泡沫经济带来的销售额增加幅度也好，泡沫经济崩溃后销售额减少的幅度也好（当然，大型房地产企业在泡沫经济崩溃后，其销售额并没有减少多少），中小企业的波动都远远超过大企业。

从表 5-3-3"经常性收益"一栏中可以发现更加引人深思的问题。泡沫经济崩溃带来的经常性损失在中小企业身上出现得更早，也更严重[③]，但是它们从这种境况中脱离的时间也早于大企业 5 年。也就是说，在泡沫经济崩溃后，大企业整体经常性收益再次转为盈余是在 1999 年，而中小企业早在 1994 年就克服了这一危机。

泡沫经济崩溃后，中小企业从 1994 年开始，尽管销售额仍然在减少，但是经常性收支已经转为盈余。这告诉我们在 1991—1993 年之间，在中小企业的范围内发生了非常激烈的优胜劣汰竞争。业绩恶化的企业只能破产，情况相对较好的企业才能生存下来，因此中小型房地产企业才能够做到整体销售额减少的同时，经常性收支保持盈余[④]。在 20 世纪 90 年代，日本的各产业企业破产数量都在上升，而房地产业在 1991—1993 年出现了一个巅峰期，到 1994 年后开始逐渐减少（三井不动产株式会社企划调查部调查课 1999，第 179 页）。这和我们的推断是一致的。

那么，是什么促进了 1991—1993 年中小型房地产企业的优胜劣汰呢？这就是 1990 年修订的《商法》，其新增了有关最低资本金的规定。规定要求，截至 1996 年 3 月底，股份有限公司的资本金必须在 1 000 万日元

---

[①] 1989 年度日本中小型房地产企业的销售额有过短暂的减少。

[②] 1994 年度和 1999 年度，日本中小型房地产企业的销售额有过短暂的增加。

[③] 日本中小房地产企业比大型房地产企业提前一年，在 1991 年就实现了经常性收支的盈利。泡沫经济崩溃后，大型房地产企业的单一年度经常性损失没有达到 1 000 亿日元，但是中小企业的经常性损失在 1991—1993 年这三个年度中，每个年度都超过了 1 000 亿日元。

[④] 与此形成鲜明对比的是，大型房地产企业即使业绩发生恶化，也不会导致企业淘汰。泡沫经济崩溃后，大型房地产企业一方面避免销售额降低，另一方面在一个很长的时间内都持续着经常性损失的状态。

以上,有限责任公司的资本金必须在 300 万日元以上。泡沫经济崩溃后,经济陷入长期低迷状态,中小企业受到自身信用降低的困扰(中小企业厅 2003,第 139~142、157~163 页)。因此对于它们来说,能够确保自身有限责任公司或股份有限公司的身份,是事关生死的大问题。有许多不能成为有限责任公司或股份有限公司(或者说,没有达到最低资本金规定的要求,无法维持有限责任公司或股份有限公司的身份)的中小企业都不得不宣布停业。最低资本金管理规定从结果上来讲,促进了中小企业的淘汰。

最低资本金管理规定也为日本房地产业法人的资本金机构带来了变化。2003 年度房地产业法人资本金结构(共 27.7143 万家企业)中,资本金低于 200 万日元的有 3 982 家(占比 1.4%,下同),200 万~500 万日元的 11.8985 万家(42.9%),500 万~1 000 万日元的有 3.0653 万家(11.1%),1 000 万~5 000 万日元的 11.4099 万家(41.2%),5 000 万~1 亿日元的 5 818 家(2.1%),1 亿~10 亿日元的 3 140 家(1.1%),10 亿日元以上的 466 家(0.2%)(国土交通省综合政策局房地产业课 2005,第 3 页)。和前面提到的 1991 年房地产业不同资本金阶段法人数目相比,资本金小于 200 万日元的阶段(法人数-5.6840 万家,占比-26.3 个百分点,下同)和 500 万~1 000 万日元阶段(-1.5855 万家,-10.1 个百分点)分别出现了大幅下降。而 200 万~500 万日元的阶段(+5.7629 万家,+14.9 个百分点)和 1 000 万~5 000 万日元(+7.0859 万家,+21.5 个百分点)出现了显著增长[①]。简而言之,资本金不足 200 万日元的房地产企业通过增加资本金,达到最低资本金管理规定中有关有限责任公司最低 300 万日元资本金的要求,成为 200 万~500 万日元层级的企业,资本金在 500 万~1 000 万日元的房地产企业大多数都通过增加资本金达到最低资本金管理规定中关于股份有限公司最低 1 000 万日元的要求,成为 1 000 万~5 000 万日元的企业

---

① 日本房地产业法人按照资本金数额分层后,将 1991 年和 2003 年对比,可以看到资本金在 5 000 万~1 亿日元(法人数+1 712 家,占比+0.2 个百分点,下同),1 亿~10 亿日元(法人数+207 家,占比-0.2 个百分点),10 亿日元以上(法人数+178 家,占比+0.1 个百分点)这三个层次均没有太大的变化。

了。所以说,日本房地产业受到了最低资本金管理规定的巨大影响[①]。

(橘川武郎)

## 4. "土地泡沫"的法律制度基础

第一次石油危机后,经济陷入混乱状态,直到1980年左右才终于重新振作起来,而20世纪80年代后期出现的"土地泡沫"在1990年代破裂。本节将对土地泡沫破裂前的相关制度的变化进行考察,解读其丰富多彩的形态和政策理论特征。

### (1) 20世纪70年代后期的动向

石油危机发生后,日本"列岛改造热潮"在"物价狂乱"后告终,这一时期的主要目标是克服经济混乱状态和企业的"减量经营",各类制度进展较为缓慢。1974年的《国土利用规划法》并没有发挥什么作用,而以增加大城市近郊宅地供给(尤其是促进城镇化区域内农业用地有计划地转化为住宅用地)为目的的《大城市法》(《大城市地区住宅及住宅用地供给促进特别措施法》,1975年)[②]和《宅地开发公团法》(1975年)的制定,以及1976年第三个住宅建设五年计划的制定也都没有产生太大的反响。此外,在大城市现有城镇地区中,随着1975年《城市二次开发法》修改,建立了包含土地征收内容的第二类城镇地区二次开发事业制度。同时,人们意识到认定二次开发事业属于全面重建类型,其发展有限,因此有意识地引进修复型、改良型

---

[①] 最低资本金管理规定在2003年2月《中小企业挑战支援法》实施后有所放宽,到2005年7月新《公司法》公布后彻底废止。

[②] 为了在民间层面促进大城市圈的城镇化区域内耕地的规划整理和宅地开发事业,设定了促进区域,并设立了特定土地规划整理事业制度和住宅城区整备事业制度。还对《城市规划法》进行了修订(安本2001a,第261~262页)。

的二次开发手法，作为非法定的自由补助项目①参与到二次开发中来。1980年的《城市规划法》和《城市二次开发法》修订，将地区规划制度的设立和二次开发方针的编制作为一项基本义务。这也对上述新发展苗头提供了制度保障(大村、有田2001，第283页)。总而言之，以定居圈设想为中心的"三全综"(1977年)时代，在未来发展不确定性的作用下，人们将稳定发展作为一个重要目标。本章第1节开头所述的房地产业"低迷时代"，正是对这一状况的反映。

### (2)激活民营经济、放宽限制型的城市开发政策及相关立法的出台

A."城市文艺复兴"和激活民间力量、放宽限制的政策出台

上述境况终于在1982年成立的中曾根内阁提出"城市文艺复兴"必要性后，开始逐渐有了转机。1983年，经济对策内阁会议陆续提出了《将民间生命力引进城市中》(4月)、《建设省民间活力讨论委员会第一次报告》(4月，第二次报告在1985年4月)，以及建设省城市对策推进委员会《通过放宽限制等方式促进城市开发的方针》(7月)、《宅地开发指导大纲相关措施方针》(建设省，8月)、《宅地开发指导大纲等之下的行政运营》(自治省，11月)等方针政策。其中最后两个方针是认为市町村的指导大纲会对民营企业开展宅地开发形成阻碍因素，因此通告要求消除或减轻大纲等对民营企业的控制因素。在实施临时行政调查和行政改革一般政策方针的背景下，城市政策和城市法律制度中，"激活民间力量、放宽限制"的论调登上了国家政策舞台②。

这一激活民间力量、放宽限制政策最开始是作为公共事业等城市开

---

① 包括：(a)过密住宅区更新事业(1974)、(b)居住环境整备示范事业(1978)、(c)木制出租住宅地区综合整备事业(1978)、(d)特定住宅城镇综合整备促进事业(1979)、(e)城市防灾和耐燃化促进事业(1980)等。其中(a)和(c)经过城镇住宅密集地区重建事业(1989年)实施后，1994年又实施了密集住宅城镇地区整备促进事业。(d)从城市居住更新事业(1987年)经过城市住宅整备事业，发展为1994年的住宅城镇综合整备事业。(d)主要涉及木场、大川端(东京)、淀川riverside(大阪)、神宫东(名古屋)等地区(安本2001a，第262页起，大村、有田2001，第283页)。1994年相关事业的重构和整合将在后文详述。

② 这一时期建设省的基本态度体现在1983年7月城市对策推进委员会提出的《通过放宽限制等促进城市开发方针》中，主要包含：通过城市规划、建筑限制的放宽等促进城市二次开发；通过加大国营铁道民营化后旧址等国有或公有土地的利用等方式，来促进城市开发；对于指导大纲中过于严苛的部分进行指正，进而放宽限制，促进宅地开发。

发、城镇地区整备事业等领域的"一般放宽限制"政策实施的（安本 2001b，第 29 页）。就其内容而言，通知层面包括放宽标准和地域地区指定的变化等措施，一般来讲并不十分引人注目。但是，从 1983 年到 1986 年，实际采取的诸多措施确实为 1985—1986 年起出现的以东京城市中心商业区为中心的地价飞涨和城市二次开发热潮做好了准备。例如，本章第 6 节第 1 项中也指出了，1983 年对特定街区制度适用标准的放宽，正是银行等大幅增加"土地融资"的契机。1985 年，G5 广场协议带来了日元升值和产业结构由依赖外需向依赖内需转变，而这一政策方针更是巩固了上述城市开发政策的大方向。

在东京，城市二次开发热潮和地价上涨变得越来越明显后，城市中心地带土地收购现象愈演愈烈，"土地的有效和高水平利用"成为一句口号，人们通过各种各样的方式引进或设立能够为其提供便利的制度机制。例如，《民活法》（全称为《关于充分利用民营企业能力，促进特定设施的建设的临时措施法》，1986 年 5 月）就根据国家的"基本方针"，规定超过一定规模的特定地区中，都道府县知事负责制定综合性的"开发整备方针"，民营企事业机构根据上述方针建立个别整备计划，并在实施中获得各种各样的优惠待遇①。再加上日本开发银行和新设的民间城市开发机构（1987 年 6 月依据《民间城市开发推进特别措施法》设立）开设了将 NTT 股份出售获得的收益用于面向第三部门提供无息融资。这一时期还开展了有利于二次开发和建筑物、基础设施建设的各种辅助事业，作为民活型事业充分利用了 NTT 无息贷款（上述参考大村、有田 2001，第 284～285 页）。

到了 1988 年 6 月，特区式的"特定放宽"出现了新的方式，这一方式参考了当时欧美国家的制度，被称为"二次开发地区计划"（《都计法》、《建筑基准法》修订）。简单来说基本上是根据地权人也就是开发商（民间开发商）的想法所开展的大规模开发项目；在项目所在地区，基于政府和民间的认可，以新制定的"详细规则"，即"再开发地区整备计划"名义可以容许它不遵循现有的城市规划，从而让开发商能够获得额外的高容积率；是一种诱导和促进城市二次开发事业的手段。之所以能够允许这种"特定放宽"

---

① 根据这一机制制定的特定城市开发地区有幕张、MM（港口未来）21、神户 Harborland 等。

政策带来的高容积率、高附加值的奖励,是因为开发商会基于政府和民间的协议,负担一部分城市基础设施和建筑物一体化建设、公共设施建设等费用,并且在整体性的建设计划下,存在可以分阶段开展开发项目等一系列好处。这一制度可以说是1980年建立的地区规划制度在不同方向上的应用,属于"诱导型的、有计划的"城镇地区开发手段,从内容上来讲属于"带有详细计划和设计、属于特例的放宽限制政策",开创了地区规划制度个性发展的先河(原田1990b,小泉2001,第219页以下)[1]。

另外,在这一时期的国土政策层面,东京单极集中成为新的问题点,1987年的"四全综"提出了"多极分散型的国土的形成"基本目标。这里肯定了社会资源向"国际都市东京"的集聚,同时提出需要在一定范围内尽可能地实现分散多极化发展,并制定了《分散多级型国土形成法》(1988年6月),提出了国家行政机构向地方转移、加大地方振兴据点的开发建设、将东京圈建设成为功能核心城市等。1987年6月颁布的《休闲娱乐场所法》即《综合保养地区整备法》在泡沫经济"富裕"的错觉中,也没有脱离这一大潮流。该法律建立了和《民活法》相似的制度机制[2],提出了包括农转非在内的大幅放宽管制政策,并准备了资金的渠道。在该法律作用下,各地纷纷出现了大量的娱乐业开发计划,而这些项目正如大家所知道的那样,不久后均走向破产。

B."地价等土地对策"和《土地基本法》的两面性

东京地价快速上升并对全国范围产生影响,这一趋势早在1987年就成为政策制定者无法回避、必须解决的一个问题。1987年6月,《国土利用规划法》修订,设置了"监督区域"制度和"管制区域"制度,可谓先驱[3];1987年7月又设置了所谓的"土地临调",1987年10月出台了《关于当下地价等土地对策的报告》,1988年6月出台了《关于地价等土地对策的报告》。土

---

[1] 优良二次开发建筑物整备促进事业和地区二次开发促进事业(1984)、新城市据点整备事业(1985年)、城镇地区二次开发紧急促进事业(1987年)等。最后一项在制定时规定了3年的实施期限,但是经过不断修改主题,期限得到了延长。

[2] 国家规定的"基本方针"之下,都道府县知事根据每个特定地区引进民营企业项目,制定"基本设想",再由民间企业来具体实施的手法。

[3] 这里并没有被指定为"规制区域",但是"监管区域"制度实际上得到贯彻,对抑制投机式的土地交易产生了一定效果。

地对策的制定中将地价（抑制地价上涨）摆在第一位，这是当时的一个特征，二者又分别产生了《紧急土地对策大纲》（1987年10月）和《综合土地对策大纲》（1988年6月）两个内阁决议，并付诸实施。进一步，在1989年12月制定了《土地基本法》，其后立刻在土地政策相关的内阁会议上通过了《今后土地对策的重点实施方针》（12月21日）。这样，地价和土地对策的方向及内容的提出，让泡沫经济时期的城市开发政策进入了新的发展阶段，也就是泡沫经济后期。

在政策出台的过程中，出现了和以往完全不同的问题意识。事实上，1988年6月的《土地临调报告》中，就一直在强调土地与其他财富不同的特性[1]，这一特性就是"如果将土地的持有和利用完全交给市场机制自由调节，那么永远不可能获得最优的经济、社会效应"，因此认为就土地而言，"在公共意志基础上的强制力和公共主体对其的限制、介入、诱导等不可或缺"。基于这一认识，提出了土地五原则，主要部分为《土地基本法》中"关于土地的基本理念"所继承[2]。简单来说，就是认为土地不应当成为追逐投机利益和滥开发的对象，而是应该立足公共福祉，进行有计划的正确的开发利用，为此，应当制定有关土地所有和使用的特别的法律规定。

然而《土地基本法》的制定以及上述"重点实施方针"的出台，并没有让过去的土地政策，也就是将"有效、高度的利用"等同于通过扩大土地用途转化和供给、促进城市开发的土地政策从具体内涵和政策的逻辑上出现根本性的改变。"重点实施方针"提倡"今后要根据综合土地对策大纲（1988年6月），……更加积极地推动各类土地对策"，并提出了未来发展的重点

---

[1] 其大纲如下（"/"为原文换行处）："土地是国民生活和社会经济活动的基础，不可或缺。并且，土地具有资源数量有限、无法移动、不完全同质的特殊性质。/此外，土地具有以下几个特点：土地一般以其实际利用来为社会资本和公共服务提供不可或缺的资源，并且和其他土地利用形态之间存在互相影响，土地一旦建设房屋就很难再改变其利用方式，土地买卖过程中所需的信息往往十分不充分，交易的最小单位价值也十分高等。此外，土地也很难根据需求的变动迅速调整自己的供给量。"

[2] 《土地临调报告》提出了5个原则：(a)土地的所有伴随着利用的义务；(b)土地的利用必须优先公共福利；(c)土地的利用必须有计划进行；(d)开发利益的一部分必须还原给社会，确保社会公平；(e)社会负担必须根据土地的利用和受益公平分担。对此，《土地基本法》的第一理念为"优先公共福利"（2条，上2），第二理念为"合适的利用和有计划的利用"（3条1项、2项。也即(a)中的利用责任和(c)中的有计划利用的结合），第三理念是将(d)中开发利益还原给社会的部分删除，新加入了抑制投机买卖（4条），第四理念是"以伴随价值增加而获得的利益为基础，确定合适的责任分担"（5条，上述(e)的修订版）。

事项(共 10 项),列举了需要尽早实施的各类政策。然而,它的内在逻辑在于,将现有的政策和新政策并行实施,就能够实现城镇地区的"有效和高水平利用",以及土地用途转化和土地供给的扩大,那么地价就会自然而然地停止上升,这还是基于供需理论的地价和土地对策。因此,在新规定的实施中,尽管也有直接作用于地价上升的措施(下文第 3 项 D 中详述),但是大部分都和以往相同,以激活民间力量、放宽限制、促进开发为目的。

不过,这一目的的实现方式,也就是促进土地"有效、高水平利用"的基础制度逻辑的结构和泡沫经济前期有所不同,有了新的特征。简而言之,就是对于无法自行实现有效和高水平利用的土地所有人及土地使用人,通过诱导、规定、加强监管、增大负担等方式,促使他们将土地的所有权或使用权转让给能够实现有效和高水平利用的主体的机制。而《土地基本法》中的基本理念也成为建立这一机制的逻辑基础(下文第 3 项 B、C 中详述)。

### (3)泡沫经济最盛时期的制度概要及其特征

A. 1988—1989 年实施的政策概要

首先,已经实现并且纳入制度体系的政策以促进现有城镇地区的二次开发和高水平利用为目标,为城市中心地区和东京湾地区开展大规模建设项目提供了可能性,包括二次开发地区计划制度的实施(1988 年 6 月),通过修订用途地域制度普遍提高指定容积率、放宽遮光管制等(东京都于 1989 年 10 月实施),还有为促进道路建设和道路空间在内的周边地区的"有效、高水平利用"而进行的《道路法》等的修订(1989 年 6 月,部分为《立体道路法》)。

另外,为促进城市边缘地区的宅地开发即土地用途转化,对城镇化地区范围进行了重新划定,扩大了这一范围,同时还大幅放宽了城镇化调整区域的开发管制政策(调整区域内,获得开发许可的基准面积从 20 公顷降低到 5 公顷,包括住宅开发的情况,1987 年 10 月东京都决议(11 月 1 日实施),关于建设省在该年 10—11 月有关要求允许东京大城市圈调整区域内的民营企业开展 5 公顷以上的宅地开发的指示、通告、要求,详细参考原田 1987,1988),此外,国家还加强了行政指导,要求地方政府修改和放宽开发指导大纲,并通过修订、放宽农地转用许可标准,改善农业振兴地域制度改革,促进农转非顺利实施(1989年3月)[①],并制定了《大城市地区宅地开发和铁道建设一体化推进特别措施法》(1989年6月,为常盘新线路出台的法律)。

B.《重点实施方针》(1989年12月)的内容及其特征和具体实施

《重点实施方针》提出了以下几点新的重点政策。(a)为在大城市地区开展更加广泛的住宅和住宅用地供给,促进土地用途的转化(尤其是城镇化区域内的农业用地等)。(b)通过规划制度,加强现有城镇地区"有效和高水平利用"的促进措施。上述内容在设定时,都有相应的具体法案在先,通过各类地区和地区指定、地区计划制度,通过提高容积率等规定的放宽来达到诱导效果,也是对"有效和高水平利用"的强制执行。此外,(c)为了加强(a)中的规定,从1992年开始,全部大城市范围内的土地实施等同于住宅用地的税率。同样地,(d)取得、持有、转让土地进行"土地税制的综合改革"和(e)"公共土地评估的改革"等,继承税评估额和固定资产税评估额有所提高(接近公示价格),(f)尽早实现《土地租赁法》和《房屋租赁法》的修订等,均是通过放宽管制和加强管制两个方面来促进土地供给及"有效和高水平利用"的。(g)为从更广泛的角度来对上述政策效果进行调整和规划,修改包含功能核心城市和临海地区建设内容的首都圈整备计划,(h)进一步推进"国家、公有土地的灵活利用",实现城市二次开发。

这些重点政策均通过促进土地的有效和高水平利用,以及土地开发、土地转用,来增加土地供给,这一倾向一目了然。前面提到过,这一阶段的新特点是,给能够实现土地有效和高水平利用的主体好处,同时对于无力实现的主体,则加大对他们的管制力度,促使他们改变以往的土地利用模式,也就是筛选和区别对待土地开发者的逻辑。《土地基本法》提出的"土地利用的基本理念",尤其是优先考虑公共福利,加强土地正确的、有计划的使用,施加一定压力促使土地价值上升等内容,正是将上述筛选和区别

---

① 关于转用限制放宽的具体案例,包括为农村地区提供工作机会的工厂、加工和流通设施等,以及城市和农村的交通设施,特殊地区开发法律下的转用,为满足汽车大众化需求对国道、县道两侧的流通和服务设施等的建设,收费站附近的土地转用许可等。

对待逻辑的正当化①。上述重点政策大部分都在其后几年内逐步实现②。主要制度如下。

首先，(a)促进大城市地区住宅和住宅用地供给方面，1990年6月对《大城市法》做出了修订。在建设大臣规定的三大城市圈住宅、住宅用地"供给基本方针"和县知事制定的《重点供给区域的供给计划》基础上，还从更高的高度，将包含耕地在内的城镇化调整地区范围内的住宅用地开发（调整区域内为大于5公顷的规模）和城市规划制度挂钩，从制度上推进土地的有效和高水平利用。为落实(b)中的规划制度而制定的有效和高水平利用促进对策方面，同时进行了《城市规划法》和《建筑物基准法》的修订，将前面提到的二次开发地区计划中的设想再次融入其中，制定了住宅地高水平利用计划（尤其是促进在城镇化区域内农业用地上建设中高层住宅的这一用途转化）、各用途容积型地区计划（对居住用建筑物放宽容积率规定的特别对策），并开展对闲置土地利用转换促进地区进行指定的制度（城镇化区域中的一块即50公顷以上的土地，如工厂旧址、停车场、建材堆放场、填埋造陆等）。此外，为了实现(c)中宅地同等课税对象的扩大化，在1991年3月的《生产绿地法》修订案中，将长期作为耕地使用的土地和应当转化为其他用途的土地进行了明确区分，并对后者在1992年的税制修订中确定加大课税力度，采取和住宅用地相同的税率。

C. 新土地房屋租赁法的制定及定期租地权制度的设立

另外，这一时期最重要并且最有代表性的制度改革就是《土地租赁法》和《房屋租赁法》的修订，具体来说是制定了将二者合一的新土地房屋租赁法（1991年10月）。这一修订的背景是房地产业界向政界提出了法律修订要求。1985年开始进行论证，重点在《土地租赁法》上，其中原貌重现了当时正热门的"地价、土地问题"和"土地对策"的基本观点，也就是筛选式的、区别对待土地的性质。上述法律修订是泡沫经济时期的房地产业法律制度最具代表性的内容，这里详细解释一下。

---

① 例如，为了实现土地的有效和高水平利用，"按照计划，规定合适的利用责任"等观点，还有对于实现了有效和高水平利用主体有"提供土地的义务"的观点等。

② 上述土地基本法的意义和作用，以及这一时期实施的各措施的内容，参考原田（1990a，1990b）、吉田（2001）。

这一法律修订中主要基于两大背景。

首先,如果想要通过开发商等二次开发实现东京中心地区等现有城镇地区的"有效和高水平利用",以及推进土地集聚为上述开发提供前提,就不能只考虑土地所有人,还必须对数量庞大的零散的拥有使用权的人(土地租借人、房屋租户)下手。而《土地租赁法》和《房屋租赁法》(包括《判例法》)的框架下,租地权、租房权获得了强有力的保障,因此即使土地和房屋所有人愿意出售其房地产,只要承租人不同意也无法终止合同,无法实现房地产的转让,这就导致必须向使用人提供高额的补偿金才能实现房地产的取得。因此,就在顺应社会经济形势变动,调解租赁合同当事人关系的名义下,提出只要能够促进"有效和高水平利用",那么可以在一定程度上减弱租地权、租房权的保障①的要求。

其次,地价飞涨的状况下,土地所有人不同意出售土地时,开发商可以基于开发和高水平利用的目的,探索不取得所有权只取得使用权的方法。这种情况下,如果土地所有人不认可带有对承租人强有力保护措施的租地权,那么可以对合同续租保护的内容进行详细规定,增大土地所有人出租土地的动力。就算在获得租地权的时候需要支付一定费用,仍然比购买土地要便宜些。在这一观点下,实际上打着"应对土地租赁关系的多样化发展现状,采取让地价隐藏化的开发手段"的旗号,在《土地租赁法》的框架外,出现了等价交换、土地信托、转租等房地产开发方式,同时,还对《土地租赁法》中有相同性质的机制提出了制度化的要求。这也被归纳到顺应社

---

① 这个问题表面上来看和下面第二阶段的问题一样,都属于过度保护下的房地产租赁权,特别是土地租赁权,阻碍了城镇土地的流动化和转用,也就阻碍了土地的"有效、高水平利用"的问题。不过,既然我们探讨的是民间主体之间的土地取得和转用问题,那么开发商没有支付给现有的使用权人(这里主要以土地租赁权为例,暂时搁置房屋租赁权的问题)满意的代价就无法获得土地的使用权,这一点无论现有的使用权人和所有人是否是同一个都没有区别。不过,当土地所有权和使用权分离,所有人不但不太可能将土地拿回来,还无法根据地价上升提高租金,因此,就算所有人同意变卖土地,但是对于使用权人来说,该房地产的实际使用通常和自己的生活或营业活动有着密切联系,所以不会轻易答应交出土地,所以为了获得使用权人的同意,还需要对使用权人支付相应的代价即拆迁费。泡沫经济时期,这种现象极为普遍,开发商一侧(比较有代表性的是负责购买土地的土地开发商)对"《土地租赁法》对土地租赁权存续的过度保护"持强烈批判态度。笔者认为,从这一意义上来看,土地租赁权保护问题上,土地所有人、土地租赁权人(房屋租赁权人)、开发商(包括土地开发商等)之间的对立根本就在于,在地价攀升的情况下,土地转用带来的"土地交换价值的泡沫式利益增长"在上述三者之间是如何分配的。

会经济形势变动、调解租赁合同当事人关系的范围内,但实际上是为有能力自行实现土地的有效和高水平利用的所有人即开发商提供一个能够获得土地使用权的机会。

经过 6 年的漫长讨论,最终于 1991 年通过了《土地房屋租赁法》,基本否决了现有的《土地租赁法》和《房屋租赁法》相关的第一个修订要求。此外,针对第二个要求,通过法定更新等方式实现对长期续租的普通租地权的限制,提出了三个定期租地权分类,也就是 50 年以上的定期租地权(即一般租地权)、30 年以上的带有建筑物转让特别条款的租地权以及 10~20 年的事业用租地权。房屋租赁方面,只新增了允许工作调动等情况下进行短期房屋出租的条例,可以说新法的主要着眼点还是在土地租赁关系上。

再来看新法实施后定期租地权的使用情况。其中事业用租地权获得了广泛应用,但是住宅领域定期租地权(一般定期租地权)的应用案例极为有限。并且,在当时的制度框架下,上述租地权很难长时间存续下来[①]。换句话说,这种情况一方面体现了上述第二个要求中,支持法律修改方的论点充满了强买强卖的要素,另一方面也可以看出,1960 年代后,尤其是 1970 年代后土地租借供给发生显著减少的原因并不在于对长期租地权的保障上[②]。

D. 直接抑制地价措施的开展

最后,再来看一下这一时期开展的直接抑制地价的政策。除了前面提到过的《国土法》下实施的监督区域制度和适用对象范围的扩大,还包括以下几点。首先,是"重点实施方针"中提到的税制改革(4 和 5)。1990 年 10 月,政府税制调查会公布了《关于土地税制的基本报告》,1991 年 3 月出台了《平成 3 年税制改革》,提高了固定资产税、城市规划税、继承税的税率

---

① 这一情况和理由详细请参考内田(2005)。在该论文中指出,从 1993 年到 2003 年末,在定期土地租赁权的住宅供给方面,独门独户住宅和高级公寓的总和不过 44 583 户,尚不足同一时期建设的住宅户数和高级公寓供给户数的 1%。

② 详细参考濑川(1995)的分析。20 世纪 60 年代后期至 70 年代初,重视私有房产(包含分售住房和公寓)的住宅政策确立下来,以土地为抵押的住宅贷款普及,是造成出租土地上宅地供给减少的最重要原因之一。上升的经济增长态势(包括收入上升)和地价(以及住宅价格)的持续增长,在这样的预期下,住宅贷款的可利用性不断提高。而同时,无论是对于宅地住宅供给方来说,还是对于私有房产的购买方来说,为了减少目前资金负担数量,很少会有人放弃土地所有权,而是去购买出租土地上的宅地了(反而在积极回避这种方式)。

（土地评估水平的提高），提高特别土地持有税的税率，对个人及法人长期持有的土地进行转让的行为课重税，以及前面提到过的住宅用地同等税率的实施等，新设立了"地价税"（1991年5月的《地价税法》，1992年1月1日开始实施）。此外，1987年10月的《紧急土地对策大纲》中提出但是长时间没有落实的对金融机构的指导措施，也在1990年大藏省颁布《房地产融资总量管制》后得以落实，并且立刻产生了效果[①]。

在这一时期后，地价又一次下跌，土地泡沫走向崩溃。所以，十分讽刺的是，上述土地税制的一系列强化措施，正好在土地价格开始转为下跌的时期开始执行，留下了各种矛盾和负面效果。

（原田纯孝）

## 5. 进一步放宽限制以及实现高水平、高密度的房地产使用——泡沫经济崩溃后的法律制度

泡沫经济崩溃后，日本经济在不良债权问题下陷入持续低迷状态，日本社会迎来了巨变时期。当时日本社会所面临的问题用一句话来说，就是"上升时代的终结"。在这之前支持日本社会经济运转的各要素的组织结构出现动摇，成为重建的对象。城市、土地、住宅、房地产相关法律制度首当其冲。本节将就20世纪90年代到21世纪初相关制度的发展过程进行梳理，主要着眼于城市开发政策和住宅、住宅用地政策的新理论，就其出现和发展以时间顺序进行解读。

**(1)泡沫经济崩溃后相关法律制度的动摇和变化——20世纪90年代放宽限制政策的变化**

A. 1992年的《城市规划法》《建筑基准法》修订的地位和评价

首先，在20世纪90年代初期，随着泡沫经济从缩水到迅速崩溃，这一时期最引人瞩目的制度修改就是1992年6月的《城市规划法》和《建筑基准法》的修订。修订的主要内容包括：对居住类用途土地规定的细分化（居

---

① 因此，早在次年即1991年，这一规制就被废止，改为仅限规制对象的方法上了。

住类用途地区从3类增加到7类,还在特别用途地区中新增了中高层住宅专用地和商业专用地);新设了引导容积制度和容积合理分配制度①,对整个小区建筑物提出了统一设计的要求,并在其中设置了不同工区建筑物特例;将都道府县知事制定的"整备及开发、保护方针"(简称"整开保")作为城市规划的主计划;设立了市町村城市规划主计划制度;承认地区计划制度在城镇化调整区域内的应用;等。

这些修订对泡沫经济时期商务用楼房毫无规划地入侵住宅区,导致居住环境的恶化和住宅地价格上涨以及城市中心地区人口减少等问题进行了反思,希望将重点放在城市居民的住宅和居住环境上(1和2)。从规划论的观点来看,这是《土地基本法》中"按照计划的正确利用"观点的表现,而它明确了城市规划中市町村的作用,因此当时应该受到广泛的赞赏和欢迎。但是,在这一制度的修改过程中,无论是提出修订案的人,还是这些批评家们,可能都没有预见到伴随着泡沫经济崩溃而出现的各种新状况②。并且,在这些新状况出现的同时③,政策方针就又向放宽管制和促进经济主义城市开发方向发展了。

B. 土地、住宅相关领域放宽限制政策的重新出台和"规制改革"论的出现

地价下跌和经济衰退成为定数,不良债券问题的严重程度逐渐为人们所认识,因此,在1993年后,在社会经济各个领域开始以放宽限制为核心制定经济恢复政策。其中,土地、住宅相关的放宽限制政策开始并不引人注目,但是逐渐成为主要项目"复活"并在各个领域开展起来(以下详细内

---

① 引导容积制度指的是,在公共设施尚不完善的地区,设置地区计划容积率和适合现状的暂时容积率两个容积率(低于目标),当前先适用基于现状的暂时容积率,保护城镇环境;等到地区整备计划中所列出的公共设施配置有望实现的时候,再适用目标容积率。为了保护和形成良好的城市环境,还允许将地区计划对象区域内一定数量的未使用土地的容积率分配给其他土地。这一制度可以用于低密度规划方向,也可以用于高密度规划方向。

② 当时方案的制定者应该对泡沫经济带来的后遗症,如住宅、宅地价格攀升为工薪阶层带来的痛苦、二次开发的进展和扩大下城市居住环境和地域社会的崩溃、居住人口结构变化等,有一个很深的认识。同样,1992年宫泽内阁的"生活大国论"中也反映了这一认识。

③ 由于篇幅限制,本书无法对此进行详述,一直以来,土地规划整理事业和城市二次开发事业等宅地和城镇地区开发整备事业在核算时,自然而然会将开发后地价上升带来的收益计算进去。因此,泡沫经济崩溃后,一些已经开工的事业会被迫陷入财政困难,新项目也难以开工。转贷领域关于开发项目的诉讼案件频频发生,也是类似机制作用的结果。

容参考安本 2001b)①。

　　首先,在最开始的阶段,"一般放宽限制"作为一个大的政策方向,包含如下几方面进展。1993年9月,"紧急经济对策"(经济对策内阁成员会议)提出了4个放宽限制方针,其中第一个就是"为了形成优良的城镇地区,促进住房供给,积极引入各类促进容积率提升的制度(例如有利于住房供给的二次开发地区计划、综合设计制度等)"。1993年12月的"平岩报告",即《关于经济改革》(经济改革研究会)中,将国土、土地、建筑物相关管制作为"社会性管制"(11月"期中报告"),同时在第一个重点事项中提出了"土地、住宅相关领域以及通过放宽限制实现土地的有效合理利用,促进住宅建设"。其后,上述方针在1994年2月制定的"综合经济对策"和"行政改革大纲"(《关于今后行政改革的推进》)中进行了更为具体的规定,取得了制度上的进展。在同年7月的"放宽限制推荐大纲"(《关于今后放宽限制的推进等》,内阁会议决议)中,提出了有关住宅、土地的一系列课题。其中一部分在1994—1995年之间得以实现②。

　　而行政改革推进本部设置的放宽限制研讨委员会的活动,则让上述方针得到了进一步的推进,更为完善。在此基础上,1995年3月设立了《放宽限制推进计划》,将"住宅、土地关系等"放在了主要个别领域的第一项,直接提出了"为了在居住方面让人们体会到宽裕感,并促进土地的有效利用、优质住宅和住宅用地的供给、住宅建设成本的削减等"的放宽规定方针。同样也是在这一阶段,开始明确采取放宽限制措施的新理由,也就是调整

---

① 之所以称之为"复活"和"开展",是因为在《土地临调报告》提交的1988年左右起,在主张放宽管制的政策中,均有土地住宅和城市整备项目的影子。例如第二次行政改革审议会的《公共管制的放宽等报告》(1988年12月1日)以及在此基础上制定的《放宽管制推进大纲》(1988年12月13日内阁决议制定)就没有包括相关内容。

② 1993年《土地规划整理法》修订(促进住宅、宅地供给)、特殊居住用财产换新特例的设置(促进流动);1994年的《推进民间城市开发特别措施法》修订(在民间城市开发机构的业务中添加了土地取得和转让业务)、《建筑基准法》修订(调整住宅用地相应的容积率限制使其更加合理,不计算容积率,容许"地下室公寓";调整防火墙限制使其更加合理)、第4节脚注中提到的住宅城镇和居住环境改良相关的自愿的辅助事业的重新编制和整合、《国土法》监管区域放宽用途限制的统制、减轻转让所得税以促进土地流通、部分减少地价税;1995年《城市规划法》修订(设立街景引导型的地区规划制度)、《城市二次开发法》修订(城镇地区二次开发项目实施条件的改善等)、《建筑基准法》修订(修改建筑物临街宽度对建筑物容积率限制使之更加合理,放宽、修改道路斜线限制使之更加合理等)、为应对地价下跌对固定资产税、转让所得税、地价税部分削减等。

国内外价格差,简化日本房地产市场的准入。在此基础上,1995 年 12 月行政改革委员会放宽限制小委员会提出了《平成 7 年度放宽限制推进计划修订——走向光明的国度》,将这段时间的政策讨论的结果做简单的总结。其中,"土地、住宅"仍然被放在第一位,具体包含以下课题(安本 2001b,第 40 页)。(a)城市结构的重建,尤其是实现城市中心地区高密化建设。为此,对妨碍城市中心地区土地有效和高水平利用的容积率限制、斜线规定等进行修订,将个别地区作为特例放宽限制,从根本上让容积率限制和目的(城镇环境、公共设施负担等)之间的对应关系浮出水面。此外,还将《建筑基准法》中有关采光和日照的规定与使用人的个人选择对应,通过技术进步等替代手段放宽这一部分的限制。(b)促进住房供给。为此,充分利用城镇化区域内的农业用地,从根本上修订宅地开发指导大纲,并对城镇化地区的设定和划分条件进行了修改。(c)促进土地和房屋租赁的供给。为此放宽限制,设立了定期房屋租赁权。(d)住宅的生产和购买。通过放宽限制来压低成本。为此,《建筑基准法》的规定变为性能上的标准,引进国外认证标准,将建筑确认业务下放到民间。

这些措施大多数都在 20 世纪 90 年代后期逐步实现(后文详述),从 90 年代后期到末期,放宽限制论调的内容也出现了新的变化,也就是所谓的市场主义"规定改革"的登场。这一改革对于理解不久之后发生的住宅政策转换等十分必要,这里简单介绍一下。该论点的主旨包含以下内容:规避风险基本上要靠当事人自我选择,同时也存在为了放宽限制而进行的加强限制、制定新的规定等情况,因此制定规则要实现事先管理型到事后确认型行政方式的转变;要完善竞争体制,促进市场功能的进一步发挥;通过信息公开促进自我负责原则的确立,加强以消费者为本的体系建设,观测市场原理和自我选择、自我负责的原则,建设"自由公正的经济社会"。主要目标之一是在"经济上的限制"外,还在"社会上的限制"上放宽或修改限制规定。实际上,这一措施让具有不同于其他财产的特殊属性的土地(参考《土地基本法》)和住宅领域进一步放宽限制、促进市场化等行为开始具有合法意义①。

C. 具体制度性措施概要

在上述方针下开展的具体制度修改主要包括如下几个。1996年11月的土地政策审议会报告《关于今后土地政策的开展方式》及受其影响制定的1997年2月《新综合土地政策推进大纲》、1997年11月的《土地有效利用促进讨论会提议》（建设省和执政党共同会议），同年同月的《紧急经济对策》等。新的土地政策的口号是"从抑制地价到土地有效利用的转换"，以及"从所有到使用"。这包含了大城市中心地区如何放宽限制，城市郊外地区如何放宽限制，如何促进土地买卖，让土地向能够有效利用的主体手中转移即房地产流通化等课题，针对这些课题，提出了多种多样的措施方针（原田1998，吉田2001，第377页以下）。

大城市中心地带放宽限制的具体方法包括：一方面，为促进低利用度的土地和闲置土地的有效利用而开展的各项工作（产业结构调整后工厂旧址二次开发计划，促进用地有序性的土地规划整理事业和密集城镇地区改良等）；另一方面，为促进有效并且高水平利用而不断推进放宽管制措施（通过容积率提高实现东京都中心商业区的更新，活用容积率特例制度）。前者主要包括1997年的《关于促进密集城镇地区防灾条件建设的法律》（1997年5月）的出台，用地有序型土地规划整理事业（迷你规划整理）和功能更新型高水平利用地区制度的建立等。后者主要包括1997年的《城市规划法》和《建筑基准法》修订，以及完善高层公寓等共同住宅的容积率规定和放宽斜线管制，并设置了高层住房引导地区制度，规定这些地区不适用挡光规定②。1998年的《建筑基准法》修订中，设置了连带建筑物设计制度，将容积率限制条件统一适用，放宽了有关采光和日照问题的限制，促进建筑基准向功能标准方向转变，将建筑物验收检查业务下放到民间等（众

---

① 这一想法在1997年左右出现，经1998年12月的管制改革委员会《管制改革第一次见解》、1999年3月修订的《推进管制放宽3年计划》、1999年12月管制改革委员会的《管制改革第二次见解》逐步发展。

② 高层住房引导地区，是在第一类住宅地域等混合型的5种用途地区中，对于容积率达到400%的地区，将所有住宅中2/3以上建筑的容积率上限最高提高到600%的制度。其目的是确保大城市中心地区的住宅和定居人口数量，但和其他放宽限制措施相互影响，带来了低层住宅和中层建筑较多地区中，乱建高层建筑的不良结果。

## 第5章 土地神话和房地产业的转变：1974—2004

所周知，这项措施在后来引起了严重的问题）。此外，1998年，为了二次开发项目能够更容易开展，对《城市二次开发法》进行了修订（特定事业参加者制度，获批二次开发项目制度）并且还在1998年、1999年两年对城市开发资金贷款相关法律进行了修改①。

城市郊外地区如何放宽限制的问题，主要通过修改城镇化地规划线制度，以及促进农转非的顺畅进行等解决。1997年简化了农地转用许可手续（透明化、简单、快速化）。1998年修改了《城市规划法》，扩大了调整区域内的地区规划制定对象范围，制定了《优良田园住宅建设促进法》（以农村、山村和城市近郊为对象），并且通过《农地法》改革，将4公顷以下的土地转用许可权限下放到都道府县知事手上。此外，2000年城市规划法修订中，将除了大城市以外的划线，即区域划分，变为可选择的（注意，如果没有被划为调整区域，那么该区域的开发就不存在规模限制），调整区域的开发许可也获得了全面放宽。《农地法》修订中允许将不足2公顷的农地转用批准权下放到市町村（以县的规定为准）。

激活土地买卖和促进房地产流通，是泡沫经济崩溃后土地政策中最为重要的课题之一，从90年代前期开始就采取了各种措施。主要内容包括：解除或者修改为抑制地价而建立的管制措施和税制；完善房地产买卖市场以激活土地买卖，促进房地产流通；促进土地信息的完善和信息提供。第三项是前面两项的前提，20世纪90年代后期，尤其是以房地产买卖市场的完善为中心，出台了各类制度。第一项中的管制和税收政策的修订，主要包括废除监管区域指定、下调（1996年）及废止（1998年）地价税税率、调整和下调固定资产税（1996、1997、2000）、减轻转让所得税负担（1996、1998、1999年）等。而关于第三项中的土地信息，有计划地开展土地相关数据库的建构，完善地价公示制度，推进地籍调查等成为重要课题。第二项中的完善房地产买卖市场上，一方面包含《宅地建筑物交易业法》的修订（1995年）和指定流通机构的设立（1997年），以此实现包含提高房地产商的素质、提供信息在内的各项业务的完善，另一方面为了促进土地买卖和房地产流

---

① 这是为了促进已经获得许可的二次开发事业顺利筹集资金，尤其是促进低使用率、未使用的土地的有效利用制定的。在1999年通告《推进工厂旧址等有效利用》（城市局长、住宅局长）中也有出现。

通，完善了新的资金筹措方法。

最后，也是有重要意义的一点，就是 1994 年 6 月制定并在其后修订（1997 年加入了放宽对行为的规定的内容）的《房地产特定共同事业法》，以及 1998 年 6 月制定并在其后修改（2000 年 5 月放宽 SPC 设立条件）的《关于特殊目的公司（SPC）实施特定资产流通的法律》，即《SPC 法》的制定和修订（稻本等 2004，第 270 页）。前者是将房地产份额小规模化，设置准入制度吸引项目参加者（投资人）共同投资，并制定项目实施规则（行为规则）保护投资者。《SPC 法》实施后，SPC，即特殊目的公司，可以将原所有人（即 Originator）的资产（现有企业持有的房地产或指定金融债权等）收购，将其抵押用于发行小额证券（资产抵押证券，ABS）从市场即一般投资人手中获得资金。证券的购买方即投资人凭借资产获得收益分配，投资机会多样化，而对于那些将资产卖给 SPC 的企业，又有利于资产的流动。这一制度原本是为了促进债权的流动制定的，但在房地产证券化中也有广泛应用。

1995 年 12 月，放宽限制小委员会在《关于放宽限制推进计划的修订》中，提出了建立定期房屋租赁权的问题（第 323 页）。1997 年 6 月，法务省将这一想法提上日程。1999 年 12 月，在《关于促进优质租赁住房等供给的特别措施法》（议员立法）中得以实施。在关于设立定期房屋租赁权的论证过程中，持推进论的人表面上提出"这是为了面向家庭提供更宽裕的住房而废止了现行法中正当事由制度以及续租房租决定机制的制度，因此应当设立"，不过法律的正式名称和实际内容并不相关，一般我们习惯称之为"定期房屋租赁权立法"。在这一制度的设立之时，也和上面提到的房地产流通化、投资证券化息息相关（原田 2000）。也就是说，为了让房地产投资证券能够得到投资人的广泛认可，最重要的前提条件就是确保该房地产（出租写字楼）的收益预期。而新设立的定期房屋租赁权为了满足这一条件，在特定的情况下还会设立超过 20 年的定期约定期限，并且不允许承租人中途解约，还带有可以自动修改的特别条约，来保障约定好的租金收入。

D. 作为经济复苏对策的买房援助和住宅情况

最后，我们来看一下住宅政策和住宅相关措施在这一时期的动向。如前所述，除了放宽限制方针下的宅地和住宅的供给促进措施外，并没有太

## 第 5 章　土地神话和房地产业的转变：1974—2004

令人瞩目的东西。1995 年 6 月,住宅宅地审议会报告《面向 21 世纪住宅宅地政策基本体系》中,将"个人通过住宅获得的方便和利益"纳入"住宅服务"范围内,并提出了"住宅服务是被个人消费的"这一新观点,但是并没有对具体的政策措施造成影响。不过,其后在经济复苏对策(包括对在泡沫经济崩溃中受到沉重打击的住宅和房地产业的援助)以及对买房者的援助的观点下,住宅金融公库融资得到了大幅扩充,并增加了买房促进税制(为了能够立刻产生效果,设置了随入住年限变化逐步减税的措施),减轻了住宅用房屋的登记许可税,提高了新建住宅房地产取得税中特别优惠额度(1997 年)。1998 年设立了居住用财产转让损失扣除制度,作为上述措施的扩充,并设立住宅贷款优惠制度(优惠期限 15 年等)。此外,还有改善购房资金赠送课税特例制度(1999 年),设立新住宅贷款优惠制度(2000 年)等。住宅新建开工户数中,独门独户住宅和公寓商品房等出现了逐步增加的趋势(参考本章第 2 节)。

然而,新的住宅政策也在这一趋势中摸索着具体的开展方向。在对泡沫经济"并非单纯的'异常',而是将战后住宅、宅地特殊的方面放大的时代"的认识下,1999 年 9 月住宅宅地审议会中期报告《支持 21 世纪富裕生活的住宅、宅地政策》(以下简称为 1999 年《中期报告》)集中体现了这一探索的成果。新的发展方向在下面第 2 项 B 中详述,这里通过一段原文来了解报告对"泡沫经济崩溃后的住宅情况"的认识(引用中的"/"为原文换行处)。

"泡沫经济崩溃带来地价下跌,城市的商业和业务用地尤为明显。/东京都各区还出现了写字楼用地需求不振而将土地转为住宅使用的情况。此外大企业解雇员工,也让市中心原为大企业所有的稀有的住宅得以重新进入市场。这些景况带来了中高层集体住宅的供给,让人口一直处于流失的城市中心地区出现了人口增加的征兆。/另外,郊外地区的住宅用地的价格在泡沫经济时期并没有出现像城市中心地区那样的大幅上升,而泡沫经济崩溃后的下降幅度也较小。郊外地区开展的大型住宅工程提供了大部分优质住宅,在当时地价增长的趋势中,由项目企业完成了相关公用设施的建设和投资,调整地权人等相关人员之间的关系等工作,这才让项目得以实施。但是今后,这部分可能会出现困难。最近的住宅供给项目的开发出现了明显的小规模化倾向,地点也开始向城市地区、近郊地区转移。/近郊地区的城镇化区域内的农业用地方面,由于基础设施建设比较容易,因此向宅地的转用不断发展,但是适合宅地使用的土地在减少。/

"上述泡沫经济崩溃后的供需变化,并非泡沫经济的反作用或者调整期等短期的现象,而是意味着我国都市化社会的终结和向城市型社会的转变,这是社会从老龄化社会向高龄社会发展的结构变更期,也就是社会大转型期的体现。经济高速增长期开始入住的大规模住宅区纷纷出现高龄化现象,高龄化和少子化共同意味着我国的人口增长和家庭数量增长停滞,带来需求结构的变革。/战后50余年间,特殊的状况宣告终结。我国大转型时期到来之际,我们应该对这一状况进行深刻的洞察和认识,并在此基础上构筑今后新的宅地政策。"

20世纪90年代末出现的城市、土地、住宅、房地产法制等方面的彻底重构和新的发展方针,正是基于这样的认识背景上的。

**(2) 21世纪城市、土地、住宅、房地产法制重建的方向**

A. 城市和土地政策的新动向及相关立法——"城市型社会"和"城市的重构"

20世纪90年代末到21世纪初,除了上述的住宅政策外,还在城市、土地政策领域出现了新的方针和具体的措施。这些方针反映了客观情况的复杂性(参照上条引用),包含了多个角度的要素和多种多样的方向性,可以大致整理如下。

首先是2000年5月的城市规划制度修订。这次修订被称为"时隔30年的大修改",其认识背景是日本城市发展和城市政策、城市行政"迎来历史性的转型期"。其起点是城市规划中央审议会的政策文件中的一段论述:"人口、产业向城市集中,城市得到扩大的'城市化社会'终结,我们的社会开始向城市化平稳发展、产业文化等活动在城市这个共享空间内开展的成熟的'都市型社会'转变,因此我们也无需再为了应对城市扩大思考对策,而是将视线重新投向城市内部,到了一个推进'城市重构'的时期。"①不过,需要注意的是,这一对"历史转型期"的认识中存在着两个完全相反的方向。(下文详述,参考原田 2001d)。

一方面,可以得出"我国经历了城市化快速发展的时期,现在已经迎来了稳定成熟的都市型社会时代,现在正应当完善各项环境建设,为各都道府县和市町村与当地居民联系起来一起创造富有地方特色的城市,以及保护环境、造福子孙提供条件"(《经济社会变化下的新城市规划制度的方向》)。也就是说,上升的经济社会已经成为过去时,考虑到当前社会正在向少子高龄社会和人口减少社会发展,在全球范围内都出现了类似的环境制约因素,人们的生活方式和价值观的多样化,以及对居住和生活质量的要求的提高,以市民自治、自律为基础的分权型社会的转变等,我们应当立足对对包括老年人在内的所有人的生活和居住环境方面的思考,建设可持续发展的稳定、成熟型城市,并为此制定相关政策。

另一方面,该审议会的基本政策分会同时制定了《城市建设政策体系——城市重构的大纲》(1998 年 9 月),其中在第五次全国综合开发计划中所提到的 4 个主要战略之一即"大城市改造",以及为"实现内需主导型经济运行"而"促进城市建设方面的投资""应对跨越国境的城市间竞争"等基础上,将同时具备经济活动基础、生活基础、国土环境基础的城市作为"国家的财富",建议"在国家的一贯方针下构建推进城市建设的框架"。这一框架的内容显然以城市作为经济活动基础的性质为重点,重新构筑国家主导型的城市开发政策。20 世纪 90 年代后期,在放宽限制政策下,伴随着产业结构的转换,土地利用转换和城市中心二次开发再次兴起,房地产的证券化即投资资产化、预算向城市基础社会建设的倾斜,以及国家经济政策层面通过国际化、信息化、放宽限制加强市场化和竞争等,正和上述政策方向相同。表面上看,可能是似是而非的,但是实际上,国家主导框架下的城市重构政策和国家意志下的放宽限制、市场化政策合二为一,体现出以市场机制为媒介,促进政府和民间城市开发的政策方向。其后在 B 中所述

---

① 引文为 1997 年 6 月城市规划中央审议会基本政策分会期中总结《今后城市政策的方向》。这一认识经过 1998 年 1 月该审议会的第一次报告,在 2000 年 2 月的第二次报告《经济社会变化下的新城市规划制度的方向》中得到了完全继承。

的住宅政策体现出来的进一步推进市场化和对市场机制的依赖，也和这一政策方向相关。

城市重构的方针，在下文 C 中所述的"城市新生"政策中有明确体现。2000 年 5 月的《城市规划法》和《建筑基准法》的部分修订（以及同年 12 月建设省公布的《城市规划运用方针》）可以说同为对上述两方针的要求的回应。这里省略其他问题点[①]，只列举城市重构的方针（具体表现为现有城镇地区的改良和高水平利用）下进行的制度改革，包括：(a) 设立商业地区"特例容积率适用地区"制度；(b) 采取城市设施改良的立体范围决定制度；(c) 地区规划的对象地区的扩大；(d) 对于指定了后退墙面线的地区放宽建筑容积率限制。其中，(a) 包含的"特例容积率适用地区"指的是，为充分利用 (1) 指定的地区内未利用的容积，一般允许在两个以上的用地之间进行容积率的转移。如果在商业区内有需要实现高水平利用的区域，那么原则上也应当认定为"适用地区"，所以这一制度的适用范围相对于以往的类似制度要大很多，并且每个特例地区适用的特例容积率的制定，也根据所有人的申请，由特定行政厅快速批准。其他三点在结果上都是通过放宽限制来实现城镇地区的高密度、高水平利用。

B. 住宅政策的市场化和房地产法制建设

如前所述，住宅政策的方向也把前面所说的方向（人口老龄化、社会分权化、环境制约等基础上实施可持续发展的稳定成熟的城市建设）考虑在内，基本上没有脱离城市重构的发展方向（以国家主导的放宽限制和市场化政策为媒介的国家财富，尤其是作为经济活动基础的城市重建）。住宅宅地审议会对《1999 年中期报告》进行了若干修改，在 2000 年 6 月公布了正式报告（题目和"中期报告"相同），在开头便指出了"住宅宅地的取得和利用应当在国民自助努力下进行的原则"，并提出了"21 世纪宽裕的居住环境，应当在市场中，通过自由竞争实现适宜的价格和优质的住房供给，并在充分的信息提供之上通过个人自主选择来实现。为此，应当限制包括'市

---

[①] 参考原田(2001d)。这里列举一下主要修改的地方，都道府县的主计划，即对"整开保"的明确化和加强化，对区域区分度和开发许可制度的宽松化和合理化（如前所述划线制度变为可选择制、放宽调整区域的开发许可等），还有非划线地区等土地利用规定建设，以及城市规划区域之外的，尤其是"准城市规划区域"中土地利用管理制度的建立，还有本章中提到的，为促进现有城镇地区的二次开发和高水平利用进行的相关制度修订，以及城市规划决策程序的修改等。

## 第 5 章 土地神话和房地产业的转变：1974—2004

场环境改善''市场引导''市场补充'等在内的公共领域的作用"。住宅宅地应当是一种通过市场供给，个人按照自己的收入能力在个人层面选择、购买、消费的商品（包括出租房），即将住宅作为"住宅宅地服务"的财富来认识，市场的当事人首先是商品的供给方，也就是民间住宅产业及其购买者、居住者等消费者，而商品的价格、租金应当交给自由的竞争市场来决定（包括下文参考原田 2001c，第 48 页以下）。

具体来说，公共领域所负担的基本和主要的作用，是制定让市场能够正确发挥作用的制度（城市规划、住宅规制制度、土地房屋租赁制度等）和改善消费者行为方面的制度及措施（各类制度性基础设施建设，具体后文详述），以及通过政策资源分配来提供民间无法提供的公共财富（公共设施、基础设施建设等），限制在"市场环境完善"上。不过，存在"外部性"问题的环境、景观、安全、节能等，以及面向高龄者、面向家庭出租住房的供给等个别政策等，需要"留意不能让市场出现过大的扭曲"，通过提出长期目标、提供间接支援措施来进行"市场引导"。最后，对于那些"在市场中无力确保适宜水平的住宅宅地服务的主体"（尤其是低收入的高龄人群），需要构建一个安全网将这些"真正需要公共援助的主体"包含其中，准备最低限度的"市场补充措施"。此外，在这种情况下，在今后的住宅宅地政策中，地方公共团体将承担更大的作用。这里如实地反映了前面提到的市场主义"规定改革"论的想法，即贯彻市场原理和自我选择、自我负责的原则，以实现"自由公正的经济社会"为目标，全面实现公共领域和私人领域的重新分工（参考前 323 页）。

在"市场环境改善"和"市场引导"相关的具体的住宅政策方面，重视泡沫经济崩溃后的经济结构和城市结构变化带来的"城市中心居住"等"城市居住方式的转变"；在少子高龄化、人口减少、家庭规模小型化等社会结构变化带来的住宅需求变化的大势下，重视"优质住房财富"的形成、管理和循环，并明确各项市场规则（"住宅服务"的买卖规则），促进住宅、房地产相关产业的活跃发展等。从中可以看出，它包含了多样化、多面性的内容，虽然我们无法进行深入解读，但是可以从制度层面找到几个有特点的动向。

首先，包括买卖关系在内的房地产法领域有前文提到的定期房屋租赁权立法(1999年12月)。推进该法律制定的人们从很早就提出了"促进为家庭提供的、更为宽裕的民间出租房屋供给"的口号,举出了所有能够想到的理由极力促进法律制定①。其中,的确包括应对日益多样化的住宅偏好、在城市中心地区中高层建筑等方面促进民间出租房屋供给、将高龄人群持有的私有房产在房屋租赁领域流通等令人首肯的部分,但是作为住宅供给促进措施,其实际发挥的作用又是否如同推进论者们所主张的那样呢?1999年6月的《关于确保住宅质量等法律》中,设立了评估住宅性能和专门处理住宅纠纷的机构,并设定了新建住宅合同上的瑕疵担保责任特例。在建筑物区分所有权方面,有2000年12月的《关于规范高级公寓管理的法律》,2002年6月的《促进高级公寓改建顺利进行的法律》,以及2002年12月的《建筑物区分所有权法》修订等。对于作为财产的高级公寓,除了改善包括大规模修缮工程在内的管理体系以及重建中的问题(发生大规模灾害时另外有特别法规定)、规范民间在上述业务领域的参与外,为促进管理机构的法人化,以规范高层公寓等大型区分所有权建筑的管理,提高管理效率,还规定了采取电子方式完成表决手续等。"市场引导"第二点相关的制度有2001年的《关于确保高龄人群稳定住房的法律》和面向高龄者家庭出租住宅供给促进税制等。还有对现有住房无障碍改造等各类措施出台,这里不予详述。

其次,狭义的住宅政策领域一直以来都是有国家干涉的,在这一领域也开始实施住宅政策的市场化和公民分担职责等方针,对国家特殊法人的整理和规范计划出台,也就是战后住宅政策的三大支柱迅速解体并进入重建。首先,住宅、城市整备公团(住宅公团和宅地开发公团于1981年合并设立)在1999年改组为都市基础设施整备公团(停止了商品房的供给),将重点放在通过住宅供给完成城市整备上,进而根据2003年6月的《城市新生机构法》,于2004年7月改为独立行政法人城市新生机构——UR城市机构。该机构的主要业务是为民间无法负担的城镇地区整备改善和出租住宅供给提供"支援"。机构的任务为引导民营企业在已经完成开发整备

---

① 详细参考原田(2000,2001c,第52页以下)。笔者认为支持立法者的主张从现在看,可以说是虚实相杂的怪异理论。

的土地上建设出租住宅,因此原则上也从新建出租住宅建设上撤离了[①]。其次,住宅金融公库在 2001 年 2 月制定的《特殊法人整理规范化计划》中,作为该计划的核心被内阁决议废除,又依据 2005 年 7 月的《独立行政法人住宅金融支援机构法》,于 2007 年 4 月再次作为住宅金融支援机构重新开始。该机构延续了从 2003 年开始的对民间住宅贷款的支援业务,对民间金融机构开展的住房贷款证券化开展支援,并将其作为主要业务支柱("收购型"和"抵押型"两种方式并存),原则上缩小甚至废除了面向个人的直接融资业务,并将业务领域限制为民间机构难以开展的领域内。另外,公营住宅等在东京等地基本停止了新项目建设,现有的住宅一方面根据租户的收入提高了房租(应能房租原则),另一方面也和地区社会福利服务机构等合作,作为"面向真正的社会弱势者提供的安全网措施"限定了其使用领域。

综上所述,在这一政策的基础上,每个国民确保自身有房可住这一行为,不论是买房还是租房,都是属于在"住宅服务"这一消费品市场上进行的购买行为;相对的,也为民间住宅产业(从建设销售到修缮、改建、信息提供、物业管理、出租房屋的供给和管理、买卖中介等)、民间住宅金融业、房地产投资等供给方提供了方向。即在各种各样的支援性措施和事业活动规范化的规定中,扩大其业务活动范围、实现业务的活跃化发展。1998 年的住宅、土地统计调查中显示,现有住宅库存中,在 1980 年新抗震基准(1981 年实施)之前建造的大约占总数的一半,约 2 100 万户。这一事实意味着今后将出现巨大的抗震增强工程等需求和重建需求,这一商机也受到了关注[②]。

C. 国家主导的"城市新生"政策和相关立法

最后,就 2001 年开始正式启动的国家主导的"城市新生"政策和相关立法进行解读。"城市新生"政策的目标最早出现的时间,是小渊内阁设立

---

① 如果出现没有民间企业从事出租住宅建设等特殊情况,那么就由机构自己着手建设。这一改组和前述第 1 条的后半部分,以及第 2 条的部分方针是相吻合的。此外,以前的公团出租住宅继续作为 UR 住宅使用。

② 这一点刚刚在 2003 年 6 月 17 日由日本经济团体联合会提出的《"易居性"领先世界的国家建设——对住宅政策的提议》中有所强调(III 1(2)、IV 1(3))。进入 21 世纪后的住宅政策如何进一步发展,这方面的研究近期将在其他文章中发表,请参考。

的经济战略会议报告《日本经济新生战略》(1999年2月)①。2001年4月，森内阁在《紧急经济对策》中继承了这一思路，在该月26日开始的小泉内阁的主持下正式全面开展。小泉首相在5月设置了城市新生本部，由全体阁僚参加，自己就任本部长，并在该月18日的第一次会议上提出了"我国活力的源泉是城市，提高城市的魅力和国际竞争力是最重要的内政课题"。为此，将引进民间资本开展城市二次开发作为"国策"开始推进。同年，又以自上而下的方式决定开展第一次到第三次城市新生项目。在2002年4月又制定了《城市新生特别措施法》，从制度上保障城市新生项目在国家和内阁主导下得以实现。这一制度框架具体如下②。

(a)设置城市新生本部，由内阁总理大臣任本部长，制定城市新生基本方针，个别地指定城市新生紧急整备区域，并根据各个区域的情况制定地域整备方针。(b)在紧急整备区域内，能够开展满足条件的城市二次开发事业(城市新生事业)的主体，必须是提交了民间城市新生事业计划并得到国土交通大臣认定的民间企事业机构，这些机构可以从民间城市开发推进机构获得免利息的贷款。(c)紧急整备区域中，可以将现有用途地域等暂时搁置，制定新的城市规划并设定城市新生特别地区，特别地区的城市规划可以接受民间企事业机构的提案③。(d)为了快速实现事业计划，相关行政认定、许可、承认、决定等依法必须在3个月内或6个月内完成。(e)而为了在一般制度上加固这一城市规划事业的发展基础，同时对《城市二次开发法》《城市规划法》《建筑基准法》修订，将城市二次开发中的征用权限下放到民间企事业机构，将最高容积率提高到了1 300%，完善城市规划提案制度，通过综合设计制度的普遍化来放宽高度限制、实现手续的迅速办理。

城市新生紧急整备区域在2002年的第一次和第二次项目中共指定了

---

① 其背景和前文提到的《城市建设政策体系的形态——城市重构的方针》(1998年9月)中的内容基本相同。

② 该法律的概要和特征参考见上(2006，第150页以下)、稻本等(2004，第222页)。城市新生政策的内容、形成和推进方面的特征、相关"商务共同体"和东京都的应对方式等详细内容参考平山(2006，第21页以下)。《城市新生特别措施法》和与之并行的《城市二次开发法》的修订(后文5详述)后，二次开发公司成为城镇地区二次开发事业的新机制和主要推动者，其详细情况参考安本(2003)。

③ 不过，这种情况下需要该地区地权人2/3以上，并且持有土地面积2/3以上的土地所有人同意才能进行。

44个地区,面积约5 700公顷(截止到2006年第五次项目,共指定地区个数64个,面积约6 567公顷)。其对象地区不仅和城市新生政策这一"国策"的目标实现息息相关,同时还是激活经济、重构城市的据点,对于民间资本来说也可以通过参与这些项目获得实实在在的经济利益[①]。在这一意义上,在泡沫经济后,"城市新生"无论经济如何变动,都在一贯推进城镇地区和城市空间的"有效、高水平、高密度利用"。大城市,尤其是东京的中心地带,以及港湾地带超高层写字楼和高层公寓鳞次栉比的都市景观,正是在这样的政策和法律制度下诞生的。

(原田纯孝)

## 6. 泡沫经济时期房地产业金融的正式发展及特质

20世纪80年代,银行面向房地产商提供的融资规模之大,是列岛改造热潮时期无法比拟的。主要体现在银行面向房地产业提供贷款所占的份额上升幅度远远高于前一时期,以及通过非银行金融机构向房地产商提供的迂回式融资所占的重要地位上。而其正式开展,是在作为世界金融经济信息中心的东京的城中心"对写字楼的需求快速增加"("实际需求的背景")后,银行的融资行为开始向"房地产金融"倾斜,结果造成了地价的高腾[②](全国银行协会联合会房地产金融研究会1992a,第62页)。

对泡沫经济时期银行业的批判颇多,主要因为人们认为银行的"房地产金融"是造成"地价飞涨的主要原因之一"。一般企业的"理财技巧"使得它们的投资向土地投资方向倾斜,而房地产商用于购买土地的"大部分资

---

① 东京的指定情况参考平山(2006,第45页图)。"城市新生"作为一项国策,在社会资本整备审议会城市规划分科会2002年2月有关《国际化、信息化、老龄化、人口减少等新潮流下的城市新生的方式》的期中总结中,做出了如下概括(引文中的"/"是原文换行处):"城市是大规模经济活动的开展空间,是我国活力的源泉,提高城市魅力和国际竞争力是最重要的内政课题。/城市新生,对于在经济社会情势变化的应对上较为迟缓的我国来说,意味着开展城市结构变革、创造富有活力、魅力和品格的城市空间。其决定性因素,就是唤起民间资金和技术,将其投向城市,进而创造出新的需求。而从促进土地流通、健全金融体制等经济结构改革的观点上来看,通过投入民间的智慧和力量,城市基础设施投资和建筑投资两手抓,创造出一个造福子孙的高品质的社会资产也是非常重要的。/民间城市投资带来的城市新生,将扩大民间城市活动的领域,对提高行政效率也有所裨益"。

② 以地价飞涨为中心的泡沫经济时期理论参考长谷川(1987)、福井(1987)。

金"都通过银行的房地产抵押贷款获得,银行业也在积极推进房地产抵押贷款,因此地价节节攀升。批判的核心并不在银行向房地产商发放房地产抵押贷款,而是房地产商基于"对地价上涨的预期"购买(产生假性土地需求)土地所需的资金。换言之,就是"对涨价的预期带来的资金需求",对于这部分资金,银行业也给予高于市价的评估(偏重市价),提供超过"抵押量"的融资金额,从而助长了"假性土地需求"。这种房地产抵押贷款越是增加,地价上涨就会越快,进而造成"土地抵押融资规模进一步扩大的循环"。这一"循环"带来了土地价格的攀升。并且,银行的这种融资行为提高了"土地的资产价值",加强了"只重视抵押的倾向",反而轻视了本来应当重视的"融资对象、经营内容、资金用途"等方面的问题(全国银行协会联合会房地产金融研究会 1992a,第 51~53 页)。

对于上述批判,全国银行协会联合会(全银协)认为房地产抵押融资"由于采取了偏重市价的评估方法,从而导致抵押评估额过大,进而产生融资冗余,形成了恶性循环,结果助长了地价的攀升,这点无可否认。这样的循环带来了对市价的过度依赖,使得房地产金融出现快速增长,此外,从确保银行健康经营的观点上看,也有许多问题",为时虽晚,但还是对其旗下银行的"抵押评估方式"提出了回归原点的要求(全国银行协会联合会 1991,第 5 页)。

本节的课题是解读企业和银行等的"资产负债套利化"[1]经营行为盛行的泡沫经济时期[2],银行等金融机构和房地产业是如何挂钩的,即"房地产业金融"正式开展的情况及其特征[3],分析今后日本在房地产业方面应当采取何种金融制度。

## (1)房地产业金融的基本结构(1976—1995)

从 1976 年到 1995 年末的 20 年间,法人房地产业的借款增加了 102.7 万亿日元。每 5 年的增加幅度 1976—1980 年度为 51%,1981—1985 年度

---

[1] 企业行为参考日本银行(1990)、宫崎(1992),银行行为参考日本银行(1985)、银行问题研究会(1993)的第 3 章。
[2] 泡沫经济的背景等参考柴垣(1993)、齐藤(1994)、伊藤(1993a,第 1993b)。
[3] 对面向房地产商提供的金融服务的研究意义方面,参考大泉(1991,126 页)。

为88%,1986—1990年度为131%,1991—1995年度为35%。也就是说,从1976年度开始到1990年度为止,房地产业的借款余额在加速增长(准确来讲是到1993年度为止加速增长)。

这些借款主要是由房地产业的哪个阶层进行的呢?图5-6-1表示的是不同资本金层级的房地产公司的借款余额的变化情况。从图中首先可以看出的是借款公司的层级变化。资本金不足1亿日元的借款占全体的比例,在1975年度末为50%,其后上升,到1987年度末为74%,达到峰值。此外,1983—1987年度房地产业借款增加额的80%都是资本金不足1亿日元的层级完成的,不足1亿日元的企业是借款增长的主要推手(尤其是泡沫经济初期的1987年,推动借款增加的主要是资本金不足1 000万日元的零散企业,表明新兴房地产商的增加)。而到了1988年度,这种情况发生了彻底转变,不足1亿日元的层级的借款额出现减少和停滞,占全体的比重也从1987年末的74%下降到1990年末的54%。1988—1990年超过1亿日元的层级的借款额和不足1亿日元的正相反,从1987年末的19.7

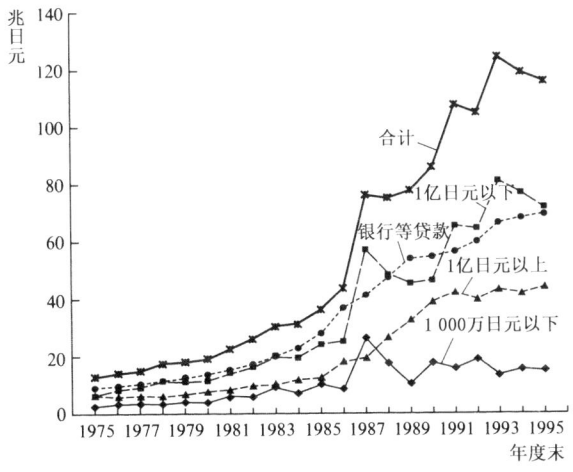

**图 5-6-1　房地产各层级贷入金额和银行等贷款额的变化**

资料来源:日本财政部财政金融研究所调查统计部(1998a),日本财政部财政金融研究所调查统计部(1998b),日本银行统计局(1975—1995)。

注:(1)银行等贷款是全国银行和信用金库向房地产业贷款金额的合计值。

(2)图表上的合计是资本金不足1亿日元和1亿日元以上的房地产公司的贷款的合计值。

万亿日元增加到了 1990 年末的 39.1 万亿日元。3 年内,不足 10 亿日元的层级、10 亿日元以上的层级占整体的比重变化分别为从 14% 提高到 25%,从 12% 提高到 21%。也就是说,1988 年后,主要的借款层级发生了变化。

泡沫经济崩溃后,借款增加的主要推手又回到了资本金不足 1 亿日元的公司上。20 世纪 90 年代前期,泡沫经济崩溃,当时并不代表房地产金融也减少了。借款额在 1990 年末为 85.7 万亿日元,到 1993 年末增长到了 124.4 万亿日元,仅仅 3 年间增加了 38.7 万亿日元之多。1990—1993 年度的年平均增幅(12.9 万亿日元)超过了 1983—1987 年的增幅(11.5 万亿日元)。38.7 万亿日元增加额中,几乎 100% 都是由资本金在 1 000 万~1 亿日元的企业完成的。泡沫经济崩溃后,不足 1 亿日元的层级加大借款额度,而超过 1 亿日元的层级则没有增加,二者的应对方式不同。

银行不良债权在后来成为一大问题,而它的起因或许就是这一时期追加贷款等的增加。橘川武郎就曾指出,1991—1993 年中小型房地产企业出现了大规模的优胜劣汰,房地产企业迎来了破产高峰期。房地产价格过高,又和实际需求不匹配,导致房地产买卖无法成立。然而在面临房地产业的这种严重事态时,银行没有选择处理抵押物、降低价格提高需求,而是通过"住专"发放追加贷款(后文详述)和设立"共同债权收购机构",打算长期持有抵押物[①]。然而房地产价格之后持续下跌。

其次,从房地产金融的贷款发放方来看(参考图 5-6-2),全国银行和信用金库(以下简称"银行等")面向房地产业提供的贷款额在 1974 年末为 8.4 万亿日元,1999 年末达到了 67.6 万亿日元。这里注意,增加额中都市银行所占的比例在 1975—1979 年为 23%,1980—1984 年为 34%,1985—1989 年为 42%,1990—1994 年为 47%,一直在增加。地方银行同期也分别上升了 12%、18%、17%、22%,虽不及都市银行但也出现了上升。与此形成鲜明对比的是都市银行和信用金库所占比例有所下降。银行等面向房地产业发放贷款余额开始提高是在 1983 年,在此之前可以说在从房地产业撤

---

① 1990 年代初期泡沫经济崩溃后不久,就出现了对于将土地"长期压在手里"的批判。例如"目前必须的政策……不是将房地产继续压死,而是促进其流通,将价格拉低到实际需求的水平上"(黑川宜之,《朝日新闻》1993 年 8 月 27 日)。此外,共同债权收购机构是在未来房地产价格上升、债务人的偿还能力不断提高的预期下建立的机构(盐谷 2000)。

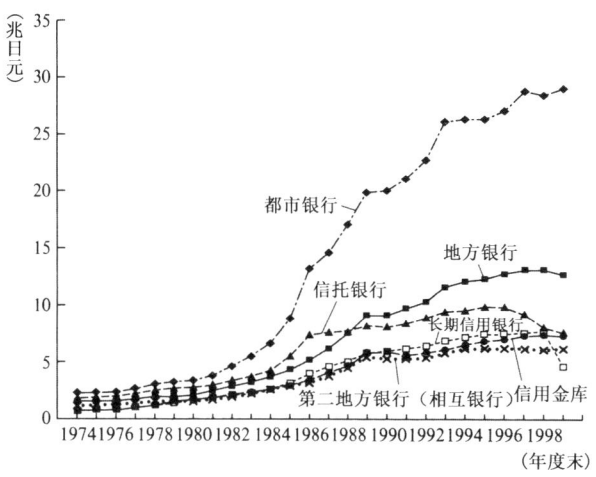

图 5-6-2 各银行向房地产业贷款额

资料来源：日本银行统计局（1974—2000）。

注：信托银行为银行核算和信托核算累加在一起的数值。

退。1983—1989年，各个行业总贷款额中面向房地产业发放的贷款比例有所上升，其中都市银行提高7个百分点（5%→12%），地方银行5个百分点（5%→10%），信托银行0个百分点（11%→11%），长期信用银行5个百分点（9%→14%），第二地银5个百分点（8%→13%），信金5个百分点（7%→12%），全国银行依托勘定（信托勘定）7个百分点（13%→20%）。都市银行和信托勘定上升显著。各行业均表现出向房地产业倾斜的倾向，其中都市银行在房地产业的表现较为突出。

以上述"土地融资"为契机，出现了1983年"特定街区制度"适用标准的放宽限制。放宽限制后，狭窄的土地也可以建设高层建筑，适合写字楼和公寓的土地价格快速上涨。大开发商纷纷开始四处购买楼房建设用地。其中的排头兵是"土地开发商"[①]。"金融机构毫无节制的土地融资喂肥了土地开发商"（有森1991，第122~123页）。土地开发商最上恒产开始在西新宿收购土地的时间是1983年，在将土地卖给藤田工业前，从第一相互银

---

[①] "土地开发商"也有它的分工，主要有"负责购买设定租地权土地的""负责拆迁的""负责拆毁房屋的""负责开发票的"等（有森1991，第132页）。"负责购买设定租地权土地的""负责拆迁的"的情况参考盐见（1985）、鹈野（1985）、片桐（1992）。

行和安田信托等构成的合作融资团获得资金①。

另外需要注意的是,1983—1989 年之间,银行等所占比例上升了 5 个百分点(7%→12%),其中 1983—1986 年的上升尤为显著,为 4 个百分点(7%→11%)。银行在这一时期开始快速靠近房地产业。这点通过图 5-6-1 中房地产借款余额(合计)和银行等面向房地产业发放的贷款余额(银行等贷款)相比较可以清晰地看出。房地产业借款金额占银行等借款的比重在 1975 年末—1983 年末之间从 65%～69% 上升到 1986 年末的 84%。在 1984—1986 年这 3 年间,也上升了 19 个百分点(65%→84%)。可以看出这期间房地产业的借款增加对银行等的依赖程度。而 1987 年以后,情况就完全改变了。借款占银行等的比例出现了快速下降,1987 年末为 54%,1988 年末变为 63%。也就是泡沫经济时期(1987—1989 年度)和泡沫经济后(1990 年起),房地产业不仅从银行等获得资金,还从其他途径获得了大量的资金。1987 年度后的房地产业的借款出现了令人难以想象的大幅度增加,这是银行等的资金通过迂回式非银行机构流转,农林系金融机构、损失保险公司、生命保险公司、外国银行等支持的结果。当然,这并不意味着房地产业就不依赖银行了,实际是相反的。这点在后面关于非银行融资的内容中有详述。

### (2)大型房地产公司的筹资结构(1990 年 3 月)

公开了《有价证券报告》的房地产企业都是资本金超过 1 亿日元的大规模企业,共 42 家(截止日期为 1990 年 3 月)。实际上,房地产公司中多数都是资本金不足 1 亿日元的层级,该资料的统计并不充分,不过从中正可以解读 1988—1990 年度,作为房地产业金融的主要推手的房地产公司和金融制度之间的关系②。

这 42 家房地产公司的贷款金总额为 5.1679 万亿日元,其中按照企业

---

① 山田厚史《支持"土地开发"的巨额融资》,《朝日新闻》1986 年 12 月 18 日。
② 1990 年 3 月末的房地产公司中,不同资本金规模的企业数和借款额分别为:资本金 10 亿日元以上的 238 家、14.229 万亿日元,1 亿~10 亿日元的 2 285 家、18.5170 万亿日元,1 000 万~1 亿日元的 38 587 家、34.593 万亿日元,1 000 万日元以下的 147 801 家、10.753 万亿日元,合计 18.8911 万家、78.950 万亿日元。42 个分析对象中,资本金在 10 亿日元以上的有 39 家,借款余额为 5.1659 万亿日元(大藏省财政金融研究所调查统计部 1998b)。

形态区分为都市银行32%、信托银行22%、长期信用银行16%、保险公司9%，上述四种共占总体的79%。都市银行占比重最大，在发放贷款之际是不管对象资本金规模大小的。因此在39家有借款余额的公司中，有28家都有从都市银行借款，是所有金融机构中最多的。

图5-6-3表示的是42家房地产公司的"负债依存度"（借款和公司债务总和占广义资本金的比例，参考图注1)的分布。首先，房地产公司的规模越小，不同企业之间的"负债依存度"差异也就越大，从无借款企业到依赖借款的企业分布极广。"负债依存度"的分散分布在资本金超过400亿日元的5家企业中不足1~4，而资本金在200亿~400亿日元的为0~6，50亿~200亿日元为0~15，不足50亿日元的为0~44。也就是说，"负债依存度"低于3的房地产企业为26家，占全部企业的一半以上，并且在各个资本金规模的企业层级都有。另外，资本规模较低的16家房地产企业的"负债依存度"高于3，其中箕轮房地产的借款超过了广义资本金额的43倍。泡沫经济的负债依存度在不同房地产企业表现出极大的差异。

而问题是，房地产企业为何能够借到数额为自身广义资本金的3~44倍的资金，也就是资金流入房地产业的机制是什么样的呢？图中在各个房地产企业名称前的符号（★、○、◎）是根据长短期借款抵押（多为房地产）的有无将企业分类的标记[1]。其特征为，负债依存度高于3的房地产企业中多数都以房地产为抵押，进行了长期和短期的贷款，属于第一类企业。负债依存度较高的房地产企业依靠房地产价格的高涨增加贷款。例如，负债依存度最高的箕轮房地产的主要资产是计划出售的房地产，并将其作为抵押从长期信用银行（主要是日债银）和非银行机构（主要是日本住房贷款和第一住宅金融）获得资金。第一公司虽然是房地产企业，但是主要资产是"营业贷款"（3 209亿日元，其中房地产抵押贷款2 724亿日元），贷款公司的性质更突出。藤和房地产、有乐土地等企业的负债依存度都超过5，但是无担保借款，均是通过藤田工业、大成建设等大股东的信用资质来实现的。

---

[1] 类型化程序参考各公司《有价证券报告书总览》中的"监管报告书"的长期、短期借款表中每个担保事项，以及"资产负债表"中"附注事项（资产负债表相关）"中的"抵押资产及附加担保的借款"。

图 5-6-3 房地产公司的资本规模和负债依存度

单位：亿日元

| （负债依存度） | 10~50 | 50~100 | 100~200 | 200~300 | 300~400 | 400~500 | 500~700 | 700以上 |
|---|---|---|---|---|---|---|---|---|
| 7 | ★箕轮不动产<br>★Erukakuei<br>★Starts | ★Maruko | ★第一公司 | | | | | |
| 6 | | | | | | | | |
| 5 | ★北海道振兴<br>○小田急不动产 | ★Urban life<br>○日本中央地所 | ○有乐土地 | ◎藤和不动产 | ★RecruitCosmos | | | |
| 4 | ◎全日空建筑<br>MDI | | ★Daia 建设 | | | | | |
| 3 | | | | | | | ★大京不动产 | |
| 2 | ○Cesar<br>★太平洋兴发 | ○平和不动产 | ○阪急不动产<br>○大和团地 | | ○东急不动产 | | | |
| 1 | ○日住Services<br>○钴石城<br>○东宝不动产<br>○森永开发<br>○阪神不动产<br>○吉田工务店<br>关西积和不动产<br>积和不动产 | ◎SankeiBuilding<br>◎Theocy | 京阪神兴发 | | | ○东京建物 | | |
| 0 | | | ○大阪建物 | ○三井不动产销售 | | | | ◎三菱地所 |
| | | | | | | | | ◎三井不动产<br>◎住友不动产 |
| 房地产公司的规模 | | | 200~300 | 300~400 | 400~500 | 500~700 | 700以上 | |

资料来源：各公司《有价证券报告书总览》（以 1990 年 3 月期为中心）。

注：（1）横轴房地产公司规模用资本金额（亿日元）表示。纵轴的负债依赖度用（贷款金额+公司债券）/（资本金+资本准备金+利润准备金+其他剩余金）表示。表中分别表示 0~1,1~2等，最后的 7表示 7以上。

（2）★表示该公司在借款方面，长期贷款、短期贷款都有抵押（第一类）。◎表示该公司短期贷款有抵押，长期贷款无担保，长期贷款有抵押（第二类）。□表示该公司短期贷款无抵押，长期贷款有抵押（第二类）。○表示该公司长期、短期贷款都无抵押，或有抵押也是很少（第三类）。无标记表示和立飞贷款公司是贷款企业。★Orix 市冈为 1。□大阪港振兴、未在图中标出。负债依存度方面 ★Orix 市冈为 1。□大阪港振兴和立飞企业。

（3）资本金不足 10 亿日元的 3 家公司，未在图中标出，负债依存度为零。

42家企业的主要负债为：借款5.2万亿日元,公司债券1.2万亿日元①,存储保证金9 087亿日元,广义资本金为2.4万亿日元。借款和公司债券是房地产公司重要的资金来源,这是自然的,其中比较特殊的是保证金部分。有10家企业的保证金都多于借款金。此外,越是长短期均可实现无抵押贷款的第三类企业(◎),其保证金额度就越大,可以实现短期无抵押贷款的第二类企业(○)紧随其后,第一类企业(★)的保证金比例最低。例如,第三类企业阪急不动产,其保证金为189亿日元,其中押金80亿日元、返还保证金109亿日元,后者的"出租保证金"中"冻结10年后按年偿还,冻结第6年后每日利息5厘",二者均为顾客企业缴纳的。第三类的住友不动产的保证金为1 052亿日元,可谓数额巨大,均为"出租大楼等保证金、押金",也是顾客企业缴纳的。也就是说,负债依存度高的企业和顾客之间的关系也不紧密,相对的和"假性的土地需求"的形成关系越密切。

那么,再来看一下房地产业金融中公司债务的作用。42家企业中,有25家发放了公司债券,几乎全都是资本金在40亿日元以上的企业。25家房地产企业共发行公司债券1.2万亿日元,其中,66%集中在三井不动产、住友不动产、三菱地所三家企业。房地产业金融中,公司债券有1.3万亿日元,占借款总额78万亿日元的比例为1.7%,数量十分有限,发行债券的也仅限于最顶层的企业。

## (3)银行的迂回融资和房地产业

面向金融保险业(以下简称"金融业")发放的贷款额,在1974年末为1.5万亿日元,占银行等贷款额总数的1%(同时期房地产业占比7%)。然而这一比例从1979年末的3%(5.4万亿日元)迅速提高到1989年末的10%(46.3万亿日元)。20世纪90年代发展到了顶峰,1994年为10%,已经大幅超过房地产业所获得的融资数额,向金融业发放的贷款倍受关注。面向银行等金融业的贷款额占面向房地产业发放的贷款额的比例,在1974年末仅为18%,1979年末达到43%,1989年末上升到85%。

---

① 发行了企业债券的企业有24家,其中22家都是资本金(狭义)在40亿日元以上的大企业。公司债券的发行主体主要集中在最大的3家企业[三井不动产、住友不动产、三菱地所(3家合计7 849亿日元)]。

1974年末到1989年末,按照企业类型统计的贷款余额中,金融业占比为:都市银行1%→8%,地方银行1%→9%,第二地银2%→5%,信用金库0%→1%,信托银行2%→32%,长期信用银行1%→23%,信托勘定1%→22%。各种类型的金融机构均出现了上升,而其中信托银行、长期信用银行、全国银行信托勘定等长期金融机构尤为显著。同样,从1974年到1989年,按照不同金融机构面向金融业发放的贷款余额分别为:都市银行41%→28%,地方银行(包括第二地银)30%→22%,信用金库4%→1%,呈减少趋势,而信托银行5%→14%,长期信用银行9%→20%,信托勘定11%→14%呈增加趋势。金融业贷款中都市银行、地方银行等普通银行的地位降低,而长期信用银行、信托银行等长期金融机构的地位则出现了上升,是这一时期的特征。

20世纪70年代前期,各种类型的金融机构对房地产业发放的贷款额度都要超过对金融业贷款的额度,而其中长期信用银行和信托银行作为长期金融机构,在1983年,面向金融业的贷款就超过了面向房地产业直接发放的贷款额度。1989年末,不同企业类型的贷款余额总数中,房地产业和金融业分别占比为:信托银行11%、32%,长期信用银行14%、23%,全国银行信托勘定20%、22%。都市银行等明显在向房地产业发力。这样,长期金融机构(信托银行、长期信用银行、信托勘定)占面向金融业发放贷款总额的比例上,1974年末为25%,到了1989年末为48%,几乎占了一半。

长期金融机构之所以向金融业贷款大幅进军,是由于1970年代后期,其业务迎来了"大转弯"(存款保险机构2005,第198页)。例如,日本长期信用银行曾面临存亡危机,其原因第一就是利息自由化使金融债券的地位被"强敌金融商品"夺走;第二是经济国际化使限制放宽,可以小幅度发行可转换公司债券和普通公司债券;第三是大企业和中坚企业自身资本充足,没有必要从长期信用银行借入长期资金等。1970年代后期,"长银人都知道自己面临着存亡的危机"(竹内1999,第64页)。

1989年末,非银行金融机构的贷款额为69.4万亿日元("住专"的10.5万亿日元不包含在其中)。这里面有20.2万亿日元是面向房地产业发放的(其中面向企业贷款12万亿日元),相当于最大的200家非银行金融机构的贷款总额56.8万亿日元的35.6%。当时全国银行面向房地产业的融资

## 第5章 土地神话和房地产业的转变：1974—2004

额度为41.1万亿日元，基本相当于它的一半。再加上面向房地产业的融资占"住专"10.5万亿日元，非银行类金融机构提供的更为迂回的融资额7.9万亿日元，除最大的200家企业外的金融机构贷款额约12万亿日元的比例来看，可以发现通过非银行类金融机构发放的贷款额度之大，相当于全国银行发放的贷款总额（贷款业调查会1991，第100～101页）。

20世纪90年代初公布了《有价证券报告》的21家非银行类金融机构中（信贩公司6家，借款公司7家，金贷等其他公司8家），不同类型企业的贷款额有所不同。首先，在贷款方面，信贩公司和借款公司脱离本来业务范围，大幅度向房地产业倾斜。各种类型面向房地产业、金融业的贷款余额占比分别为：信贩公司20%、27%，借款公司24%、22%，金贷等其他企业37%、22%。将近50%都来自信贩公司和贷款公司。21家非银行金融机构中，20.9万亿日元借款的来源包括：都市银行21%、长期信用银行12%、信托银行17%、地方银行12%、生损保15%、农林系、商工中金等12%、外国银行5%、其他8%。这里从金贷等"其他"机构的借款比例为18%，和都市银行的19%相当。可见当时存在银行→非银行→非银行的资金流①。非银行的借款作为融资提供给房地产业，同时再转借给其他非银行机构，资金的迂回化变得越来越广。

问题的重点是，在泡沫经济时期，最具特色的、通过非银行类金融机构开展的面向房地产业的融资迂回化发展中，银行创造出如此巨额资金流的意图和机制是什么。这里我们以公布了较为详细的借款资料的房地产贷款中心为例进行探讨。房地产贷款中心是1977设立的，1981年开始发放房地产抵押贷款。1980年代前期主要以扩大房地产抵押贷款为目的，从大商株式会社和俵屋株式会社取得了贷款债权。1986年与城市金融公司、次年与东京住宅贷款公司合并。融资余额截至1988年3月底仅有771亿日元，到了1991年3月底快速增长到3 147亿日元。贷款大部分都是房地产抵押贷款，主要的贷款行业包括房地产32%、个人29%、服务业22%，以房

---

① 泡沫经济时期迂回融资的要点，是金融机构对非银行类金融机构。例如信用公会对每个大额融资规则的融资额度提出限制，最高不超过广义资本金的20%，木津信用公会对这个限制没有任何抵触，通过同集团下的非银行类实业金融及木津抵押证券进行了迂回融资。《日本经济新闻》1995年9月11日。

地产为抵押、面向房地产业发放的贷款为中心。在 1992 年 3 月公布的数据中,主要的大额贷款对象为鸿菱兴业 163 亿日元、末野兴产 135 亿日元、日本 kurisha 99 亿日元、东西开发工业 79 亿日元、牧山通商 75 亿日元、富隆商事 67 亿日元。这些公司的类型尚不明确,不过应该是和"住专"的主要贷款对象房地产公司末野兴产等类似,都是房地产相关的企业。

表 5-6-1 的内容是截至 1991 年 3 月末,房地产贷款中心 3 650 亿日元借款中不同资金来源的金额。其中银行 1 709 亿日元,非银行类 1 940 亿日元(占 53%)。该公司除了从东海银行及同系列的中央信托银行获得直接融资,还通过同系列的中央贷款、中央金融、中央资本、丸万金融获得同等额度的融资。该公司的借款担保包括:"A 营业贷款转让预约"、"B 对债务人等所有房地产转押权的设定"、"C 对本公司所有房地产的抵押权及根质押权的设定"、"D 本公司所有有价证券的交付"、"E 本公司所有的度假村会员权等的质权设定"、"F 本公司所有的定期存款的质权设定"、"G 与合作方基于债务保证合同基础上的保证债务"。来自不同借款人的担保额度上,A 项显然最多,其次为 B[①]。借款中除了 G 项的"保证债务"外,C~F 均为"本公司(房地产贷款中心——引者注)所有的资产"。而 A、B 尤其是 A,标注为"营业贷款金转让预约",应该是对债权的转让预约。只有将借款再转借出去,才能形成"营业贷款"这一资产并将其作为抵押物融资。房地产贷款中心在截至 1991 年 3 月的广义资本金为 176 亿日元(狭义资本金 40 亿日元),之所以能够借到相当于资本金 21 倍的资金,就是通过抵押"转让预约"实现的。这里并不是因为有抵押才能提供融资,而是通过提供融资创造抵押。银行面向房地产业发放的贷款不仅通过非银行类金融机构转贷,还从一个非银行类金融机构向其他相关非银行类金融机构转贷,迂回式贷款变得更加复杂。

房地产贷款中心的贷款对象我们无从了解,但类似这样的"房地产抵押金融公司"的贷款对象多为从银行等金融机构"难以获得贷款"的债务人。具体包括"开始一项新的事业时,由于主体的信用水平和经营计划等"

---

① 1991 年 3 月末供抵押的资产总值为 3209 亿日元,基本都是营业贷款(共 2698 亿日元)(房地产贷款中心 1991)。

在银行的"授信审查中难以通过",以及"在必要期限内无法筹集到资金的主体","由于业绩下滑等原因被金融机构催促还款的主体","想要把高利息短期借款转变为长期的稳定的资金源的主体"等(贷款行业调查会1991,第36~37页)。也就是说,都是一些不足以成为银行贷款对象的客户。这些"房地产抵押金融公司"在发放贷款时,并不是按照收益的预期来发放,而是以"对抵押物权的评估"作为"审查的主体"来发放贷款的。也就是说,当房地产贷款中心的贷款对象是"难以获得"银行贷款的债务人,那么就通过这种迂回的方式,将银行不能借的钱由该公司借给贷款对象,扩大了迂回的范围[①]。

表5-6-1  房地产贷款中心借款明细(1991年3月)

单位:亿日元

| 类别 | 主要业种 | 借入金额 | 金融机构名、借入金额 |
| --- | --- | --- | --- |
| 银行等 | 都市银行 | 775 | 东海298、太阳神户297、第一劝业61、北海道拓殖58、富士20、住友20、三和20 |
| | 信托银行 | 219 | 中央信托99、三井信托34、三菱信托30、安田信托28、住友信托22 |
| | 长期信用银行 | 133 | 日本长期68、日本兴业35、日本债券信用30 |
| | 地方银行 | 229 | 北陆82、横滨40、北海道33、德阳City14 |
| | 生损保 | 231 | 协荣生命37、千代田生命34、大同生命31、大东京火灾海上21、日本团体生命21、东京海上火灾15、日动火灾海上14、富士火灾海上12 |
| | 外国银行等 | 120 | Bilbao Vizcaya 60、Societe Generale 30、Barclays 20 |
| | 小计 | 1 709 | —— |

---

① 上田昭三认为,"大藏省监管不到位的非银行类机构,在土地投资中钻了许多金融机构规定的空子,并进行有问题的融资活动和土地投资,在这方面发挥了'隐形衣'的作用"。此外,"不仅非银行类机构需要加强监管,金融机构对非银行类机构的滥用"也需要严加管理(上田1991,第47页)。

续表

| 类别 | 主要业种 | 借入金额 | 金融机构名、借入金额 |
|---|---|---|---|
| 非银行类 | 贷款 | 746 | 日本贷款 100、中央贷款 60、东京贷款 60、Inter 贷款 54、长银国际贷款 50、协同贷款 48、住商贷款 40、东芝综合贷款 38、菱信贷款 30、CentryLeasingSystem 30、Orix 26、芙蓉综合贷款 25、兴银贷款 20、钻石贷款 20、三井贷款事业 20、东银贷款 20、CrownLeasing 20、国银贷款 15、 |
| | 保理 | 220 | CentryFactor 65、安信综合金融 50、三井金融服务 36、30、都民 Factor 29 |
| | 抵押证券 | 56 | 三生抵押证券 30、Nissei 抵押证券 |
| | 信贩 | 256 | 中央金融 121、OrientCorporation 63、日本信贩 50、大信贩 20 |
| | Capital | 80 | Central Capital 50、日兴 Capital 20 |
| | 住宅金融公司 | 83 | 地银生保住宅贷款 33、第一住宅金融 31、住总 12 |
| | 其他 | 497 | Enterprise Development 151、日本信用金融服务 65、丸万金融 50、CPU 50、高轮产业 49、三信金融 25、ASEnterprise 20、Sinsen 金融 20、兴银金融 20 |
| | 小计 | 1 940 | — |
| 合计 | | 3 650 | — |

资料来源:房地产贷款中心(1991)。

注:(1) 业种参照《一周东洋经济》临时增刊(1991 年 2 月 15 日)作成。

(2)借款金额为短期+长期。与合计不符的情况,是因为舍去了不足一个单位的。

(3)金融机构名只刊载了金额在 11 亿日元以上的机构。

(4)加粗字体表示是东海银行系列的机构。

其次是住宅金融专门公司("住专"),其业务基础本来是"面向个人的住宅贷款"。住专虽然和房地产公司"在紧密的关系下开展营业活动",但是房地产公司并非其贷款对象,而是为住专介绍"面向个人的住宅贷款融资"客户(贷款行业调查会 1991,第 60~61 页)。然而,从 1983 年左右开始,这一情况就出现了变化,各个住专公司将贷款的重点从面向一般收入水平的个人提供"住宅分期贷款"变为面向房地产公司提供"采购资金",并从 20 世纪 80 年代后期开始大幅增加了这部分贷款①。住专的这种经营方式的转换的背景,是房地产公司"采购资金"需求的不断增加。主要原因有:房地产公司采购住宅用地,建设住宅并将其出售,这一过程需要一个较长的周期(由于存在"许可手续"和"近邻对策");由于人力不足,工期会变得更长;地价上升使得住宅用地的采购费用增加等。各个住专公司应房地产公司对"采购资金"的需求发放贷款,这和面向个人提供住宅分期贷款的初衷有所违背。但是,房地产公司采购的住宅用地用于建设商品房和出租公寓,所以住专的"采购资金""最终还是对住宅供给做出了贡献,属于住宅分期贷款的前一阶段"。也就是说,住专向房地产公司的融资打着"为住宅供给做贡献"的旗号,在这一阶段还努力维持设立理念。

住专的业务与其理念的背离并不仅仅体现在从向个人住宅分期贷款到"为了对住宅供给做出贡献"从而向房地产商提供"采购资金"上,甚至舍弃了"为住宅供给做贡献"的旗号,开始"商业区写字楼建设资金等和住宅建设没有直接关系的劳动资金"融资(贷款行业调查会 1991,第 65~66 页),进一步加强了和房地产公司之间的关系。地银生保住宅贷款在 1983 年开始面向"出租用店铺、事务所等建筑物"购买提供"建筑物贷款"。这是因为当时"母行各分行提出了大量"有关建筑物贷款的"发放请求",同时和房地产公司之间关于不包含"采购资金"的住宅贷款方面的合作谈判无果,无奈之下才开始了这种融资(植田 1994b,第 427 页)。而母行各分行对房地产公司的"采购资金"融资,正是 20 世纪 90 年代住专问题作为一个社会问题浮现出来的原因所在。

---

① 例如日本住宅金融公司面向一般收入人群的贷款额度从 1983 年末的 4 250 亿日元减少到 1988 年末的 2 578 亿日元。面向法人的贷款则从 1 468 亿日元大幅提高到 8 912 亿日元(日本住宅金融 1983—1988)。

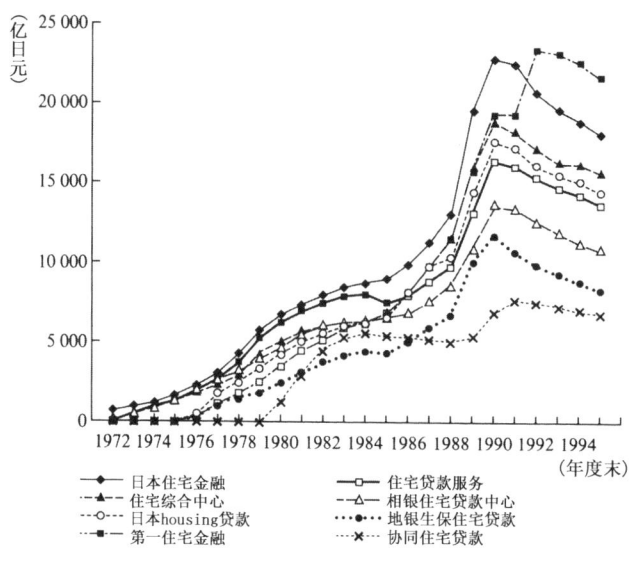

图 5-6-4 各住宅专门金融公司发放贷款金额

资料来源：日本财务部(1973—1996)。

1989 年末，住专的贷款额为 10.5245 万亿日元，其中大约 79%（8 万亿日元）都是"面向企事业机构（主要是新兴房地产商）发放的贷款"（野田 1997，第 91 页）。其中有多少是"和住宅建设没有直接关系的商业区写字楼建设资金等经营资金"，这点我们无从了解，但是根据政府在 1996 年 2 月 5 日提交国会的住专相关资料中[①]，可以在一定程度上有所了解。住专面向房地产公司发放的贷款用途主要包括"用于转卖的商业用地采购资金""出租大楼购买资金""楼盘用地购买资金""开发资金""高尔夫球场资金"等。大藏省直接管辖下的"住专"在 20 世纪 80 年代后期，已经变成了一个和住宅建设毫无关系的融资机构了。

那么，为什么这类贷款会大幅增加呢？需要注意的是住专贷款的多数都是来自母行等金融机构的"介绍融资"和"代理"融资[②]。这里最不容忽视的就是，很多案例都是债务人"财务情况恶化"，缺乏项目"完成能力和偿还

---

① 《日本经济新闻》1996 年 2 月 6 日，《朝日新闻》1996 年 2 月 6 日。
② 《日本经济新闻》1996 年 2 月 6 日。

贷款的财源"的状态,却仍然被介绍到住专来①。比如,"二次开发项目尚未结束……就接连开始新项目的债务人""远远超过债务人的业务规模的大项目"等。东京相和银行介绍到综合住金的纪尾井不动产株式会社就是一个"项目拖延案例"②。住友银行和富士银行介绍到地银生保住宅贷款的东海技建、CS集团的融资案例中,尽管两家公司都是"财务状况恶化企业",仍然获得了贷款。住专在其形同虚设的审查体制下,接受了这些问题客户的贷款申请。例如,"面向企事业机构的贷款中大部分都超过了100%,尤其是富士住建集团的融资中九成都超过了担保估价的100%……,甚至有以170%的比例提供融资的情况出现"。

母行等充分利用了住专这一"形同虚设的经营方式",通过介绍融资获得"介绍费、合作存款等报酬",并"向住专介绍抵押物和还款能力有问题的客户,将存在回收困难的本行资金转嫁到住专身上,将住专作为公用的'垃圾箱'利用,最终将其推向破产的边缘"(野田1997,第92页)。在1980年代,银行一方面开展住宅分期贷款业务③,加大对住专的转嫁攻势,同时将高风险、存在问题的债权介绍给住专,转嫁问题。

于是,住专在泡沫经济崩溃后自身也走向破产,交由1996年7月设立的住宅金融债权管理机构(社长中坊公平)处理。

### (4)从"房地产金融"历史看泡沫经济时期的房地产金融

日本房地产金融随着城市的发展一同发展,劝银、农银等房地产银行也随之在明治末期确立。如第2章第5节、第3章第4节所述,大城市的房地产银行在1945年之前的30余年内,不仅通过房地产抵押贷款发挥了商业及工业金融机构的作用,还面向土地房屋租赁业和房地产交易业等发挥了房地产金融机构的作用。从中我们可以推测,是否除了房地产银行外的

---

① 住宅金融债权管理机构对住友银行将存在回收困难的融资客户介绍给住专一事提起诉讼,要求支付50亿日元的损失赔偿金。1999年2月1日,住友银行承认了"介绍融资责任",支付了30亿日元的赔偿金。《日本经济新闻》1999年2月2日。

② 纪尾井不动产株式会社项目延期的原因没有明确记载,不过据大藏省的调查,多数项目延期的问题都出在土地收购和开发出现障碍、各类许可(城镇二次开发、高尔夫球场开发等)难以获批等上面。《日本经济新闻》1996年2月6日。

③ 20世纪80年代的住宅贷款参考西村(1991)。

其他金融机构,如普通银行等,也在房地产抵押贷款方面和房地产业形成了密切联系。

从战后到1949年,房地产银行努力实现重建,但是由于仍处于占领状态,未能实现。战后,全国银行面向房地产业发放贷款的比例,和房地产业名义GDP的比例相比,在1960年前非常小(1960年占GDP比为7.6%,占贷款总额的比重不足1%)。其后缓慢上升,1980年代后期二者达到了相同水平(全国银行协会联合会房地产金融研究会1992a,第5页)。高速增长期,银行面向房地产业发放的融资较少,其原因正如第4章第6节中边英治指出的,房地产业被学作"不必需不紧急行业"限制融资规模,只能通过制造业(租户)来获得资金,并非因为在房地产业资金流动中银行发挥的作用较小。在这一意义上,银行在战后对房地产业一直发挥了重要作用。从高速增长期后期开始,银行对房地产业的直接融资规模增加,20世纪80年代以都市银行为中心的各个银行开始正式面向房地产业实施金融服务。都市银行和战前不同,极大地提高了房地产担保的比重(朝仓1884,第34页)。

当然,这并不仅限于银行面向房地产业的直接融资的增加。当我们认识到泡沫经济时期房地产业通过非银行类金融机构获得的融资时,就可以看出银行在房地产业融资方面发挥了令人惊异的巨大作用。房地产业对于银行来说,已经变成了一个以往无法相比的极为重要的部门。

而房地产业从债务人方面来看,是"房地产金融"的主要主体。"在最为严密的意义上"的"房地产金融"(资金用途和房地产相关的金融),或者在"房地产抵押金融"意义上,这都是一样的。因此,房地产金融对经济活动发展以及适宜的房地产价格的形成有决定性作用。

20世纪80年代开始出现的"房地产金融"的异常膨胀,在历史上曾经多次出现。日本面向房地产业开展的金融的核心是"房地产金融",在考虑这点时,至少需要注意以下三点(第一和第二点是昭和初期的杉本正幸的主张)。

第一,关于房地产金融机构。杉本正幸认为,普通银行在房地产金融上的作用只能是"辅助机构",无论"经济界发生何种变动",都要将房地产贷款限制在一个"不会出现漏洞"的范围内(杉本1930)。在这点上,房地产

## 第5章 土地神话和房地产业的转变：1974—2004

的采购资金等就要冒经济长期变动带来的风险。我们可以回忆一下20世纪90年代金融机构纷纷破产，金融陷入危机状态的情况。我们还必须重拾起全银联的观点，就是对于普通银行来说，房地产抵押"本来是信用的补充"（全国银行协会联合会房地产金融研究会1992a，第4页）[①]。

第二，杉本强烈反对抵押证券制度的设置（植田2003，第16页）。该观点的基础是认为房地产银行的抵押债券要优于通过特定的每个抵押权才能获得保障的抵押证券，从世界史角度来说，这也是一个主流即"正统"的观点（抵押证券位于"旁系地位"）。日本的房地产公司大多数都是资本金不足1亿日元的中小规模企业，在思考房地产金融制度的时候，必须以这些中小企业为中心来考察。那么，就需要有一个金融机构，能够凭借其公共信用力来发行抵押债券（将银行所有的第一抵押权全部用来抵押），进而完成资金的筹集。

第三，也是最重要的一点，就是"房地产金融"基本统计制度的建立。掌握房地产抵押贷款的全貌，是我们解读"房地产金融"的基础。然而，现在日本并没有类似的信息。"房地产金融"方面可以利用的信息，不过是如下几种：不同类型的金融机构对房地产业贷款的数额，全国银行的房地产和财团贷款额度的合计，以及各有价证券报告书中记载的面向房地产业发放的抵押贷款额度。要掌握"房地产金融"的全貌，就必须有在类似战前劝银制作的土地和建筑物登记簿的数据，并以此为基础完成"房地产金融"相关统计。登记簿是谁都可以阅览的资料，所以如果有这个想法的话，是可以实现的。而从"房地产金融"的概念来看，也不能把通过非银行类的金融机构向房地产业提供的抵押贷款排除在外（通过非银行类金融机构向房地产业提供的贷款的增长势头直逼银行面向房地产业提供的贷款）。

房地产金融研究会将房地产金融的概念概括为三个方面，即"资金用途和房地产金融相关""授信客户是房地产相关企业""以房地产为担保"。当然我们已经认识到上述概念是不全面的。正因为如此，房地产金融研究会才进行了如下叙述：银行的贷款客户不是房地产业相关企业、用途和房地产无关、抵押物非房地产的情况下，"银行提供的资金通过授信客户的经

---

[①] 全银协参考了全国银行协会联合会房地产金融研究会（1992b）编制的各银行参考资料。

营活动,最终流向房地产业。这种情况下,资金供给从结果上也是供给了房地产业,所以,我们要对银行金融行为的意义和问题进行细致的探讨"(全国银行协会房地产金融研究会 1992a,第 3 页)。

这也是根据法务局收藏的登记簿制作的《房地产金融统计》尚待完善的原因。

(植田欣次)

# 终章

## 日本房地产业发展的轨迹和方针

## 1. 房地产业的发展和日本经济

房地产业在日本经济中究竟占了多大的比重呢？从销售额来看，2003年度日本房地产业为 34 万亿日元，所有产业总和的总和为 1 335 万亿日元。也就是说，房地产业的销售额占所有产业的比例是 2.5%①。仅从这一数值来看，房地产业虽然是一个重要的产业，但在整个日本经济中并不是那么引人注目的存在。

但是，当我们将目光转向其他指标，就能够看到房地产业的另一面。2002 年，房地产业的总产值达到 68 万亿日元，这相当于同年日本所有产业总产值（520 万亿日元）的 13%。同样的指标，服务业为 20%，制造业为 20%，建筑业为 7%，金融保险业为 7%，这样看来房地产业就令人印象深刻了。不过，需要注意的是，房地产业的生产额中包含归属房租。归属房租指的是住宅所有人自己经营出租业，这里将房租作为个人企业的生产额计算②。

如上所述，房地产业在日本经济的比重方面，从销售额来看并不大，但是从总产值来看相当大。这直接地体现了房地产业的特征。房地产业对国民经济带来的影响，要远远超过销售额所表现出来的房地产业自身的业绩。因此，可以说房地产业是日本支柱产业之一。

尽管房地产业如此重要，但是相关历史研究十分落后。这就是本书开展对房地产业历史研究的原因。本章首先会在前半部分即第 1~5 章分析结果的基础上，将房地产业的发展和日本经济整体动向做一关联研究，然后就日本房地产业当前（2007 年 9 月）所面临的问题进行剖析，展望今后发

---

① 以上参考国土交通省综合政策局房地产业课（2005，第 30 页）。
② 以上参考内阁府经济社会综合研究所国民经济计算部（2004）。

终章　日本房地产业发展的轨迹和方针

展的方向。

　　房地产业的发展和日本经济的发展之间究竟有什么关系呢？概括来讲，日本经济的发展方向规定了房地产业的发展形态。在明治初期，房地产业正式成为产业的一种，是通过明治维新后的社会变革，在近代土地所有制的基础上实现的。第一次世界大战时的经济发展，20世纪20年代至30年代初的经济发展迟缓，1932年后的经济好转等经济周期决定了地价的变化，也对房地产业的境况造成了巨大的影响。在侵华战争开始后，战时经济统制政策开始实施，1939年的《地租房租统制令》、1940年的《宅地建筑物等价格统制令》相继出台，房地产业失去活力，地价上升势头受到遏制。战败后，经济统制解除，从1952年左右起，房地产业恢复了生机，地价开始上升。地价上升成为一个长期现象，它经历了石油危机带来的经济高速增长期结束，一直到泡沫经济崩溃的1991年后，才正式结束。其间，日本房地产业不仅通过实际需求，更是在地价上升带来的资产效应的基础上蓬勃发展。但是，泡沫经济崩溃，日本经济进入了一个漫长的低迷时期，地价也开始逐渐下跌，房地产业的境况随之恶化。所以，大体上来看，日本经济的整体动向决定了房地产业的发展方式①。

　　从局部的角度来看，房地产业也对经济整体动向产生了影响，例如城市化和重化学工业的发展。八田达夫和田渊隆俊的研究表明，单个企业层面的规模经济和范围经济、单个产业层面的集聚经济（地区特殊化的经济），以及多个产业层面的城市化经济②相互重叠，构成了战前经济向大阪一极集中的现象以及20世纪70年代中期以后开始的向东京一极集中的现象，这给日本经济整体带来了极大的好处（八田、田渊1994，第1～12页）③。而在大阪和东京，通过建设写字大楼等引领整个城市中心商业区开发的，正是大型房地产商们。从1894年的三菱丸内大厦和三菱1号馆建设，到2003年森建设六本木Hills竣工，一直持续到现在。

---

①　泡沫经济下，地价上升表面上看是由房地产企业的经营行为导致的。当然，不可否认房地产企业在地价上升中发挥了煽动作用，但是将其作为"地价泡沫"的真正推手仍欠妥。真正原因是金融自由化和金融放宽限制带来的资金循环的变化，这点参考野口（1992）。

②　经济地区化和城市化经济的诞生，"是因为各类财富和服务能够共用，从而削减交易费用和运输费用"（八田、田渊1994，第9页）。

③　八田达夫和田渊隆俊也提及向东京一极集中的弊端（八田·田渊1994，15-29页）。

房地产业的状态对于城市形成的发展有较大影响，并不仅仅限于商业区。在住宅区方面，也能够看到相似的情况，尤其在大城市郊外地区更为显著。1910年，箕面有马电气轨道在池田新城开始了它的住宅分售事业，自此之后，日本郊外宅地开发开始发展，并在第二次世界大战后经济高速增长期新城建设中迎来了高峰。这一发展路径中，不仅有民间开发商的身影，还有耕地整理公会、土地规划整理公会、日本住宅公团等多种多样的主体活跃在房地产业中。

房地产业不仅和城市化密切相关，在重化学工业的发展中也发挥了重要作用。重化学工业的发展需要能够安置生产设备的宽阔的工厂用地支持。在日本，房地产业的主体通过农地转用和沿海地区的填海造陆工程，实现了工厂用地的供给。房地产业通过商业用地和住宅用地的开发推动城市化发展，通过工业用地开发为重化学工业的发展做出贡献。

开发功能是房地产业在日本经济发展中所发挥的最主要功能之一。首先，要制订一个仅凭个人和特定企业无法独自完成的大规模、有用的土地利用计划。在此基础上，筹集所需资金，购买开展计划所需的土地。最后，按照计划利用土地。这一过程所体现的开发功能恰恰是房地产固有功能的凝聚。

房地产商要履行开发功能，就必须具备较大的规模。为了推行大规模的开发计划，在许多情况下，尽管开发主体是民间开发商，但是当民间企业无法独立承担的时候，也会有具有公共性质的公会和公团来代行其职。在日本房地产业发展史上，大型民间开发商和各类公会、公团留下了浓墨重彩的一笔。

这里不能忘记的一点是，日本房地产业的主体不仅仅是大型开发商。日本房地产业的一个十分显著的特征是，无论在过去还是在现在，都有着较强的零散性。从明治初期到现在，房地产业中不仅有大房地产商，还有数量极为众多的小规模企业。这说明，房地产业在日本经济发展中，除了开发功能外还具备其他的功能。

房地产业的其他功能中，还包括削减房地产买卖相关信息成本等，这点尤其重要。在削减交易费用的功能方面，虽然受到规模经济的影响，但是这并不意味着小规模的房地产企业相对于大型房地产商就总是处于劣势。房地产是一种差异化十分显著的财产，为了让房地产交易顺利进行，必须对每宗房地产进行极为细致的应对。这就是小规模房地产企业存在的理由。

房地产业在日本经济发展中发挥着开发和削减买卖费用这两种固有功能。大型房地产企业主要承担开发功能，小规模房地产企业承担着削减交易费用功能，两者都发挥各自的重要作用。

如上所述，之前的研究是关于房地产企业和日本经济的整体动向的关系。那么，日本房地产业现在面对的课题是什么呢？本书在最后将对这个问题进行深入解析。

## 2. 资产效应经营的终结和回归原本功能

当今，日本的房地产业正站在历史的转折点上。这一转折，简言之就是脱离"资产效应经营"。而将房地产业区别于其他产业的最大特征，就是项目对象房地产是具有资产价值的，并且它的资产价值是会变动的。第二次世界大战后，在日本房地产的资产价值中，地价占了核心地位，并且在一个漫长的时期内都在不断上升。这一过程可以概括为地价上升→房地产评估额提高→隐含收益增加→房地产抵押借款扩大→需求和设备投资增加→房地产业规模扩大，可以看出这是一个立足于资产效应的成长模式。资产效应经营正是依赖着这一机制，并不断扩大经营规模的房地产经营方式。

日本的地价从1945年战争结束后不久，就随着经济统制的解除开始节节攀升。经历了20世纪60年代初期的工业用地热潮期、70年代前期的列岛改造热时期、80年代后期的泡沫经济时期这三个阶段，基本上一直维持着上升的态势。但是，众所周知的是，20世纪90年代初期的泡沫经济崩溃，彻底扭转了地价的发展方向。从1992年开始，地价进入下跌阶段，1977年地价基准指数为100，从1991年到2003年，全国宅地指数从225下降到164，商业地从227下降到102，东京圈住宅地从421下降到189，东京圈商业地从444下降到96，均出现了快速下跌(表5-1-3)。

表终-1　房地产证券化的实际成果变化(1997—2003年度)

| 年度 | 件数(件) | 资产额(10亿日元) |
| --- | --- | --- |
| 1997 | 9 | 62 |
| 1998 | 26 | 316 |
| 1999 | 74 | 1 167 |
| 2000 | 161 | 1 867 |
| 2001 | 269 | 2 778 |
| 2002 | 343 | 2 541 |
| 2003 | 650 | 3 995 |

资料来源:国土交通省综合政策局不动产业课(2005)。

至此,资产效应经营的前提条件——地价的持续上升——已经走向了终结。日本的房地产业无法再像战后至1990年代为止一样,搭着地价长期持续上升的"顺流",不断扩大自己的经营规模了;也不能够像以往一样,将实际需求和资产效应带入其中,开展经营了。

脱离资产效应经营,意味着"房地产业新时代"(橘川 2005)的到来。地价上升的"顺流"消失后,日本房地产业界要想实现继续成长,就必须立足实际需求,建立一个无论是"死水"还是"逆流"都能够立足的可行的商业模式。下面我们将就这一点来概观各个经营领域,展望日本房地产业的未来,作为本书的总结部分。

在开发领域,资产效应经营的终结,意味着企业在地价上升的预期下长期负担一定风险开展未来型的商业模式的终结。现在,我们正需要一种新的风险负担机制。房地产证券化成为这一新发展的"王牌"。房地产业的基本形态是先取得土地,再进行土地建设和建筑物建设提高其附加价值,从中获得经营收益。而将这一收益性作为抵押发行有价证券的机制,就是房地产证券化。通过房地产证券化,开发经营的风险由投资人和土地所有人分担,这就减轻了开发商的风险负担。

房地产证券化的发展中,最具意义的就是2000年进行的《投资信托及投资法人相关法律》的部分修改①。这一法律的修订让房地产能够成为信托投资的运用对象②。其后,房地产信托投资(日本版的REIT)③于2001年在东京证券交易所首次上市。而正如表终-1中所示,从那时开始,日本就正式开始了房地产证券化的步伐。

而促使房地产证券化的另一个制度变更因素,是1998年的《关于特殊目的公司实施特定资产流通的法律》(《SPC④法》)的实施⑤。特殊目的公司(SPC)主要按照如下几种方式开展业务:发行特定公司债券和优先出资证券,筹集房地产业采购资金;从房地产公司等所有人手中购买房地产;作为新的所有人,将房地产用于出租,进行管理,从租户手中收取租金;将获得的资金分红给投资人(首先支付给特定公司债券购买人利息,如有余额,再对购买了优先出资证券的投资人发放分红)。特殊目的公司是房地产证券化的重要主体。

资产效应经营的终结也使风险管理的方式发生了变化。除了开发领域,出租和管理行业也出现了同样的情况。房地产证券化的开展和特殊目的公司的登场,让房地产企业不再保有所有资产(有时甚至不保有任何资产),转而从事出租和管理行业。

在销售领域,一直以来将实际需求和资产效应共同包含在内的经营模式不再行得通,必须推动业务开展方式向基于实际需求的商业模式转变,现在是商品房中所包含的企划能力的高低决定项目成败的时代了。例如,在公寓的销售领域中,增加房屋布局和内部装修的可选择性、安装无障碍设施、提高隔音效果和密封性、确保抗震强度、进行适宜饲养宠物的改造等,都成为重要的卖点。

资产效应的终结也影响到了流通和修缮行业。在地价持续上升预期消失的情况下,已经购买了住宅的消费者极少再购置新房。这意味着流通行业规模缩小,修缮行业商机扩大。

---

① 房地产证券化内容请参考房地产协会(2005)《房地产证券化》。
② 投资信托即多个投资人的资金交由专业人士运作,将获得利益分红给投资人的商品。这一法律的修订事实上将投资信托的运用对象限制在了有价证券上。
③ REIT是Real Estate Investment Trust的简称。
④ SPC是Special Purpose Company的简称。
⑤ 《SPC法》在2000年部分修订,放宽适用限制,扩大了适用范围。

#### 日本房地产百年简史

　　以上按照房地产业的几个主要领域进行了概括,可以说在资产效应经营告终的社会①,日本房地产业需要的是立足实际需求的、向固有功能的回归。而房地产业的原本功能就是开发和削减交易费用这两个从明治时期开始的固有功能。大型房地产商是开发的重要主体,小型房地产业者是削减交易费用的主要实现者,他们均承担重要的功能。日本的房地产业必须回归到这一起点,否则就不可能开创出新的未来。

（橘川武郎）

---

① 国土交通省在 2007 年 3 月公布的《2006 年基准地价》中,东京、大阪、名古屋三大城市圈的地价时隔 16 年首次出现上升。这是城市新生事业发展的体现。但是,全国地价正在走向两极分化,目前不太可能出现地价全面上升的情况。

## 参考文献

赤木须留喜:《东京都政研究》,未来社,1977。

朝仓孝吉:《银行经营的系谱——房地产担保金融和超支贷款》,日本经济新闻社,1978年。

朝仓孝吉:"连接战前·战后的桥梁",地方金融史研究会编:《战后地方银行史Ⅰ成长的轨迹》,东洋经济新报社,1994,3-37页。

麻岛昭一:《战前期信托公司的诸业务》,日本经济评论社,1995。

浅野总一郎:"我所计划的三大国家事业",《实业之日本》,第17卷第1号,1914,98-101页。

浅野总一郎:"我的工厂地选定标准",《实业之日本》,第24卷第7号,1921,98-101页。

浅野总一郎:"从明治到昭和——八十年的回顾",1929 a(浅野总一郎〈第二代:旧名泰治郎〉:《父亲的抱负》,浅野文库,1931年收录)。

浅野总一郎:《国家的不必要开支问题与京滨运河的使命》,1929b(浅野总一郎〈第二代:旧名泰治郎〉:《父亲的抱负》,浅野文库,1931年收录)。

浅野泰治郎、三传递:《浅野总一郎》,浅野文库,1923。

旭硝子:《社史》,旭硝子,1967。

阿部和俊:《日本的都市体系研究》,地人书房,1991。

阿部喜之丞:《时局和土地规划整理》,东京土地规划整理研究会,1937。

阿部喜之丞:"东京时代的规划整理公会的回忆",全国土地规划整理公会联合会编:《土地规划整理公会志》,1969,389-413页。

尼崎市立地区研究史料馆篇:《图说尼崎历史》,下卷,尼崎市,2007。

尼崎筑港:《尼崎筑港70年史》,尼崎筑港,1999。

天川康:"战时经济过渡期的大阪工业",大阪历史学会编:《近代大阪历史的展开》,吉川弘文馆,1976,457-493页。

有森隆:《黑社会·企业——动摇日本经济的舍弟》,nesuko,1991

有吉忠一:"经历抄",私家版,1949(松本洋幸:"有吉忠一关系文书:《有吉忠一经历抄:横滨时代》",《横滨开港资料馆纪要》,第23号,2005,第84-106页收录)。

五十岚荣吉编:《大正人名辞典(第4版)》,东洋经济新报社,1918(日本图书中心出版的复刻版:《大正人名辞典Ⅰ》,1987)。

池上和夫:"明治后期农工银行的业态分析——以群马县农工银行为中心",《土地制度史学》,第55号,1972,23-47页。

池上和夫:《明治、大正时期的劝银农银论》,加藤俊彦编:《日本金融论的历史研究》,东京大学出版会,1983,161-188页。

池上和夫:《金融管制的进展与日本劝业银行》,伊牟田敏充编著:《战时体制下的金融结构》,日本评论社,1991,315-344页。

石井良助:《住宅抵押的研究》,石井良助:《近世交易法史》,创文社,1982,第61-104页。

石井良助:《江户时代土地法的生成与体系》,创文社,1989。

石川彦太编:《日本绅士录(第15版)》,交询社,1910(日本图书中心的重印版:《明治大正昭和大阪人名录》,上卷,1989)。

石田赖房:《关于土地利用和自营兼营的调查——农户和出租房屋,以公寓经营为中心》,神奈川县农政部,1972。

石田赖房:"日本的土地规划整理制度史概论:1870—1980",《综合城市研究》,第28号,东京都立大学城市研究中心,1986,45-81页。

石田赖房:《日本近代都市计画史研究》,柏书房,1987a。

石田赖房:《日本近代都市计划的百年》,自治体研究社,1987b。

石冢裕道:《日本近代都市论——东京:1868—1923》,东京大学出版会,1991。

伊藤繁:《城市人口与城市系统——战前期的日本》,今井胜人、马场哲编著:《城市化的比较史——日本与德国》,日本经济评论社,2004,27-58页。

伊藤正直:《水田单季地带的"地主的地方银行"群的衰退过程——以大正至昭和初期的秋田县为对象》,《金融经济》,第 159 号,1976,25-70 页。

伊藤正直:"昭和农业恐慌前后的劝银、农银论",加藤俊彦编:《日本金融论的历史研究》,东京大学学出版会,1983,189-207 页。

伊藤正直:"经济好转、高涨与资产膨胀",和平经济计划会议·垄断白皮书委员会编:《泡沫经济与银行、证券》,国民垄断白皮书第 15 号,御茶水书房,1993a,35-44 页。

伊藤正直:"金融紧缩的转换与泡沫经济的崩溃",和平经济计划会议垄断白皮书委员会编:《泡沫经济与银行、证券》,国民垄断白皮书第 15 号,御茶水书房,1993b,44-50 页。

伊东让:"劝银累年贷款额的动向——经济发展与房地产银行",《农业经济研究》,第 24 卷第 3 号,1953,859-873 页。

稻津近太郎编:《大阪地籍地图》,吉江集画堂,1911。

稻叶佳子:《阿部先生建造的学者町——西片町》,山口广编:《郊外住宅区的系谱——东京的田园乌托邦》,鹿岛出版社,1987,47-60 页。

稻本洋之助、小柳春一郎、周藤利一:《日本土地法——历史与现状》,成文堂,2004。

猪濑直树:《土地的神话》,小学馆,1988(参照 1992 年发行的小学馆图书馆版)。

岩渊令治:《近世中·后期江户的"家守的街道"的实况》,五味文彦、吉田伸之编:《城市与商人·艺能民——从中世纪到近世》,山川出版社,1993,204-244 页。

岩渊令治:"江户关八州豪商的城镇宅地集聚的方针和意识——以关宿干沙丁鱼批发商喜多村寿富著:《家训永续记》,为素材",久留岛浩、吉田伸之:《近世的社会权力——权威和主导权》,山川出版社,1996,113-115 页。

岩渊令治:"町人的土地所有",渡边尚志、五味文彦编:《新体系日本史 3 土地所有史》,山川出版社,2002,324-355。

石见尚:《日本不动产发展史——大正·昭和(战前)及昭和三十年代前期》,日本住宅综合中心,1990

岩本纯明：《战后土地所有与土地规范》，渡边尚志·五味文彦编：《土地所有史》，山川出版社，2002，488-518 页。

植田和男：《宏观背景》，冈崎哲二等著：《战后日本的资金分配——产业政策与民间银行》，东京大学出版会，2002，17-36 页。

植田欣次："战间期的"房地产金融"和房地产银行——以广岛县农工银行为素材"，《金融经济》，第 222 号，1987，71-179 页。

植田欣次：《战间期"房地产金融"的历史位置，构造特征》，《茨城大学政经学会杂志》，第 62 号，1994a，49-60 页。

植田欣次：""房地产金融"和地方银行——以面向房地产行业的金融为中心"，地方金融史研究会编：《战后地方银行史（Ⅱ银行经营的开展）》，东洋经济新报社，1994b，405-432 页。

植田欣次："日本劝业银行大阪支店和农工银行——战间期宅地抵押金融的考察"，《地方金融史研究》，第 29 号，1998，3-21 页。

植田欣次："战间期的"城镇金融"和房地产银行的功能——兵库县农银的融资基础的考察"，《地方金融史研究》，第 31 号，2000，40-72 页。

植田欣次："杉本正幸的房地产银行论：《房地产金融论》，（昭和 5 年刊）的意义"，《创价经营论集》，第 27 卷第 2，3 号，2003，1-27 页。

植田欣次："以战时下的"市区金融"和房地产银行——以劝银大阪支店为中心"，《社会科学研究》，第 58 卷第 3、4 合并号，2007，59-79 页。

上田昭三："顶级调查——非银行的金融机构今后的作用是什么？"，《金融日报》，第 32 卷第 7 号，1991，47 页。

牛山敬二：《农民层分解的结构——战前期》，御茶水书房，1975。

内田九州男："城市建设和城市的开发"，高桥康夫、吉田伸之编：《日本城市史入门Ⅱ町》，东京大学出版会，1990，41-57 页。

内田胜一："作为城市居住推进方法的定期租地制度"，《城市问题研究》，第 652 号，2005，46-56 页。

鹈野和夫：""宅地购买"的实况（东京）"，Jurist，1985 年 12 月 15 日，42-45 页。

江面嗣人："音羽町大正时期的租房经营"，山口广编：《郊外住宅区的系谱——东京的田园乌托邦》，鹿岛出版会，1987，77-92 页。

江户英雄:《我的三井昭和史》,东洋经济新报社,1986。

江波户昭:"第二次世界大战长野县工业化资料介绍",《明治大学教育论集》,(人文科学)第 77 号,1973,1-112 页。

老川庆喜:"箱根土地公司的经营与高田农商银行",由井常彦编:《堤康次郎》,Libroboat 1996,118-131 页。

大石嘉一郎:《近代日本的地方自治》,东京大学出版会,1990。

大石嘉一郎编:《近代日本的行政村》,日本经济评论社,1991。

大泉英次:《土地与金融经济学》,日本经济评论社,1991。

大川一司、高松信清、山本有造:《长期经济统计 推算与分析 1 国民收入》,东洋经济新报社,1974。

大藏省编:《银行及带担保公司债券信托事业报告》(1915 年改称:《银行局年报》),大藏省,1903-1919。

大藏省:《银行局金融年报》,金融财政情况研究会,1972-1997。

大藏省银行局编:《银行局现行通告集》,金融财政情况研究会,1961 年版、1966 年版。

大藏省财政金融研究所调查统计部编:《法人企业统计年报集览(昭和 50 年度~59 年度)上卷·下卷》,大藏省印刷局,1998a。

大藏省财政金融研究所调查统计部编:《法人企业统计年报集览(昭和 60 年度—平成 7 年度)下卷》,大藏省印刷局,1998b。

大藏省财政史室编:《昭和财政史——昭和 27—48 年度第 9 卷金融(1)》,东洋经济新报社,1991a。

大藏省财政史室编:《昭和财政史——昭和 27—48 年度第 10 卷金融(2)》,东洋经济新报社,1991b。

大藏省证券局资本市场科编:《法人企业统计年报集览(昭和 35 年—49 年)上卷》,大藏省印刷局,1976。

大藏省理财局经济科编:《法人企业统计季报集览(自昭和 25 年 1～3 月至昭和 38 年 1～3 月)》,大藏财务协会,1963。

大阪经济振审议会编:《关于大阪经济振兴方案的调查报告书》,大阪商工会议所,1953。

大阪市编:《明治大正大阪市史(第 2 卷)》,日本评论社,1935。

大阪市社会部编:《本市出租房屋状况》,大阪市社会部庶务科,1940。

大阪市社会部调查科编:《住宅问题与出租房屋争议》,弘文堂书房,1927。

大阪市城市住宅史编辑委员会编:《住在城市——大阪城市住宅史》,平凡社,1989。

大阪市都市整备协会:《大阪市的规划整理》,大阪市都市整备协会,1995。

大阪市土地整理協会:《大阪市的土地规划整理》,大阪市土地整理協会,1933。

大阪市都岛土地规划整理公会:《都岛土地规划整理公会事业志》,大阪市都岛土地规划整理公会,1939。

大阪市政府编:《大阪市统计书》,大阪市,1912—1954。

大阪建筑编:《大阪建筑株式会社50年史》,大阪建筑,1977。

大阪府编:《大阪府统计书》,大阪府,1884—1912。

大阪府编:《千里新城的建设》,大阪府,1970。

大崎辰五郎:"大崎辰五郎自传",横井金谷、大崎辰五郎、添田哑辉坊:《日本人的自传23》,平凡社,1982,95-116页。

大塚英二:"百姓的土地所有",渡边尚志、五味文彦编:《新体系日本史3 土地所有史》,山川出版社,2002,274-306页。

大西健夫、斋藤宪、川口浩编:《堤康次郎与西武集团的形成》,知泉书馆,2006。

大豆生田稔:《城市化和农地问题——九二零年代后半期的橘树郡南部》,横滨近代史研究会等编:《横滨的近代——城市的形成和展开》,日本经济评论社,1997,133-156页。

大村谦二郎、有田智一:《分权、管制缓解、民活下的城市开发事业制度的再编》,原田统孝编:《日本的城市法Ⅰ——结构与展开》,东京大学出版会,2001,275-317页。

冈田知弘:《日本资本主义与农村开发》,法律文化社,1989。

冈田知弘:"四日市临海工业地带的诞生——战前期的工厂招商和初期公害",《经济论丛》,第158卷第6号,1996,121-144页。

小木新造:《东京庶民生活史研究》,日本放送出版协会,1979。

小野浩:"关东大地震后的东京的住宅重建过程的诸问题——以租房、插间市场的动向为中心",《社会经济史学》,第72卷第1号,2006a,47-67页。

小野浩:"第一次世界大战前后东京的住宅问题——以租房市场的动向为中心",《历史与经济》,第192号,2006b,1-16页。

小野浩:"战间期的东京的住宅市场和同润会——1930年代的公寓市场的形成",《立教经济学研究》,第60卷第1号,2006c,223-248页。

小野浩:"侵华战争时期东京的劳动者住宅问题——管制经济下的住宅市场",《立教经济学研究》,第60卷第2号,2006d,71-100页。

小野浩:"战时住宅政策的确立和住宅市场的转型——以出租房屋经营者的动向为中心",《立教经济学研究》,第60卷第3号,2007,201-226页。

贷金业调查会编:《非银行的金融机构的现状和金融系统上的诸问题——大藏省非银行金融机构研究会报告书》,金融财政情况研究会,1991。

鹿岛开发史编纂委员会编:《鹿岛开发史》,茨城县企划部县央·鹿行振兴科,1990。

粕谷诚:"东京建筑的经营动向",日本住宅综合中心编:《关于不动产业的历史研究Ⅱ》,日本住宅综合中心,1995,59-92页。

粕谷诚:"战间期出租建筑行业的动向",日本住宅综合中心篇:《房地产行业相关的历史研究Ⅱ》,日本住宅综合中心,1996,44-73页。

粕谷诚:《富商的明治——三井家的家业重组过程的分析》,名古屋大学出版会,2002。

加濑和俊:《集体就业的时代——高速成长的推动力们》,青木书店,1997。

片木笃、藤谷阳悦、角野幸博编:《近代日本的郊外住宅地》,鹿岛出版会,2000。

片桐善术:"某'土地开发事件'(Chisun公寓第2博多)和土地、城市、住宅问题",《确业经营研究所报》,第24号,1992,113-129页。

片仓比佐子:《江户的土地问题》,同成社,2004。

加藤俊彦:"日本劝业银行的设立",《社会科学研究》,第 4 卷第 1 号,1952,1-19 页,第 4 卷第 2 号,1954,40-57 页。

加藤俊彦:"日本劝业银行的研究——以日清战后到日俄战后为中心",《社会科学研究》,第 9 卷 4、5 号,1958,43-77 页。

加藤仁美:《大名宅地旧址的住宅区开发——麻布霞町的情况》,财团法人第一住宅协会,1990。

加藤仁美:"关于明治时期大名宅地遗址的住宅区开发——麻布霞町的情况",《日本都市计划学会学术研究论文集》,第 26 号,1991,13-18 页。

加藤仁美:"大名屋敷旧址的土地经营变迁——麻布霞町的情况",《日本城市规划学会学术研究论文集》,第 27 号,1992,31-36 页。

加藤仁美:"关于明治时期的大名宅地旧址的出租地出租房经营的研究—本乡西片町的情况":《日本都市计划学会学术研究论文集》,第 31 号,1996,,295-300 页。

加藤仁美:"明治时期到昭和战争后期的大土地所有者的土地经营的变迁——旧大名部家的情况",《日本都市计画学会学术研究论文集》,第 32 号,1997,49-54 页。

加藤由利子:《明治时期宅地所有状况与出租地出租房经营(二)》,青山学院女子短期大学:《纪要》,第 40 辑,1986,111-128 页。

加藤由利子:《战前东京的土地房屋所有状况》,青山学院女子短期大学:《纪要》,第 42 辑,1988,99-114 页。

加藤由利子:《关于战前的出租的土地上房屋出租经营——东京下谷区的 M 家的事例》,青山学院女子短期大学:《纪要》,第 44 辑,1990,79-93 页。

神奈川县企业发展局:《神奈川县企业发展局史》,神奈川县企业发展局,1963。

金本良嗣:《城市经济学》,东洋经济新报社,1997。

蒲池纪生:《不动产业界》,教育社,1979。

蒲池纪生:《不动产业界》,教育社,1990。

蒲池纪生:"房地产中介业的产生与发展——明治至昭和前期",日本住宅综合中心编:《关于房地产业的历史研究Ⅰ》,日本住宅综合中心,1994,100-124 页。

神山恒雄:"关于横滨市债的考察——以日清、日俄战后期为对象",横滨近代史研究会编:《近代横滨的政治与经济》,横滨开港资料馆,1993,第 21-46 页。

加用信文监修:《改订日本农业基础统计》,农林统计协会,1977。

刈屋武昭:《房地产金融工学是什么?》,东洋经济新报社,2003。

川岛哲郎:"阪神工业地带的特质和现状",《地理》,第 7 卷第 1 号,1962 年 1 月,41-48 页。

北泽五郎:"从数字上看帝都建筑",石原宪治编:《建筑的东京》,都市美协会,1935,22-36 页。

北岛正元:"近世都市的社会问题——以江户的地租、房租问题为中心",北岛正元:《近世的民众与都市——幕藩制国家的结构》,名著出版,1984,231-290 页。

橘川武郎:《地价高涨与大型房地产公司》,和平经济计划会议、垄断白皮书委员会编:《国民的垄断白皮书第 13 号——现代资本主义与土地问题》,御茶水书房,1990,112-124 页。

橘川武郎:"日本电铁公司房地产经营的起源",日本住宅综合中心编:《关于房地产业的历史研究Ⅰ》,日本住宅综合中心,1994,86-99 页。

橘川武郎:"日本信托公司房地产经营的起源——1906—1926 年东京信托公司房地产经营",日本住宅综合中心编:《关于房地产行业的历史研究Ⅱ》,日本住宅综合中心,1995,138-168 页。

橘川武郎:"高度成长期的三菱地所和三井不动产",日本住宅综合中心编:《关于不动产业的历史研究Ⅲ》,日本住宅综合中心,1996,119-138 页。

橘川武郎:"房地产业新时代",《月刊房地产流通》,第 284 号,2006 年 1 月,8-9 页。

木村条市:"关于不动产银行特设的卑见",出版社不明,1910(涩谷隆一等监修,齐藤寿彦等编:《近代日本金融史文献资料集成 特殊金融机关编》,日本图书中心,2005,收录)。

银行问题研究会:《金融投机经济学》,新日本出版社,1993。

日下公人:《开发商——从住宅到城市产业》,日本经济新闻社,1970年

经济企画厅经济研究所编:《国民经济计算年报(平成5年版)》,大藏省印刷局,1993。

京成电气轨道株式会社:《营业报告书》,各期,1939-1941(第63期,1940和第64期、第65期,1941,更名为"决算报告书")。

京成电气轨道株式会社:《营业报告书》,第60期,京成电气轨道株式会社,1939a。

京成电气轨道株式会社:《结算报告书》,第64期,京成电气轨道株式会社,1941a。

京成电气轨道株式会社:《决算报告书》,第65期,京成电气轨道株式会社,1941b。

京成电气轨道株式会社:《决算报告书》,第67期,京成电气轨道株式会社,1942。

京成电气轨道株式会社:《决算报告书》,第68期,京成电气轨道株式会社,1943。

京成电铁编:《京成电铁五十五年史》,京成电铁株式会社,1967。

京阪神急行电铁编:《京阪神急行电铁五十年史》,京阪神急行电铁,1959。

建设院内地政研究会编:《土地法制概论》,都市计画协会,1947。

建设省编:《战灾复兴史》,第1卷,都市计画协会,1959。

建设省计画局:《建筑统计年报》,建设省计画局,1951-1975。

建设省建设经济局房地产科监修:《关于房地产业的统计集(第2集)》,房地产流通近代化中心,1990。

建设省建设经济局房地产科监修:《关于房地产业的统计集(第5集)》,房地产流通近代化中心,1992。

建设省建设经济局不动产业科监修:《关于房地产业的统计集(平成6年度版)》,房地产流通近代化中心,1994。

建设省建设经济局不动产业科监修:《关于房地产业的统计集(平成8年度版)》,房地产流通近代化中心,1996。

建设省住宅局编:《住宅年鉴1951》,彰国社,1951。

建设省住房局:《土地及房价调查结果报告书》,建设省住房局,1954。

建设省住宅局住宅政策科监修:《住宅经济数据集(平成5年度版)》,住宅产业新闻社,1993。

小泉秀树:"从城市规划法到城市建设法",原田纯孝编:《日本的城市法Ⅰ——结构和展开》,东京大学出版会,2001,209-244页。

幸田为三郎编:《大阪市神路土地规划整理公会事业志》,东洋国书,1942。

神户大学经济研究所编:《新闻报道资料集成(生活篇3 住宅)》,大原新生社,1985。

国土交通省住宅局住宅政策科监修:《住宅经济数据集(平成17年度版)》,住宅产业新闻社,2005。

国土交通省综合政策局房地产业科监修:《房地产业统计集(平成16年度版)》,房地产流通近代化中心,2005。

国土交通省土地、水资源局:《关于基于平成16年都道府县地价调查的最近地价动向》,2004。

越沢明:《东京都市计划物语》,日本经济评论社,1991。

后藤新一:《普通银行的理念与现实》,东洋经济新报社,1977。

小早川欣吾:《日本担保法史序说》,法政大学出版局,1979,初版は1933。

小林一三:《逸翁自叙传》,图书出版社,1990(原著刊行于1952)。

小林重敬:《宅地形成与城市规划》,日笠端编:《土地问题与城市规划》,东京大学出版会,1981,185-205页。

五洋建设株式会社:《五洋建设75年的历程》,五洋建设株式会社,1971。

齋藤宪:"京滨工业地带的建设——浅野财阀研究(1)",《经济系》,第189集,1996,83-102页。

齐藤寿彦:"日本的泡沫经济的形成和崩溃",《国府台经济研究》,第6卷,1994,87-117页。

三枝博音、饭田贤一:《日本近代制铁技术发展史——八幡制铁所建立过程》,东洋经济新报社,1957。

坂根嘉弘:《日本战时农地、农地政策关系资料(1)》,《广岛大学经济论丛》,第 25 卷第 3 号,2002,51-73 页。

坂根嘉弘:"战时农地管制遵守了么",《历史学研究》,第 787 号,2004,19-27,37 页。

佐久市志编纂委员会编:《佐久市史(历史编 4 近代)》,佐久市,1996。

佐藤守弘:"伴随工业开发的地区社会的重组——鹿岛临海工业地带的情况",河野健二编:《产业结构和社会变动 第 2 卷地区社会的变化和居民意识》,日本评论社,1975,263-307。

实清隆:"大阪都市圈的无计划扩展",山崎不二夫、森泷健一郎等编:《现代日本的都市无计划扩展问题》,大月书店,1978,124-147 页。

泽内一晃:"同润会的分售住宅事业—向中期同润会的过渡和内务省的住宅思想",《社会经济史学》,第 71 卷第 5 号,2006,87-103 页。

产业动向调查会编:《日本企业集团——三菱集团篇》,产业动向调查会,1981。

产业动向调查会编:《日本企业集团——三井集团篇》,产业动向调查会,1982。

盐崎贤明:"〈解题〉住宅营团大阪支所的住宅区开发",西山夘三纪念住宅·城市建设文库住宅营团研究会编:《战时、战后复兴期住宅政策资料 住宅营团》,第 2 卷 组织与事业(2),日本经济评论社,2002,1-20 页。

盐田实男:"土地规划整理公会的核算金与费用",《规划整理》,第 7 卷第 3 号,1941,12-19 页。

盐谷安男:"关于共同债购买机构的实际情况",《洗足论丛》,第 29 号,2000,25-37 页。

盐见宙:""宅地购买"的实况〈大阪〉",《Julist》,1985 年 12 月 15 日,39-41 页。

殖产住宅相互株式会社:《殖产住宅二十年史》,殖产住宅相互株式会社,1970。

鹿野嘉昭:"关于江户时期大阪兑换商的金融功能",《经济学论丛》,(同志社大学)第 52 卷第 2 号,2000,1-64 页。

柴垣和夫:"前提·里根经济政策和中曾根行政改革路线",和平经济计划会议·垄断白皮书委员会篇:《泡沫经济和银行、证券》,国民的垄断白皮书第 15 号,御茶水书房,1993,21-35 页。

涩谷隆一:"山形县庄内地方的金融构造与劝银支店",朝仓孝吉编:《两大战争间的金融构造》,御茶水书房,1980,203-246 页。

涩谷隆一:"金融(放贷)财阀",涩谷隆一、加藤隆、冈田和喜编:《地方财阀的展开与银行》,日本评论社,1989,391-418 页。

涩谷隆一、石山昭次郎、斋藤宪:"大正初期大资产家名册",《地方金融史研究》,第 14 号,1983,20-107 页。

住宅营团经营局经营课:《一般会计住宅经营状况记录》,住宅营团经营局经营科,1943(西山夘三纪念住宅、城市建设文库住宅营团研究会编:《住宅营团》,第 2 卷 组织与事业(2),日本经济评论社,2002 年收录)。

住宅金融公库 20 年史编纂委员会编:《住宅金融公库 20 年史》,住宅金融公库,1970。

住宅金融公库编:《从资料看日本的住宅问题》,(住宅金融公库三十年史(资料篇)),住宅金融普及协会,1980。

商业兴信所编:《商工资产信用录 第 13 回》,商业兴信所,1912。

商工大臣官房统计科编:《公司统计表》,商工省,1923-1942(1924 年以前为农商务大臣官房统计科编)。

新泽嘉芽统、华山谦:《地价与土地政策》,岩波书店,1970。

新修大阪市史编纂委员会编:《新修大阪市史(第 4 卷)》,大阪市,1990。

人事兴信所编:《人事兴信录(第 3 版)》,人事兴信所,1911。

人事兴信所编:《人事兴信录(第 11 版)》,人事兴信所,1937。

进藤宽:"战时下的地方银行的联合"一县一行主义"的完成",《金融经济》,第 66 号,1961,61-113 页。

杉田祖馨:"本邦住宅状况",《研究资料[18 辑]》,住宅营团,1943,3-21 页(西山夘三纪念住宅、城市建设文库住宅营团研究会编:《战时、战后复兴期住宅政策资料 住宅营团》,第 4 卷调查、研究(2)日本经济评论社,2002 收录)。

杉本正幸:《全国农工银行发展史》,全国农工银行发展史发行所,1924。杉本正幸:《房地产金融论》,严松堂书店,1930。

杉本正幸:《土地规划整理施行地价格的控制》,严松堂书店,1942。

铃木淳:《新技术的社会志》,中央公论新社,1999。

铃木博之:《都市的住宅》,桦山纮一、奥田道大编:《都市的文化——新的解读与发现的时代",有斐闭,1984,223-266页。

铃木理生:《明治诞生的町——神田三崎町》,青蛙房,1978。

铃木理生:"神田三崎町",山口广编:《郊外住宅区的系谱——东京的田园乌托邦》,鹿岛出版会,1987,61-76页。

铃木勇一郎:《近代日本的大都市形成》,岩田书院,2004。

铃木禄弥:《土地房屋出租法的研究Ⅰ》,创文社,1984。

濑川信久:《日本的土地出租》,有斐阁,1995。

全国银行协会联合会:《关于房地产融资现状》,1991,1-7页。

全国银行协会联合会房地产金融研究会:《房地产金融研究会报告》,1992a。

全国银行协会联合会房地产金融研究会:《房地产金融指南——房地产担保融资的办理》,1992b。

全宅联房地产综合研究所编:《房地产行业沿革史(上卷)》,全宅联房地产综合研究所,1999a。

全宅联房地产综合研究所编:《房地产行业沿革史(下卷)》,全宅联房地产综合研究所,1999b。

总理府统计局编:《昭和二十五年国势调查报告(1)》,印刷厅,1951。

总理府统计局编:《昭和二十六年事业所统计调查结果报告》,第1卷,第6卷,总理府统计局1953。

总理府统计局:《国势调查》,总理府统计局,1955-1975。

总理府统计局:《事业所统计调查报告》,总理部统计局,1966a,1972a,1976a。

总理府统计局编:《住宅统计调查结果报告》,(1973版为住宅统计调查报告)总理府统计局1958b,1973b。

添田敬一郎:"评议会理事长致辞",《住宅营团时报》,号数不详,1943

(推定),1-8 页(西山夘三纪念住宅、城市建设文库住宅营团研究会编:《战时、战后复兴期住宅政策资料——住宅营团》,第 2 卷 组织与事业(2),日本经济评论社,2002 收录)。

第一生命保险相互会社五十年史编纂室:《第一生命五十五年史》,第一生命保险,1958。

高岛修一:"战间期都市近郊的土地整理与地域社会——以东京、玉川全圆耕地整理事业为例",《历史与经济》,第 45 卷第 4 号,2003,19-37 页。

高岛修一:《战间期都市近郊的都市开发与土地整理——以东京·玉川全圆耕地整理事业为事例》,《社会经济史学》,第 69 卷第 6 号,2004,51-71 页。

高岛雅明:"农工银行的房地产银行化——兵库县农工银行的历史分析(一)",《九州产业大学商经论丛》,第 9 卷第 1 号,1968,37-61 页。

高岛雅明:"农工银行融资功能的分析——兵库县农工银行的历史分析(二)",《九州产业大学商经论丛》,第 10 卷第 1 号,1969,1-30 页。

高野义树:《日本住宅金融史》,住宅金融普及协会,1997。

竹内宏:"我的长银的一生",《中央公论》,1999 年 1 月,第 60-71 页。

竹内诚:"江户富商仙波家的宅邸集聚的动态",木代修一先生喜寿纪念论文集编辑委员会编:《日本文化的社会基础》,雄山阁出版,1976,273-310 页。

田代洋一:《农地政策与地域》,日本经济评论社,1993。

田中杰:《帝都复兴与生活空间——关东大地震后市区形成的逻辑》,东京大学出版社,2006。

玉井哲雄:《关于江户町人地的研究》,近世风俗研究会,1977。

玉川全圆耕地整理公会:《乡土开发》,玉川全圆耕地整理公会,1955。

千叶县开发局:《京叶临海工业地带的进程(第一篇总论)》,千叶县开发局,1968a。

千叶县开发局:《京叶临海工业地带的进程(第二篇土地造成)》,千叶县开发局,1968b。

中央物价统制协力会议:《临时农地价格统制令临时农地等管理令解说》,中央物价统制协力会议,1941a。

中央物价统制协力会议:"临时农地价格统制令答疑","规划整理"第7卷第10号,1941b。

中小企业厅编:《中小企业白皮书(2003年版)》,Gyosei。

塚田孝:《从下层人民的世界——"身份的边缘"的视点》,朝尾直弘编:《日本的近世第7卷身份和格式中央公论社,1992,225-268页。

塚本明:"房屋出租保证人",高桥康夫、吉田伸之:《日本城市史入门Ⅲ 人》,东京大学出版会1990,222-223。

辻诚:"控制房地产价格的急务",《国策研究会周报》,第6卷第23号,1944年6月3日。

鹤见埋筑:《营业报告书》,各期,1914-1919。

鹤见埋筑:《营业报告书》,第2期,1914。

帝国农会:《关于东京市农业的调查(第一辑)东京市域内农家的生活方式》,帝国农会,1935。

寺内信:《大阪的大杂院——近代的城市与居住》,INAX,1992。

寺内信、和田康由:"关于大阪的大杂院建设及其城市化的研究(一)",《大阪工业大学中研技报》,第13第3号,1980,234-272页。

晖峻众三编:《日本农业150年》,有斐阁,2003。

东亚建设工业:《东京湾填海造地物语》,东亚建设工业,1989。

东急不动产株式会社总务部社史编辑组编:《城市建设五十年》,东急不动产,1973。

东京急行电铁:《东京横浜电铁沿革史》,东京急行电铁,1943。

东京急行电铁:《多摩田园城市——开发35年的记录》,东京急行电铁,1988。

东京市社会局:《关于东京市住宅数量不足的调查》,东京市,1922。

东京市政调查会编:《日本都市年鉴》,11-12号,东京市政调查会,1942-1943。

东京市政调查会编:《日本都市年鉴 昭和24年用》,日本都市联盟事务局,1948。

东京市日本桥区政府编:《日本桥区史(第二册)》,同区,1916。

东京市政府编:《东京市统计年表》,东京市,1901-1936。

东京市政府:《都市规划道路与土地规划整理》,东京市,1933。

东京市政府:《东京市域扩张史》,东京市,1934a。

东京市政府:《东京市高层建筑物调查 昭和十年五月调查》,东京市,1935a。

东京市政府:《工厂工人的住宅难问题和住宅区的住宅经营》,,东京市政府,1939年。

东京建筑编:《东京建筑株式会社70年的历程》,东京建筑株式会社,1968。

东京建筑株式会社社史编纂委员会编:《信赖的未来——东京建筑百年史》,东京建筑,1998年。

东京大学社会科学研究所编:《战后宅地住宅的实态——宅地住宅综合研究1》,东京大学出版会,1952。

东京都:《东京都统计书》,东京都,1949-1951。

东京都:《东京都统计年鉴》,东京都,1952-1954。

东京都编:《明治初年武士家土地处理问题》,(川崎房五郎执笔)东京都,1965。

东京都:《东京百年史 第五卷》,Gyosei,1979年。

东京都宅地建筑物交易协会编:《不动产业沿革史》,社团法人东京都宅地建筑物交易协会,1975。

东京土地规划整理研究会:《交通系统沿线整理地介绍》,东京土地规划整理研究会,1938。

东京府编:《东京府统计书》,东京府,1883-1913年版。

东京府土木部:《东京府道路概要》,东京府,1932。

东京湾填海造地:《营业报告书》,各期,1920-1943。

东京湾填海造地:《营业报告书》,第2回,1920。

东京湾填海造地:《营业报告书》,第5回,1922。

东京湾填海造地:《当业报告书》,第8回,1923。

东京湾填海造地:《营业报告书》,第13回,1926。

东洋经济新报社编:《公司四季报未上市公司版97上半年》,东洋经济新报社,1996。

西村吉正:《日本的金融制度改革》,东洋经济新报社,2003。

日本学术振兴会第 14 小委员会:《农工问题研究(第一辑)》,经营评论社,1947。

日本劝业银行:《关于日本房地产金融的诸统计 1921-1936,1925-1926,1928-1930,1932(涩谷隆一等监修,齐藤寿彦等编:《近代日本金融史文献资料集成》,第 35 卷,日本图书中心,2005,收录)。

日本劝业银行:《日本劝业银行史》,日本劝业银行,1953。

日本劝业银行调查部:《城镇价格变迁状况调查(昭和十七年)》,日本劝业银行调查部,1943。

日本勧业银行不动产研究会编:《土地、建物、山林和税金对策》,实业之日本社,1950。

日本银行:"关于金融自由化、国际化下利率变动的特征",《调查月报》,第 36 卷第 4 号,1985,1-29 页。

日本银行:"平成元年的资金循环",《调查月报》,第 41 卷第 6 号,1990,1-49 页。

日本银行统计局编:《经济统计月报》,日本银行统计局,1955-2000。

日本经营史研究所编:《东京海上火灾保险株式会社百年历史(上)》,东京海上火灾保险,1979。

日本经营史研究所编:《三井不动产四十年史》,三井不动产,1985a。

日本经营史研究所编:《阪神电气铁道八十年史》,阪神电气铁道,1985b。

日本经营史研究所编:《阪神电气铁道百年史》,阪神电气铁道,2005。

日本经济新闻社编:《公司年鉴 1955 年版》,日本经济新闻社,1954。

日本经济新闻社编:《公司年鉴〈上市公司版〉1973 年版》,日本经济新闻社,1972

日本债券信用银行史编纂室:"日本债券信用银行三十年史",日本债券信用银行,1993。

日本住宅金融:《有价证券报告书总览》,朝阳会,1983 年度—1988 年度。

日本住宅综合中心编:《关于房地产业的历史研究Ⅰ》,日本住宅综合中心,1994。

日本住宅综合中心编:《关于房地产业的历史研究Ⅱ》,日本住宅综合中心,1995。

日本住宅综合中心编:《关于房地产业的历史研究Ⅲ》,日本住宅综合中心,1996。

日本住宅综合中心篇:《日本的共同住宅普及过程——从产业革命期到高度成长期》,日本住宅综合中心,1997。

日本住宅综合中心编:《日本的共同住宅的稳定过程——从稳定成长期到20世纪末》,日本住宅综合中心,2001。

日本统计协会编:《日本长期统计总览(第3卷)》,日本统计协会,1988。

日本不动产研究所:《全国城镇价格指数、全国木造建筑费指数》,(1984年以后:《市区价格指数》,)日本不动产研究所,1955—1993。

沼尻晃伸:《工厂选址与城市规划——日本城市形成的特质1905—1954》,东京大学出版会,2002。

沼尻晃伸:"第一次世界大战时期到1930年代的川崎市行财政",大石嘉一郎、金泽史男编著:《近代日本城市史研究》,日本经济评论社,2003,532-574页。

沼尻晃伸:"从农民的角度来看的工厂招商——以战后经济复兴期的小田原市为例",《社会科学论集》,(埼玉大学)第116号,2005,1-21页。

沼尻晃伸:"结束语——围绕共同性与公共性的关系",小野塚知二、沼尻晃伸编:《重读大冢久雄〈共同体的基础理论〉》,日本经济评论社,2007,189-211页。

沼津市史编辑委员会:《沼津市史:史料篇(近代2)》,沼津市,2001。

农地改革记录委员会:《农地改革始末概要》,农政调查会,1951。

农地制度资料集成编纂委员会:《农地制度资料集成第10卷:战时农地立法》,御茶水书房,1972。

农林部熊本农地事务局:《九州农地事业概况(1946—1951)》,1951。

野口孝一:"明治初期东京的土地所有状况——以山本忠兵卫编的:《区分町鉴东京地主介绍》,为中心",《综合都市研究》,第30号,1987,121-

157 页。

野口悠纪雄:《土地经济学》,日本经济新闻社,1989。

野口悠纪雄:《泡沫经济学》,日本经济新闻社,1992。

野田正穗:《"住专破产"与母行的责任》,山田弘史、野田正穗编:《现代日本的金融》,新日本出版社,1997,79-106 页。

野田正穗、中岛朋子编:《目白文化村》,日本经济评论社,1991。

野田正穗、原田胜正、青木荣一、老川庆喜编:《日本的铁道》,日本经济评论社,1986。

野村悦子:"明治 45 年地籍台账分析的宅地所有形态的类型化",《日本建筑学会计划系论文集》第 504 号,1998,163-170 页。

野村悦子:"明治末期到昭和初期的旧大名的宅地所有的变迁——根据地籍台账的分析的宅地所有形态的类型化(2)",《日本建筑学会计划系论文集》,第 517 号,1999,229-234 页。

拜司静夫:"日本劝业银行及农工银行的房地产银行化及其意义—关于日本房地产金融与农业金融的关系",《弘前大学 人文社会》,第 4 号,1954,65-85 页。

拜司静夫:"关于房地产银行的构想和农商务部—明治一八年的日本兴业银行条例案",《文经论丛》,第 2 卷第 3 号,1966,73-96 页。

拜司静夫:"关于二战后劝银、农银、拓银的研究",加藤俊彦编:《日本金融论的历史研究》,东京大学出版会,1983,208-229 页。

桥本奇策编:《股票年鉴(大正 3 年度)》,野村德七商店,1914。

桥本寿朗:《战前日本地价变动与房地产业》,日本住宅综合中心编:《关于房地产业的历史研究Ⅰ》,日本住宅综合中心,1994,1-25 页。

桥本寿朗:"战前日本的房地产金融",日本住宅综合中心编:《关于不动产业的历史研究Ⅱ》,日本住宅综合中心,1995,1-30 页。

桥本博:《我国城市宅地的一般考察》,(2):《新都市》,第 3 卷第 2 号,1949,9-16、18。

长谷川淳一:"战前期的城市规划",日本住宅综合中心编:《关于不动产业的历史研究Ⅰ》,日本住宅综合中心,1994,125-148 页。

长谷川信:"土地公司的经营动向——以两大战间期的大阪为中心",

日本住宅综合中心编:《关于房地产的历史研究Ⅱ》,日本住宅综合中心,1995,31-58页。

长谷川匡则:《我国房租、地租全貌》,城市经济研究中心,1972。

长谷川德之辅:《东京宅地形成史——"山手"的西进》,住宅图书馆出版局,1998a。

长谷川德之辅:"土地出租、房屋出租法对住宅地市场的影响实证分析—东京的住宅市场的历史变迁",《住宅、土地问题研究论文集》,第12集,1988 b,25-52页。

长谷川德之辅:"扮演主角的银行过剩融资",《经济学家》,1987年8月4日,第20-27页。

旗手勋:"昭和20年代的住宅地、建筑政策与房地业",《爱知大学法经论集 经济、经营篇》,86,1978a,43-80页。

旗手勋:"日本资本主义的出现与房地产业",《爱知大学法经论集 经济、经营篇》,第88卷第1号,1978b,111-151页。

旗手勋:"日本资本主义的成立与房地产业",《爱知大学法经论集 经济、经营篇》,第89卷第1号,1979,115-171页。

旗手勋:"日本资本主义的生成和房地产业",国际联合大学,1981。

旗手勋:"三菱财阀的不动产经营",日本经济评论社,2005。

波多野宪男:"东京战灾复兴中的公会开展的土地规划整理事业",东京都立大学城市研究中心编:《东京——成长与计划(1868—1988)》,东京都立大学城市研究中心,1988,157-170页。

初田亨:《城市明治——从路上开始的建筑史》,筑摩书房,1981。

初田享:《百货店的诞生》,三省堂,1993。

八田达夫、田渊隆俊:"东京一极集中的诸因素与对策",八田达夫编:《东京一极集中的经济分析》,日本经济新闻社,1994。

服部一马:"作为都市振兴政策的工业化——明治末期、大正前期的京滨地区",《经济与贸易》,第114号,1975,33-43页。

花岛得二:《关于房地产价格控制的基础理论——控制理念和控制技术的实证研究》,改造社,1943。

早川和男:《住宅贫乏物语》,岩波书店,1979。

原朗、山崎志郎编:《战时日本经济的重组》,日本经济评论社,2006。

原静雄:"再论横滨港内的市营工业地",《横滨土地时报》,第 2 卷第 12 号,1930,1-2 页。

原正干:《我们公司的成长历史》,浅野造船所,1935。

原正干:《浅野造舰所建设记录》,鹤见制铁造舰,1938。

原田胜正:"东京的城区扩大和铁路网(1)——关东大地震后城区的扩大",原田胜正等编著:《东京·关东大地震前后》,日本经济评论社,1997a,1-42 页。

原田胜正:"东京的城区扩大和铁路网(2)——铁路网的构成及其问题点",原田胜正等编:《东京·关东大地震前后》,日本经济评论社,1997b,43-92 页。

原田敬一:《日本近代城市史研究》,思文阁出版,1997。

原田纯孝:"战后住宅法制的成立过程——对其政策逻辑的批判性验证",东京大学社会科学研究所编:《福利国家 6 日本的社会与福利》,东京大学出版社,1985,317-396 页。

原田纯孝:"城镇化区域的宅地和农地——城市边缘部的宅地开发和农地保全的法律制度的理论探讨",(上)(中):《农政调查时报》,第 375 号,1987 年 12 月,2-13 页,第 376 号,1988 年 1 月,2-20 页。

原田纯孝:"没有理念的土地基本法和土地政策的走向",《法律时报》,第 62 卷第 2 号,1990a,6-9 页。

原田纯孝:""计划的"城区开发手法和其逻辑——计划带来的管制和诱导",《法律时报》,第 62 卷第 8 号,1990b,28-37 页。

原田纯孝:"城市、住宅问题和管制缓和",《法律时报》,第 70 卷第 2 号,1998,6-9 页。

原田纯孝:"引进定期租房立法的问题——异常的立法过程及其目标",《法律时报》,第 72 卷第 2 号,2000,1-4 页。

原田纯孝编:《日本城市法Ⅰ——结构与展开》,东京大学出版会,2001a。

原田纯孝编:《日本城市法Ⅱ——诸相与动态》,东京大学出版会,2001b。

原田纯孝:"现代日本的住宅法制与政策逻辑——从与英国、德国、法国的比较的视点来看",日本住宅综合中心:《住宅、土地问题研究论文集》,第23,2001c,1-59页。

原田纯孝:"序",及:"城市规划制度的修正与日本城市法的走向",原田纯孝编:《日本的城市法Ⅱ——诸相与动态》,东京大学出版会,2001d,1-10页,477-502页。

E.Howard(长素连译):《明日的田园城市》,鹿岛出版社,1968。

阪急不动产株式会社社史编纂委员会编:《阪急房地产的50年》,阪急不动产株式会社,1998。

阪神电气铁道:《报告书》,1910年下半年,1910。

平山洋介:《东京的边际》,NTT出版,2006.

福井俊彦:"采访 金融机关经营者公德心和自制心",《经济学家》,1987年8月4日,28-29页。

福冈峻治:《东京的复兴计划——城市再开发行政的构造》,日本评论社,1991。

藤田晃天:"京滨工业史",京滨工业史刊行事务所,1931。

藤谷阳悦等:《关于住宅工会法对战前郊外住宅、住宅区形成的影响的研究》,科学研究费补助金研究成果报告书,2002。

藤森照信:《明治的东京计划》,岩波书店,1982(参照1991年发行的同时代图书馆版)。

藤森照信:《丸大楼建立的秘密》,武内文彦编:《丸大楼的世界》,Kanou书房,1985,48-94页。

藤森照信:《日本の近代建築(下)——大正、昭和篇》,岩波新书,1993。

不动产协会:《日本房地产产业2005》,2005。

不动产协会:《日本的房地产业2007》,2007。

不动产业界沿革史出版特别委员会编:《房地产业界沿革史》,东京都宅地建筑交易业协会,1975。

不动产贷款中心:《有价证券报告书总览》,朝阳会,1991-1992。

堀内亨一:《城市规划与用途地域制》,西田书店,1978。

堀内信之助、鲛岛真男:"改正地代家赁统制令解说",严松堂书

店，1941

本间义人：《产业的昭和社会史 5 住宅》，日本经济评论社，1987。

柾幸雄："产业港口的形成——日本港湾经济地区形成论序说"，横浜市立大学：《横滨大学论集》，第 10 卷第 1 号，1958，101-134 页。

柾幸雄：《临海工业与港湾》，幸田清喜、辻本芳郎、泽田清编：《日本的工业化》，古今书院，1966，70-78 页。

松原宏：《房地产资本与城市开发》，Minerva 书房，1988。

见上崇洋：《围绕地域空间的居民利益与法》，(第 6 章 结构改革与城市、土地法)有斐阁，2006。

三木理史："南海旅游圈的形成"，《铁道史学》，第 13 号，1994，7-14 页。

水之江季彦、竹下昌三：《水岛工业地带的生成与发展》，风间书房，1971。

水林彪：《土地所有秩序的变革与"近代法"》，历史学研究会、日本史研究会编：《日本史讲座 8 近代的成立》，东京大学出版会，2005，123-156 页。

水本浩、大滝洸："明治三十年代末的东京市的宅地所有状况——土地和房屋出租性格论"，《商经法论丛》，(神奈川大学)第 13 卷第 2 号，1962，179-209 页。

三井信托银行三十年史编纂委员会编："三井信托银行三十年史"，三井信托银行株式会社，1955。

三井不动产：《有价证券报告书》，1956、60、65、70 各年度下半年。

三井不动产业计划调查部调查课编：《不动产相关统计集(第 22 集)》，三井不动产业计划调查部调查课，1999。

三菱地所：《有价证券报告书》，1956、60、65、70 名年度下半年。

三菱地所株式会社社史编纂室编：《丸内百年的进程——三菱地所社史(上卷)》，1993a。

三菱地所株式会社社史编纂室编：《丸内百年的进程——三菱地所社史(下卷)》，1993b。

三菱地所株式会社社史编纂室编：《丸内百年的进程——三菱地所社史(资料、年表、索引)》，三菱地所，1993c。

三菱信托银行株式会社调查部社史编纂室编：《三菱信托银行四十年

史》,三菱信托银行,1968。

箕面有马电气轨道:《报告书》,1907-1915。

箕面有马电气轨道:《第五回报告书》,1909 年下半年,1909。

箕面有马电气轨道:《第六回报告书》,1910 年上半年,1910a。

箕面有马电气轨道:《第七回报告书》,1910 年下半年,1910b。

箕面有马电气轨道:《第八回报告书》,1911 年上半年,1911a。

箕面有马电气轨道:《第九回报告书》,1911 年下半年,1911b。

箕面有马电气轨道:《第十回报告书》,1912 年上半年,1912a。

箕面有马电气轨道:《第十一回报告书》,1912 年下半年,1912b。

箕面有马电气轨道:《第十二回报告书》,1913 年上半年,1913a。

箕面有马电气轨道:《山容水态》,1913 年 7 月号,1913b。

箕面有马电气轨道:《第十四回报告书》,1914 年上半年,1914。

箕面有马电气轨道:《第十七回报告书》,1915 年下半年,1915。

宫木贞夫:"关于关东地区旧军用土地转用为工厂地",《地理学评论》,第 37 卷第 19 号,1964,31-44 页。

宫崎胜美:《江户武士家宅地》,高桥康夫、吉田伸之编:《日本城市史入门Ⅰ空间》,东京大学会出版,1989,85-106 页。

宫崎义一:《综合不景气——寻找后泡沫时代处方》,中央公论社,1992

宫泽志一:"战时长野县工业的展开(1)(2)",《信浓》,第 20 卷第 2 号、第 20 卷第 5 号,1968,15-29 页、25-39 页。

宫本宪一:《都市经济论》,筑摩书房,1980。

村上初:《第一次大战后的"普通银行"》,加藤俊彦编:《日本金融论的历史研究》,东京大学出版会,1983,409-439 页。

森田贵子:"明治时期的东京的经管人",《日本历史》,第 622 号,2000,74-89 页。

森田贵子:"明治时期东京房地产经营的近代化——以三井组为例",《史学杂志》,第 110 卷第 6 号,2001,57-83 页。

森田贵子:《近代土地制度与房地产经营》,塙书房,2007。

八潮市史编纂委员会:《八潮市史 通史编Ⅰ》,八潮市,1989。

安本典夫:《城市规划事业法制》,原田纯孝编:《日本城市法Ⅰ——结构与开展》,东京大学出版会,2001a,245-274 页。

安本典夫:"管制缓和""管制改革"的流程与城市法",《社会科学研究》,第 52 卷第 6 号,2001b,27-51 页。

安本典夫:"城区再开发事业"民营化"的法律探讨——立足于再开发公司制度",《立命馆

法学》,286 号,2003,317-352 页。

矢作荣藏:《不动产银行论》,三书楼,1911(涩谷隆一等监修,齐藤寿彦等编:《近代日本金融史文献资料集成》,第 35 卷,日本图书中心,2005,收录)。

柳泽游:《战时体制下的流通管制》,石井宽治编:《近代日本流通史》,东京堂出版,2005,90-119 页。

山口广编:《郊外住宅区的系谱——东京的田园乌托邦》,鹿岛出版会,1987。

山口由等、桥本寿朗:《第一次大战后的建筑活动——以分析与不动产业相关的大阪市建筑统计为中心》,日本住宅综合中心编:《关于不动产业的历史研究Ⅲ》,日本住宅综合中心,1996,95-118 页。

山田浩之、西村周三、绵贯伸一郎、田渊隆俊编:《城市与土地经济学》,日本评论社,1995。

山梨县编:《山梨县史 资料编 17》,山梨县,2000。

由井常彦编:《西野惠之助传》,日本经营史研究所,1996。

储蓄保险机构:"储蓄金融机构信息一览表",《储蓄保险研究》,第 4 号,2005,167-231 页。

横滨市:《横滨市事务报告书》,各年版,横滨市,1932-1937。

横滨市:《横滨市史 第 4 卷下》,横滨市,1968。

横滨市:《横滨市史 第 5 卷上》,横滨市,1971。

横滨市:《横滨市史 第 5 卷下》,横滨市,1976。

横滨市港湾局临海开发部编:《横滨的填海造地》,横滨市港湾局临海开发部,1992。

横滨市总务局市史编辑室:《横滨市史Ⅱ(第 1 卷上)》,横滨市,1993。

横滨市总务局市史编集室:《横滨市史Ⅱ(第 3 卷上)》,横滨市,2002。

横滨商工会议所:"关于横滨川崎工业用地选定的特殊性和工厂招商(7)",《横滨商工月报》,27 号,1937,1-40 页。

吉冈健次:《日本地方财政史》,东京大学出版会,1981。

吉川洋:《高度成长——改变日本的 6000 天》,读卖新闻社,1997。

吉川洋、崛雅博、堀宣昭、井村浩之、渡边俊生、竹田阳介:"金融政策与日本经济",《经济分析》,第 128 号,内阁府经济社会综合研究所,1993。

吉田克己:"土地所有权的日本特质",原田纯孝编:《日本城市法Ⅰ:结构与开展》,东京大学出版会,2001,365-394 页。

吉田伸之:"江户·骏河町",高桥康夫、吉田伸之编:"日本城市史入门Ⅱ",东京大学出版会 1990,174-175 页。

吉田伸之:《近代超大城市的社会构造》,东京大学出版会,1991。

吉田伸之:"街面的住宅和胡同里的住宅——商人的社会,民众的世界",吉田伸之编:《日本近世 第 9 卷 城市的时代》,中央公论社,1992,303-358 页。

龙门社:"鹤见埋筑株式会社的创立",《龙门杂志》,第 297 号,1913,70 页。

# 索 引

Ark hills 286
浅野制铁所 110,111
浅野水泥 107,109,111
浅野总一郎 7,76,106—111,119,122
浅野造船所 109—112
旭硝子 109,111
朝日新闻 98
朝日生命 286,271
朝日大厦 98
麻布东急公寓 245
安治川土地 34,74,76
阿部家族 38,39
尼崎筑港 122
有吉忠一 120
饭田延太郎 140
池田新街区住宅 29,51,56—59
泉尾土地 34
泉丘陵住宅地 241
市原 233,241,264,266
岩下清周 50,62
宇治川电气 98
宇田川彦太郎 139
填海造陆 76,105—112,119—122,137,169,176,216,223,233,239,241,242,254,265—267,274,275,284,358

梅田阪神大厦 170
埃克森大厦（Exxon Building）304
荏原土地 139,140
惠比寿 161,287
大川端 river city 17 287
大阪市区改正设计 74
大阪住宅经营公司 75
大阪商船 94
大阪铁道 77
大阪电气轨道 77
大阪 Business Park 287
大阪大厦 98,99
大阪大厦日比谷 97,99,103
大崎辰五郎 37
大泽幸次郎 137,139,140
大塚合资公司 137,139
大塚惟明 48
大手町大厦 268,269
大林组 176
小川银藏 140
小川保全合名会社 140
小田急不动产 300
小田原急行铁道 80,164
小原国芳 80
东方乐园 264,304

## 索 引

尾张屋土地 140

角荣建设 240

房屋抵押 18

加岛银行 98

鹿岛登善 140

鹿岛临海工业地带开发公会 234

房屋租赁组合法 172

霞关大厦 238,271,304

兜町 40—43,93

过密住宅区更新事业 311

川崎站前 Tower 304

关西积和不动产 302

关西土地 81,88

国土利用规划法 310,313

神田三崎町 29,38

关东大地震 12,66,70,77,78,94,100,112

纪尾井不动产 351

北大阪电气轨道 50

北滨银行 62

木津信用公会 345

木津抵押证券 345

居住用财产转让损失扣除制度 327

近畿圈整备法 250

紧急土地对策大纲 314,320

工薪阶层财产形成促进法 258

规划整理 4,83,84,87,88,150,175,310,321,322,363,364,368,373—379

介绍业者 19

九曜社 140

黑田长成 29,75

京成电气轨道 85,164,166,171—173

京成电铁 166,304

京阪神急行电铁 175

京阪电气铁道 91

京滨运河 111,119,122

京滨电气铁道 80,84,140

建筑确认 248,323

建筑基准法 5,10,251,257,288,294,312,320—324,330,334

建筑限制(民间企业) 4—6,10,40

容积率 5,252,257,286,294,312—317,321—324,330,334

公营住宅法 204,248

工业管制地区和工业建设地区暂行措施 173,195

工业再配置促进法 258

工业特别地区整备促进法 250

公共用地收购的特别措施法 250

江商大厦 98

工厂招商 107,108,110,120,151,170,185,219,222—224

光正不动产 35

高层住房诱导地区 294

耕地整理公会 74,79,87,89

耕地整理法 5,25,83

鸿池新田 23

鸿菱兴业 346

神户土地兴业 175

公共水面填埋造地法 251,254,284

公有地扩大推进法 258

公共土地购买规则 25

面向高龄者家庭出租住宅供给促进税制 333

关于确保高龄人群稳定住房的法律 332
国土综合开发法 256
国土利用规划法 310,313
沽券 16—18,20
小岛长兵卫 140
固定资产税 222,316,319,322,325
御殿山 Hills 287,306
五岛庆太 79
小林一三 50—56,63
社区居住环境整备事业 311
COREDO 日本桥 287
二次开发地区计划 312,315,317,322
樱井住宅 57—59,63
经管人 37,39
转租 24,38,248,251,318
产业新生机构 305
阳光城 252,286
三信建设 98
三信大厦 98,103
三和银行 272
土地购买 25,41,51,141,164,230
CS 集团 351
汐留住友大厦 304
汐留地区二次开发 287
城镇地区改造法 251,257
城镇地区建筑物法 5,69,152
城镇地区二次开发紧急促进事业 313
城镇住宅密集地区重建事业 311
土地质入写入规则 23
地震买卖 24
实业金融 345
大阪 City Tower 304

高轮 City Tower 304
城市金融 345
指定流通机构 325
品川 Grand Commons 287
芝浦制作所 111
柴田千右卫门 138,139
涩泽荣一 107
岛村作次郎 139
租地权 6,7,10,19,24,25,160,175,317—319,339
房屋土地租赁调停法 74—76
房屋租赁法 7,74,75,153,247,254,316—319
土地租赁法 6,7,24,74,75,247,316—319
房屋租赁权 6,7,10,75,318,323,326
斜线管制 324
自由之丘东急大厦 245
居住环境整备示范事业 311
集合住宅（共同住宅）9,207,294,239,324,380
住总 273
住宅营团 172,173,374,375,376
住宅营团法 172
住宅城区整备事业制度 310
住宅金融公库 174,202,204,252,272—274,293,227,333,375
住宅金融公库法 248,
住宅金融债权管理机构 351
住宅金融支援机构 333
住宅金融专门会社（住专）273,338,344—346,348—351,381

索引

## 索 引

住宅建设规划法 252
住宅城区综合整备事业 310
住宅地高水平利用计划 315
住宅地建设事业相关法律 251
住宅、城市整备公团 332
关于确保住宅质量等法律 332
住宅贷款扣除制度 293
凤川 Green Town 304
首都圈城镇开发区域整备法 250,253
首都圈整备第一次基本计划 250
首都国整备第二次基本计划 256
首都圈整备计划 316
首都圈整备法 250,251
商工中全 345
转让所得税 255,322,355
湘南新城等片濑山 241
常阳银行 270
昭和大厦 97
殖产住宅相互 224,232
购物中心 8,304,305
新梅田 City 287
新大手町大厦 268,269
新京阪铁道 90,91
新产业城市建设促进法 250
新住宅城镇地区住宅开发法（新住法）252,253
新宿 NS 大厦 304,305
新宿住友大厦 304
新宿三井大厦 304
信托公司 12,76,79－80,130,131,167,171,174,363,371
信托银行 260,270,341,343,346,347,396
新东京大厦 268－270
新城市基础建设法 258
新城市据点整备事业 313
新日本氮气 265
信贩公司 345
新阪神大厦 175
新丸内大厦（新丸大厦）267,268,305
信用金库 263,264,273,337,338,344
信用组合 194
末野兴产 346
铃木重孝 138,139
须田铸治 138,139
无计划扩展 219,232,374
住友银行 351
住友家族所有土地 30
住友信托 81
住友不动产 23,4,240,244265,300－306,343
住友不动产销售 304
住友不动产金融 304
生产绿地法 317
成城学园 80
开发整备方针 312
生命保险公司 130,266,270,340
圣路加医院 287
关一 69,88
世田谷 Business Square 287
全国综合开发计划
第一次全国综合开发计划（一全综）211,219,250,251,256,329
新全国综合开发计划（新全综,二全综）

256,258

第三次全国综合开发计划(三全综)311

第四次全国综合开发计划(四全综)313

第五次全国综合开发计划(五全综)329

战后复兴院 160—161

中央资本 346

中央金融 346

中央贷款 346

泉北新城 252,274

千里新城 252,274

住宅城镇综合整备事业 311

综合住金 273,351

综合土地对策大纲 314

综合保养地区整备法（resort法）286,313

相互银行 263,264,273

损失保险公司 340

DIA建设 301

第一劝业银行 188

第一银行 102,271

第一公司 341

第一住宅金融 341

第一生命保险 97,103

第一相互馆 97,98,102,103

耐火建筑促进法 249

大京观光(大京)240,300

第十五国立银行 41,42

大商 345

大成建设 341

大同生命大厦 98,99

大城市地区宅地开发 和铁道建设一体化推进特别措施法(宅铁法)316

大城市法 310,317

第二类城镇地区二次开发事业制度 310

第二地银 273,339,344

太平洋兴发 240

太阳生命 268,269,270

大和银行 271

大和团地 240,300,301

高城申一郎 300

分散多级型国土形成法 31

宅地开发公团 332

宅地开发公团法 310

宅地开发指导大纲 255,284,311,323

宅地建设等规范法 251

宅地建筑物交易业法 204,215,247,325

宅地建筑物等价格统制令 152,153,158,159,170—172,179,180,192,357

课税 24,33,195,257,317,327

竹中工务店 98,176

橘树水道 112

建筑物写入担保规则及建筑物买卖转让规则 23

建物区分所有权法 247,332

建筑物保护法 6,24,74

田中幸吉 138,139,140

玉川学园 80

玉川全圆耕地整理事业 89

玉川电气铁道 170

玉电大厦(东急会馆)170,175

多摩新城 252,274

俵屋 345

地价税 320,322,325

地银生保住宅贷款 348,349,351

## 索 引

地区规划制度 311,313,322

地区二次开发促进事业 313

地上权 24

地租、店租下调令 22

地租房租统制令 152,153,158—171,173,175,192,213,239,357

千叶银行 265,266

千叶港中央地区 241,265,266

千叶方式 233,264,265

地方银行 189,263,264,270,271,273,275,338,339,344,345,347

地方住宅供给公社法 252

中外商业新报 40

中枢管理功能 7,8,251,256

中部圈开发整备促进法 250

长期信用银行 263—271,339,341,344—347

千代田第一大厦西馆 304

千代田第一大厦东馆 304

堤康次郎 80,140

公积金宅地建筑物销售业法 258

鹤见填海公会 107—109

鹤见之花 304

鹤见临港铁道 112

定期租地权 7,317,319

定期房屋租赁权 323,326

帝国信托 61

抵押证券 353

抵押证券法 132

出洲方式 264,265

铁路公司 3,11,12,35,47

田园调布 83,245

田园都市 81—83,89—93,171,245

天下茶屋 27,47

天王洲 ISLE 287

土地永久买卖禁令 16,23

东海技建 351

等价交换 8318

东急不动产 166,170,171,174,175,240,245,246,300—306

东急之家贷款 246

东京石川岛造船所 110,111

东京海上大厦(海上大厦)97—99,102

东京海上大厦新馆 99

东京海上保险 40,41,96

东京股票交易所 40

东京急行电铁 83,166,174,175

东京经济杂志 40

东京市区改正条例 5,25,36,69

东京住宅贷款 345

东京信托(日本不动产)80,81

东京相和银行 351

东京建筑 127,176,239,240,243—245,301,302,369,378,379

东京迪士尼乐园 285,304

东京大厦 267

东京府农工银行 133,139

东京 Midtown301

东京横滨电铁 83,84,90,164,171,172

东京湾填海造陆 7

东京湾土地 111

东西开发工业 346

投资信托及投资法人相关法律 364

堂岛大厦 98

395

同润会 89,97,172

东武铁道 80

东邦生命 271

东洋拓殖大厦 97,99

藤和不动产 240,300－303

特定街区制度 251,312,339

特殊居住用财产换新特例 322

特定事业参加者制度 290,325

特定住宅城镇综合整备促进事业 311

关于特殊目的公司实施特定资产流通的法律（SPC法）326,361

特定土地规划整理事业制度 310

特别城市规划法 161,249

特别土地持有税 320

特例容积率适用地区 330

城市开发资金贷款相关法律 325

城市基础建设公团 290

城市居住更新事业 311

都市银行 262－264,271－273,338－347,352

城市规划 5,10,12,25,40,66,68,69,77,78,83,87,88,91,92,144,149－152,157－162,168,169,321－335

城市规划税 319

城市规划提案制度 334

城市规划法 10,69,77,78,83,87,150,159,161,180,219,225,248,249,255－258,284,310,311,317,320,322,324,325,330,334

城市二次开发法 256,257,286,310,311,322,325,334

城市新生机构 290,332

城市新生紧急整备区域 334

城市新生特别措施法 290,334

城市设施改良的立体范围决定制度 330

城市住宅整备事业 311

城市防灾和耐燃化促进事业 311

土地基本法 313－317,321,323

土地规划整理法 249,322

土地征收法 25,150

土地信托 318

土地台账法 214

土地买卖转让规则 23

土地临调 313,314,322

富隆商事 346

内外石油 111

内外大厦 97

中之岛大厦（三井）98

名古屋第一宾馆 305

南海铁道 27,47,48,81,164,166

西野惠之助 102

遮光管制 294,315

日东制粉 176

Nichimo 300,301,303

日本开发银行 263,266,312

日本劝业银行 10,76,111,123－126,128－132,155,157,176,187,196,201,220,272

日本银行 41,42,45,108,202,212

日本钢管 110

日本兴业银行 266,268,269,271

日本债券信用银行 264

日本住宅金融 258,273,349

日本住宅建设 232

日本住宅公团 102,205,219,225,249,253,358

日本住宅公团法 249

日本生命 266,271

日本石油 96,111

日本长期信用银行 266—271,344

日本铁道 41,43

日本电力 98

日本土木 111

日本住房贷款 341

日本桥一丁目大厦 305

日本桥三井 Tower 304

日本大厦 269,270

日本不动产银行 264—266,268,271,275

日本邮船 40—42,96

认定二次开发事业制度 290

农业振兴地域制度 316

农工银行 76,123,133,139,364,366

农地改革 144,159,161,162,174—176,185,216,217,223,249

农地开发营团 180

农地调整法 178

农地转用 177—185,216—225,230,231,249,250,255,258,272,316,325,358

农地转用许可标准 219,223,316

农地法 157,204,216—221,249,325

农林系金融机构 340

非银行金融机构 335,344,345

豪斯腾堡 286

箱根土地 80—83,140

Paternoster 广场 305

原忠三郎 140

哈利库拉尼酒店（Halekulani）304

霍华德 82,88

阪急航空大厦 175

阪急不动产 175,245,343

阪神急行电铁 81,164→箕面有马电气轨道,京阪神急行电铁

阪神电气铁道 49,170,175

阪和电气铁道 81

日比谷城 286

日比谷三井大厦 241,271

百五银行 271

百三十银行 96

广尾 Garden Hills 304

广冈合名 98

深野芳三 139

富士银行 242,271,351

富土住建 351

藤田工业 3339,341

房地产鉴定评估法 250

房地产取得税 327

房地产特定共同事业法 326

房地产融资及损失补偿法 132

房地产融资总量管制 282,320

房地产贷款中心 345—348

富乐公司 94

古河矿业 102

防空法 152

防灾建筑街区建设法 251,257 引

北海道拓殖银行 123,272

牧山通商 346

幕张 287,312

松尾矿业 267,268

丸内 29,39—45,93—105,171,173,238,242—244,305

丸内 OAZO 287,305

丸内转让 30,40,42,162,238

丸内大厦（丸大厦）94,98—105,267,268,287,305

丸内八重洲大厦 99

丸红饭田 268,269

丸万金融 346,348

公寓 5,6,62,89,97,141,168,171,207,212,213,225,231,233,235—237,240,242,244,245,247,251,252,254,261,270,284—286,290—294,297,300,304,319,322,324,327,332,335,339,349,361,364,369

关于规范高级公寓管理的法律 332

促进高级公寓改建顺利进行的法律 332

万成舍 35

御影住宅区 49—50

水岛都市开发 176

水账 16

大阪三井花园酒店 304

三井银行 266,271,272

三井合名 98,167,170

三井信托 80,82,98,167,266,271,275,347

三井信托银行 167,266,271,275

三井生命 98,266,271

三井第二号馆 94

江户时代 8,12,16—18,23,34—36,40,52

明治时代 16,27,33

大正时代 89,164,167

三井物产 40,41,94,98,112

三井不动产 174,175,233—235,238,240—245,264—266,271,275,288,300—308,343

三越 103

密集住宅城镇地区整备促进事业 311

三菱 1 号馆 40,41,94,357

三菱 2 号馆 41,94

三菱 3 号馆 41

三菱 4 号馆 102

三菱 12 号馆 94

三菱 21 号馆 94,102

三菱银行 246,269,270,272

三菱钢材 268,269

三菱合资会社 41

三菱合资银行部 41

三菱地所 41,94,97,102,105,151,169—176,215,234,238—246,265—271,300—302,305,306,343

三菱地所住房株式会社 305

三菱重工业 174

三菱信托 81,167

三菱信托银行 268—270

三菱电机 176,267,268

港未来 21 287,305

南满州大兴 140

峰岛 29,,3

箕面有马 27,34,47,48,50—63,79

箕面公园 51

箕面 Market Park Visola 305
箕轮房地产 341
民活法 312,313
民间城市开发推进机构 290,334
民法 24,74,251
武藏野铁道 80
无计划扩展 219,232
明治生命 40,41,268—270
目黑蒲田电铁 80,83,84,90,164
目白文化村 80
最上恒产 339
木制出租住宅地区综合整备事业 311
望月军四郎 140
森建设 302,306
安田银行 111
安田信托 340
安田善次郎 106—108,110
山下龟三郎 122
家守 9,17—22,35,36,365
闲置土地利用转换促进地区 317
融资准则 260,261,271,275
邮船大厦 94,96,97,99,103
引导容积制度 321
邮政汽船三菱会社 40

有乐馆 94,96,97,98,103
有乐土地 240,300,301,303,341
优良二次开发建筑物整备促进事业 313
优良田园住宅建设促进法 325
容积地区 251—252
容积合理分配制度 321
用途地域 69,78,87,151,152,157,257,315,334
各用途容积型地区计划 317
横滨正金银行 102
横滨仓库 140
横滨 Business Park 284
淀屋桥大厦 175
Lion's Mansion 赤坂 304
La Foret 原宿 306
Lalaport 304
Recruit Cosmos 301
休闲公寓 286
关于促进优质租赁住宅等供给的特别措施法 326
临时农地价格统制令 152,159,180,192
临时农地等管理令 152,155,158,159,173,178,179,181,184,192,377

# 后　记

本书始于粕谷诚在名古屋大学出版会出版《富商的明治》之际,作为编辑的三木信吾先生看到了《房地产业相关的历史研究[Ⅰ]》。三木先生有出版房地产业通史的构想,并将其告知了《房地产业相关的历史研究[Ⅰ]》的共同执笔者橘川五郎。在此时达成了意向,以《房地产业相关的历史研究》Ⅰ—Ⅲ为基础,还未形成体系,所以决定召集一批以年轻人为主的成员,经过数年的研究之后加以出版。2002年7月到8月间,橘川、粕谷以及当时是东京大学经济学研究科助手并致力于土地所有权研究的名武夏纪和三木先生就这一构想进行了会谈,确认了从明治到现代的通史研究目标,确定了研究会的成员,从秋天开始成立了研究会,而且决定从 2003 年度开始申请科研经费。科研经费的申请以粕谷为代表,植田欣次、橘川、中村尚史、永江雅和、名武、沼尻晃伸、渡边惠一作为参与者。庆幸的是科研经费(2003—2005 年度科研究费补助金,基础研究 B,课题编号 15330065,研究课题:关于房地产业发展的综合研究)得到了认可。这一阶段,加濑和俊和原田纯孝加入了团队,增强了研究阵容,定期举行研究会,充实了本书的内容。而且,当时是东京大学经济学研究科的研究生,一直研究规划整理的高嶋修一和研究金融史的边英治也受邀加入了团队。科研经费支持的三年研究结束后,向全国银行学术研究振兴团申请出版发行补助金,并顺利获得了补助金,本书得以出版发行。

本书编著始于三木先生的热忱,橘川、粕谷和名武深受鼓舞,另外 9 位执笔者也被打动,最终以江户时代到 21 世纪时间段的房地产业为主要研究对象

## 后 记

完成本书。由12人分别执笔,每节单独完成,略欠缺统一性。

再次向三木先生的热忱和能力表示敬意,感谢他的付出和耐心。另外,诚挚地感谢全国银行学术研究振兴团给予的出版发行补助金支持。

2007年7月

橘川武郎

粕谷诚